Foerster, Richard

Der Raub und die Rueckkehr der Persephone

Foerster, Richard

Der Raub und die Rueckkehr der Persephone

Inktank publishing, 2018

www.inktank-publishing.com

ISBN/EAN: 9783750127517

All rights reserved

This is a reprint of a historical out of copyright text that has been re-manufactured for better reading and printing by our unique software. Inktank publishing retains all rights of this specific copy which is marked with an invisible watermark.

Der Raub

und

die Rückkehr der Persephone

in ihrer Bedeutung für die

Mythologie, Litteratur- und Kunst-Geschichte

dargestellt

von

Richard Foerster

Prof. an der Universität Breslau.

Stuttgart.
Verlag von Albert Heitz.
1874.

Dem Archäologischen Institut

in Rom

in dankbarer Erinnerung an die Jahre 1868—1870.

Vorwort.

Den Anlass zu den vorliegenden Untersuchungen gab eine im Winter 1868 in Rom begonnene, seitdem aber oftmals unterbrochne Beschäftigung mit einigen Persephoneraub-Sarkophagen, welche nunmehr im laufenden Jahrgange der Annali dell' Instituto publicirt sind. Scheinbar ohne besondere Schwierigkeiten, boten dieselben bei näherer Betrachtung eine Menge von Problemen dar. Sehr bald erkannte ich, dass eine Lösung dieser, ja selbst die Deutung einzelner Figuren und die Erklärung gewisser Motive der Handlung, welche nicht, wie bisher, beständigen Zweifeln und Schwankungen ausgesetzt sein sollte, unmöglich sei ohne stete Berücksichtigung aller andern Denkmäler desselben Inhalts und ohne umfassendes Studium der poetischen Ueberlieferung des Mythus vom Raube und der Rückkehr der Persephone.

Welckers Darstellung, an welche ich mich natürlich zunächst wandte, versagte für beides: ersteres war ihm zu der Zeit, als er seinen Aufsatz für die von ihm herausgegebne ‚Zeitschrift für Geschichte und Auslegung der alten Kunst' schrieb, nicht möglich, letzteres war von ihm als nicht im Kreise seiner Aufgabe liegend bei Seite gelassen. Gerhard hat zur Ergänzung des Welcker'schen Standpunktes hierin nichts getan, und Preller hat in seinem sehr verdienstlichen Buche ‚Demeter und Persephone' die archäologische Frage von seiner Forschung ganz ausgeschlossen. So ergab sich als erste Aufgabe, an die Quellen selbst zu gehen: sowol den Denkmälervorrat so weit als möglich zu durchmustern als auch die Litteratur von Homer bis zum Untergange des Heidentums, so weit sie in Frage zu kommen schien, zu durchsuchen. Beides habe ich getan und hoffe, wenn ich auch nicht zu behaupten wage, dass ich kein Denkmal und Zeugnis des Raubes ausgelassen habe, doch alle wichtigen und belangreichen herangezogen zu haben.

Was die Denkmäler betrifft, so waren ausser einer Anzahl von Sarkophagen und Grabsteinen die etruscischen Urnen, die Wand- und Vasen-Gemälde, Münzen, Gemmen und andre Schmuckgegenstände so gut wie noch gar nicht berücksichtigt, während manches mit Unrecht hieher Gezogne zu beseitigen war. Das so herbeigeschaffte Material musste kritisch benützt werden: wo möglich, im Original; im Fall dies äussere Verhältnisse nicht möglich machten, nach zuverlässigen Mitteilungen; in dem glücklicherweise seltnen Falle, dass auch diese nicht zu erlangen waren, mussten die Aufstellungen mit der nötigen Reserve und entsprechenden Vorbehalten gemacht werden.

Die Litteratur betreffend, so stellte sich eine Beschränkung auf poetische Quellen sehr bald als unzulässig heraus: auch Apollodor, Diodor, Hygin referiren poetische Versionen, und die Scholien, namentlich zu Aristophanes, Nicander, Vergil, Statius geben wichtige Ergänzungen dieser; dass die Kirchenväter nicht auszuschliessen seien, lehrte der erste Blick in die Abschnitte des Clementinischen Protreptikos, welche die wichtigste Fundgrube für unsre Kenntnis des eleusinischen Cultus sind; und welche Wichtigkeit für die vorliegende Frage noch die Schrift des Firmicus Maternus de errore profanarum religionum hat, wird hoffentlich aus meiner Darlegung hervorgehen.

Erst bei einem derartig erweiterten Gesichtskreise liess sich ein sicherer Blick auf das ausgedehnte Material gewinnen, liess sich das einzelne litterarische oder monumentale Werk erkennen nicht nur als Produkt einer gewissen Epoche, sondern auch als Erzeugnis eines bestimmten religiösen, litterarischen oder artistischen Geistes.

Auch hier habe ich erfahren, dass neben unbefangner, nüchterner Würdigung des Augenscheins und besonnener Vergleichung analoger Denkmäler liebevolle Vertiefung in alle Einzelheiten des Mythus die beste Grundlage der Denkmäler-Erklärung ist. Sie ist es, welche oft in ungeahnter Weise Schwierigkeiten beseitigt oder wenigstens zu ihrer Beseitigung den Weg bahnt. Und es ist Gefahr, dass die Denkmäler-Erklärung keine Fortschritte macht, wenn sie sich nicht stets von neuem mit der Kenntnis der Litteratur, besonders der griechischen, durchdringt und auch mit den andern Zweigen der Altertumswissenschaft enge Fühlung behält.

So ergab sich am Schlusse, was mir anfangs nur in dunklen Zügen, allmälich aber in immer klareren Umrissen als Ziel der Untersuchung vorschwebte, ein Einblick nicht nur in die Bedeutung, sondern auch in die geschichtliche Entwicklung des Mythus vom Raube und der Rückkehr der Persephone auf den Gebieten des Cultus, der Philosophie, der Poesie und bildenden Kunst. Ein Vorbild, dem ich mich unbedingt hätte anschliessen können, ist mir nicht bekannt. Um so mehr würde ich mich freuen, wenn Andre zu ähnlichen Arbeiten angeregt würden. Denn nach meiner Ueberzeugung wird erst dann, wenn die wichtigsten Mythen monographisch behandelt vorliegen, für die sogenannte Kunstmythologie die rechte Zeit gekommen sein. Jetzt scheint mir diese noch ein unklarer und schwankender Begriff: ein Urteil, welches natürlich nicht ausschliesst, dass ich das neueste kunstmythologische Unternehmen nach gewisser Seite hin für sehr verdienstlich halte. Nur eine eingehendere Benützung der Litteratur hätte ich gewünscht: dann wäre beispielsweise der Abschnitt über das Ideal der Hera, über welches aus dem Altertum selbst eine Fülle interessanter Nachrichten erhalten ist, etwas reicher ausgefallen, und eine Behauptung wie, Hera habe wenige oder keine Mythen, unausgesprochen geblieben. Den Beweis dafür zu geben, wird sich anderswo Gelegenheit finden.

Es wäre mir aber unziemlich erschienen, hätte ich das so gewonnene Bild ohne alle Rücksichtnahme auf Vorgänger ausführen wollen: denn selbst an einem Werke wie Th. Bergks griechische Litteraturgeschichte muss ich dies bedauern; vielmehr hielt ich es für unabweisbare Pflicht, die gefundnen Resultate mit dem zu vergleichen und an dem zu prüfen, was Männer wie Welcker, Gerhard, Lobeck, Preller, L. v. Stephani an verschiednen Stellen ihrer Werke und einschlägigen Aufsätze gesagt haben. Die Lage der Dinge, teilweis auch die Einmischung Unberufener, hat es mit sich gebracht, dass viel zu bestreiten war; jedoch war es im Interesse der Sache geboten und mit geringen Ausnahmen leicht durchführbar, die Polemik in die Anmerkungen resp. Excurse zu verweisen. Wie ich mich nicht gescheut habe, meine abweichende Meinung, wenn ich sie für sicher hielt — ich habe mich freilich in den Worten „gewis" und „sicherlich" grosser Sparsamkeit und in der Wahl von „wahrscheinlich" und „vielleicht" möglichster Behutsamkeit befleissigt — rückhaltlos darzulegen, so habe ich nicht unterlassen, ein Zusammentreffen mit jenen Männern, welches mir stets zu grösster Freude gereichen wird, ausdrücklich zu bemerken. Dass ich ihnen sehr viel verdanke, glaube ich hier besonders hervorheben zu müssen, weil ich Einstreuung von Lobeserhebungen bei ihnen wie bei andern Forschern so gut wie ganz vermieden und einen durchaus sachlichen Ton erstrebt habe, ebenso wie mir eine einfache schmucklose Sprache für meinen Zweck allein angemessen schien.

Auf Abbildung aller Denkmäler war aus äusseren Gründen zu verzichten. Die Mehrzahl der bedeutenderen ist, wenn auch nicht in genügender Weise, in leicht zugänglichen Werken publicirt. Von den Sarkophagen habe ich selbst, wie schon erwähnt, drei in den Annali dell' Instituto 1873 t. E—H p. 72—92 bekannt gemacht; alle einigermassen wichtigen wird das Corpus der römischen Sarkophage umfassen. Dagegen glaubte ich der grossen Mehrzahl der Archäologen einen Dienst zu erweisen durch erneute Publication (T. I) des Kertscher Wandgemäldes, welches nur in Aschiks russisch geschriebnen ‚Altertümern von Kertsch' abgebildet, ausserhalb Russlands schwerlich bekannt sein dürfte, und durch

Mitteilung eines Anekdoton, der Vase des Museo Nazionale in Neapel (T. II), von welcher mir Heydemann seine Durchzeichnung freundlichst überlassen hat.

Schliesslich drängt es mich, allen Freunden und Fachgenossen, welche mich während der Arbeit mit Rat und Tat unterstützt haben, meinen herzlichen Dank auszusprechen, besonders den Herren: Beloch, Benndorf, Brunn, Conze, E. Curtius, J. Friedländer, Hertz, Heydemann, Kenner, Korsch, Piccolomini, Picone, Salinas, Savelsberg, Stark, von Stephani, Wieseler und vor allen meinem treuen Freunde und ehemaligen capitolinischen Collegen Matz. Dass manche Punkte zur Sicherheit gebracht werden konnten, ist allein ihr Verdienst.

ἂψ περιτελλομένου ἔτεος μάλα χαίρετε πάντες.

Breslau, am Neujahrstage 1874.

Richard Foerster.

Inhalts-Verzeichnis.

	Seite
Einleitung. Die Aufgabe der Arbeit	1— 2
I. Alter und Verbreitung des Mythus. § 1 u. 2	3—17
II. Der Mythus im Cultus. § 3	18—24
III. Der Mythus in der Philosophie. Deutung und Bedeutung desselben. § 4	25—28
IV. Der Mythus in der Dichtkunst. § 5—23	29—98
1. Die dichterische Behandlung des Mythus in Attika. § 5—12	29—63
Pamphos. § 6	30—33
Der homerische Hymnus auf Demeter. § 7	33—39
Die orphische Dichtung vom Raube. § 8	39—49
Die spätere Entwicklung des Mythus in Attika. § 9 bis 12	49—63
Melanippides. Choerilus. Aeschylus. Sophocles. § 9	49—50
Euripides. § 10	51—54
Logographie. Pherekydes. Apollodor. § 11	54—59
Philochoros. § 12	59—63
2. Der Mythus in den Hymnen des Archilochos, Lasos, Pindar und Bacchylides. § 13	63—65
3. Die dichterische Behandlung des sicilischen Mythus. § 14—23	65—98
Karkinos. Diodor. § 14	67—68
Hygin. § 15	68—72
Alexandrinisch-römische Poesie. § 16—21	72—96
Kallimachos. Ovids Fasten. § 17	75—80
Nicander. Ovids Metamorphosen. § 18 u. 19	80—88
Oppian. Die römischen Dichter ausser Ovid. § 20	88—91
Claudian. § 21	91—96
Scholiasten. Mythographen. Christl. Apologetik. § 22	96—97
Firmicus Maternus. § 23	97—98

	Seite
V. Der Mythus in der bildenden Kunst. § 24—51	99—267
Nachrichten der Schriftsteller über Kunstwerke. § 24—26	99—108
Praxiteles. § 25	102—105
Nikomachos. § 26	105—108
Die erhaltnen Kunstwerke, § 27—51	108—267
welche darstellen:	
I. Den Raub der Persephone. § 27—44	108—247
A. Hieratische Darstellungen.	
Terrakotten von Locri. § 27	108—110
B. Nachpraxiteleische Darstellungen. § 28—44	110—247
1. auf Münzen. § 28	110—115
2. auf Gemmen. § 29	115—118
3. auf Schmucksachen. § 30 u. 31	118—122
4. auf Reliefs. § 32—42	123—223
A. von Grabsteinen (cippi). § 32	123—128
Etruscische Aschenkisten. § 33	128—130
B. von Sarkophagen. § 34—42	131—223
5. auf Gemälden. § 43—44	223—247
A. Wandgemälden und Mosaiken. § 43	223—233
B. Vasengemälden. § 44	233—247
II. Die suchende Demeter. § 45—48	248—258
III. Die Rückkehr der Persephone. § 49—51	259—267

Excurse.

I. Das Νύσιον πεδίον des homerischen Hymnus auf Demeter V. 16	268—271
II. Ueber den Cultus der Persephone in Hipponion. Pseudo-Proclus de oraculis	271—273
III. Ueber die προχαριστήρια	273—276
IV. Ueber die Etymologie von Κόρη, Περσεφόνη (Περσέφασσα), Proserpina	276—280
V. Ueber Orph. Argon. 1197 sq.	280—282
VI. Ueber Orph. fr. XVI. (Herm. p. 475. Mullach fr. phil. gr. 1 p. 174.) und Arnob. adv. nat. V, 26	282—288
VII. Ueber das Verhältnis der Narrationes fabularum des Lactanz und der späteren Mythographen zu Ovids Metamorphosen	289—292
Nachträge	293—300
Tafel I. Wandgemälde eines Grabes bei Kertsch	229 sq.
Tafel II. Vase von Nola im Museo Nazionale zu Neapel	234

Einleitung.

Es gibt wenig Mythen, welche im Cultus, in der Philosophie, in der dichtenden und bildenden Kunst eine so mannichfaltige Behandlung erfahren haben, wie der Mythus vom Raube und der Rückkehr der Persephone. Gerade der ihm zu Grunde liegende Vorgang in der Natur, das Ersterben und Wiederaufleben der Erde, ist einer von denjenigen, welche sich am ersten der kindlich naiven Anschauung der Natur, jener Quelle der Mythen, darbieten. Indem das Erderzeugnis als Tochter der befruchtenden Himmelskraft und der Mutter Erde angesehen wurde, führte die Wahrnehmung der Notwendigkeit, welcher das Ersterben der Erde unterworfen ist, darauf diese Tochter von einer unterirdischen Macht mit Gewalt entführt werden zu lassen. Und was so zuerst von Einzelnen, besonders begabten, angeschaut war, wurde von der Menge gläubig angenommen und bald ein Gegenstand allgemeiner Verehrung. In den Einzelculten aber wurde dieser Nationalmythus früh auf bestimmte lokale Verhältnisse bezogen und mit allerlei lokalen und individuellen Zutaten versehen. So entstanden lokalgefärbte Legenden und hieratische Sagen. Aber auch die Dichtkunst bemächtigte sich seiner früh, und durch diese erfuhr er, selbst nachdem der Glaube an ihn längst geschwunden war, die allerstärksten Veränderungen. Gerade das rein Menschliche in ihm, der Schmerz und die Sehnsucht der Mutter nach der verlorenen Tochter und die gegenseitige Freude des Wiedersehens, übte auf poetische und künstlerische Gemüter eine besondere Anziehung aus. Ebenfalls nicht im Sinne des Glaubens, sondern als Vehikel der Spekulation, besonders zum Zwecke allegorischer Deutung, bediente sich seiner die Wissenschaft. Zuletzt ward der Mythus nur Objekt gelehrter Beschäftigung.

Dies Gewimmel von Sagen, welches sich im ‚fabelseligen Hellas‘ um den Mythus gebildet hat, zu ordnen, den Knäuel von Vorstellungen, der sich im Lauf der Jahrhunderte um ihn geschlungen hat, zu entwirren, mit andern Worten, die Geschichte dieses Mythus in religiöser, litterarischer und künstlerischer Hinsicht — ist die Aufgabe dieser Arbeit. —

I.

Alter und Verbreitung des Mythus.

Die angegebene Bedeutung des Mythus, welche später noch § näher begründet werden soll, macht begreiflich, dass derselbe nicht bei einem Volke entstehen konnte, welches noch auf der Stufe des Nomadenlebens stand, sondern erst bei einem solchen, welches bereits zum Ackerbau gelangt war. Nun ist letzterer zwar der indogerm. Völkerfamilie schon vor ihrer Trennung in einzelne Gruppen bekannt[1]) gewesen, aber von einer solchen Bekanntschaft bis zur Personifikation der wirkenden Kräfte ist ein weiter Schritt. In der Tat berechtigt bis jetzt wenigstens nichts den Mythus für indogermanisch zu erklären.[2]) Aber auch für orientalischen Einfluss[3]) liegen keine Anzeichen vor, der Mythus scheint vielmehr für einen echt griechischen gehalten werden zu müssen.

Eine Reihe durch Zahl und Inhalt gleich beachtenswerter Ueberlieferungen läuft darauf hinaus, dass der Mythus dem gesammten religiösen Bewusstsein Griechenlands für uralt galt. Dahin gehört, dass die Töchter des Danaos die τελετή der Demeter aus Aegypten nach dem Peloponnes brachten und die pelasgischen

---

1) Vergl. Bruno Kneisel, Kulturzustand der indogerman. Völker vor ihrer Trennung, Progr. des Dom-Gymnasium in Naumburg 1867.

2) Auch nach Italien ist der Mythus erst von Griechenland verpflanzt und teilweis auf ital. Gottheiten gepfropft worden. Vergl. Preller R. M. 434 und Humboldt Kawispr. 1, 228.

3) Orientalischen, wahrscheinlich phönizischen, Ursprungs ist der vielfach ähnliche, später mit Persephone in Verbindung gebrachte Mythus des Adonis, und teilweis ähnlichen Gehalt hat der Osiris-Mythus.

Frauen lehrten [1]), dass Melampus, Amythaons Sohn, der mythische Prophet, die Feste der klagenden Demeter aus Aegypten nach Griechenland brachte [2]), dass Kar, der Sohn des ersten Menschen Phoroneus [3]), ihren Dienst in Megara einführte [4]), dass Klymenos und Chthonia, die Kinder desselben Phoroneus, ihr einen Tempel auf der Höhe von Hermione bauten [5]), dass der Raub der Pers. und die Aufnahme der Demeter in Attika im Hause des Keleos schon unter Pandion [6]) oder Erechtheus [7]) erfolgte, dass letzterer selbst die Aufnahme zum Gegenstande eines Liedes machte [8]), dass Orpheus [9]) und Pamphos, die ältesten attischen Hymnendichter, den Raub besangen. [10]) Schon aus einem Teile dieser Ueberlieferungen ist zu schliessen, dass der Ursprung des Mythus noch jenseit des Processes der Umwandlung der Pelasger in Hellenen, somit auch vor der dorischen Wanderung liegt. [11]) Entsprechend der Tatsache, dass Demeter recht eigentlich als Göttin der Pelasger, der Nachkommen des erdgeborenen [12]) Pelasgos, der trefflichen Ackerbauer [13]), als Πελασγίς erscheint [14]), findet sich auch der M. vom Raube ihrer Tochter an den Stätten pelasgischer Ansiedlung, in Kreta, Argos, Arkadien, Attika. Und da sich nicht auf einigermassen überzeugende Weise dartun lässt, wie derselbe von der einen dieser Ansiedlungen zu der andern in so früher Zeit hat gelangen können [15]), da ferner einige der oben genannten Ueber-

---

1) Her. II, 171.
2) Clem. Al. Protr. § 13. Vergl. Her. II, 49.
3) Acusil. fr. 14. Plat. Tim. p. 22 A.
4) Paus. I, 39, 5; 40, 6. Steph. Byz. s. v. Καρία.
5) Paus. II, 35, 4.
6) Appollod. bibl. III, 14, 7.
7) Marm. Par. (23) 12 (Müller fr. hist. gr. I. 544). Philochor. Atth. II. bei Euseb. chron. p. 36 Sch. Müller fr. I, 392.
8) Nonn. Dion. XIX, 78 sq.
9) Marm. Par. (25) 14. (Müller fr. I, 544).
10) Paus. VII, 21, 3. I, 38, 3. 39, 1. VIII, 37, 1. IX, 31, 9.
11) Her. II, 171 bemerkt geradezu, dass jene τελετή der Demeter im Peloponnes mit Ausnahme Arkadiens durch die dor. Wanderung unterging.
12) Asios bei Paus. VIII, 1, 4.
13) Her. VI. 137.
14) Paus. II, 22, 1.
15) Zwar behaupteten die Kreter nach Diod. Sic. V, 77, dass Demeter von Kreta nach Attika übergesetzt sei und dass von Kreta alle τελεταί derselben aus-

lieferungen auf eine Einführung des M. nach dem eigentlichen Griechenland von aussen, die Sage von Megara geradezu auf Karien hinweist, so wird die Vermutung gestattet sein, dass der Mythus entstand, noch als das Griechenvolk in den Ebenen Asiens sass. Jedenfalls sprechen alle diese Umstände gegen die Ansicht, welche von Naegelsbach (Nachhomer. Theol. S. 126) und früher auch von Preller (Dem. u. Pers. S. 5)[1]) vertreten wurde, dass der M. nachhomerischen Ursprungs sei. Dass sich in Ilias und Odyssee keine ausdrückliche Erwähnung desselben findet, ist kein beweiskräftiges Argument. Zwar möchte ich die Tatsache selbst nicht mit Welcker[2]) wegen des blossen, dem Hades an drei Stellen der Ilias[3]) beigelegten, Epitheton κλυτόπωλος in Abrede stellen. Denn auch andre Götter fahren in der Ilias mit Rossen[4]), und wenn ein später Grammatiker[5]) dies Epitheton ebenfalls auf den Raub bezog, so liegt darin für unser Urteil noch weniger zwingendes, als wenn ein Pausanias[6]) das Epitheton χρυσήνιος, welches Pindar in seinem Hymnus auf Pers. dem Hades gegeben hatte, lediglich vom Raub der Pers. verstanden wissen will. Diese Analogie ist aus mehr als Einem Grunde nicht zutreffend. Denn erstens ist die Frage, ob Pindar den Mythus gekannt habe oder nicht, überhaupt nicht aufzuwerfen, da derselbe nachweislich vor ihm vielfache Behandlung besonders in der Hymnenpoesie erfahren hat, sodann sieht man deutlich aus der Redeweise des Pausanias, dass er oder sein Gewährsmann den Hymnus selbst vor Augen hatte und so von selbst

---

gegangen seien, aber dies war nur Ausfluss nationaler Eitelkeit und Rivalität gegen Attika (Solin c. 11). Auf dieselbe Quelle wird zurückzuführen sein die Angabe des Etym. Gud. p. 181 'Ελευσὶς διὰ τὴν Δήμητρος ἔλευσιν· ἐπεὶ γὰρ εὗρε τὸν καρπὸν ἐκ Κρήτης ἐλθοῦσα (so ist ἐλθούσης zu corrigiren). Darauf dass Demeter im homer. Hymn. v. 120 sq. in ihrer Verkleidung als alte Frau vorgibt aus Kreta gekommen zu sein, darf unmöglich Gewicht gelegt werden.

1) Anders Griech. Mythol. I., 623.
2) Zeitschr. f. Geschichte u. Auslegung der a. K. S. 1. Gr. Gött. I., 395 u. II., 474.
3) In der Formel
εὖχος ἐμοὶ δοίης, ψυχὴν δ' Ἄϊδι κλυτοπώλῳ
Il ε, 654. λ, 445. π, 625.
4) Zeus (Il ϑ, 41 u. 438), Hera (Il ε, 720. ϑ, 382. 433), Poseidon (Il ν, 23. Vergl. ψ, 307 u. 584).
5) Schol. z. Il ε, 654, danach Et. M. p. 520, 24.
6) Paus. IX, 23, 2 ἐν τούτῳ τῷ ἅσματι ἄλλαι τε ἐς τὸν Ἅϊδην εἰσὶν ἐπικλήσεις καὶ ὁ χρυσήνιος, δῆλα ὡς ἐπὶ τῆς Κόρης τῇ ἁρπαγῇ. Vergl. S. 63 u. 64.

auf die Beziehung des χρυσήνιος geführt wurde. Ohne das Vorhandensein dieser inneren Gründe wäre der Schluss, dass der Raub in dem Hymnus Pindars vorkam, ein unsichrer. Andrerseits ist aber dem Grundsatz, dass ein Mythus blos deshalb, weil er sich nicht in den homerischen Gedichten erwähnt finde, nachhomerischen Ursprungs sein müsse, durchaus zu widersprechen, und vielmehr anzuerkennen, dass es die Natur des Epos mit sich brachte, dass vieles, was dem Sänger bekannt war, nur deshalb unerwähnt blieb, weil sich keine Gelegenheit zu seiner Erwähnung bot. Und dieser Fall liegt hier vor. Persephone erscheint bereits als die Gemahlin des Hades, tritt aber der Natur der Erzählung zufolge, ebenso wie dieser, sehr zurück[1]: ihre Erwähnung beschränkt sich auf wenige Formeln, und nirgens treten sie handelnd oder redend auf. Gegen die Möglichkeit der Annahme aber, dass auch der homerische Hades die Persephone durch Entführung zu seinem Weibe gemacht habe, liegt weder in jenen Stellen noch im Geiste der homerischen Poesie überhaupt etwas. Endlich ist auch nicht zu übersehen, dass der M. in Hesiod's Theogonie v. 913 sq. schon in allen wesentlichen Zügen ausgebildet erscheint.

§ 2. Dem hohen Alter des M. entspricht seine frühe Verbreitung durch alle Länder griechischer Zunge. Ein sprechendes Zeugnis für diese ist zunächst die grosse Zahl der Orte, an welchen ein Cultus der Demeter und Pers. mit einer von diesem untrennbaren Feier des Raubes bestand.

Was der Rhetor Aristides von seiner Zeit sagt (Eleus. I. p. 416 D.) εἰς μέσον ποιηταὶ καὶ λογοποιοὶ καὶ συγγραφεῖς πάντες ὑμνοῦσι Κόρην τὴν Δήμητρος ἀφανῆ γενέσθαι, das wird mit geringer Einschränkung von der historischen Zeit überhaupt gelten: der M. wird in histor. Zeit in ganz Griechenland bekannt gewesen sein.

Sehr schwierig zu beantworten, aber unabweisbar ist die Frage, auf welchem Wege der M. diese allgemeine Verbreitung gefunden habe. Wie schon bemerkt, lässt sich nicht ohne gewaltsame Annahmen zeigen, dass derselbe von der einen pelasgischen Ansiedlung in Griechenland zu der andern gebracht worden, vielmehr hat sich mir nach mannichfachen Erwägungen als wahrscheinlich ergeben, dass derselbe, wie die Pelasger selbst, auf verschiedenen

---

[1] Vergl. Welcker Ztschr. S. 2. sq. u. Gr. Gött. I, 398.

Wegen, zu Lande und zu Wasser, an jene uralten Ansiedlungen in Griechenland gekommen sei: einmal wol über das Πελασγικὸν Ἄργος (Il. β, 681) und das dotische Gefilde Thessaliens, auf welchem Pelasger der Demeter einen dichten Hain pflanzten [1]), und über Böotien (Theben, Besitz der Demeter und Pers.[2]), welche es von Zeus als Hochzeitsgeschenk (ἀνακαλυπτήρια, ὀπτήρια) erhielt[3]), dessen Gründer Kadmos in seinem Hause der Demeter ein Heiligtum baute[4]), Lebadea mit dem Heiligtum der Demeter Europe[5]), Potniae)[6]) nach Athen; zur See vermutlich nach Eleusis, dem Ort der Ankunft der Demeter[7]), und Megara, wohin Kar den Demeterdienst brachte[8]), und gewis nach Argolis, an dessen Küsten, besonders in Hermione[9]), Karer, d. i. Pelasger[10]), sich ansiedelten und der Bruder des Kar, Klymenos, den Dienst der Göttin brachte.[11]) Von diesen Küstenansiedlungen aus drang der Cultus nach dem Innern vor: nach Argos selbst, das seinen von Pelasgos gegründeten Demeterdienst für den ältesten, auch für älter als den attischen erklärte[12]), nach Troezene, dessen Demetertempel von Althepos, dem Sohn des Poseidon, gebaut sein sollte[13]), nach Pellene[14]), nach Arkadien[15]) (Phigalia mit dem uralten Bilde der Demeter Melaina[16]), von da nach dem triphylischen Pylos[17]), in dessen Nähe

---

1) Callim. h. in Cer. 26.
2) Eur. Phoen. 683.
3) Schol. z. Eur. l. l. Euphor. fr. 48 Mein. Vergl. Her. IX, 57. 62. Xen. Hell. V, 2, 29. Plut. Aristid. 11. Paus. IX, 25, 5.
4) Paus. IX, 16, 5.
5) Paus. IX, 39, 4.
6) Paus. IX, 8, 1.
7) Etym. Gud. p. 181.
8) Paus. I, 39, 5 u. 40, 6.
9) Paus. II, 35, 4 sq. Aelian h. n. XI, 4 nach Aristokles (Müller fr. hist. IV, 330).
10) Strab. XIV. p. 661.
11) Aristot. bei Strab. VIII. p. 374.
12) Paus. I, 14, 2.
13) Paus. II, 32, 8. Einen Demetertempel in Eileoi auf dem Wege von Hermione nach Troezene sah Paus. II, 34, 6, einen zweiten in Buporthmos II, 34, 8.
14) Paus. VII, 27, 9.
15) Her. II. 171.
16) Paus. VIII, 42, 1—4 u. 5, 8. Heiligtümer der Demeter u. Kora waren auch in Akakesion (Paus. VIII, 37, 1—5), Pallantion (Paus. VIII, 44, 5), Tegea (Paus. VIII, 53, 9).
17) Triphylos war Sohn des Arkas. Paus X, 9, 5.

sich der Berg Minthe, ein weitberühmter Hain der Demeter und Kora und ein Temenos des Hades befand[1], vielleicht auch nach Andania in Messene und nach Lakedaimon[2]. Aber auch von Attika aus fand der Demeterdienst in alter Zeit Eingang im Peloponnes, wenigstens im nördlichen Teile desselben: in Aegialeia[3], dem nachmaligen Sikyon, dessen Gründung durch Pelasger von Attika aus erfolgt sein soll[4]), vielleicht auch in Aegion[5]) und, von Megara aus, in Korinth[6]), sicher aber in späterer Zeit, nachdem die alten $τελεταί$ im Peloponnes durch die dor. Wanderung in Verfall geraten waren[7]), von Eleusis aus in Phlius[8]), Keleai[9]), nach Arkadien, dessen Heros eponymos Arkas das Getreide von Triptolemos erhalten haben sollte[10]), in Pheneos[11]), Thelpusa[12]), Basilis[13]), Megalopolis[14]), nach Andania[15]), nach Lakonien[16]), nach Lerna[17]) in Argolis, nach Thera[18]) und Kreta[19]). Ebenso wurde der eleusin. Cult nach Norden verpflanzt, nach Plataeae[20]) und

---

1) Strab. VIII p. 344.
2) Paus. III, 13, 2. Plut. Lyc. c. 37. Hesych s. v. $ἐπικρήναια$ und $τριήμερος$. C. I. Gr. n. 1434 und 1435. Ein Demeterheiligtum in Aegila erwähnt Paus. IV, 17, 1.
3) Paus. II, 11, 2 u. 3. Hesych s. v. $ἐπωπίς$.
4) Her. VII, 94. Strab. VIII. p. 383.
5) Paus. VII, 24, 2 u. 3.
6) Hesych s. v. $ἐποικιδία$. Plut. Timol. c. 8. Diod. S. XVI, 66.
7) Her. II, 171.
8) Paus. II, 14, 1.
9) Paus. II, 14, 2 u. 12, 4 sq.
10) Paus. VIII, 4, 1.
11) Paus. VIII, 15, 1—4.
12) Paus. VIII, 25, 2.
13) Paus. VIII, 29, 5.
14) Paus. VIII, 31, 7 u. 36, 6.
15) Paus. IV, 1, 4 sq. (Append. epigr. 192). Sauppe Mysterieninschrift von Andania (Abh. der Gött. Ges. d. Wiss. VIII, 221).
16) Paus. III, 20, 5 u. 6. Aber ein $ἀγὼν$ $Ἐλευσίνιος$ in Sparta (Welcker, Gr. Gött. II, 547) ist aus Hesych s. v. $Ἐλευσίνια$ nicht zu entnehmen.
17) C. I. Gr. 405 = Append. epigr. 145. Anthol. Pal. IX, 688. Vergl. Liban. pro Aristoph. I. p. 427 R.
18) C. I. Gr. 2448, II, 9 u. III, 4.
19) C. I. Gr. 2554, 10 u. 182.
20) Paus. IX, 4, 3 u. 4. Vergl. Her. IX, 62 u. 63. Ps. Callist. II, 1.

Hysiae am Fusse des Kithäron[1]), nach Osten in die klein-asiatischen Colonien Ephesos[2]), Mykale[3]), zuletzt auch nach Alexandria[4]); von Athen nach Delos[5]), Erythrae[6]), Abdera[7]), Milet[8]) und von diesem nach Kyzikos[9]), Lampsakos[10]), bis nach Pantikapäon[11]), endlich nach Westen durch Chalcis nach Sicilien (Katana)[12]) und Unter-Italien (Neapolis[13]) und Thurioi[14]), durch Phokäa nach Hyele, dem späteren Velia, und von diesen zuletzt nach Rom[15]). Bedeutsamer wurde der Einfluss, welchen nach Westen die Ansiedlungen der dorischen Städte übten: Megara nach Selinus, welches die Demeter $Μαλοφόρος$ und vermutlich auch die $Πασικράτεια$ (Persephone?) aus der Mutterstadt erhielt[16]), Korinth nach Syrakus[17]), dieses nach Akrae und Henna, Sparta nach Locri Epizephyrii[18]), dieses nach Hipponion (Vibo)[19]), endlich Telos, welches, wie das am triopischen Vorgebirge gelegene Knidos und Kos[20]), den Demetercult vom

---

1) Plut. Aristid. c. 11.
2) Strab. XIV p. 633. Vergl. Her. VI, 16.
3) Her. IX, 97 u. 101.
4) Polyb. XV, 27 u. 29. Himer. or. XIV § 8. Epiphan. fr. Philol. XVI, 355. Suidas s. v. $Καλλίμαχος$. Schol. z. Callim. h. in Cer. 1. Schol. z. Arat. Phaen. 150. Strab. XVII p. 800.
5) Athen. III p. 109 f.
6) Vergl. die Münzen der Stadt mit dem Typus der suchenden Mutter § 46.
7) Athen. II p. 46 e. Vergl. Diog. L. IX § 43.
8) Steph. Byz s. v. Lact. inst. div. II, 7, 19. Parthen. erot. c. 8. Vergl. Diog. L. IX § 43.
9) Appian Mithr. c. 75. Plut. Lucull c. 10. Porphyr. de abstin. I § 25 und die Inschrr., auf welche Welcker Gr. Gött. II, 534 hinweist. Vergl. S. 14 A. 6).
10) Vergl. die Münzen der Stadt mit der aufsteigenden Persephone § 50.
11) C. I. Gr. 2106, 2107 u. 2108.
12) Cic. in Verr. IV, 45 § 99. Preller Dem. S. 175. Vergl. die Münzen der Stadt mit dem Typus der suchenden Demeter § 46.
13) Stat. Silv. IV, 8, 50. Cic. p. Balb. c. 24.
14) Vergl. die Münzen der Stadt mit dem Kopf der Demeter.
15) Cic. p. Balb. c. 24. Valer. Max. I, 1, 1. Vergl. Dion. Hal. I, 33.
16) Vergl. Paus. I, 44, 3 u. die im Jahre 1871 gefundene selinunt. Inschrift, welche zuletzt von Benndorf Metopen v. Selinunt S. 31 besprochen worden ist.
17) Paus. II, 4, 7.
18) Paus. III, 3, 1.
19) Strab. VI p. 256. Vergl. Exc. II.
20) Schol. z. Theocr. id. VII, 5.

Dotischen Gefilde erhalten hatte[1]), nach Gela[2]), dieses nach Akragas, ‚dem Sitz der Persephone' (Pind. Pyth. XII, 1), welchen sie von Zeus zur Morgengabe empfangen hatte[3]). Ob Dorer den M. auch nach Osten, nach dem karischen Nysa, einer Pflanzstadt von Lacedämon[4]), gebracht haben, oder ob derselbe im ‚nysischen Gefilde' (Hom. h. in Cer. 16)[5]) von Alters her lokalisirt geblieben ist, lässt sich schwer entscheiden. Sicherer scheint, dass er sich von da auch ins Innere der Landschaften Karien, Ionien, Lydien, ja selbst nach Bithynien, Phrygien, Pamphylien, Pisidien und Cilicien verbreitete[6]).

Nach Kreta endlich scheint der Demetercult aus Asien von den Pelasgern[7]) gebracht zu sein. Hier einigte sich die Göttin in Lieb und Lager mit Iasion (Od. ε, 125) und gebar ihm den Plutos[8]), hier erfolgte das Wachstum der ersten Saaten[9]), von hier verbreitete Iasion ihren Dienst nach der kret. Sage überallhin[10]),

---

1) Callim. h. in Cer. 25.
2) Her. VII, 153.
3) Schol. z. Pind. Ol. II, 16. Polyaen V, 1, 1. Vergl. Schubring, Akragas S. 62. — Diod. Sic. V, 2. Plut. Timol. c. 8. Nonn. Dion. XXX, 69. Scholl. z. Pind. Ol. VI, 160. Nem. I, 20. Pollux I, 37 nennen ganz Sicilien als Hochzeitsgeschenk. Die Pindarscholl. lagen auch dem Natalis Comes vor, wenn dieser aber Mythol. III, 16 nach ‚*Theagenes et Apollodorus Cyrenaicus in libro I de diis*' die von Müller fr. hist. gr. IV, 511 unter die Fragmente des Macedonier Theagenes aufgenommene Angabe vorbringt, Zeus habe Sicilien der Pers. geschenkt, um sie — wol wegen des Raubes — zu versöhnen, so beruht diese teils auf Misverständnis des Ausdruckes ἀνακαλυπτήρια, teils auf Fälschung jenes ‚nobilis testimoniorum fabricator' (Schoemann Ind. lectt. Gryphisw. 1858/59 p. 14 not.) Vergl. Dorschel qualem in usurpandis veterum scriptorum testimoniis Natalis Comes praestiterit fidem, Gryphisw. 1862 p. 33 not. 16.
4) Strab. XIV p. 650.
5) Vergl. Excurs I.
6) Vergl. die Verzeichnisse der Münzen mit dem Typus des Raubes der Pers. u. der suchenden Demeter § 28 u. 46.
7) Od. τ, 177. Strab. X p. 475. Dion. Hal. I, 18. Diod. Sic. V, 80. Et. M. s. v. τριχάϊκες. Vergl. Höck, Kreta I, 147—152. II, 14 sq.
8) Hes. theog. 969. Diod. S. V, 77.
9) Solin c. 11. Die Getreidefrucht hiess in Kreta δηαί (Et. M. p. 264, 12), wonach die Göttin Δηώ genannt sein sollte, wie vielleicht auch Δημήτηρ. Vergl. Preller Dem. S. 368. Ahrens dial. dor. p. 80. G. Curtius gr. Etym. S. 484⁵.
10) Arrian bei Eustath. z. Hom. p. 1528, 14. Vergl. S. 4 A. 15).

glaubhafter Tradition zufolge nach Paros[1]), welches die Namen
Δημητριάς und *Μινῴα*[2]) führte, denn Parios heisst der Sohn des
Iasion[3]), von Paros nach Thasos[4]), von da nach Krenides, dem
spätern Philippi in Macedonien[5]).

Ein starker Beweis der intensiven Verbreitung des M. liegt
aber darin, dass wenigstens ein grosser Teil der genannten Oertlichkeiten, an welchen der Cultus seit alter Zeit bestand, den M.
auch bei sich lokalisirte, indem sie die Ueberraschung der Pers.
auf einer ihrer Triften oder die Entführung von der Oberwelt durch
eine ihrer Höhlen, die Aufnahme der suchenden Demeter und die
Entdeckung des Raubes durch einen ihrer Bewohner — dessen
Nachkommen in der Regel das Priestertum der Göttinnen verwalteten — oder die Rückkehr der Pers. aus der Unterwelt bei
sich geschehen sein liessen, oder endlich irgend welche lokale Verhältnisse mit einem Ereignis des M. in Verbindung brachten. Trotzdem die Tochterstadt nicht selten, wie natürlich, die Anschauung
der Mutterstadt nur an ihr neues Lokal knüpfte, rollt sich doch
vor uns ein höchst mannichfaltiges Bild solcher Einzel-Sagen und
Legenden auf.

Dass Kreta beanspruchte Lokal des Raubes gewesen zu sein,
hatte schon Bacchylides gesungen[6]); auf der von ihr colonisirten
Insel Paros sollte Kabarnos der Demeter den Raub der Tochter
angezeigt und so der Insel den Namen Kabarnis gegeben haben[7]);
in der Nähe von Krenides sollte Pers. beim Blumenlesen überrascht worden und am Flusse Zygaktes der Wagen, auf welchem
Pluton sie entführte, gebrochen sein[8]).

Mit den stärksten Banden ist der M. an Attika gefesselt.

---

1) Steph. Byz. s. v. *Πάρος*. Hom. h. in Cer. 491. Her. VI, 134. C. I. Gr.
2557, bes. Z. 22.
2) Steph. Byz. l. l. u. Plin. h. n. IV, 57.
3) Arrian l. l.
4) Paus. X, 28, 3.
5) Diod. S. XVI, 3. Appian b. c. IV, 105.
6) Schol. z. Hes. theog. 914 (Gaisford poet. gr. min. III, 442). Tzetzes, der
aus Proclus schöpft, zu Opp. 33 u. nach diesem Endocia (Villoison Anecd. Gr. I, 109).
7) Nicanor *ἐν ταῖς μετονομασίαις* bei Steph. Byz. s. v. *Πάρος*. Vergl. Schol.
z. Arist. Av. 1764. Hesych s. v. *Κάβαρνοι*. Suidas s. v. *ὀργεῶνες*. Antimach.
Coloph. fr. 2. Bergk. C. I. Gr. 2384. 2388. 2415, 15.
8) Appian b. c. IV, 105.

sich der Berg Minthe, ein weitberühmter Hain der Demeter und Kora und ein Temenos des Hades befand[1]), vielleicht auch nach Andania in Messene und nach Lakedaimon[2]). Aber auch von Attika aus fand der Demeterdienst in alter Zeit Eingang im Peloponnes, wenigstens im nördlichen Teile desselben: in Aegialeia[3]), dem nachmaligen Sikyon, dessen Gründung durch Pelasger von Attika aus erfolgt sein soll[4]), vielleicht auch in Aegion[5]) und, von Megara aus, in Korinth[6]), sicher aber in späterer Zeit, nachdem die alten τελεταί im Peloponnes durch die dor. Wanderung in Verfall geraten waren[7]), von Eleusis aus in Phlius[8]), Keleai[9]), nach Arkadien, dessen Heros eponymos Arkas das Getreide von Triptolemos erhalten haben sollte[10]), in Pheneos[11]), Thelpusa[12]), Basilis[13]), Megalopolis[14]), nach Andania[15]), nach Lakonien[16]), nach Lerna[17]) in Argolis, nach Thera[18]) und Kreta[19]). Ebenso wurde der eleusin. Cult nach Norden verpflanzt, nach Plataeae[20]) und

---

1) Strab. VIII p. 344.
2) Paus. III, 13, 2. Plut. Lyc. c. 37. Hesych s. v. ἐπικρήναια und τριήμερος. C. I. Gr. n. 1434 und 1435. Ein Demeterheiligtum in Aegila erwähnt Paus. IV, 17, 1.
3) Paus. II, 11, 2 u. 3. Hesych s. v. ἐπωπίς.
4) Her. VII, 94. Strab. VIII. p. 383.
5) Paus. VII, 24, 2 u. 3.
6) Hesych s. v. ἐποικιδία. Plut. Timol. c. 8. Diod. S. XVI, 66.
7) Her. II, 171.
8) Paus. II, 14, 1.
9) Paus. II. 14, 2 u. 12, 4 sq.
10) Paus. VIII, 4, 1.
11) Paus. VIII, 15, 1—4.
12) Paus. VIII, 25, 2.
13) Paus. VIII, 29, 5.
14) Paus. VIII, 31, 7 u. 36, 6.
15) Paus. IV, 1, 4 sq. (Append. epigr. 192). Sauppe Mysterieninschrift von Andania (Abh. der Gött. Ges. d. Wiss. VIII, 221).
16) Paus. III, 20, 5 u. 6. Aber ein ἀγὼν Ἐλευσίνιος in Sparta (Welcker, Gr. Gött. II, 547) ist aus Hesych s. v. Ἐλευσίνια nicht zu entnehmen.
17) C. I. Gr. 405 = Append. epigr. 145. Anthol. Pal. IX, 688. Vergl. Liban. pro Aristoph. I. p. 427 R.
18) C. I. Gr. 2448, II, 9 u. III, 4.
19) C. I. Gr. 2554, 10 u. 182.
20) Paus. IX, 4, 3 u. 4. Vergl. Her. IX, 62 u. 63. Ps. Callist. II, 1.

Hysiae am Fusse des Kithäron [1]), nach Osten in die klein-asiatischen Colonien Ephesos [2]), Mykale [3]), zuletzt auch nach Alexandria [4]); von Athen nach Delos [5]), Erythrae [6]), Abdera [7]), Milet [8]) und von diesem nach Kyzikos [9]), Lampsakos [10]), bis nach Pantikapäon [11]), endlich nach Westen durch Chalcis nach Sicilien (Katana) [12]) und Unter-Italien (Neapolis [13]) und Thurioi [14]), durch Phokäa nach Hyele, dem späteren Velia, und von diesen zuletzt nach Rom [15]). Bedeutsamer wurde der Einfluss, welchen nach Westen die Ansiedlungen der dorischen Städte übten: Megara nach Selinus, welches die Demeter $Μαλοφόρος$ und vermutlich auch die $Πασικράτεια$ (Persephone?) aus der Mutterstadt erhielt [16]), Korinth nach Syrakus [17]), dieses nach Akrae und Henna, Sparta nach Locri Epizephyrii [18]), dieses nach Hipponion (Vibo) [19]), endlich Telos, welches, wie das am triopischen Vorgebirge gelegene Knidos und Kos [20]), den Demetercult vom

---

1) Plut. Aristid. c. 11.
2) Strab. XIV p. 633. Vergl. Her. VI, 16.
3) Her. IX, 97 u. 101.
4) Polyb. XV, 27 u. 29. Himer. or. XIV § 8. Epiphan. fr. Philol. XVI, 355. Suidas s. v. $Καλλίμαχος$. Schol. z. Callim. h. in Cer. 1. Schol. z. Arat. Phaen. 150. Strab. XVII p. 800.
5) Athen. III p. 109 f.
6) Vergl. die Münzen der Stadt mit dem Typus der suchenden Mutter § 46.
7) Athen. II p. 46 e. Vergl. Diog. L. IX § 43.
8) Steph. Byz s. v. Lact. inst. div. II, 7, 19. Parthen. erot. c. 8. Vergl. Diog. L. IX § 43.
9) Appian Mithr. c. 75. Plut. Lucull c. 10. Porphyr. de abstin. I § 25 und die Inschrr., auf welche Welcker Gr. Gött. II, 534 hinweist. Vergl. S. 14 A. 6).
10) Vergl. die Münzen der Stadt mit der aufsteigenden Persephone § 50.
11) C. I. Gr. 2106, 2107 u. 2108.
12) Cic. in Verr. IV, 45 § 99. Preller Dem. S. 175. Vergl. die Münzen der Stadt mit dem Typus der suchenden Demeter § 46.
13) Stat. Silv. IV, 8, 50. Cic. p. Balb. c. 24.
14) Vergl. die Münzen der Stadt mit dem Kopf der Demeter.
15) Cic. p. Balb. c. 24. Valer. Max. I, 1, 1. Vergl. Dion. Hal. I, 33.
16) Vergl. Paus. I, 44, 3 u. die im Jahre 1871 gefundne selinunt. Inschrift, welche zuletzt von Benndorf Metopen v. Selinunt S. 31 besprochen worden ist.
17) Paus. II, 4, 7.
18) Paus. III, 3, 1.
19) Strab. VI p. 256. Vergl. Exc. II.
20) Schol. z. Theocr. id. VII, 5.

Dotischen Gefilde erhalten hatte[1]), nach Gela[2]), dieses nach Akragas, ‚dem Sitz der Persephone' (Pind. Pyth. XII, 1), welchen sie von Zeus zur Morgengabe empfangen hatte[3]). Ob Dorer den M. auch nach Osten, nach dem karischen Nysa, einer Pflanzstadt von Lacedämon[4]), gebracht haben, oder ob derselbe im ‚nysischen Gefilde' (Hom. h. in Cer. 16)[5]) von Alters her lokalisirt geblieben ist, lässt sich schwer entscheiden. Sicherer scheint, dass er sich von da auch ins Innere der Landschaften Karien, Ionien, Lydien, ja selbst nach Bithynien, Phrygien, Pamphylien, Pisidien und Cilicien verbreitete[6]).

Nach Kreta endlich scheint der Demetercult aus Asien von den Pelasgern[7]) gebracht zu sein. Hier einigte sich die Göttin in Lieb und Lager mit Iasion (Od. ε, 125) und gebar ihm den Plutos[8]), hier erfolgte das Wachstum der ersten Saaten[9]), von hier verbreitete Iasion ihren Dienst nach der kret. Sage überallhin[10]),

---

1) Callim. h. in Cer. 25.
2) Her. VII, 153.
3) Schol. z. Pind. Ol. II, 16. Polyaen V, 1, 1. Vergl. Schubring, Akragas S. 62. — Diod. Sic. V, 2. Plut. Timol. c. 8. Nonn. Dion. XXX, 69. Scholl. z. Pind. Ol. VI, 160. Nem. I, 20. Pollux I, 37 nennen ganz Sicilien als Hochzeitsgeschenk. Die Pindarscholl. lagen auch dem Natalis Comes vor, wenn dieser aber Mythol. III, 16 nach ‚*Theagenes et Apollodorus Cyrenaicus in libro 1 de diis*' die von Müller fr. hist. gr. IV, 511 unter die Fragmente des Macedonier Theagenes aufgenommene Angabe vorbringt, Zeus habe Sicilien der Pers. geschenkt, um sie — wol wegen des Raubes — zu versöhnen, so beruht diese teils auf Misverständnis des Ausdruckes $\dot{\alpha}\nu\alpha\kappa\alpha\lambda\upsilon\pi\tau\dot{\eta}\rho\iota\alpha$, teils auf Fälschung jenes ‚nobilis testimoniorum fabricator' (Schoemann Ind. lectt. Gryphisw. 1858/59 p. 14 not.) Vergl. Dorschel qualem in usurpandis veterum scriptorum testimoniis Natalis Comes praestiterit fidem, Gryphisw. 1862 p. 33 not. 16.
4) Strab. XIV p. 650.
5) Vergl. Excurs I.
6) Vergl. die Verzeichnisse der Münzen mit dem Typus des Raubes der Pers. u. der suchenden Demeter § 28 u. 46.
7) Od. τ, 177. Strab. X p. 475. Dion. Hal. I, 18. Diod. Sic. V, 80. Et. M. s. v. $\tau\rho\iota\chi\acute{\alpha}\ddot{\iota}\kappa\varepsilon\varsigma$. Vergl. Höck, Kreta I, 147—152. II, 14 sq.
8) Hes. theog. 969. Diod. S. V, 77.
9) Solin c. 11. Die Getreidefrucht hiess in Kreta $\delta\eta\alpha\acute{\iota}$ (Et. M. p. 264, 12), wonach die Göttin $\varDelta\eta\acute{\omega}$ genannt sein sollte, wie vielleicht auch $\varDelta\eta\mu\acute{\eta}\tau\eta\rho$. Vergl. Preller Dem. S. 368. Ahrens dial. dor. p. 80. G. Curtius gr. Etym. S. 484⁵.
10) Arrian bei Eustath. z. Hom. p. 1528, 14. Vergl. S. 4 A. 15).

glaubhafter Tradition zufolge nach Paros[1]), welches die Namen *Δημητριάς* und *Μινώα*[2]) führte, denn Parios heisst der Sohn des Iasion[3]), von Paros nach Thasos[4]), von da nach Krenides, dem spätern Philippi in Macedonien[5]).

Ein starker Beweis der intensiven Verbreitung des M. liegt aber darin, dass wenigstens ein grosser Teil der genannten Oertlichkeiten, an welchen der Cultus seit alter Zeit bestand, den M. auch bei sich lokalisirte, indem sie die Ueberraschung der Pers. auf einer ihrer Triften oder die Entführung von der Oberwelt durch eine ihrer Höhlen, die Aufnahme der suchenden Demeter und die Entdeckung des Raubes durch einen ihrer Bewohner — dessen Nachkommen in der Regel das Priestertum der Göttinnen verwalteten — oder die Rückkehr der Pers. aus der Unterwelt bei sich geschehen sein liessen, oder endlich irgend welche lokale Verhältnisse mit einem Ereignis des M. in Verbindung brachten. Trotzdem die Tochterstadt nicht selten, wie natürlich, die Anschauung der Mutterstadt nur an ihr neues Lokal knüpfte, rollt sich doch vor uns ein höchst mannichfaltiges Bild solcher Einzel-Sagen und Legenden auf.

Dass Kreta beanspruchte Lokal des Raubes gewesen zu sein, hatte schon Bacchylides gesungen[6]); auf der von ihr colonisirten Insel Paros sollte Kabarnos der Demeter den Raub der Tochter angezeigt und so der Insel den Namen Kabarnis gegeben haben[7]); in der Nähe von Krenides sollte Pers. beim Blumenlesen überrascht worden und am Flusse Zygaktes der Wagen, auf welchem Pluton sie entführte, gebrochen sein[8]).

Mit den stärksten Banden ist der M. an Attika gefesselt.

---

1) Steph. Byz. s. v. *Πάρος*. Hom. h. in Cer. 491. Her. VI, 134. C. I. Gr. 2557, bes. Z. 22.
2) Steph. Byz. l. l. u. Plin. h. n. IV, 67.
3) Arrian l. l.
4) Paus. X, 28, 3.
5) Diod. S. XVI, 3. Appian b. c. IV, 105.
6) Schol. z. Hes. theog. 914 (Gaisford poet. gr. min. III, 442). Tzetzes, der aus Proclus schöpft, zu Opp. 33 u. nach diesem Eudocia (Villoison Anecd. Gr. I, 109).
7) Nicanor *ἐν ταῖς μετονομασίαις* bei Steph. Byz. s. v. *Πάρος*. Vergl Schol. z. Arist. Av. 1764. Hesych s. v. *Κάβαρνοι*. Suidas s. v. *ὀργεῶνες*. Antimach. Coloph. fr. 2. Bergk. C. I. Gr. 2384. 2388. 2415, 15.
8) Appian b. c. IV, 105.

Hier war der Raub selbst vor sich gegangen[1]), hier, an der ehernen Schwelle beim Kolonos Hippios[2]) oder am Erineos bei Eleusis[3]), war Pluton mit Pers. herabgefahren, hier liess sich Demeter von ihren Irrwegen ermüdet nieder auf dem ‚lachlosen Stein‘ ($ἀγέλαστος\ πέτρα$[4]) neben dem ‚Schönreigen- oder Jungfern-Brunnen‘($Καλλίχορον$ oder $Παρθένιον\ φρέαρ$[5]) oder auf dem ‚Blumenbrunnen‘ ($φρέαρ\ Ἄνθιον$) auf dem Wege von Eleusis nach Megara[6]), hier fand sie gastliche Aufnahme im Hause des Keleos[7]) oder Hippothoon[8]) oder Eleusinos[9]) oder Dysaules[10]) und Triptolemos[11]), oder im Hause des Phytalos im Demos Lakkiadai[12]) oder in der Hütte der Misme[13]); hier erfuhr sie, wer

---

1) Phanodemos fr. 20. (Müller fr. hist. I, 369).
2) Schol. z. Soph. Oed. Col. 1590 u. 1593.
3) Paus. I, 38, 5. Vergl. Orph. h. 18, 15.
4) Apollod. I, 5, 1. Zenob. cent. I, 7. Diogenian I, 8. Apostol. I, 12. Arsen. I, 24. Procl. chrestom. bei Phot. bibl. 319 b. Schol. z. Arist. Eq. 785. Hesych s. v. $ἀγέλαστος\ πέτρα$. Suidas s. v. $Σαλαμῖνος$ u. $βάραθρον$. Bekker Anecd. I, 337, 7. Bachm. Anecd. I, 22, 13. Ovid Fast. IV, 504 *saxum triste*.
5) Apollod. I, 5, 1. Callim. h. in Cer. 16. Nicand. Ther. 486. Hom. h. in Cer. 272 u. 99. Vergl. Paus. I. 38, 6. Für die von Seiler z. Alciphr. ep. III, 69 geläugnete Identität beider Brunnen ist besonders Orph. Arg. 733 beweisend. Vergl. Baumeister z. Hom. h. in Cer. 99.
6) Da Paus. I, 39, 1 dies $φρέαρ\ Ἄνθιον$ ausdrücklich von dem $Καλλίχορον$ in Eleusis selbst (I, 38, 6) scheidet, so kann ich der von E. Curtius (Griech. Quell- u. Brunnen-Inschriften Abh. der Gött. Ges. d. W. VIII, 155) vorgeschlagenen Identificirung des $Παρθένιον$ mit dem $Ἄνθιον$ nicht zustimmen, so sehr ich sein Prinzip für richtig halte und in der voranstehenden Anmerkung selbst geltend gemacht habe. Ruhnkens Versuch das $φρέαρ\ Ἄνθιον$ bei Paus. durch Conjektur in das $Παρθένιον$ zu verwandeln ist ebenso unstatthaft wie das umgekehrte Verfahren neuerer Kritiker, das $Παρθένιον$ des homer. Hymn. durch Annahme einer Interpolation oder durch Conjektur zu beseitigen.
7) Hom. h. in Cer. 184 sq. Apollod. I, 5, 1. Myth. Vat. I, 8. II, 96. Schol. Bern. z. Verg. Georg. I, 163. Lact. z. Stat. Theb. VII, 407.
8) Schol. z. Nicand. Alex. 130.
9) Hygin fab. 147. Myth. Vat. II, 97. Serv. z. Georg. I, 19. (Thilo Progr. des Waisenhauses in Halle 1866 S. 13 u. 14). Lact. z. Stat. Theb. II, 382 u. XII, 628.
10) Paus. I, 14, 5. Harpocr. s. v.
11) Panyasis bei Apollod. I, 5, 2.
12) Paus. I, 37, 2.
13) Nicand. heter. fr. 56 p. 63. Schn. Lact. narr. fab. V, 7.

ihr die Tochter entführt habe, durch Keleos[1]) oder durch die Hirten Triptolemos und Eubuleus[2]), hier rief sie der Tochter am ‚Rufstein' (ἀνακλήθρα oder ἀνακληθρὶς πέτρα[3]) in Megara, hier endlich — in Eleusis — erlangte sie die auf weissen Rossen aus der Unterwelt emporsteigende Tochter wieder[4]).

In der Sage von Aegialeia trat Plemnaios an die Stelle des attischen Keleos, sein Sohn Orthopolis an die des Triptolemos[5]), und zur Belohnung dafür, dass Demeter von den Bewohnern der Gegend den Raub erfuhr, erliess sie ihnen das Fährgeld über den Acheron[6]).

Ebenso wies Argos, die Rivalin Attikas in Bezug auf das Alter des Demeterdienstes[7]), mehr als Ein Erinnerungsmal an den Raub auf. Am Flusse Cheimarros bei Lerna[8]) wurde die Stelle gezeigt, an welcher Pluton in die Unterwelt gefahren sein sollte[9]), und verschiedene Orte bewahrten das Andenken an den Aufenthalt der die Tochter suchenden Demeter: Argos selbst in dem Hause des Pelasgos[10]) oder des Atheras[11]), Mysia in dem Hause des Mysios[12]), Troezene[13]); hier erfuhr auch Demeter den Raub

---

1) Schol. z. Arist. Eq. 698. z. Aristid. Panath. p. 53 D. Myth. Vat. II, 96. Nonn. z. Greg. Naz. bei Mai Spicil. Rom. II, 382.

2) Paus. I, 14, 5. Macedon. Anthol. Pal. XI, 59, 4 sq. Nonn. z. Greg. Naz. invect. (Westerm. mythogr. p. 367). Tzetz. z. Hes. opp. 32. Eudoc. p. 109. Vergl. Isocr. Panegyr. § 28.

3) Paus. I, 43, 2. Et. M. 96, 29.

4) Tzetz. z. Hes. opp. 33. Eudoc. p. 110. Himer. or. II, 5. Vergl. Aristid. Eleus. 257 u. 259 (I p. 416 u. 422 D.).

5) Paus. II, 5, 6 u. 8. 11, 2. VII, 1, 1, welche Stellen gegen die Ansicht Naekes (Rh. M. V, 69) sprechen, dass Αἰγιαλός bei Suidas s. v. πορθμήιον als Nomen appellativum zu fassen und von der hermionens. Küste zu verstehen sei.

6) Suidas s. v. πορθμήιον, der sich auf Callimachus (fr. 110 Bentl.) bezieht. Vergl. Et. M. s. v. Δανάκης.

7) Paus. I, 14, 2.

8) Irrtümlich nennt Welcker Gr. Gött. II, 479 Asine.

9) Paus. II, 36, 7. Im Zusammenhang damit stand wol die Tradition, welche den Triptolemos zum Sohne dieses Cheimarros, des Sohnes des Ares und der Polyhymnia, machte (Schol. z. Hes. opp. v. 1. bei Gaisf. poet. gr. min. III p. 25). Vergl. Strube Studien über d. Bilderkr. von Eleusis S. 101.

10) Paus. I, 14, 2.

11) Paus. II, 35, 4.

12) Paus. II, 18, 3. 35, 4. VII, 27, 9.

13) Didymos bei Zenob. IV, 20 ἡ Ἀμαία τὴν Ἀξησίαν μετῆλθεν, excerpirt von

durch die Argiverin Chrysanthis¹) oder durch Bewohner von Hermione²).

In Arkadien waren die gastlichen Häuser des Trisaules und Damithales zu Pheneos³), das seine Cultustraditionen auf Eleusis zurückführte, auf dem Berge Elaïon bei Phigalia die Höhle, in welcher sich Demeter, in Trauergewänder gehüllt, zurückgezogen hielt, bis sie Pan, der arkadische Landesgott (ἅτε τοῖς Ἀρκάσιν ἐπιχώριος Paus. VIII, 26, 2) gewahrte und den Zeus benachrichtigte, welcher die Moirai schickte, sie wegen des Unvermeidlichen zu begütigen⁴).

In Klein-Asien sollte der Raub erfolgt sein auf dem Gefilde von Nysa⁵), und in der Umgegend von Kyzikos⁶); auf Kos sollte Demeter im Hause des Königspaares Eurypylos und Klytia Aufnahme gefunden haben⁷).

Aber auch in Sicilien, wohin der Dienst der D. und P. verhältnismässig am spätesten gelangte, war der mythenbildende Trieb des Volksgeistes noch so lebendig und kräftig, dass in kurzer Zeit die ganze Insel mit den Fäden des Mythus überzogen war. Und zwar scheint Syrakus, wie die älteste der Colonien, so auch der Ausgangspunkt für die Verbreitung des M. gewesen zu sein.

Plut. prov. Alex. c. 41, Apostol. II, 54, Arsen. III, 32, Suidas s. v. Ἀξησία. O. Müllers (Aegin. p. 171) Conjektur Δαμία τὴν Αὔξησίαν ist unzulässig. Vergl. Hesych. s. v. Ἀξησία u. Bekker Anecd. I, 348.

1) Paus. I, 14, 3.
2) Apollod. I, 5, 1. Schol. z. Arist. Eq. 795 (782). Zenob. prov. I, 7. Vergl. Strab. VIII p. 373. Paus. II, 35, 3 u. 7. Orph. Arg. 1141.
3) Paus. VIII, 15, 3 u. 4. Vergl. 21, 2. Schol. z. Pind. Ol. VII, 153. Steph. Byz. s. v. Ἀρκαδία.
4) Paus. VIII, 42, 2. Mit diesem Aufenthalt brachte der arkadische ἱερὸς λόγος, wie er auch in dem ἕδος der Μέλαινα mit Pferdekopf und Mähne angedeutet sein sollte (s. § 24) die μίξις des Poseidon mit Demeter und ihre Verwandlung in eine Stute in Zusammenhang, aber die weitere Ausschmückung, dass D. das Wasser der Styx, welches ihr dieses ihr Bild zeigte, schwarz machte, beruht gewis nur auf Erfindung des Schwindler Ptolomaeus. (Nov. Hist. III p. 186 W.). Vergl. Hercher J. J. Suppl. I, 283 u. Rosenberg, die Erinyen S. 25 sq.
5) Hom. h. in Cer. 16. Vergl. Strab. XIV p. 649 u. Eur. Hel. 1324.
6) Prop. IV (III), 22, 1 sq. Anthol. Lat. VI, 77, 11 u. 12 (II p. 550 B. II p. 244 M.). Vergl. S. 9. A. 9) und die Münzen der Stadt mit der Darst. des Raubes und der suchenden Demeter § 28 u. 46.
7) Schol. z. Theocr. VII, 5.

In der Nähe der Stadt sollte Pluton mit der Entführten in die Unterwelt gefahren sein, nachdem sich ihm die Quellnymphe Kyane vergebens widersetzt hatte [1]), und noch Firmicus Maternus[2]) weiss, wie ich zeigen werde, nach Euemeros, zu erzählen, dass ein Syrakusaner, Namens Pandaros, der D. die Entführung der Tochter verriet, und dass Pluton mit ihr bei Syrakus noch einmal emporfuhr [3]). In der Nähe des schönen, jetzt freilich zu einer Pfütze versumpften, Sees Pergus, auf den duftigen Wiesen ihrer Tochterstadt Henna, sollte P. beim Blumenlesen überrascht worden sein [4]). Den Hennäern suchten, vielleicht durch Vermittlung von Katana und Chalcis unter dem Einfluss attischer Sage stehend [5]), die Bewohner der Aetnagegend ihren Ruhm streitig zu machen. Nicht allein, dass D. sich am Krater des Aetna ihre Fackeln anzündete, als sie die Tochter suchen ging [6]), die Abhänge des Berges sollten ihr auch als Spielplatz gedient und der Ort ihrer Ueberraschung durch Pluton gewesen sein [7]). Dies rühmte aber auch von sich die

---

1) Cic. in Verr. IV § 107. Ovid Met. V, 412 sq. Diod. Sic. V, 4.

2) De err. prof. rel. 7, 4.

3) Dass die Umgegend von Syrakus auch als Ort der ἄνοδος der Pers. angesehen wurde, lässt sich aus Pind. Ol. VI, 92 sq. vermuten. Vergl. S. 64.

4) Cic. in Verr. IV § 106. Ovid. Met. V, 385 sq. Fast. IV, 422 sq. Diod. S. V, 3. Claudian r. Pr. II, 112 sq. Ps. Arist. mir. ausc. LXXXII (83) p. 836 b. Solin c. 5. Lact. inst. div. II, 4, 28. Firm. Mat. de err. prof. rel. c. 7. Arnob. adv. nat. V, 37. Lact. narr. fab. V, 6. Vergl. Lucan VI, 740. Sil. It. VII, 688. I, 93. XIV, 238 u. 245. Callim. fr. 197 [146] (Bergk Anthol. lyr. p. 163).

5) Auch der attische Tragiker Karkinos machte die Aetnagegend zum Lokal des Raubes. Vergl. Diod. S. V, 5.

6) Ovid Fast. IV, 491 sq. Diod. S. V, 4. Claudian III, 330 sq. Lact. inst. div. I, 21, 24. Vergl. II, 4, 28.

7) Hygin fab. 146. Myth. Vat. II, 93. III, 7, 2. Lact. z. Stat. Theb. V, 357. Oppian. Hal. III, 489. Auson. epist. ad Theon. IV, 47. Plut. quaest. nat. c. 23. Schol. z. Pind. Nem. I, 16. Ioann. Lyd. de mens. IV, 85. Vergl. Stat. Ach. II, 150. Sen. Herc. Fur. 664. Philarg. z. Verg. ecl. III, 106, Serv. u. Schol. Bern. z. ecl. III, 105 u. Schol. Bern. cod. 165 p. 988 Hagen. Nach Voss (Erläut. z. H. an Dem. S. 7) haben zwar Preller Dem. S. 180 u. Meineke zu Mosch. id. III, 128 (Theocr. ed. III p. 446) den Aetna zu Gunsten von Henna an allen Stellen beseitigen wollen, aber sie würden dies schwerlich getan haben, wenn sie sich den ganzen Vorrat von Stellen und besonders solche vorgelegt hätten, an denen *Mons Aetna* (Hygin. fab. 146) und *cacumen Aetnae* (Myth. Vat. II, 93, Lact. z. Stat. Theb. V, 357) vorkommt. Daher ist auch in dem unter Moschos' Namen gehenden Epitaph. Bions v. 128 Αἰτναίοισι unangetastet zu lassen. Für die Gleich-

Gegend des Flusses Halesus[1]), also die Gegend um Alaesa, die Colonie von Herbita[2]), der Nachbarstadt von Henna, und vermutlich noch andere triftenreiche Orte Siciliens[3]).

Endlich sollte D. umherirrend bei Drepana ihre Sichel verloren haben[4]), und der weithin tosende Pantakyas *(Pantagias,* wahrscheinlich il fiume di S. Leonardo) bei Leontinoi von ihrem Geschrei nach der Tochter verstummt sein[5]).

Um die Uebersicht über die Lokale des Raubes und die verschiedenen ἱεροὶ λόγοι zu schliessen, ist noch zu erwähnen, dass die orphische Poesie den Raub in ein rein mythisches Lokal verlegte, nämlich in eine Gegend um den Okeanos[6]) oder auf eine Insel desselben, auf welcher D. ein Haus hatte[7]). Wenn aber der Scholiast zu Hes. Theog. 914 am Schluss seiner Aufzählung der Lokale des Raubes sagt, Demeas lasse die Pers. ἐν νάπαις geraubt werden, so ist darin schwerlich ein bestimmtes Lokal[8]) zu

---

berechtigung von Aetna und Henna hat sich übrigens bereits Mariangelus Accursius in seinen in Deutschland sehr seltenen, meines Wissens für Ovid und Solin noch nicht gehörig benützten diatribae in Ausonium, Solini Polyhistora, Ovidii Metam., Romae 1524 p. 38 ausgesprochen. Nur bei Pomp. Mel. II, 118 ist nicht mit ihm *Aetna,* sondern nach cod. Vatic. mit Parthey *Henna* zu lesen. (Ich habe das Exemplar der Münchner Hof- u. Staatsbibl. benützt.)

1) Colum. X, 268 sq. *Acquoris Aetnaei* v. 270 bedeutet so viel als *aequoris Sicanii* oder *Siculi.*

2) Diod. S. XIV, 16.

3) Sicilien im allgemeinen wird als Ort des Raubes genannt von Plut. Timol. c 8. Stat. Theb. VIII, 61. Arnob. adv. nat. V, 25. Schol. z. Arist. Vesp. 1438. z. Aristid. Panath. p. 53 D. Serv. z. Georg. I, 39.

4) Serv. z. Aen. III, 707. Vergl. Ov. Fast. IV, 474.

5) Serv. z. Aen. III, 689. Vib. Sequest, p. 8, 9 ed. Burs., danach Boccat. de flum. p. 472 ed. Basil. 1532.

6) Schol. z. Hes. theog. 914.

7) Orph. Arg. 1196. Vergl. h. XVIII, 16.

8) An Nape auf Lesbos (Strab. IX p. 426) dachten Ebert Σικελιών (Regim. Pruss. 1830) p. 10, Creuzer Symb. IV, 295 u. Müller fr. hist. gr. IV, 377. Aber weder auf diesen noch auf irgend einen andern Ort desselben Namens (bei Delphi Hesych s. v. τοξίου βουνός, im Skythenlande Diod. S. II, 43, am κόλπος Ναπητῖνος bei Hipponion, Strab. VI p. 255. Dion. H. I, 35) führt eine verlässliche Spur. Ausserdem müsste im Text des Schol. νάπαις in Νάπῃ geändert werden, während bei der von mir, Preller (Dem. S. 133 A. 9) und früher auch von Müller (fr. hist. I, 369) ausgesprochenen Auffassung der Text unangetastet bleibt und zugleich der Wechsel der Praepp. ἐκ u. ἐν gerechtfertigt erscheint. Hohe stilistische Anforderungen darf man an dieses Scholion nicht stellen.

suchen, vielmehr wird Demeas[1]) — der attische Redner, Sohn des Demades und Gegner des Hyperides? — nur haben sagen wollen, dass der Raub in schönen Thälern überhaupt lokalisirt worden sei[2]).

---

[1]) Es ist kein Grund mit Trincavelli und Müller fr. hist. IV, 377 $\Delta\eta\mu\acute{\epsilon}\alpha\varsigma$, die Lesart des Parisinus, — $\Delta\eta\mu\alpha\acute{\iota}\alpha\varsigma$ ed. Basil. — in $\Delta\eta\mu\acute{\alpha}\delta\eta\varsigma$ zu ändern und darauf mit Heyne (Obss. ad Apollod. p. 25) die weitere Vermutung zu bauen, die Angabe stamme aus des Demades $\iota\sigma\tau o\rho\acute{\iota}\alpha$ $\pi\epsilon\rho\grave{\iota}$ $\Delta\acute{\eta}\lambda ov$ $\kappa\alpha\grave{\iota}$ $\tau\tilde{\eta}\varsigma$ $\gamma\epsilon\nu\acute{\epsilon}\sigma\epsilon\omega\varsigma$ $\tau\tilde{\omega}\nu$ $\Lambda\eta\tauo\tilde{v}\varsigma$ $\pi\alpha\acute{\iota}\delta\omega\nu$ (Suidas s. v. $\Delta\eta\mu\acute{\alpha}\delta\eta\varsigma$).

[2]) Vergl. Athen. XII p. 554 u. Strab. VI p. 256.

II.
Der Mythus im Cultus.

§ 3. Früh wird der Mythus auch in den Cultus aufgenommen und spiegelt sich in diesem ab: was die Gottheit im M. tut oder leidet, das wird bei den Festen von den Dienern und Verehrern derselben nachgeahmt[1]). Und auch in dieser Beziehung nimmt der M. vom Raube eine hervorragende Stellung ein: die Feste der Demeter und Persephone sind zum grossen Teil nur mimische Darstellungen des Raubes und der mit ihm zusammenhängenden Begebenheiten[2]), und unter diesen ist fast[3]) keine, welche nicht in einer Festhandlung ihr Abbild gefunden hätte. Zwar sind wir nicht mehr über alle Einzelheiten aller Feste an allen Orten unterrichtet, auch werden nicht überall alle Momente des M. ihre Darstellung gefunden haben, an dem einen Orte wird dieses, an dem andern jenes in den Vordergrund getreten sein, die erhaltenen Nachrichten reichen aber vollständig aus, uns den M. auch im Spiegel des Cultus zu reconstruiren.

Im allgemeinen erscheint derselbe entsprechend seiner physikalischen Grundbedeutung überall an zwei zeitlich gesonderte Festfeiern geknüpft: das Fest der $\kappa\acute{\alpha}\vartheta o\delta o\varsigma$ der Persephone fällt in die Zeit der Saatbestellung, d. h. in den Herbst. So sagt Salust

---

1) Vergl. Augustin de civ. dei VI, 7, 3.

2) In diesen Festvorstellungen mag auch der Ursprung für die mimischen Tänze gesucht werden, welche $\tau\grave{\eta}\nu$ $\varDelta\acute{\eta}\mu\eta\tau\varrho o\varsigma$ $\pi\lambda\acute{\alpha}\nu\eta\nu$ $\varkappa\alpha\grave{\iota}$ $K\acute{o}\varrho\eta\varsigma$ $\varepsilon\ddot{\upsilon}\varrho\varepsilon\sigma\iota\nu$ $\varkappa\alpha\grave{\iota}$ $K\varepsilon\lambda\varepsilon o\tilde{\upsilon}$ $\xi\varepsilon\nu\acute{\iota}\alpha\nu$ $\varkappa\alpha\grave{\iota}$ $T\varrho\iota\pi\tau o\lambda\acute{\varepsilon}\mu o\upsilon$ $\gamma\varepsilon\omega\varrho\gamma\acute{\iota}\alpha\nu$ auszudrücken suchten. (Lucian de salt. § 40).

3) Ausdrücklich verboten war in Eleusis nur die Nachahmung des Sitzens der Demeter am Brunnen nach Clem. Alex. Protr. § 20.

περὶ θεῶν καὶ κόσμου c. 4 περὶ τὴν ἐναντίαν ἰσημερίαν ἡ τῆς Κόρης ἁρπαγὴ μυθολογεῖται γενέσθαι, und so fällt das Fest der Trauer der Demeter um die geraubte Tochter in Athen in den Saatmonat Pyanepsion [1]), in Böotien in den Damatrios, in Aegypten in den Athyr[2]) oder den Epiphi[3]), die Φερεφάττια in Kyzikos in den Spätherbst[4]), die Κόρεια[5]) oder die Καταγωγὴ[6]) in Syrakus ebenfalls nach Beendigung der Ernte[7]), in Rom in den Anfang Oktober[8]), und das Fest der ἄνοδος der Pers., als des Aufspriessens der Saat, fällt in das Frühjahr. So sagt Cornut c. 28 περὶ δὲ τὸ ἔαρ Δήμητρι χλόην θύουσι μετὰ παιδιᾶς καὶ χαρᾶς, und so fallen die der Pers. heiligen kleinen Eleusinien, die Mysterien in Agrae, in den Anthesterion[9]), der seinen Namen hat διὰ τὸ πλεῖστα τῶν ἐκ γῆς ἀνθεῖν τότε (Bekker Anecd. I, 403), das entsprechende Fest in Syrakus, die Δημήτρια (Diod. V, 4), ebenfalls in's Frühjahr und die Cerialia oder ludi Cereales in Rom in den (12.—19.) April (Ovid Fast. IV, 393 sq.).

Um nun zum Inhalt dieser Feste überzugehen, so spricht es von dem hauptsächlich in Frage kommenden Cult, dem Eleusinischen, Clemens Alexandrinus, der Hauptgewährsmann[10]), geradezu aus, Deo und Kore seien zu einem mystischen Drama geworden, und der Inhalt der θεσμοφόρια, σκιροφόρια und ἀρρητοφόρια sei dramatische Darstellung des Raubes der Pers. gewesen: Protr.

---

1) Cornut. c. 28. Vergl. A. Mommsen Heortol. S. 44.
2) Plut. Is. et Os. c 69.
3) Theon z. Arat. Phaen. 150.
4) Plut. Lucull. c. 10.
5) Diod. S. V, 4.
6) Irrtümlich sehen Ebert Σικελ. p. 31 und Urlichs obss. de arte Praxit. p. 12 in dieser καταγωγή das Fest der Wiederkehr der Pers. in die Oberwelt.
7) Diod. Sic l. l.
8) Ioann. Lyd. de mens. IV, 85. Damit hängt zusammen, dass der 5. October einer der 3 Tage war, an welchen in Rom *Mundus patebat*. Vergl. Scholl. Bern. cod 167 u. 165, Serv. u. Philarg. z. Verg. ecl. III, 105 u. 106. Becker-Marquardt Röm. Altert. IV, 373. Preller Röm. Mythol. S. 456.
9) Plut. Demetr. c. 26. Schol. z. Arist. Plut. 845. Hippol. refut. V, 8. Mommsen Heortol. S. 377 legt sie auf den XX. u. XXI. Anthesterion.
10) Vergl. auch August. de civ. dei VI, 7, 3 *sacra sunt Cereris, ubi a Plutone rapta Proserpina quaeritur*. Justin. Mart. Coh. c. 2 u. Asterios encom. martyr. p. 193 B.

§ 12 *Δηω δὲ καὶ Κόρη δρᾶμα ἤδη ἐγενέσθην μυστικὸν καὶ τὴν πλάνην καὶ τὴν ἁρπαγὴν καὶ τὸ πένθος αὐταῖν Ἐλευσὶς δᾳδουχεῖ* und § 17 *ταύτην τὴν μυθολογίαν αἱ γυναῖκες ποικίλως κατὰ πόλιν ἑορτάζουσιν, θεσμοφόρια, σκιροφόρια, ἀρρητοφόρια πολυτρόπως τὴν Φερεφάττης ἐκτραγῳδοῦσαι ἁρπαγήν* und § 21 *ταῦτ' ἔστι τὰ κρύφια τῶν Ἀθηναίων μυστήρια*. Die Rollen dieses Drama wurden von Priestern[1]) und Priesterinnen, wie von Verehrern und Verehrerinnen[2]) der Gottheiten überhaupt, gespielt, einzelne wohl auch durch Bilder (aus Holz) ersetzt (Epiphan. fr. Philol. XVI, 355. Firm. Mat. de err. prof. rel. c. 27, 2).

Hauptsächlich durch Clemens erhalten wir aber auch Einblick in die einzelnen Scenen dieses „geistlichen Spiels"[3]) (*τὰ δρώμενα*). Dasselbe holte ab ovo aus: von der Vermählung des Zeus mit Demeter (*τὰ Δήμητρος Ἀνακαλυπτήρια*[4]), und der Geburt der Kora (Clemens l. l. § 16), schilderte dann gewis ausführlich die Blumenlese (*τὰ ἀνθολόγια καὶ τὸν κάλαθον*[5]) (Clem. l. l. § 17), den Raub und die Fahrt in die Unterwelt, verbunden mit Herabreissung der Schweine des Eubuleus, welche dadurch versinnlicht wurde, dass die zum Opfer bestimmten Schweine in Gruben (*μέγαρα*) geworfen wurden (Clem. l. l. *καὶ τὸ σχίσμα τῆς γῆς καὶ τὰς ὗς τὰς Εὐβουλέως τὰς συγκαταποθείσας ταῖν θεαῖν, δι' ἣν αἰτίαν ἐν τοῖς Θεσμο-*

---

1) Tertullian ad nat. II c. 7 *cur rapitur sacerdos Cereris, si non tale Ceres passa est?* (mit derselben Verwechselung von Ceres und Proserpina, wie II c. 10 *adeo felicior Ceres quae mortua (Plutoni) placuit* und wie bei Phot. s. v. *στήνια· ἡ ἄνοδος τῆς Δήμητρος*). Euseb. praep. ev. III, 12, 4 *ἐν δὲ τοῖς κατ' Ἐλευσῖνα μυστηρίοις ὁ μὲν ἱεροφάντης εἰς εἰκόνα τοῦ δημιουργοῦ ἐνσκευάζεται, δᾳδοῦχος δὲ εἰς τὴν Ἡλίου, καὶ ὁ μὲν ἐπὶ βωμῷ εἰς τὴν Σελήνης, ὁ δὲ ἱεροκῆρυξ Ἑρμοῦ*. Wenn man unter diesen Zeus, Helios, Hekate und Hermes versteht, so ergibt sich Uebereinstimmung mit dem Personal des homer. Hymnus auf Demeter.

2) Vergl. Clem. Alex. Protr. § 17.

3) Vergl. Aug. de civ. dei VI, 7. 3. Nur darf man nicht an ein Drama ohne Unterbrechung denken. Dasselbe verteilt sich auf die einzelnen Festtage.

4) Synes. calv. laud. c. 7 p. 70 P. *ἐπὶ τούτοις Ἐλευσὶς ἄγει τὰ Δήμητρος Ἀνακαλυπτήρια*, Worte, mit denen die Ausleger und Ebert *Σικελ.* p. 18 nichts anzufangen gewusst haben. Vergl. Clem. Protr. § 15 *Διὸς πρὸς μητέρα Δήμητρα ἀφροδίσιοι συμπλοκαί*. Vergl. Aster. Encom. martyr. p. 193 B.

5) Vergl. Callim. h. in Cer. v. 1 sq. Ovid Met. V, 393. Fast. IV, 435. Claudian II, 139. Epiphan. adv. haer. III, 10. Auch auf bildlichen Darstellungen der Ueberraschungsscene pflegen die Blumen-Körbe nicht zu fehlen.

φορίοις μεγαρίζοντες¹) χοίρους ἐμβάλλουσιν). Wie das Angstgeschrei der Persephone (Eur. Or. 963), so nahm auch die Klage der Demeter einen grossen Raum ein (Clem. 1. l. τὴν πλάνην καὶ τὸ πένθος αὐταῖν Ἐλευσὶς δᾳδουχεῖ. Firm. Mat. de err. prof. rel. c. 27, 2 u. 8, 3): ihr Fasten (νηστεία²) an den Thesmophorien am 13. Pyanepsion), das nur zuletzt durch den Mohntrank gebrochen wurde³); ihr Suchen bei Tag und bei Nacht *(pervigilia et pannychismi* Arnob. adv. nat. V, 24) mit Fackeln⁴) wurde dargestellt von klagend⁵) umherlaufenden Frauen und Männern⁶), desgleichen ihr Rufen nach Kora, indem der Hierophant ein Schallgefäss anschlug⁷), ferner ihre Aufnahme bei den Autochthonen von Eleusis, deren naturwüchsiges Leben, wie der Trank des κυκεών⁸), die Scherze der Iambe oder die derben Spässe der Baubo, Bilder grosser Aus-

---

1) Die an sich schöne Conjektur Lobecks (Agl. p. 829) μεγάροις ζῶντας ist unnötig, da μεγαρίζειν terminus für diese Handlung gewesen sein muss, wie die von ihm selbst angeführte Stelle des Epiphan. adv. haer. III, 10 p. 1092 ὡς αἱ μεγαρίζουσαι γυναῖκες καὶ θεσμοφοριάζουσαι πρὸς ἀλλήλας διαφέρονται beweist. (Dindorfs θεσμοφορίζουσαι scheint mir ebenso verwerflich, wie das hinter dasselbe gesetzte ἀλλῆλαι). Μέγαρα κινεῖν verstehe ich mit Lobeck Agl. p. 831 u. Welcker Gr. Gött. I, 361 vom Oeffnen der Gruben, während Creuzer Symb. IV, 257 seltsamer Weise an Erschütterung unterirdischer Kapellen gedacht hat. Ein solches μέγαρον der Despoina erwähnt Paus. VIII, 37, 8 auch bei Akakesion in Arkadien, und was Clemens vom Cult in Eleusis, dasselbe sagt Paus. IX, 8, 1 von dem in Potniae, womit auch Plut. de Is. et Osir. c. 69 zu vergleichen.

2) Plut. Dem. c. 30. Is. et Os. c. 69. Athen. VII, 307 F. Arist. Av. 1519. Thesm. 947 sq. Cornut. c. 28. Callim. h. in Cer. 6. Vergl. Mommsen Heortol. S. 300. Ebenso an den Ἐπαχθῆ der Demeter Achaia in Böotien (Plut. Is. et Os. c. 69).

3) Ovid Fast. IV, 535. Cornut. c. 28.

4) Ueber den dies lampadum (XXI. Boedromion) vergl. A. Mommsen Heort. S. 260.

5) Die Ueberlieferung von θρῆνοι zu Ehren der Demeter und Kora durch die τελεταί bezeugt Procl. z. Plat. Rep. ed. Basil. p. 384.

6) Themist. περὶ ψυχῆς bei Stob. floril. 120, 28 (IV p. 107 ed. Mein.) Serv. z. Aen. IV, 609. Myth. Vat. II, 94. III, 7. 1. Fulgent. Mythol. I, 10. Lact. z. Stat. Theb. VII, 407. Sen. Herc. Fur. 306. Stat. Silv. IV, 8, 50. Claud. r. Pros. I, 11. Minuc. Fel. Oct. c. 21. Lact. inst. div. I, 21. Vergl. Aster enc. mart. p. 193. Schol. Bern. u. Serv. z. Verg. ecl. III, 27 u. 26.

7) Apollodor ἐν τῷ περὶ θεῶν (fr. 36 H. Müller fr. hist. gr. I p. 434) beim Schol. z. Theocr. id. II, 36. Am ‚Rufstein‘ in Megara riefen die Frauen die Kora herauf nach Paus. I, 43, 2 u. Methodios (Etym. M. 96, 29).

8) Epiphan. adv. haer. III, 10 κυκεῶν ἐκπώματι κατεσκευασμένος.

gelassenheit vorgeführt haben wird[1]), sodann die Anzeige des Ortes der κάϑοδος, die auf Bitten der Demeter von Zeus (ἱκετηρίαι Διός Clem. l. l.) gestattete ἄνοδος der Kora[2]), die Freude des Wiedersehens[3]), endlich die Belohnung des Triptolemos durch Stiftung des Ackerbaues, und seine Aussendung auf dem Schlangenwagen (Aristid. Panath. I, p. 167 D.), letzteres wahrscheinlich geknüpft an das Fest der προχαριστήρια[4]).

Mehr oder weniger dasselbe Bild werden die Festfeiern in den Töchterculten von Eleusis dargeboten haben, wie dies Pausanias ausdrücklich von Keleai, Phlius, Pheneos und Megalopolis sagt[5]). In Eretria, der Tochterstadt von Athen (Strab. X p. 445 u. 447), brieten die Frauen an den Thesmophorien das Fleisch nicht am Feuer, sondern an der Sonne (Plut. quaestt. graec. XXXI.). Andrerseits wurden die Chthonia in Hermione mit einer Procession des gesammten mit Blumen geschmückten Demos und dem Opfer einer Kuh durch Frauen begangen (Paus. II, 35, 5), und am Feste der Demeter Mysia bei Pellene trieben Männer und Frauen 7 Tage lang nichts als Neckereien mit einander (Paus. VII, 27, 9 u. 10).

Ueber die Feste Siciliens, der zweiten Hauptstätte des M., sind wir durch Diodor unterrichtet, wenn auch nicht so ausführlich, wie durch Clemens über die eleusinischen. Zum Teil kehren hier dieselben Züge wieder, doch überwiegen, entsprechend dem sicili-

---

1) Ausser Clem. l. l. und Epiphan. l. l. vergl. besonders Arist. Ran. 384 sq. Apollodor I, 5, 3 u. Cleomed. Meteorol. II, p. 91. Eubulos bei Phot. lex. s. v. στήνια.

2) Aus Hesych u. Phot. s. v. μιαραὶ ἡμέραι könnte geschlossen werden, dass diese auf die Choen fiel.

3) Apul. Met. VI, 2 *inluminarum Proserpinae nuptiarum demeacula et luminosarum filiae inventionum remeacula et cetera quae silentio tegit Eleusinae Atticae sacrarium.* Vergl. Festus s. v. graeca sacra p. 97 M. Cornut. c. 28. Mommsen Heort. S. 301 vermutet, dass dies Fest, Καλλιγένεια genannt, auf den XIV. Pyanepsion gefallen sei.

4) Harpocr. u. Suidas s. v. προχαριστήρια. S. Excurs III.

5) Paus. II, 14, 1 u. 2. VIII, 15, 1. 31, 7. Vergl. Hippol. ref. haer. V, 20, τετέλεσται δὲ ταῦτα καὶ παραδέδοται ἀνθρώποις πρὸ τῆς Κελεοῦ καὶ Τριπτολέμου καὶ Δήμητρος καὶ Κόρης καὶ Διονύσου ἐν Ἐλευσῖνι τελετῆς ἐν Φλιοῦντι τῆς Ἀττικῆς. Es scheint nicht mit Meineke Vind. Strab. p. 242 Ἀττικῆς in Ἀχαΐας zu ändern, sondern dem Hippolyt die Verwechslung von Phlius mit dem att. Phlya (Paus. I, 31, 4) zuzutrauen. Vergl. Duncker z. d. St.

schen Volkscharakter, die heitern Scenen, besonders in Syrakus, dessen Feste am glänzendsten begangen wurden¹).

Dass die Anthologie auch hier eine grosse Rolle spielte, geht aus dem einen der Namen hervor, welchen die *Κόρεια*²) hier führten: *Ἀνθεσφόρια* (Poll. I, 37 ἑορταὶ Κόρης παρὰ Σικελιώταις θεογάμια καὶ ἀνθεσφόρια). Ausser der eigentlichen *καταγωγή*, an welche die Versenkung von Stieren und Kleinvieh erinnerte³), wurde auch die Vermählung des Pluton und der Persephone mit besonderm Glanz gefeiert: daher die Namen *ἀνακαλυπτήρια* und *θεογάμια*⁴). Bei Nachahmung des Umherirrens der Demeter wurden Fackeln vom Aetna⁵) gebraucht. Den grössten Raum aber nahm wieder die Vorführung der Aufnahme der Demeter bei den Autochthonen ein, des naturwüchsigen Lebens derselben und der derb obscönen Scherze, welche die Traurigkeit der Göttin in Lachen verwandelt hatten⁶).

Wie endlich Rom den Mythus vom Raube aus Sicilien und

---

1) Cic. in Verr. IV § 107. Diod. Sic. V, 4. Firm. Mat. de err. prof. rel. c. 7.

2) *Κόρεια* ist der allgemeine Name der sicilischen Persephonefeste nach Diod. Sic. V, 4 οἱ κατὰ τὴν Σικελίαν διὰ τὴν τῆς Δήμητρος καὶ Κόρης πρὸς αὐτοὺς οἰκειότητα ἑκατέρᾳ τῶν θεῶν κατέδειξαν θυσίας καὶ πανηγύρεις ἐπωνύμους αὐταῖς ποιήσαντες. Vergl. Hesych s. v. *Κόρεια* · θυσία τῇ Κόρῃ τελουμένη und Schol. z. Pind. Ol. VII, 153. *Ἀνθεσφόρια* ist ebenso wie *Θεογάμια* u. *Ἀνακαλυπτήρια* ursprünglich nur Bezeichnung eines Teiles des Festes. Die von Ebert *Sicil*. p. 16 versuchte Scheidung, dass *Ἀνθεσφόρια* den ersten, *Ἀνακαλυπτήρια* den zweiten Tag des Festes, dessen Gesammtname *Θεογάμια* sei, bezeichne, ist unhaltbar. Vergl. Hermann Gottesd. Altert. § 68, 23, S. 481.

3) Diod. Sic. V, 4. Aehnlich ist das Stieropfer in Acharaka bei Nysa nach Strab. XIV p. 649.

4) Vergl. Schol. z. Pind. Ol. VI, 160. Pollux I, 37. *Θεογάμια* war Name des Festes auch in Nysa, wie die Münzen bei Spanheim z. Callim. h. in Cer. v. 9 (II, 752 Ern.) u. Mionnet Descr. III, 372 n. 404 u. 405, beweisen, u. in Tarsus (Mionnet S. VII, 271 n. 458). Vergl. C. Fr. Hermann l. l. § 68, 25.

5) Ovid Fast. IV, 494. Vergl. Lact. inst. div. I, 21, 24.

6) Möglich ist, dass mit diesen Spässen auch die *Ἁρπαγὰ Κοτυτίοις* (Plut. prov. Alex. c. 78 u. die Stellen bei Lob. Agl. 1029), welche schon Gyraldus hist. deor. VI p. 199 auf den Persephoneraub bezog, in Zusammenhang stand. Dass an den Thesmophorien in Sicilien Kuchen in Form von *ἐφήβαια γυναικεῖα*, genannt *μυλλοί*, der Demeter u. Pers. geweiht wurden, sagt Heraclides von Syracus bei Athen. XIV p. 647. Noch jetzt heisst ein sicil. Gebäck milo, und noch jetzt sind bei Erntefesten in Unter-Italien derbe Schimpfereien in Gebrauch. Vergl. Welcker Gr. G. II, 501.

Unter-Italien bekommen hat, so schlossen sich auch seine Feste mit besonderer Bevorzugung der heitern Situationen an die sicilischen an: insofern bestätigt sich die im allgemeinen etwas übertriebene Behauptung des Dionys v. Halicarnass II, 19: ἑορτή τε οὐδεμία παρὰ Ῥωμαίοις μελανείμων ἢ πένθιμος ἄγεται τυπετοὺς ἔχουσα καὶ θρήνους γυναικῶν ἐπὶ θεοῖς ἀφανιζομένοις, ὡς παρ᾽ Ἕλλησιν ἐπιτελεῖται περί τε Περσεφόνης ἁρπαγὴν καὶ τὰ Διονύσου πάθη καὶ ὅσα ἄλλα τοιαῦτα. Zwar wird auch in Rom das Fasten der Demeter (jejunium Cereris am 4. October nach dem Kalend. Amitern.[1]) gefeiert, im übrigen aber wiegen die heiteren Scenen vor. Den sicilischen Ἀνθεσφόρια dürfte wie im Namen, so in der Sache das römische Florifertum[2]), den Θεογάμια die Orci nuptiae[3]) entsprechen, und das Hauptfest der Ceres, die Cerialia[4]) oder ludi Cereales, war ein durchaus heiteres: denn es feierte die Wiedererlangung der Proserpina[5]) und die Stiftung des Ackerbaues: die coenae Cereales[6]), mit denen sich die Plebejer an demselben bewirteten, und die ludicra[7]), welche an demselben der Circus sah, sollten gewis an die Bewirtung und an die Scherze, durch welche die Hirten die Ceres aufzuheitern gesucht hatten, sowie an die Freude erinnern, welche durch Wiedergewinnung der Proserpina über die Mutter wie über die Sterblichen gekommen war.

---

1) Vergl. Liv. XXXVI, 37. Ovid. Fast. IV, 535.
2) Festus p. 91 s. v.
3) Serv. z. Verg. Georg I, 344. Vergl. Preller Röm. Myth. S. 439 A. 4.
4) Mommsen C. I. L. I, 391.
5) Festus s. v. Graeca sacra p. 97 M.
6) Plaut. Men. I, 1, 25. Gell. XVIII, 2, 11.
7) Tac. Ann. XV 53.

III.
Der Mythus in der Philosophie. Deutung und Bedeutung desselben.

Auch von einer Seite, welche weit davon entfernt war an die Persönlichkeit der Götter zu glauben, vielmehr darauf aus war dieselben aufzulösen, wurde dem Mythus ein lebhaftes Interesse entgegengebracht: von der Philosophie, soweit sie sich mit Mythendeutung befasste. Schon Metrodor, der Schüler des Anaxagoras, hatte in den Göttern und Heroen nur φύσεως ὑποστάσεις καὶ στοιχείων διακοσμήσεις (Tatian adv. Graec. c. 21) erkennen wollen [1]), und nach ihm bildete allegorisch-physikalische Deutung der Mythen mit entsprechender Etymologisirung der Götternamen eine Hauptbeschäftigung der Physik der Stoa, in der Folgezeit auch der Neoplatoniker. Spät und selten stellte sich auch moralisirende Interpretation ein. Alle diese Aufstellungen und Deutungen waren freilich so subjectiv, dass sich ein Gegensatz der Schulen in ihnen nicht entwickeln konnte, dass vielmehr Anhänger derselben Schule entgegengesetzten Erklärungen folgten [2]).

In der physikalischen Deutung der Persephone schied man sich zunächst in zwei grosse Lager: in Lunarier und Telluristen resp. Agrarier.

Die ersteren, welche in Persephone den Mond erkannten, deuteten den Raub und die Wiederkehr derselben als das Schwinden und Wiederkommen des Mondes: so die Stoiker (Serv. z. Georg.

---

1) Vergl. Lobeck Agl. p. 156. Nitzsch Kieler philol. Stud. S. 451.
2) Vergl. Schoemann z. Cic. de Nat. deor. Einl. S. 11.

I, 5), danach Varro (de l. l. V, 68) der übrigens schon den Epicharmus Enni (Vahlen p. 169) als Quelle für diese Ansicht anführt, und Plutarch (de facie in orbe lunae c. 27), die Neoplatoniker Porphyrios (de antr. nymph. c. 18) und Iamblichos (ἐν τῷ πρώτῳ τῆς περὶ καθαρότητος ψυχικῆς πραγματείας bei Ioann. Lyd. de mens. fr. p. 268 ed. Roether) und andre [1]).

Die andern sahen in Persephone die Erdfrucht (Saatkorn) und erklärten dem entsprechend den Mythus als das Verschwinden und Wiederaufsprossen der Saat: so abermals Stoiker (Plut. de Is. et Osir. c. 40, Cic. d. n. d. II, 26), speciell Cleanthes (Plut. l. l. c. 66), der Persephone als τὸ διὰ τῶν καρπῶν φερόμενον καὶ φονευόμενον πνεῦμα fasste, Cornut (de nat. deor. c. 28), der mit d. Schol. z. Arist. Vesp. 1438 aus gemeinschaftlicher Quelle schöpft, danach Varro bei Augustin de civ. dei VII, 20 u. d. schol. Theon. z. Arat. Phaen. v. 150, schol. z. Hes. theog. 912 (mit Reminiscenz an Paul. ep. ad Corinth. I, 15, 35), Arnob. adv. nat. V, 32, Fulgent. Myth. I, 10, Myth. Vat. III, 7, 1, 2 u. 4, Tzetz. z. Hes. Opp. 32 u. Eudoc. p. 109, Ioannes Diacon. Galen. alleg. in Hes. theog. 912 (Gaisf. poet. gr. min. III, 491). Abstrakter und ideeller fasste den Begriff der Persephone wieder Porphyrios (bei Eus. praep. ev. III, 11, 7), indem er sie als δύναμις ἡ σπερματοῦχος definirte [2]), und nun gar Proklos (in Platon. theol. VI, c. 11, p. 370 ed. Portus), der den Raub als die Mitteilung von Lebenskraft (ζωογονικὴ αἰτία) an das bisher Unbelebte allegorisirte.

Die ethisirende Deutung, welche die unter dem Namen des Neoplatonikers Salustios gehende Schrift περὶ θεῶν καὶ κόσμου c. 4 gibt, wonach der Raub nur das Herabsteigen der Seelen in die Unterwelt oder das Reich der Bösen, die Anodos die Wiederkehr der Seelen bedeutet [3]), schloss sich an die Vorstellung der

---

1) Martian Cap. II, 161. Schol. in German. Prognost. Arat. p. 59 ed Giles. Firm. Mat. de err. prof. rel. c. 7, 7. Serv. z. A. III, 73. 681. IV, 511. VI, 118. Ecl. III, 26. Georg. I, 39. Lact. z. Stat. Theb. VIII, 63. Myth. Vat. I, 7. II, 100. Fulgent. Myth. II, 19. Myth. Vat. III, 7, 2.

2) Ebenso Ioann. Lyd. de mens. IV, 85 und ähnlich Remigius beim Myth. Vat. III, 7, 1. Von gleichem Prinzip geht die Auffassung der Pers. als Frühling aus, welche Theopomp bei Plut. Is. et Osir. c. 69 berichtet, von dem entgegengesetzten, materiellen, die Gleichsetzung der Pers. mit Demeter als Erde bei Varro (Augustin. de civ. dei VII, 24. Serv. z. Aen. III, 113).

3) Vergl. ausser Plat. Phaed. p. 70 C. das Fr. des Damascius bei Suidas s. v.

Persephone als Todesgöttin an. Diese Vorstellung hat zwar erst verhältnismässig spät[1]) ihren wissenschaftlichen Ausdruck erhalten, hatte aber schon Jahrhunderte vorher im Volksbewusstsein Eingang gefunden, wie nicht blos die zahlreichen Epigramme der Anthologie[2]), sondern schon die homerischen Stellen, in welchen Persephone erwähnt wird[3]), beweisen. Die Wahrnehmung der Aehnlichkeit zwischen dem pflanzlichen und menschlichen Leben führte früh dazu die ursprünglich tellurischen Gottheiten, Kora, die Tochter der Demeter, den Sprössling der Erde, und Pluton, den Gott der tief im Schos der Erde wohnenden Fruchtbarkeit, zu Beherrschern der Seelen in der Unterwelt, Kora (die Aufspriessende, ‚den Trieb des Keimes' Schiller) zur Persephone oder Persephassa (Lichtzerstörerin, Göttin des Dunkels[4]) zu machen und so in dem Raube derselben ein Bild des Schicksals der menschlichen Seele[5]) zu sehen. Trotzdem ist diese Vorstellung nicht für die ursprüngliche zu halten[6]); vielmehr ist es die Wahrnehmung eines physischen Vorganges, welcher Persephone ihren Ursprung verdankt. Persephone, die Tochter des Zeus und der Demeter, des Himmels und der Erde[7]), ist das ins Innere der Erde gesteckte

---

ἀγαθοεργία. (εὐεργεσίαν) τὴν ἀναγωγὸν τῶν ψυχῶν ἀπὸ τῆς κάτω βριθούσης παντοίας κακίας, Hesych u. Phot. s. v. μιαραὶ ἡμέραι.

1) Plutarch de fac. in orbe lun. c. 28. Et. M. s. v. Περσεφόνη.
2) Zusammengestellt und besprochen unter den Zeugnissen der alexandrin. Poesie § 19.
3) S. 6 A. 1).
4) S. den Excurs IV.
5) Die Beziehung zwischen *Furche* und *Grab* führt Goethe in ‚dem Ackermann' geistreich aus.
6) Creuzer Symb. IV, 334. Voss Mythol. Br. Bd. III, 2. Preller Dem. S. 192 u. S. 10.
7) Vergl Aesch. Dan. u. Eur. fr. bei Athen. XIII p. 600. Plat. Menex c. 7 p. 238. Vitruv II, 9, 1. Orph. h. XXVI (25), 5. Logau: ‚*Dieser Monat ist ein Kuss*' u. s. w. Bürger, Männerkeuschheit:

‚*Wie wenn der Lenz die Erd' umfäht*
Und sie mit Blumen schwanger geht.'

Julius Sturm, Mainacht:

‚*Das ist die heimliche Stunde*
Wo leise vom Himmel steigt
Der Lenz mit lachendem Munde
Zur blühenden Erde neigt.'

Die physikalische Deutung hat auch Schiller mit der ihm eigenen Gabe abstrakte Sätze in Poesie umzusetzen in seiner ‚Klage der Ceres' durchgeführt.

— 28 —

und in ihr lebende Saatkorn, als Kora, die bei Demeter lebt, das aufspriessende und auf der Erde blühende Korn (*germen* Arnob. adv. nat. III, 33, *Proserpina* nach der lateinischen Volksetymologie). Nur bei dieser Auffassung, nicht bei der lunarischen, erklärt sich, dass Persephone wenigstens in älterer Zeit nur ein Drittel[1]) des Jahres bei Pluton weilend gedacht wird: denn nicht länger als 4 Monate dauert in Griechenland die Unsichtbarkeit der Saaten[2]); nur so erklärt sich ihre innige Beziehung zu den Blumen, deren Schicksal sich in dem ihrigen abspiegelt, die sie in der Ober- und Unterwelt[3]) liebt und sucht, mit denen ihre Feste (Chthonia, 'Ανθεσφόρια, Floriferta) verherrlicht werden; so erklärt sich ihre Beziehung zu den Göttinnen der Jahreszeiten, den Horen, welche sie bei der ἄνοδος in Empfang nehmen und mit ihr spielen; so erklärt sich endlich auch, dass die Zeit der Feste ihrer κάθοδος und ἄνοδος gerade der Zeit des Absterbens und Wiederauflebens der Erde im Herbst und im Frühling entspricht.

---

1) Vergl. S. 46 A. 1.
2) Thuc. VI, 21 rechnet den Winter zu 4 Monaten. Vergl. A. Mommsen's dankenswerte Auseinandersetzungen: Z. Kunde des griech. Klima, Schleswig 1870, u. Griech. Jahreszeiten (1873) Heft I.
3) Vergl. Athen XII p. 554. Strab. VI, p. 256. Auch in der Unterwelt hält sie sich mit Vorliebe im Garten auf: ἄλσεα Περσεφονείης Od. κ, 509. λειμὼν Περσεφόνης Eudoc. p. 83. Vergl. Arist. Ran. 156. Ovid. Met. V, 535. Claud. II, 287 sq.

IV.

Der Mythus in der Dichtkunst.

Frühzeitig bemächtigte sich des Mythus auch die Kunst, zu- § 5
erst die dichtende, bald auch die bildende, um ihn unter den
mannichfachsten Formen mit stets verjüngter Kraft bis zu ihrem
letzten Athemzuge festzuhalten. Erst mit ihr selbst hörte er auf.
Es gibt daher wenig Mythen, welche wir durch eine mehr als
tausendjährige Entwicklung so genau verfolgen können, und deren
Erscheinungsform ein so treuer Spiegel des jedesmaligen Zeitgeistes genannt zu werden verdiente.

Wie alle Kunst auf dem Boden des Cultus erwächst, so ist
auch die früheste dichterische Behandlung des Mythus vom Raube
die hieratische. Poetische Einkleidung der Tempellegenden ist Ziel
und Inhalt, der Hymnus resp. Nomos[1] die Form dieser hieratischen
Poesie. Ueberall, wo der Mythus lokalisirt war, wird derselbe im
Anschluss an den Cultus zum Gegenstand von Hymnen gemacht
worden sein, wie es noch von seiner Zeit der Rhetor Aristides
Eleus. I p. 416 Dind.[2] ausspricht.

1. Die dichterische Behandlung des Mythus in Attika.

Wenn Attika den Ruhm hat die Heimat der nachweislich
frühsten literarischen Fixirung des Mythus zu sein, so stimmt
dies eben so sehr zu den Verhältnissen der ältesten litterarischen
Entwicklung Griechenlands wie der Lokalisirung des Mythus. Dem

---

[1] Schol. z. Arist. Eq. 9.
[2] Vergl. S. 6.

uralten Demetercult in Attika entspricht die frühe Blüte einer Sängerschule daselbst, welche sich vorzugsweise die Verherrlichung jenes Cultes und somit auch des Mythus vom Raube angelegen sein liess. So gibt noch der Rhetor Menander περὶ ἐπιδεικτικῶν c. 6 (Walz Rhet. graec. IX, 144) als Inhalt der μυθικοὶ ὕμνοι an, ὅτι ἡ Δημήτηρ παρὰ Κελεῷ ἐπεξενώθη, und so ist zu begreifen, wie Nonnos Dionys. XIX, 78 sq.[1]) den Erechtheus in einem ὕμνος die Aufnahme der Demeter im Hause des Keleos und der Metaneira und ihre Trauer am Grabe des Triptolemos besingen lässt und diesen ὕμνος πάτριος nennt. Denselben Inhalt wird die *Εὐμολπία ποίησις* (Paus. X, 5, 3) gehabt haben, Lieder unter dem Namen des Stifters der eleusinischen Mysterien und Stammvaters des Priestergeschlechts der eleusinischen Demeter, ὃς ἔγραψε τελετὰς Δήμητρος καὶ τὴν εἰς Κελεὸν ἄφιξιν καὶ τὴν τῶν μυστηρίων παράδοσιν τὴν ταῖς θυγατράσιν αὐτοῦ γενομένην (Suidas s. v.[2]), desgleichen der ὕμνος εἰς Δήμητρα, der unter dem Namen des Musaios ging, des Sohnes oder Vaters des Eumolpos, des Geliebten der Priesterin der eleusinischen Demeter Antiope[3], in welchem Hymnus Triptolemos ein Sohn des Okeanos und der Ge hiess[4]).

Mit Sicherheit lässt sich dies von

Pamphos

behaupten, „der den Athenern die ältesten Hymnen machte"[5]), da uns Pausanias eine Menge Einzelheiten aus dessen Hymnus auf Demeter — denn schwerlich wird es ein Hymnus auf eine andre Gottheit gewesen sein, welchem die betreffenden Citate entstammen — überliefert hat, welche besonders seit Entdeckung des homerischen Hymnus auf Demeter noch in helleres Licht gestellt worden sind. Zunächst wird durch diese die an sich sehr wahr-

---

1) Vergl. auch XLVII, 47 u. XXVII, 288 sq.
2) Vergl Schol. z. Soph. O. C. 1051. Hom. h. in Cer. 475. Paus. I, 38, 3.
3) Hermesian. Leont. III, fr. 2, 15 sq. (Bergk. Anth. lyr. p. 134).
4) Paus. I, 14, 2. 22, 7. IV, 1, 5. Ob auch Hekate, welche Mus. Tochter des Zeus und der Asteria nannte (Schol. z. Apollon. Rhod. Arg. III, 1035), in diesem, sowie in dem homerischen ὕμνος εἰς Δήμητρα, vorkam, ist nicht zu sagen.
5) Paus. VII, 21, 9 u. IX, 29, 8. Mit Unrecht hat Preller Dem. u. Pers. S. 64 denselben unter Hesiod, Schuster (Orph. theog. p. 79) unter die orphische Theogonie herabrücken wollen. Bergk Griech. Lit. I. 403 befindet sich in Uebereinstimmung mit den Quellen (Paus. VIII. 37, 9), wenn er ihn in vorhomer. Zeit setzt. Vergleiche S. 48 A. 1).

scheinliche Annahme, dass Pamphos der attischen[1]) Sage folgte, vollauf bestätigt, wenn er auch nirgens selbst Attiker genannt wird. Schon dass es bei ihm die Narzissen waren, deren Schönheit die Persephone so anzog oder recht eigentlich verführte, dass sie von Pluton überrascht wurde, ist nicht zufällig, wie es Pausanias[2]) ausdrücklich hervorhebt: denn gerade in Attika waren diese besonders häufig: neben dem goldgelben Krokus werden sie an erster Stelle als Vertreter der attischen Flora und als Lieblingsblume der attischen Demeter und Persephone genannt in dem herrlichen Chorgesang des Soph. Oed. Col. 681 sq., und gewis dachte bei den Worten

νάρκισσος μεγάλαιν θεαῖν
ἀρχαῖον στεφάνωμα

jeder Hörer, wie der Scholiast[3]), auch an die Ueberraschung der Persephone bei der Anthologie. Ebenso erscheint in dem homerischen Hymnus auf Demeter, dessen Heimat ebenfalls Attika ist, die Narzisse als Hauptverführerin (v. 8 sq.), während diese in der spätern sicilisch-alexandrinischen Poesie, welche den Raub nach Sicilien verlegt, ganz zurücktritt oder durch das Veilchen ersetzt wird[4]). Ueber das Lokal des Raubes bei Pamphos sind wir nicht unterrichtet, und es wäre voreilig, wenn wir als solches das Nysische Gefilde aus dem homerischen Hymnus v. 17 schliessen wollten. Denn, wie sich sofort zeigen wird, herrscht in Bezug auf die einzelnen im Mythus vorkommenden Lokale keine Ueberein-

---

1) Es ist daher an sich recht wol möglich, dass die Παμφίδες, welche nach Hesych s. v. sind γυναῖκες 'Αθήνησιν ἀπό Πάμφω (Schmidt. Πάμφου cod.) τὸ γένος ἔχουσαι, die weiblichen Nachkommen dieses Pamphos sind, welchen vielleicht aus Dankbarkeit für den Stammvater von den Athenern irgend ein Amt bei den Demeterfesten gegeben worden ist, ähnlich wie den Töchtern des Keleos und den Eumolpiden (Paus. I, 38, 3). Vergl. Preller Dem. S. 384.

2) Paus. IX, 31, 9 Κόρην τὴν Δήμητρός φησιν ἁρπασθῆναι παίζουσαν καὶ ἄνθη συλλέγουσαν, ἁρπασθῆναι δὲ οὐκ ἴοις ἀπατηθεῖσαν, ἀλλὰ ναρκίσσοις.

3). Schol. z. v. 681 συλλέγουσαν φασὶν τὴν Κόρην τὸν νάρκισσον ἁρπασθῆναι. Nur durfte aus dieser Stelle noch keine Bekanntschaft des Sophocles mit dem Hymnus von Gutsche Quaestt. de Hom. h. in Cer. Halis 1872 p. 29 gefolgert werden. Als Todtenblume erscheint die Narzisse bei Cornut. c. 35.

4) Diod. Sic. V, 3. Nicander Georg. II fr. 74, 60 (Schn. p. 91). Ovid Met. V, 392. Fast. IV, 437 sq. Bei Claudian II, 128 sq. erscheint zwar auch die Narzisse unter der Blumenflora von Henna wieder, aber ohne besondere Bedeutung.

stimmung zwischen Pamphos und dem homerischen Hymnus. Als der Brunnen, auf welchem nach dem Raube Demeter, ‚einer alten Frau gleichend', sitzt und von den Töchtern des Keleos gesehen wird, erscheint bei Pamphos[1]) der auf dem Wege von Eleusis nach Megara gelegene ‚Blumenbrunnen' (φρέαρ "Άνθιον), im homerischen Hymnus der ‚Jungfern- oder Schönreigen-Brunnen' (Παρθένιον, Καλλίχορον φρέαρ) von Eleusis selbst[2]). Ein zweiter Unterschied würde darin bestehen, dass sich Demeter bei Pamphos für eine Argiverin, im homerischen Hymnus (v. 123) für eine Kreterin ausgäbe, wenn die handschriftliche Ueberlieferung bei Pausanias I, 39, 1 ἐντεῦθεν δὲ αὐτὴν ἅτε γυναῖκα Ἀργείαν ὑπὸ τῶν θυγατέρων τῶν Κελεοῦ κομισθῆναι παρὰ τὴν μητέρα unanstössig[3]) wäre. Allerdings wird ein Verhältnis zwischen Argos und Eleusis in alter Zeit von Paus. I, 14, 2 dahin bezeugt, dass Trochilos von Argos nach Eleusis geflohen sei und sich dort niedergelassen habe, aber mit dem ausdrücklichen Zusatz, dass dies argivische Sage sei. Dazu kommt, dass diese argivische Sage in schroffem Gegensatz zu den Verhältnissen steht, welche den Hintergrund des homerischen Hymnus bilden. In jener nämlich kommt Demeter nach Argos und erfährt den Raub von der Argiverin Chrysanthis, erst später flieht Trochilos nach Attika. Das entscheidende Bedenken aber ist ein sprachliches. Pausanias konnte den Umstand, dass sich Demeter als Argiverin ausgab, unmöglich mit den Worten ἅτε γυναῖκα Ἀργείαν als objektiven Grund dafür anführen, dass sie von den Töchtern des Keleos zur Metaneira geführt wurde. Ἀργείαν kann nicht richtig sein, sondern muss mit einem Worte, welches in sich den Grund für jene Handlung der Töchter enthält, vertauscht werden. Diese Forderung würde befriedigen das von Ruhnken (z. h. in Cer. v. 105) vorgeschlagene, von Walz und Schubart aufgenommene γραῖαν, wenn dieses nicht, besonders nach dem unmittelbar vorhergegangenen γραῒ εἰκασμένην, zu farblos wäre[4]). Dieser Anstoss wird vermieden, wenn wir ohne

---

1) Paus. I, 39, 1.
2) Hom. h. in Cer. 99. 272. Paus. I, 38, 6. Vergl. S. 12 A. 6).
3) Festgehalten, aber ungenügend vertheidigt ist dieselbe von Voss z. Demeterh. S. 45 u. Preller Dem. S. 385 A. 3.
4) Vergl.Dion. Cass. 61, 19 u. Clem. Alex. Paed. III § 28, die Prosastellen, an welchen γραῖα vorkommt.

einen der Buchstaben des Wortes Ἀργείαν ganz zu tilgen, nur mit Umstellung der ersten 4 schreiben γεραιάν und dieses in seiner gewöhnlichen Bedeutung *senectute venerabilis*[1]) nehmen.

Dagegen liegt wieder eine Verschiedenheit in den Namen der Keleostöchter vor: bei Pamphos heissen dieselben Diogeneia, Pammerope und Saisara[2]), im homerischen Hymnus v. 109 Kallidike, Kleisidike, Demo und Kallithoe. Die Bemerkung des Pausanias, dass die Namen bei Pamphos mit denen bei Homer stimmen, erweist sich demnach als auf einem Gedächtnisfehler beruhend[3]).

Wenn wir also auch zugeben, dass Pamphos und der Dichter des homerischen Hymnus in demselben Geiste und Tone — ich meine den epischen[4]) — gedichtet haben, so ist es doch nicht correkt ohne weiteres zu sagen[5]): der Dichter des homerischen Hymnus folgte dem Pamphos; jeder von beiden folgte vielmehr einer besonderen Sage, und zwar, wie es scheint, Pamphos einer mehr nationalen, attischen, der Dichter des Hymnus einer partikularistisch gefärbten, specifisch eleusinischen.

Der homerische Hymnus auf Demeter.

Dass der in die Sammlung der unter Homers Namen gehenden Hymnen aufgenommene Hymnus auf Demeter den Homer

---

1) Vergl. Hom. h. in Cer. 101 sq. Il. ζ, 87. Hesych s. v. γεραιάς.

2) Paus. I, 38, 3. Diogeneia heisst bei Apollod. III, 15, 1 die Tochter des Kephisos u. Schwiegermutter des Erechtheus, u. Σαισαρία ist der ältere Name von Eleusis nach Hesych s. v. Beide Namen — Pammerope allerdings ist nirgens erwähnt — sind also Bezeichnungen von Lokalen Attikas und jedenfalls älter als die abstrakteren des Hymnus.

3) So Preller Dem. S. 68 u. Baumeister hymn. Hom. p. 293. Fr. Franke (hymn. Hom. p. 127) freilich, dem Guttmann de hymn. Homer. histor. crit. (Gryphisw. 1869) p. 35 folgt, nimmt keinen solchen Gedächtnisfehler des Paus. an, sondern hält die Verse 108 sq. des Hymnus für interpolirt aus v. 285 sq., allein dass tatsächlich keine Uebereinstimmung vorhanden ist, zeigt die Erwähnung der Καλλιδίκη v. 146. Vers 108 u. 110 scheinen auch mir aus mehr als Einem Grunde verdächtig, der letztere aus Hes. th. 79 interpolirt; die Verse 285 sq. zeigen, dass auch der Hymnus nur 3 Töchter kannte. Aber das von Voss eingeschlagene Verfahren die von Paus. überlieferten Namen in den Text des Hymnus hineinzubringen ist gewis verkehrt.

4) So erklärt sich, dass Pausanias bald von ὕμνοι (VII, 21, 3; IX, 29, 3), bald von ἔπη (IX, 31, 6; VIII, 35, 8) des Pamphos redet.

5) So Heyne obss. ad Apollod. p. 27. Preller Dem. S. 60 Eberhard de Pampho et Musaeo, Monasterii 1864 p. 11.

nicht zum Verfasser haben könne, ist, wenn auch nicht einem Pausanias[1]) oder Philodemos, so doch alexandrinischen Grammatikern[2]) klar geworden. Heut ist dies ebenso allgemein anerkannt, wie dass die Heimat desselben in Attika[3]) zu suchen sei. Meines Erachtens sind wir sogar berechtigt den Hymnus für einen eleusinischen, d. h. der Verherrlichung des eleusinischen Demetercults geweihten[4]), und insofern den Verfasser für einen Eleusinier zu halten. Dafür spricht nicht nur die genaue Beschreibung der Lokalitäten von Eleusis, die genaue Bekanntschaft mit eleusinischen Verhältnissen, die Hervorhebung der eleusinischen Persönlichkeiten, die Verflechtung des Baues des eleusinischen Demetertempels in den Gang der Erzählung (v. 270 sq.), die direkte Anrufung der eleusinischen Demeter am Schluss des Hymnus (v. 490 sq.), sondern ganz besonders der Umstand, dass die Tat, durch welche Demeter ihre Freude über die Wiedervereinigung mit ihrer Tochter bekundet, nicht, wie sonst überall, die Stiftung des Ackerbaues — dieser ist bereits bekannt (v. 305 sq.), und Triptolemos erscheint oder richtiger steht zurück unter den eleusinischen Königen (v. 153 u. 474) —, sondern die Stiftung der eleusinischen Mysterien (v. 473 sq.) ist, an deren Erwähnung sich der Preis der Glückseligkeit der Eingeweihten knüpft.

1) Paus. II, 14, 3 (v. 474 sq.) u. IV, 30, 3 (v. 417 sq. Vergl. I, 38, 3 u. VIII, 37, 9) schreibt den H. ohne weiteres dem Homer zu; ebenso Philodemos $\pi\varepsilon\varrho\grave{\iota}$ $\varepsilon\dot{\upsilon}\sigma\varepsilon\beta\varepsilon\acute{\iota}\alpha\varsigma$ (coll. alt. voll. Hercul. II. t. 91. p. 40 ed. Gomp. (v. 440).

2) Dies beweist der Ausdruck des Schol. z. Nic. Alex. 130 p. 84 Sch. $\dot{\varepsilon}\nu$ $\tau o\tilde{\iota}\varsigma$ $\varepsilon\dot{\iota}\varsigma$ $"O\mu\eta\varrho o\nu$ $\dot{\alpha}\nu\alpha\varphi\varepsilon\varrho o\mu\acute{\varepsilon}\nu o\iota\varsigma$ $\ddot{\upsilon}\mu\nu o\iota\varsigma$ mit Bezug auf v. 202.

3) Atticismen sind, wenn auch nicht in solchem Umfange, wie Voss u. Gutsche Quaestt. de H. h. in Cer. Halis 1872 p. 9 glaubten, unläugbar vorhanden, (z. B. $\varkappa\acute{o}\varrho\eta$ 439, $\mathring{\eta}\varrho o\varsigma$ 455, $\dot{\varepsilon}\varrho\tilde{\omega}$ 407, $\mathring{\omega}\delta\acute{\eta}$ 494, $\lambda\acute{\alpha}\vartheta\varrho\alpha$ 240). Preller (Dem. S. 74 und 381 sq.) ist mit seinem Widerspruch gegen den attischen Ursprung isoliert geblieben. Derselbe beruht auf seiner übertriebenen — dies sage ich bei aller Anerkennung der von seiner Untersuchung ausgegangenen Anregung — Annahme von Interpolationen. Spätere Einschaltungen verschiedner Hände sind allerdings unläugbar aber es sind dies nur einzelne, teils sinnstörende, teils sprachlich oder metrisch anstössige, Verse, nicht ganze, den Gang der Erzählung wesentlich modificirende Partien. Dieser Standpunkt, von dem hyperconservativen Baumeisters sehr verschieden, ist auch von Bücheler geltend gemacht worden und wird mit einziger Ausnahme der Iambe-Episode (v. 190—211) auch von Bergk Gr. Lit. I, 768 geteilt.

4) Im wesentlichen dieselbe Ansicht ist geäussert von Voss Mythol. Br. Th. III S. 2 u. Th. V S. 67 u. danach von Schürmann de hymni in Cer. Homerici aetate atque scriptore, Monasterii 1850 bes. p. 47 sq.

Indem wir die ungleich schwierigere Frage nach der Entstehungszeit des Hymnus vorläufig noch unbeantwortet lassen, reconstruiren wir uns zunächst aus dem vielfach lückenhaften Texte den Gang der Erzählung.

Der Raub der Persephone war im Rat des Zeus [1]) beschlossen, wie die Zerstörung Ilions. Hades [2]) erbittet sie von seinem Bruder zur Gemahlin und raubt sie mit dessen Willen ohne Wissen der Demeter. Zeus selbst gibt der Gaia auf, dem Hades zu Liebe Narkissos wachsen zu lassen, dessen Duft die Persephone, welche mit den Töchtern des Okeanos [3]) auf der Nysischen [4]) Wiese spielt, weit von ihren Gespielinnen weglockt. Niemand also hört ihr Hilfegeschrei, als Hades plötzlich auf goldenem Wagen aus der

---

1) Vergl. v. 3. 30. 77. 414. Dasselbe Motiv ist festgehalten bei Hesiod. theog. 914. Eur. Hel. 1308. Apollod. I, 5, 1, auch wol in der arkad. Sage (Paus. VIII, 42, 3). Vergl. Stat. Theb. VIII, 63. Dagegen ist Zeus abgeschwächt in den Begriff eines δαίμων Orph. Arg. 1200 oder der Schicksalsgöttinnen Claudian de r. P. I. 215 u. II, 5. Wenn im H. v. 345 gesagt wird, Demeter zürnte über die βουλή aller Götter, so bezieht sich dies auf die Versuche der Götter sie zur Gutheissung des Raubes umzustimmen.

2) Ἀϊδωνεύς v. 2. 84. 357. 376. Ἀΐδης 346. 371. ᾍδης 79. 336. Πολυδέκτης v. 9. Πολυδέγμων v. 17. 404. 430.

3) Die Namen der Okeanostöchter werden nicht schon v. 5, sondern erst in dem Bericht der Persephone v. 417 sq. genannt. Der den Schluss dieser Aufzählung bildende Vers 424

Παλλάς τ᾽ ἐγρεμάχη καὶ Ἄρτεμις ἰοχέαιρα

ist sicher ein spätes Einschiebsel, nicht blos wegen sprachlicher u. metrischer Gründe, welche Matthiae u. Hermann geltend gemacht haben, sondern auch wegen des sachlichen Anstosses, den er enthält. Es ist mir gleich undenkbar, dass der Dichter des H. diese beiden Göttinnen den Okeaniden mittels τε — τε angereiht haben sollte, wie dass sich dieselben beim Raube sollten vollständig passiv verhalten haben. Ueberall, wo dieselben beim Raube erwähnt werden, sind sie gegen oder für denselben tätig. Wie daher Welcker mit Recht sein früheres schwankendes Urteil (Zschr. f. Gesch. u. Ausl. d. a. K. S. 79) später mit einem verurteilenden vertauscht hat (Gr. Gött. II, 476), so hätte auch Baumeister seine frühere Athetese (H. Hom. Lips. 1858) festhalten u. den Vers nicht mit folgendem, tatsächlich unrichtigen, Argument schützen sollen: *Affuisse Minervam et Dianam Proserpinae flores legenti communi omnium consensu traditur*. Um nur 1 Beleg dagegen anzuführen, Ovid kennt diese Version weder in den Metam. V, 346 sq. noch in den Fasti IV, 419 sq., und Euripides Hel. 1314 hat dieselbe nicht aus altattischer Sage, sondern aus der orph. Poesie herübergenommen.

4) Vergl. Excurs I.

Erde hervorbricht und sie ergreift, niemand ausser Hekate[1]), welche in ihrer Höhle — wahrscheinlich der zerynthischen — sitzt. Erst zuletzt als Hades mit der Persephone in die Unterwelt herabfährt, und diese lauter als zuvor zu schreien anfängt, hört auch Demeter ihre Stimme und macht sich sofort auf, die Verlorene zu suchen. Nachdem sie 9 Tage lang ohne Speise und Trank zu nehmen, alles mit Fackeln durchsuchend, zu Fuss die ganze Erde durchirrt hat, begegnet sie Hekate, welche ihr den Raub bestätigt, ohne den Namen des Räubers angeben zu können, sie aber an den Helios weist. Von diesem in Kenntnis gesetzt, dass Hades sie mit des Zeus Einwilligung geraubt habe, meidet sie erzürnt den Olymp und geht in Gestalt einer alten Frau auf Erden umher. So kommt sie auch in das Gebiet von Eleusis und setzt sich vor der Stadt am ‚Jungfern- oder Schönreigen-Brunnen' nieder. Hier wird sie von den Töchtern des Keleos, eines der Herrscher von Eleusis, welche Wasser zu schöpfen kommen, gesehen und eingeladen, ihnen als Wärterin ihres jüngst geborenen Bruders Demophoon zu folgen. Ins Haus des Keleos eingetreten, wird sie durch die Spässe der Magd Iambe heiter gestimmt und erbittet sich von Metaneira, der Herrin des Hauses, nur einen aus Wasser, Mehl und Polei gemachten Mischtrank ($\varkappa\upsilon\varkappa\varepsilon\acute{\omega}\nu$). Der ihr anvertraute Knabe, den sie mit Ambrosia nährt und bei Nacht heimlich ins Feuer hält, gedeiht über die Massen; als sich aber Metaneira einmal in unberufener Weise zur Augenzeugin jener nächtlichen Feuertaufe macht, verlässt Demeter, nachdem sie sich zu erkennen gegeben, das Haus, mit der Weisung, ihr zur Sühne einen Tempel und Altar zu weihen. Dies geschieht sogleich, und da sie noch immer den Olymp meidet, benützt sie den Tempel als Wohnung. Hierhin schickt daher Zeus, da in Folge des von Demeter über die ganze Erde verhängten Miswachses selbst der Olymp keiner Opfer teilhaftig wird, die Iris, um die erzürnte Göttin in den Olymp zu rufen; dieselbe richtet aber eben so wenig etwas aus, als die übrigen Götter, welche sich ihr der Reihe nach mit Bitten, Versprechungen und Geschenken nahen: sie erklärt nicht eher kommen und wachsen lassen zu wollen, als bis sie ihre Tochter wieder-

---

1) V. 26
$'H\acute{\varepsilon}\lambda\iota\acute{o}\varsigma\ \tau\varepsilon\ \check{\alpha}\nu\alpha\xi,\ 'Y\pi\varepsilon\varrho\acute{\iota}o\nu o\varsigma\ \grave{\alpha}\gamma\lambda\alpha\grave{o}\varsigma\ \upsilon\acute{\iota}\acute{o}\varsigma$
scheint mir mit Bücheler aus v. 64 sq. interpolirt.

gesehen habe. In dieser Bedrängnis fordert Zeus den Hades durch Hermes auf, diesen Wunsch der Mutter zu erfüllen. Derselbe zeigt sich willfährig, sichert sich aber dadurch, dass er ihr unvermerkt den Kern einer Granate zu essen gibt, ihre Rückkehr. Als daher Hermes mit ihr auf dem Gespann des Hades zur Demeter nach Eleusis gefahren ist, fragt diese sogleich, ob sie etwas in der Unterwelt gegessen habe, da sie in diesem Falle für immer den dritten Teil des Jahres daselbst zubringen müsse. Da Persephone dies bejaht, kann Demeter nicht umhin, auf die von Zeus festgehaltene Bedingung, dass Persephone nur zwei Drittel des Jahres bei ihr zubringe, einzugehen. Nachdem sie den Schooss der Erde wieder geöffnet und den Gebietern von Eleusis Anweisungen zur Feier ihrer Feste hinterlassen hat, begibt sie sich mit ihrer Tochter in den Olymp.

Diese Uebersicht über den Inhalt war nötig, um auf die Frage nach der Entstehungszeit des Hymnus eine genügende Antwort zu geben, nachdem über dieselbe meist nicht sowol durch Tatsachen begründete Ansichten, als blosse Vermutungen, wenn auch mit grosser Zuversicht, aufgestellt worden sind. Während die einen [1]) den Hymnus der Zeit des Hesiod naherückten, wollten andere [2]) ihn geradezu in Ol. 30 setzen, wieder andere [3]) dagegen erst in die Zeit der Pisistratiden. Ein ausführlicher Versuch, die Zeit desselben zu bestimmen, ist erst vor kurzem von Gutsche, quaestiones de homerico hymno in Cererem, Halis Saxorum 1872 gemacht worden. Derselbe kommt zu folgendem etwas seltsamen Resultat: *persuasissimum mihi est hymnum ante Solonis et Pindari aetatem esse compositum, primis fortasse poetarum temporibus, qui cyclici appellati Homeri vestigiis insistebant.* Für das zweite ist gar kein Beweis erbracht, und das ganze verträgt sich schlecht mit dem

---

1) Schuster de vet. Orph. theog. indole atque origine, Lipsiae 1869 p. 79, welcher sich jedoch für diese Ansicht mit Unrecht auf F. Ranke Hes. scut. p. 360 — 362 beruft. Dieser lässt nur den grössern Theil der homer. Hymnen zu derselben Zeit wie Hesiods Scutum entstanden sein, setzt aber den Verfasser dieses *aliquanto post Homerum et Hesiodum.*

2) Voss Mythol. Br. Th. III S. 2. Th. V S. 67, dem Schürmann de Hymni in Cer. Hom. aetate atque scriptore, Monasterii 1850 folgt. Auch Welcker Gr. Gött. II, 546 hält Ol. 30 für die späteste Zeitgränze.

3) Baumeister hymni Hom. p. 280, dem Windisch de hymnis Hom. majoribus Lipsiae 1867 p. 67 beistimmt.

auf p. 5 aufgestellten Satze: *Vossii de poetae aetate opinionem plane reiicio*. Die bisher unterlassene Hauptsache ist, sichere Zeitgrenzen für die Entstehung des Hymnus aus Sprache und Inhalt desselben im Vergleich mit andern Werken aufzufinden. Dass der Hymnus nachhomerisch ist, zeigen nicht nur sprachliche und metrische Eigentümlichkeiten, sondern auch die unverkennbare Nachahmung gewisser Motive der Odyssee [1]). Dass derselbe auch nachhesiodeisch sei, beweist die Menge der Anklänge an Hesiod's Sprache [2]), wie der Umstand, dass der Mythus vom Raube bei diesem noch ungleich einfacher, ohne den Schmuck und Beirat, den er hier erhalten hat, erscheint. Hesiod sagt nur, dass Hades die Persephone ihrer Mutter mit Einwilligung des Zeus entführte: theog. 913

(ἢ τέκε) Περσεφόνην λευκώλενον, ἥν Ἀϊδωνεύς
ἥρπασεν ἧς παρὰ μητρός, ἔδωκε δὲ μητιέτα Ζεύς.[3])

Und selbst in den Versen des Hymnus, welche diesen entsprechen, v. 2 sq.

θύγατρα τανύσφυρον, ἣν Ἀϊδωνεύς
ἥρπαξεν, δῶκεν δὲ βαρύκτυπος εὐρυόπα Ζεύς,
νόσφιν Δήμητρος κτλ.

stellt sich die Abhängigkeit von Hesiod heraus. Den Hymnus aber deshalb, weil er eine Anzahl Wörter enthält, welche sich erst bei Pindar und den Tragikern finden[4]), bis in die Zeit der Pisistratiden herabzurücken, ist unstatthaft. Denn das wirkliche Alter solcher Wörter entzieht sich bei dem lückenhaften Zustande der litterarischen Ueberlieferung unsrer Beurteilung. Mit grösserem Rechte könnte derselbe in die Zeit des Solon gesetzt werden, insofern auch dessen Sprache, trotzdem sie im allgemeinen die ältere, epische, ist, bereits einzelne jüngere, seiner Heimat Attika angehörige Formen aufweist, welche sogar denen des Hymnus völlig

---

1) Vergl. Gutsche l, l. p. 15 sq. u. p. 21.

2) S. Windisch l. l. p. 60 sq. Dass der Dichter des H. auch Hesiods Katalog der Okeaniden vor sich gehabt habe, vermutet Guttmann de hymn. Hom. hist. crit. (Gryphisw 1869) p. 34. Eine sichre Nachbildung eines ganzen Verses der Theogonie (79) läge vor, wenn H. v. 110 echt wäre. Vergl. jedoch S. 33 A. 3).

3) Die Verse fehlen nur in einem wertlosen Codex Dorvill. (S. Hes. ed. Köchly et Kinkel p. 71) und sind sicher echt.

4) S. Windisch u. Gutsche l. l.

entsprechen¹). Doch auch dieses Argument ist nicht entscheidend. Bei genauerer Prüfung erweist sich die Sprache des Hymnus doch älter als die der solonischen Gedichte. Die älteren Endungen des Genetivs οιο²), der Dative οισι³) und αισι sind im Hymnus verhältnismässig noch viel häufiger als bei Solon; φιν, im Hymnus v. 375 ὑπὸ χρυσέοισιν ὄχεσφιν noch erhalten, fehlt bei diesem ganz, dagegen sind Contraktionen in der Conjugation bei Solon schon häufiger als im Hymnus, Formen wie πόλει fr. 4, 17 u. 32 fehlen in diesem noch ganz.

Zu demselben Resultat führt eine Betrachtung des politischen Hintergrundes des Hymnus. Die gesammten politischen Verhältnisse, namentlich aber die Art, wie über die feindlichen Berührungen zwischen Eleusis und Athen gesprochen wird (v. 265 sq.) machen durchaus den Eindruck, dass Eleusis zur Zeit des Hymnus seine politische Selbständigkeit noch nicht an Athen eingebüsst hatte. Dies scheint aber — wenn auch nur kurze Zeit — vor Solon geschehen zu sein⁴). Der Hymnus scheint daher eher in die erste, als in die zweite Hälfte des 7. Jahrhunderts gesetzt werden zu müssen.

Zu diesem vorsolonischen Ursprung des Hymnus passt nun auch vortrefflich, was wir über die orphische Dichtung vom Raube erfahren, welche ebenfalls auf dem Boden Attikas erwachsen ist.

Die orphische Dichtung vom Raube.

Unbestreitbar bleibt das hohe Alter der orphischen Poesie in Attika, aber erst kurz vor⁵) oder zur Zeit des Solon dringt orphischer Einfluss auch in die Eleusinien ein⁶), und dieser gestaltet,

---

1) Dem contrahirten ἧρος h. 455 entspricht ἠρινός Sol. fr. 13, 19, dem ᾠδή v. 494 dieselbe Form fr. 1, 2, der Form Κόρη v. 439 entspricht ὄρος fr. 36, 4 u. κόρος fr. 4, 9.

2) Bei Solon nur in wenigen Formeln: πόντου ἀτρυγέτοιο fr. 13, 19, ἠελίοιο μένος fr. 13, 23.

3) Im H. ist οισι noch einmal so häufig als οις, ῃσι (incl. αισι) mehr als dreimal so häufig als αις (incl. ης); bei Solon stehen 9 οις gegen 14 οισι und 3 αις gegen 2 ῃσι.

4) S. Gutsche l. l. p. 27.

5) Vergl. Gutsche l. l. p. 25.

6) So erklären sich die zahlreichen, von Lobeck Agl. p. 238 sq. aufgeführten Nachrichten, welche den Orpheus zum Gründer der Mysterien machen. Besonders

zum Teil im Anschluss an attische Volkssage, auch den Mythus vom Raube in eigentümlicher Weise um, indem er nicht nur den Iacchos, den πάρεδρος der Demeter und Kora, sondern auch den attischen Nationalheros Triptolemos in denselben hineinträgt und mit diesem die Stiftung des Ackerbaus besonders hervorhebt.

Ob es schon alte Hymnen unter dem Namen des Orpheus gegeben hat, welche ähnlich wie die des Musaios, seines angeblichen Sohnes und Schülers[1]), des Raubes Erwähnung taten, ist nicht zu entscheiden. Dass er aber in der ‚orphischen Theologie' vorkam, ist kaum zu bestreiten, wenn auch keines der auf ihn bezüglichen Fragmente mit Sicherheit auf diese zurückgeführt[2]) werden kann. Jedoch werden wir schwerlich in der Annahme irren, dass die Erzählung des Raubes in dieser, wie in der hesiodeischen Theogonie, verhältnismässig kurz und einfach[3]) gewesen sei. Eine ausführliche Darstellung des Raubes war der Inhalt eines besonderen Gedichtes, dessen Titel uns nicht sicher überliefert ist[4]), der Frucht jenes orphischen Einflusses auf die Eleu-

---

interessant ist das Zeugnis des Diod. Sic. III, 65 τὰς ἐν τοῖς μυστηρίοις τελετὰς Ὀρφέα τὸν Οἰάγρου μαθόντα παρὰ τοῦ πατρὸς καὶ φύσει καὶ παιδείᾳ τῶν ἁπάντων διενεγκόντα πολλὰ μεταθεῖναι τῶν ἐν τοῖς ὀργίοις. Vergl. auch Hippol. ref. haer. V, 20 τοῦ τὰς τελετὰς μάλιστα καὶ τὰ μυστήρια καταδείξαντος Ὀρφέως.

1) S. Diod. Sic. IV, 25. Justin. Mart. Coh. ad Graec. c. 15.

2) Lobeck Agl. p. 546 hat einige Fragmente, jedoch ohne Grund, hieher gezogen, während er die Mehrzahl bei dem eigentlichen Gedicht vom Raube (p. 827) untergebracht hat. Das Fragment bei Proklos Theol. VI, 13, 382 ἡ τῶν Κορυβάντων τάξις προβαίνουσα σὺν τῇ Κόρῃ καὶ φρουροῦσα αὐτήν, ὥς φησιν ἡ θεολογία braucht nicht bei Gelegenheit des Raubes, sondern kann bei den Korybanten Erwähnung gefunden haben, kann sich aber auch auf die Bewachung der Pers. gegen die Nachstellungen des Zeus, wie sie Nonnos Dion. VI, 136 sq. am ausführlichsten schildert, wie sie aber auch Orph. h. XXXIX (38), 7 erwähnt, beziehen.

3) Vergl. Zoega Abhandl. S. 243. Bernhardy Griech. Litt. II, 1, 440³. Diesen Grundsatz über die orph. Theogonie acceptirt auch Schuster de vet. Orph. theog. indole atque origine p. 12 u. bes. p. 57 und doch benützt er p. 76 alles, was über die orph. Darstellung des Raubes überliefert ist, als Hauptstütze für die Zeitbestimmung speziell der ‚vetus Orphica theogonia.'

4) Am wahrscheinlichsten ist Κόρης ἁρπαγή nach dem Marmor Parium ep. 14 (25) Müller fr. hist. gr. I, 544 [ἀφ' οὗ Ὀρφεὺς Οἰάγρου καὶ Καλλιόπης] ὀυί[ς τὴ]ν αὐτοῦ ποίησιν ἐξ[έ]θηκε Κόρης τε ἁρπαγὴν καὶ Δήμητρος ζήτησιν καὶ τὸν αὑτοῦ [ἐς Ἀΐδου καταβαθμὸν καὶ τὸ γῆ] θος τῶν ὑποδεξαμένων τὸν καρπόν.

sinien. Dass dies ein besonderes Gedicht, nicht Teil eines grösseren Ganzen war, kann keinem Zweifel unterliegen bei der Klarheit der Zeugnisse des Marmor Parium und des Justinus Martyr (Cohort. c. 17), deren erstes den Inhalt, das zweite den Anfang dieser ποίησις — beide gebrauchen diesen Ausdruck —

Μῆνιν ἄειδε, θεά, Δημήτερος ἀγλαοκάρπου

(Orph. fr. XVIII. p. 478 Herm.)

angibt. Und so wird auch an dieses Gedicht zu denken sein, wenn in den uns vollständig erhaltenen letzten Ausläufern der orphischen Poesie, den Ἀργοναυτικά, auf eine ältere orphische Darstellung des Raubes hingewiesen wird, v. 26 [1])

Δήμητρός τε πλάνην καὶ Φερσεφόνης μέγα πένθος

(vergl. v. 8, 33, 40 u. 46) und v. 1195 sq.

ὧν πέρι μῦθον ἅπαντ' ἔκλυες, Μουσαῖε δαΐφρον,
ὥς ποτε Φερσεφόνην τέρεν' ἄνθεα χερσὶ δρέπουσαν
ἐξάπαφον συνόμαιμοι ἀν' εὐρύ τε καὶ μέγα ἄλσος·

aus welchen Versen zugleich vermutet werden kann, dass auch jenes Gedicht an Musaios gerichtet war. Der Umstand aber, dass diese und andere Stellen der Orphica, sowie die Fragmente in des Proklos εἰσαγωγὴ εἰς τὴν θεολογίαν, der reichsten Fundgrube für die orphische Poesie, wenigstens zum grossen Teil mit älteren Angaben über die orphische Darstellung des Raubes (bei Proklos, dem Schol. z. Hesiod, bei Pausanias, Clemens Alex.) inhaltlich übereinstimmen, berechtigt zu der Annahme, dass wenigstens im Kern des M. durch jene nichts geändert worden ist, und dass sie demnach zu einer Reconstruktion desselben benützt werden dürfen. An zweiter Stelle sind auch die Darstellungen zu berücksichtigen, welche, wie der Chorgesang des Euripides Hel. 1301 sq., und Claudian's de raptu Proserpinae, auch Nonnos Dionys. VI, 1 sq. das orphische Gedicht mehr oder weniger — letzterer nur äusserlich — benützt haben [2]).

Vergl. Preller Dem. S. 131. A. 6). Die Richtigkeit der Ergänzung des Namens Ὀρφεύς wird jetzt wol von niemandem bezweifelt. Dies Zeugnis ist übersehen von Schuster l. l. p. 76, der Δήμητρος πλάναι oder Μῆνις Δήμητρος als Titel vorschlägt.

[1]) Dagegen werden sich v. 22 sq. auf die Anstalten der Demeter zur Bewachung der Pers. vor den Nachstellungen des Zeus beziehen. Vergl. S. 40 A. 2).

[2]) Das Material ist selbst nicht von Lobeck Agl. p. 546 sq. u. p. 818 sq.,

Als Lokal des Raubes erschien die Gegend um den Okeanos: beim Schol. z. Hes. theog. 914 ganz allgemein οἱ περὶ τὸν Ὠκεανὸν τόποι, in den Argon. v. 1192 speziell eine einsame Insel ἐπ᾽ ἐσχατιαῖς ἀκαλαρρόου Ὠκεανοῖο [1]. Dort wird sie, wie bei Claudian in Henna, von ihrer Mutter Demeter in ihrem Hause [2] versteckt gehalten — vielleicht schon, wie bei Claudian und Nonnos, um die Bewerbungen der Freier abzuschneiden, da sie von einer Ehe Unglück fürchtet. Die Mutter wird sich entfernt haben, wol nicht, ohne ihr ausser ihren Gespielinnen [3] (Okeaniden?) ihre Diener, die Korybanten [4] und Kureten, als Wächter zurückgelassen zu haben. Die Hauptbeschäftigung der Persephone in dieser Einsamkeit ist das Weben eines Gewandes, auf dem die Gegenstände des Himmels [5], oder wie bei Claudian I, 246 die Elemente, dargestellt waren. Und so treffen sie auch beim Webstuhle [6] ihre drei Schwestern Pallas, Artemis und Aphrodite, welche im Auftrag des Zeus (und der Moirai?) [7] sie besuchen und verlocken, den Webstuhl zu verlassen [8], mit ihnen ins Freie zu gehen und Blumen zu suchen. Die Gespielinnen und Wächter bleiben zurück. Da

demnach auch nicht von Preller Dem. S. 130 sq., am wenigsten aber von Schuster l. l. p. 76 sq. ausgenützt worden.

1) Vergl. Strab. IV, 6 p. 198 nach Artemidoros über eine νῆσος πρὸς τῇ Βρεττανικῇ, καθ᾽ ἣν ὅμοια τοῖς ἐν Σαμοθράκῃ περὶ τὴν Δήμητρα καὶ τὴν Κόρην ἱεροποιεῖται u. Procl. in Plat. Tim. p. 54 F.

2) Arg. 1194. Procl. inst. theol. VI c. 11. p. 371 ed. Portus. Porphyr. de antro nymph. c. 7 nennt eine Höhle.

3) Nymphen nennt Porphyr. l. l.

4) Procl. inst. theol. VI. c. 13 p. 382. V. c. 35 p. 322. in Cratyl. p. 62 ed. Boisson. Vergl. jed. S. 40 A. 2). Die Synkrasie der Rhea mit Demeter ist echt orphisch. Vergl. Procl. in Cratyl. p. 96. Athenag. leg. c. 20. Suidas s. v. βάραθρον. Theodoret. Therap. III p. 53 Sylb. Lob. Agl. p. 537 u. 548. 614. Diese Art der Theokrasie wird auch von Schuster l. l. p. 43 not. 1) für die ältere orph. Poesie zugestanden.

5) Porphyr. de antr. nymph. c. 14, 15. Procl. in Cratyl. p. 24. in Tim. V, 307 D. p. 746 ed. Schneid.

6) Der von Lob. Agl. p. 550 mit grosser Wahrscheinlichkeit hieher gezogene, von Tzetz. Exeg. in Iliad. p. 26 ed. Herm. überlieferte Vers

ἱστὸν ἐποιχομένην ἀτελῆ πόνον ἀνθεμόεσσαν

wird von einem Verbum wie τέτμον abhängen. Vergl. h. in Cer. 179.

7) Argon. 1200 κούρην ἐβιήσατο δαίμονος αἴσῃ.

8) Procl. in Tim. V, 307. Orph. Arg. 1197 u. 1198, über deren Sinn vergl. Excurs V.

bricht Pluton hervor, hebt Persephone auf sein Viergespann, fährt mit ihr durch's Meer und durch eine Höhle bei Eleusis in die Unterwelt[1]). Dort wird sie seine Gattin und Mutter der Eumeniden[2]). Zeugen jener κάθοδος aber waren Eubuleus[3]) und Triptolemos, die Söhne des Dysaules, die ihre Heerden in der Nähe weideten; vielleicht war sogar ein Teil der Schweine des Eubuleus mit heruntergestürzt[4]). Von diesen Augenzeugen erfuhr denn auch Demeter den Raub.

Erzürnt, dass keiner der Götter ihr den Räuber nannte, hatte sie, wehklagend und Speise und Trank verschmähend, den ganzen Erdkreis durchirrt[5]) und überall Aeusserungen ihres Zornes zurück-

---

1) Argon. 1199. h. XVIII (17), 12 sq.:
τετρώροις ἵπποισιν ὑπ᾽ Ἀτθίδος ἤγαγες ἄντρον
δήμου Ἐλευσῖνος, τόθι περ πύλαι εἰσ᾽ Ἀΐδαο.
Dieses ἄντρον erwähnt Paus. I, 38, 5 unter dem Namen Ἐρινεόν oder Ἐρινεός.

2) Orph. h. XXIX, 6 u. LXX, 1 sq. Procl. in Cratyl. p. 100. Die Zahl dieser Eumeniden wird hier 9 gewesen sein nach Procl. in Cratyl. p. 112 ἡ Κόρη λέγεται συνάπτεσθαι τῷ τρίτῳ δημιουργῷ καὶ τίκτειν, ὥς φησιν Ὀρφεύς,
ἐννέα θυγατέρας γλαυκώπιδας ἀνθεσιουργούς.
Ueber das Schwanken in der Zahl der Eumeniden vergl. Lob. Agl. p. 81 h. Rosenberg, die Erinyen S. 20. Die Annahme, dass der Ἀπόλλων in den orphischen Versen, welche Procl. in Cratyl. p. 102 anführt, der Ἀπόλλων χθόνιος ist (Procl. in Tim. IV p. 282 D.), hilft vielleicht über die von Lobeck p. 544 u. Schuster p. 72 bemerkten Schwierigkeiten hinweg.

3) Dieser Eubuleus ist vielleicht der Sohn der Demeter und des Dysaules. S. Excurs VI.

4) Dies scheint mit Recht von Lobeck Agl. p. 829 vermutet als Sinn der Worte des Clemens Alex. Protr. § 17 Βούλει διηγήσωμαί σοι καὶ τὴν ἁρπαγὴν τὴν ὑπὸ Ἀιδωνέως καὶ τὸ σχίσμα τῆς γῆς καὶ τὰς ὗς τὰς Εὐβουλέως τὰς συγκαταποθείσας ταῖν θεαῖν. Wenn die letzten Worte ταῖν θεαῖν richtig sind, so ist συγκαταποθείσας uneigentlich zu verstehen (verschwunden), insofern Demeter selbst allein in die Unterwelt herabstieg. Vielleicht ist aber τοῖν θεοῖν, d. i. Hades und Persephone, zu lesen. Die Beziehung, welche Ovid. Fast. IV, 465
Forsitan illa dies erroris summa fuisset,
Si non turbassent signa reperta sues,
den Schweinen gibt, ist eine spätere Erfindung (Vergl. unten), wie auch die von Hygin fab. 277 überlieferte Version, wonach Triptolemos das Schwein, das die erste Saat ausgewühlt hatte, der Demeter opfert; Vergl. Schol. Bern. u. Serv. z. Georg. II, 380 u. andere Zeugnisse bei O. Müller Eleus. § 33, S. 293.

5) Die Schilderung dieser μῆνις, πλάνη und πένθος Δήμητρος muss einen grossen Teil des Gedichts eingenommen haben, wie die oben angeführten Verse u. Clem. Alex. Protr. § 12 beweisen.

gelassen. Den fruchtreichen Baum $Mιν\vartheta η$ hatte sie zu einem unfruchtbaren Kraut zusammenschrumpfen lassen[1]; auch über Athen, dessen Bewohner ihren ‚Phryger‘, als er ihre Ankunft meldete, in einen Abgrund geworfen hatten, war Unfruchtbarkeit verhängt worden[2]. So war sie auch mit dem kleinen Iacchos nach Eleusis gekommen, hatte sich ermüdet an dem Brunnen niedergelassen, war dort gesehen worden von Dysaules[3] oder vielleicht von seinen Töchtern, Protonoe und Nisa[4]), und, ins Haus geführt, von seiner Frau[5]) Baubo freundlich aufgenommen worden, hatte jedoch alles verschmäht und war in ihrer Traurigkeit verharrt, bis diese zum äussersten Mittel, ihr Gewand aufzuheben und ihr ihre $αἰδοῖα$ zu zeigen[6]), geschritten war. Erst der Anblick des diese klatschenden[7]) Iacchos hatte ihr ein Lachen abgenötigt und sie vermocht ihr Fasten[8]) zu brechen.

Hierauf liess die orphische Poesie, abweichend vom homerischen Hymnus, aber im Anschluss an die attische Volkssage, die Söhne

---

1) Etym. Gud. p. 395 s. v. $Μίνθη$. Orph. fr. LVI (Mullach fr. phil. gr. I. p. 188).

2) Suidas s. v. $βάραθρον$. Die Berechtigung dies Fragment als orphisch hieherzuziehen liegt in der Identificirung der Rhea mit Demeter. Vgl. S. 42 A. 4).

3) Diese überlieferte Form (nicht Disaules) halte ich für die richtige trotz des Pheneaten Trisaules (Paus. VIII, 15, 4).

4) Die Namen der Töchter überliefert Asklepiades bei Harpocr. s v. $Δυσαύλης$. Müller fr. hist. gr. II, 339 fr. 3, der Misa statt Nisa vorschlägt. Doch spricht für Nisa Paus. I, 39, 5. Vergl. Plut. quaestt. gr. XVI. Lucian de salt. § 41. Die Erwähnung des Brunnens bei Clem. Alex. Protr. § 20 lässt vermuten, dass auch hier, wie im homer. Hymnus, die Töchter die Demeter ins Haus der Eltern führten.

5) Vergl. Harpocr. l. l. Clem. Al. l. l. Suidas s. v. $Βαυβώ$ (s. Bernhardy z. d. St. I p. 970) u. $Δημώ$.

6) Clem. Alex. l. l. scheint in dieser Handlung einen Ausdruck des Unwillens zu erkennen, was sie ist in der Geschichte bei Plut. Lacaen. apophth. (II, 185 Tauchn.). Ausdruck sinnlicher Begierde ist sie in den anders gearteten Fällen (Plut. de mulier. virt. II p. 201. Theophrast. Char. c. 11). Dagegen macht Arnob. adv. nat. V, 25 ein ludibrium daraus. Jedenfalls soll der Mangel an Sitte der $γηγενεῖς$ (Clem. l. l.), $τοῦ πρὸ Δήμητρος$ ($Θεσμοφόρου$) $βίου$ (Liban. IV p. 367 Reiske) zugleich bezeichnet werden.

7) Orph. fr. XVI Herm. p. 475. Mullach fr. phil. gr. I p. 174. S. Excurs VI.

8) Orph. hymn. XLI (40), 4.

des Dysaules der Demeter den Ort der κάθοδος zeigen[1]) und dafür durch die Gabe des Säens belohnt werden. Sie steigt selbst in die Unterwelt hinab[2]), wahrscheinlich mit Erlaubnis des Zeus und wahrscheinlich erst, nachdem die Korybanten, welche sie schon vorher, wie überallhin, so auch in die Unterwelt geschickt[3]) hatte, die Tochter zu suchen, nicht mehr zurückgekehrt waren[4]). Aber auch sie vermag die Rückkehr der Tochter nicht zu erlangen, — wahrscheinlich auch hier wie im homerischen Hymnus deshalb, weil diese bereits etwas in der Unterwelt genossen hat[5]): sie kehrt allein zurück[6]) und muss sich dem Spruche des Zeus fügen,

---

1) Beide Söhne, Triptolemos und Eubuleus, nennt Paus. I, 14, 5; den zweiten, wahrscheinlich als Sohn der Demeter, hebt besonders hervor Orph. h. XLI (40) 6 sq., den Triptolemus die übrigen Zeugnisse: Nonnos z. Gregor. στηλιτευτ. A, p. 149 ed. Montagu (danach bei Westerm. mythogr. append. narr. p. 367), Tzetz. z. Hesiod. opp. 32 (nach Proklos), Eudocia p. 109 u. p. 96, aber auch Claudian de r. Pros. III, 52. Den Triptolemus und seinen Vater Keleos, dem der orphische Dysaules entspricht, nennt d. Schol. z. Aristid. Panath. 105, 11 p. 53 D. u. Nonn. z. Gregor. ἐν τῷ εἰς τὰ ἅγια φῶτα λόγῳ (Mai Spicil. Rom. II, 382), den Keleos allein d. Schol. z. Arist. Eq. 698 u. Myth. Vat. II, 96, während bei Eudocia p. 97 Keleos von Triptolemos mit auf den Drachenwagen genommen wird, ohne ein Verdienst um Demeter erworben zu haben.

2) Orph. h. XLI, 5.

3) Orph. h. XXXIX (38), 4 ἐρημόπλανον Κορύβαντα. Aehnlich die Sirenen in der alex. Poesie.

4) Ὁμήρου ἐπιμερισμοί, zurückgehend auf Herodian (Bernhardy Jahrbb. f. wissensch. Kritik 1835 Juli S. 110) bei Cramer Anecd. Oxon. I p. 255 Κορύβαντες, οἱ καταβάντες τὴν Κόρην ἀναγαγεῖν καὶ μὴ ἀναστρέψαντες, übereinstimmend Et. M. p. 531, 5 (Gud. p. 338, 20) s. v. Κορύβαντες. So erklärt sich auch Orph. h. XXXVIII, 2. Lobeck Agl. p. 1140 hat die Bedeutung dieser Fragmente nicht erkannt.

5) Vergl. auch Ovid Met. V, 533. Lact. narr. fab. V, 8. Prob. z. Verg. Georg. I, 39. Unentschieden bleibt, ob Demeter herabsteigt, im comment. Bern. z. Lucan Phars. VI, 740 u. Myth. Vat. II, 100 u. I, 7. Schwerlich war der Grund, dass Demeter ohne die Tochter zurückkehrte, schon in der orphischen Poesie der, welchen römische Dichter, zuerst Vergil Georg. I, 39 (s. Serv. z. d. St.), dann Lucan VI, 699 u. Columella X, 268 sq. angeben, dass die Tochter selbst den Aufenthalt in der Unterwelt vorzog. Dagegen spricht der ganze Geist der orphischen Erzählung, besonders der Umstand, dass Pers. in derselben einen Teil des Jahres bei der Mutter zubringt. Entschieden unrichtig aber gibt Preller Dem. S. 136 den Inhalt der orphischen Erzählung wieder, wenn er Demeter selbst die Kora aus der Unterwelt emporführen lässt. Dies geschieht nirgends.

6) Vergl. Hygin. fab. 251.

dass der Aufenthalt der Persephone fortan zwischen Unter- und Oberwelt geteilt sein solle, und zwar wahrscheinlich, wie im homerischen Hymnus, entsprechend der ursprünglichen physikalischen Bedeutung des Mythus und der alten Teilung des Jahres [1]), dass sie 2 Drittel des Jahres bei der Mutter, 1 Drittel bei dem Gemahle bleiben solle. Hekate, die Tochter des Zeus und der Demeter, überbringt diese Botschaft an Pluton und holt selbst ihre Schwester [2]) ab, die Moeren und Chariten [3]), vielleicht auch Aphrodite, wie auf dem Sarkophag von Wiltonhouse, welcher sich, wie ich § 51 zeigen werde, ganz der orphischen Poesie anschliesst, gehen ihr entgegen, in Eleusis steigt sie wieder empor — auf einem Gespann mit weissen Rossen [4]), Demeter und die Horen [5]) empfangen sie und spielen mit ihr auf den im Frühlingsschmucke prangenden Wiesen.

Diese möglichst eingehende Analyse des Inhalts war zur Ermittlung der Entstehungszeit des orphischen Gedichtes vom Raube um so notwendiger, je mehr wir zur Entscheidung dieser Frage eines der wichtigsten Hilfsmittel, der sprachlichen Untersuchung echter Fragmente, beraubt sind, und je unzureichender sich für

---

1) Vergl. Od. λ. 190 sq. Tac. Germ. c. 26. Grimm Gesch. d. d. Spr. I, 72 sq. Die Gleichheit des Zeitraums findet sich erst infolge von abhanden gekommener Einsicht in das Wesen des Mythus u. infolge von Gleichmacherei in der späteren sicilisch-alexandrinischen Poesie: Hygin. fab. 146. Ovid. Fast. IV, 613. Met. V, 564. Plut. de fac. in orbe lunae c. 27. Lact. z. Stat. Theb. VIII, 63.

2) Schol. z. Theocr. id. II, 12. Die Berechtigung dies Fragment hierher zu ziehen liegt darin, dass die ihm zu Grunde liegende Genealogie die orphische ist, wie Schol. z. Ap. Rhod. III, 467 beweist. Auf der Vase des Marchese del Vasto in Neapel (§ 49) leuchtet die inschriftlich gesicherte Hekate der von Hermes geführten Persephone voran und auf dem Sark. von Wiltonhouse (§ 51) führt sie das Gespann.

3) Orph. h. XLVIII, 7 sq.

4) Tzetz. z. Hes. opp. 32. Eudoc. p. 109 τὴν Δήμητραν εἰς Ἀθήνας ἐλθεῖν καὶ παρὰ Τριπτολέμου μαϑοῦσαν εὑρεῖν τὴν Κόρην δι' Ἐλευσῖνος ἀνερχομένην ἐξ Ἀΐδου λευκόπωλον.

5) Orph. h. XLVIII, 7. XXIX, 9 u. 12 sq. Schiller:

„Führt der gleiche Tanz der Horen
Freudig nun den Lenz zurück.'

Danach lässt Theocr. id. XV, 102 die Horen auch den Adonis aus der Unterwelt führen. Irrtümlich sagt Welcker Gr. Gött. II, 445, Hermes führe die Horen bei der Rückkehr der Pers.

dieselbe äussere Gesichtspunkte erweisen. Zwar beweist die offenkundige Bekanntschaft, welche Euripides Hel. 1301 sq. mit dem Gedichte verrät, wovon unten genauer zu sprechen ist, voreuripideischen Ursprung, und der Umstand, dass das Marmor Parium demselben ein so hohes Alter — das 4. Jahr der Regierung des Erechtheus, 1135 vor dem Abfassungsjahre der Chronik, also 1399 v. Chr. — vindicirt, schliesst die Möglichkeit aus, dass dasselbe diesseit der Zeit des Auftretens der attischen Horographen[1], also des Jahres 480 v. Chr., als der Blütezeit des Pherekydes von Leros, liege[2]. Aber wie weit man hinter diesen Zeitpunkt zurückzugehen hat, lässt sich nur durch genaue Betrachtung und Vergleichung des Inhalts mit dem homerischen Hymnus feststellen.

Nur durch Scheinargumente[3] ist Schuster l. l. p. 76 sq. zu der Ansicht gekommen, dass die orphische Darstellung des Raubes älter sei, als die des homerischen Hymnus, dass mithin die orphische Theogonie — die er hier fälschlich[4] mit dem Gedicht vom Raube zusammenwirft — vor Mitte des 8. Jahrhunderts, um Beginn der Olympiadenrechnung, entstanden sei. Er hat sich verleiten lassen die Schilderungen der altfränkischen Zustände in dem Gedicht als Argument für hohes Alter desselben geltend zu machen. Allein von diesem Standpunkt aus müsste das Gedicht wo möglich selbst in jene altfränkische Zeit, sicher vor die Ilias und Odyssee, welche viele Städte und Könige kennen, gerückt werden, und Ovids Fasten, welche in jener Schilderung urwüchsiger Zustände (IV, 507 sq.) mit dem orphischen Gedicht übereinstimmen, diesem gleichzeitig sein. Die von Schuster bemerkte Aehnlichkeit zwischen der Metaneira des Hymnus und der Arete oder Penelope der Odyssee müsste für eine zeitliche Nähe jenes mit dieser geltend gemacht werden. Und dass das orphische Gedicht die Stiftung des Ackerbaues als Belohnung der Autochthonen feiert, während der homerische Hymnus von der

---

1) Dass diese auch litterargeschichtliche Angaben machten, bemerkt mit Recht Stiehle Philol. VIII, 412.

2) Prellers (Dem. S. 141) Annahme, dass Euripides nur die orphische Theogonie gekannt habe, und dass das Gedicht vom Raube jünger sei als er, ist an sich unwahrscheinlich (S. 40 A. 3) und verträgt sich nicht mit dem Zeugnis des Marmor Parium.

3) Dies hat Giseke (Philol. Anz. 1873, 23), der sich im übrigen gegen Schusters Ansichten erklärt, nicht erkannt.

4) S. 40 A. 3).

Stiftung der eleusinischen Mysterien spricht, ist ebensowenig ein Beweis höheren Alters, erklärt sich vielmehr nur aus dem oben berührten verschiednen Standpunkt und der verschiednen Tendenz der beiden Dichter. Endlich ist doch eine Schilderung urwüchsiger Zustände, wie Ovids Beispiel lehrt, wesentlich verschieden von dem einer Dichtung anhaftenden *nativus color et quasi robigo* (p. 78)[1]). Oder wie passt zu einem solchen naiven Colorit die Intrigue der Göttinnen, durch welche der Raub im orphischen Gedicht zu Stande kommt?

Eine genauere Vergleichung der ganzen Darstellung beider Gedichte — auf diese hat Schuster, wie auf die Reconstruktion der ganzen orphischen Erzählung zu seinem Schaden verzichtet — lässt keinen Zweifel, dass das umgekehrte wahr, das orphische Gedicht jünger als der homerische Hymnus ist. Dafür spricht, dass in dem orphischen Gedicht die Handlung viel verwickelter, das mitwirkende Personal viel grösser, der aufgewendete Apparat viel reicher ist. Zu dem letzteren gehört die Sendung der Persephone nach der entferntesten Insel des Okeanos, ihre Einschliessung in ein festes Haus, ihre Bewachung durch die Korybanten, ihre Beschäftigung am Webstuhl. An Stelle des einfachen Motivs, des Trugs der Gaia, welche Blumen emporsprossen lässt, tritt die Intrigue der drei Göttinnen Aphrodite, Pallas, Artemis; an Stelle des Helios, des natürlichen Augenzeugen des Raubes, als desjenigen, ὃς πάντ' ἐφορᾷ καὶ πάντ' ἐπακούει, treten Menschen, die Hirten Eubuleus und Triptolemos, an Stelle des Götterboten Hermes, des διάκτορος Ἀργειφόντης, tritt teils Hekate, teils Demeter selbst und die Korybanten: Demeter sucht die Tochter nicht allein, sondern mit ihr ist Iacchos[2]), Persephone steigt nicht blos mit Hermes empor, sondern geleitet von Hekate und den

---

1) Mit demselben Rechte wie Ceres wegen ihres Verhältnisses zu Dysaules — s. Excurs VI, — als *agrestis* bezeichnet wird, müsste dieser Tadel gegen die Demeter der Odyssee ausgesprochen werden, welche sich mit Iasion

μίγη φιλότητι καὶ εὐνῇ
νειῷ ἐνὶ τριπόλῳ. (ε, 125).

Wie weit Schuster sein Prinzip treibt, zeigt am schlagendsten, dass auch Pamphos jünger sein soll als der Dichter der orph. Theogonie, weil er die Baubo-Geschichte nicht kennt.

2) Höchst seltsam ist die Behauptung Schusters p. 78: *Homerus verecundia scilicet adductus, quoniam deum Iacchum habet, petulantes ejus jocos reticet.*

Chören der Moeren und Chariten und wird empfangen von den Horen. Gleiche Beweiskraft hat die in der orphischen Poesie eingetretene Vermischung einerseits der Demeter mit der Rhea, welche im homerischen Hymnus v. 441 noch eine besondre Rolle spielt, andrerseits der Herrin Metaneira mit der Dienerin Iambe zu Einer Figur Baubo, deren Auffassung eine ungleich niedrigere ist.

Haben wir daher den homerischen Hymnus vor Solon gesetzt, so gehört das orphische Gedicht in die nachsolonische Zeit; haben wir jenen in die erste Hälfte des 7. Jahrhunderts weisen zu müssen gemeint, so kann das orphische Gedicht recht wol hundert Jahre später entstanden sein. Dies ist aber gerade die Blütezeit der orphischen Poesie in Attika, die Zeit des Peisistratos und des Onomakritos, des συνθέτης [1]) und διαθέτης der orphischen Theologie. So trifft die Untersuchung des Inhalts des orphischen Gedichts mit der historischen Ueberlieferung zusammen, und so ergibt sich für die gewonnene Ansetzung des Gedichts eine Art innerer Gewähr.

Die spätere Entwickelung des Mythus in Attika.

§ 9. Nach dem 6. Jahrhundert sind in der Entwickelung des Mythus keine grossartigen Umgestaltungen, wol aber mannichfache dem Zeitbewusstsein entsprechende Veränderungen eingetreten. Fast alle Gattungen der Litteratur, welche sich mit attischer Sage beschäftigten, die Poesie nicht weniger als die Geschichtsschreibung, berührten denselben mehr oder weniger ausführlich: in beschränktem Maasse die lyrische Poesie — epische Poesie ist in dem Zeitraum nicht vorhanden —, welche gegen die dramatische zurücktrat. Hieher könnte gezogen werden die ganze Gattung der Demeter- und Persephone-Lieder (ἴουλοι oder οὖλοι)[2]), wenn diese nicht auch ausserhalb Attikas verbreitet gewesen wären. Da-

---

1) Bernhardy Griech. Lit. I, 411. II, 1, 427³. Vergl. auch Suidas s. v. Φερεκύδης ὁ Ἀθηναῖος. Pausanias VIII, 31, 2 citirt bald darauf, nachdem er Athena u. Artemis als Genossinnen der Persephone beim Blumenlesen — also orphische Erzählung — als Auffassung der ἐπανάγοντες ἐς τὸ θειότερον erwähnt hat, den Onomakritos ἐν τοῖς ἔπεσι, wie VIII, 37, 5 vor der Besprechung der Kureten und Korybanten, welche ebenfalls in der orph. Erzählung eine Rolle spielten.

2) Athen. XIV p. 619ᵇ. u. 618ᵉ. Schol. z. Ap. Rhod. I, 972. Theodoret Therap. IV p. 67 Sylb. Bergk poet. lyr. p. 1026².

4

gegen ist in Attika entstanden die Περσεφόνη des Melanippides[1]) von Melos, welche gewis auch des Raubes Erwähnung tat[2]). Weit häufiger geschah dies durch die am meisten gepflegte tragische Dichtkunst, wenn auch der Mythus nicht gerade zu den eminent dramatischen zu zählen ist. In den Τραγῳδούμενα des Asklepiades von Tragilos war auch er, und zwar in dem erhaltnen Fragment[3]) die orphische Darstellung desselben, behandelt. Namentlich wird es die Figur des Triptolemos und die Ankunft der Demeter in Eleusis gewesen sein, welche zu seiner Erwähnung Anlass bot: so vermutlich schon dem Choerilus, welcher in seiner Alope den Triptolemos zum Sohn des Rharos und durch seine Mutter zum Enkel des Amphiktyon machte[4]), vielleicht auch dem Aeschylus in seinen Ἐλευσίνιοι[5]), mit grosser Wahrscheinlichkeit dem Sophocles in seinem Τριπτόλεμος[6]), vielleicht auch in seiner Ἰάμβη, vorausgesetzt, dass diese ein Satyrspiel[7]) war. Wenn sich aber bei allen diesen aus Mangel an Fragmenten nicht entscheiden lässt, an welche der älteren Darstellungen des Raubes sie sich anschlossen — nur vom Triptolemos des Sophocles wird sich das negative Resultat aufstellen lassen, dass er dem homerischen Hymnus nicht folgte, während dies vielleicht in der Iambe geschah — sind wir beim

---

1) Vergl. Scheibel de Melanippide Melio part. I. (Progr. von Guben 1848) p. 4 sq., der sich mit Recht gegen M. Schmidt diatr. in dithyr. p. 81 erklärt.

2) Zwar bietet das einzige erhaltene Fragment

καλεῖται δ' ἐν κόλποισι γαίας

ἄχεα βροτοῖσιν προχέων Ἀχέρων

(Bergk p. lyr. p. 981 [2]) dafür keinen positiven Anhalt, doch konnte Acheron seine Erwähnung dem Umstande verdanken, dass er Vater des Askalaphos, des Verräters der Persephone, ist.

3) Harpocr. p. 64 Bekker s. v. Δυσαύλης. Müller fr. hist. gr. III, 302 fr. 6.

4) Paus. I, 14, 3.

5) Nauck fr. trag. gr. p. 14. Vergl. Welcker Griech. Trag. I, 47.

6) Nauck fr. trag. p. 208 sq., bes. fr. 536 δράκοντε θαιρὸν ἀμφιπλὶξ εἰληφότε u. fr. 538. Vielleicht sind auch fr. 753 (Mysterien) u. 981 ('Ρειτά) hieher zu ziehen. Die Vermutung Welckers (Griech. Trag. I. 299 sq.), gebilligt von C. Lange de nexu inter Hygini opp. mythol., Moguntiae 1865 p. 32, dass Hygin fab. 147 aus dem Τριπτόλεμος des Soph. geflossen sei, ist, wie ich S. 70 zeigen werde, unwahrscheinlich.

7) Nauck fr. 661. Welcker Gr. Tr. I, 73. Unter obiger Voraussetzung — und dass sich der Stoff zu einem Satyrspiel recht wol eignete, wird niemand läugnen wollen — sehe ich keinen Grund zu einer Aenderung des ἐν Ἰάμβῃ in ἐν Νιόβῃ oder Ἀμύκῳ.

Euripides
in einer glücklicheren Lage, insofern der Mythus vom Raube den §10
Inhalt eines der interessantesten Chorgesänge der Helena (v. 1301
—1368) bildet. Es ist dies der leider in einem sehr schlimmen Zustande auf uns gekommene Gesang der ägyptischen Frauen, welche
das Gefolge der Helena bilden. Er steht, wie nicht selten bei
Euripides[1]), mit der Handlung des Drama nur in losem Zusammenhange. Nur die Betrachtung einer gewissen Aehnlichkeit zwischen
dem Verhältnis der Helena, die dem Theoklymenos durch ihren
Gatten Menelaos geraubt werden soll, und zwischen Persephone,
welche ihrer Mutter durch ihren künftigen Gatten entführt ist,
und die Hoffnung, dass Theoklymenos zuletzt durch die göttliche
Botschaft — Dioskuren — ebenso begütigt werden wird, wie
Demeter hier durch die von Zeus gesandten Chariten, Musen und
besonders durch Aphrodite, — bot dem Euripides den Anlass zu
dem Liede, zugleich aber — und dies war die Hauptsache — Gelegenheit, seinen theologischen Standpunkt zur Geltung zu bringen.

Folgendes ist das Bild des Mythus in dem Chorgesange.
Persephone wird beim Spiel mit ihren Gefährtinnen, sowie mit Pallas
und Artemis, von Pluton überrascht und entführt: vergebens suchen
Pallas und Artemis sie dem Räuber abzujagen, eine höhere
Macht, Zeus, mit dessen Einverständnis Pluton gehandelt hat,
gebietet ihnen durch einen Blitzstrahl Einhalt[2]). Vergebens durch-
sucht die Mutter Deo, erst zu Fuss, dann auf ihrem — von
Drachen oder Löwen gezogenen — Gespann, alle Triften, Wälder,
Berge, Flüsse und Meere: niemand kann ihr den Räuber nennen.
Endlich stellt sie ihre Irrfahrt ein, rächt sich aber an den Sterb-
lichen wie an den Göttern durch Unfruchtbarkeit und Trockenheit,

---

1) Dies ist geltend zu machen gegen Heath, der den Chorgesang für ein Einschiebsel aus einer andern eurip. Tragödie erklärte, wie gegen G. Hermann, der an
Interpolation eines Schauspielers dachte, jedoch zugleich mit vollem Recht an
die Eigentümlichkeit des Chorliedes der späteren Trag. (ἐμβόλιμον Arist. Poet. 18)
erinnerte.

2) Dies ist der Sinn der lückenhaften Verse 1317 sq.
$\quad\quad\quad\quad$ αὐγάζων δ' ἐξ οὐρανίων
$\quad\quad\quad\quad$ . . . .
$\quad\quad\quad\quad$ ἄλλαν μοῖραν ἔκραινε.
und 1322 $\quad\quad$ θυγατρὸς ἁρπαγὰς δολίους.
Ebenso Claudian r. P. II, 228 sq. und Denkmäler.

4*

welche sie über die ganze Erde verhängt: da die Opfer ausbleiben, entschliesst sich Zeus, die Chariten, Musen und Aphrodite zu ihr zu schicken, und diesen gelingt es durch die Klänge der Flöten und Becken sowie durch Tänze, sie zu begütigen und selbst zum Flötenspiel zu bewegen.

Auf den ersten Blick leuchtet ein, dass Euripides die Darstellung der orphischen Poesie, welche, nachdem sie lange apokryph geblieben war, seit dem peloponnesischen Kriege die Gemüter der Menschen und nicht am wenigsten das des Euripides[1]) beschäftigte, gekannt und benützt hat. Dafür spricht nicht nur die Einführung derselben Nebenpersonen, der Pallas, Artemis, Aphrodite und der Chariten, sondern auch und zwar ganz besonders die Synkrasie der Demeter und Rhea[2]), welche wir S. 42 A. 4) als orphisch bemerkt haben. Andrerseits weist das Motiv, dass Demeter sich an den Menschen wie an den Göttern dadurch rächt, dass sie Miswachs sendet und den Göttern die Opfer entzieht, bis Zeus Schritte zu ihrer Besänftigung tut, nicht auf die orphische Poesie, welche den Ackerbau erst als Dank für die Entdeckung des Raubes entstehen liess, sondern, wie auch die Verlegung des Raubes nach Kleinasien (v. 1324), auf den homerischen Hymnus[3]) als Vorlage hin. Und doch ist die Darstellung des Euripides nichts weniger als eine blosse Contamination dieser beiden Vorlagen zu nennen, zeigt vielmehr entsprechend seinem theologischen Standpunkte sehr beträchtliche Veränderungen beider. An Stelle der Beteiligung der drei Schwestern Pallas, Artemis und Aphrodite an der Intrigue gegen Persephone in der orphischen Poesie ist hier ein Widerstand gegen den Raub von Seiten der beiden ersten, welcher nur durch das Einschreiten des Zeus gebrochen wird, getreten, während die dritte, Aphrodite, die Rolle der Versöhnerin der Mutter erhält. Dem entsprechend ist die Beteiligung des Zeus an dem Raube eine persönliche, aktivere

---

1) S. O. Müller Proll. S. 380. Bernhardy Gr. Lit. II, 1, 431³.

2) Vergl. v. 1302 μάτηρ θεῶν 1308 κρόταλα Βρόμια. 1324 Ἰδαιᾶν νυμφᾶν σκοπιάς. Die θῆρες v. 1310 können demnach auch Löwen sein.

3) Dafür sprechen selbst sprachliche Anklänge. Vergl. h. 308 u. Eur. 1327. h. 310 ὄλεσσε γένος μερόπων ἀνθρώπων u. Eur. 1329 λαῶν φθείρει γενεάν. h. 304 πόθῳ βαθυζώνοιο θυγατρός u. Eur. 1337 πένθει παιδὸς ἀλάστῳ. h. 311 u. 312 u. Eur. 1333 u. 1337.

geworden, als im homerischen Hymnus und in der orphischen Poesie, welche ihm nur die Einwilligung und die Einleitung zum Raube zuwiesen. Während in der orphischen Poesie die Chariten und Moeren dem Zeus und der Demeter zu Liebe der aufsteigenden Persephone entgegengehen, werden hier die Chariten und Musen mit Aphrodite [1] von Zeus geschickt, um Demeter zu begütigen. An Stelle der Scherze der Iambe und der Baubo tritt hier das Flöten- und Pauken-Spiel der Aphrodite; aber während durch jene Demeter nur unwillkürlich zum Lachen gebracht, wirklich froh jedoch erst dann wird, als sie durch Veranstaltung des Zeus ihre Tochter wiedergesehen hat, erfolgt hier das Spiel der Aphrodite und ihrer Begleiterinnen auf Veranlassung des Zeus zur Beschwichtigung des Zorns der Demeter und hat mehr als die gewünschte Wirkung — Demeter bläst selbst die Flöte, so dass des Wiedersehens mit Persephone gar nicht gedacht wird.

Auch bei diesen starken Veränderungen steht Euripides, der Schüler des Anaxagoras, auf dem sceptischen, negativen Standpunkt, welchen er überhaupt bei seinen Veränderungen der Mythen [2] einnimmt, auf dem Standpunkte nicht blos der Geringschätzung der überlieferten Mythen, sondern des Bestrebens zu beweisen, dass die Götter der Mythologie mit ihren Schwächen und Fehlern nur Erfindungen und Abbilder der Menschen seien. Von diesem Standpunkte erklärt sich die Betonung sowol des Betruges ($\vartheta\upsilon\gamma\alpha\tau\varrho\grave{o}\varsigma$ $\dot{\alpha}\varrho\pi\alpha\gamma\alpha\grave{\iota}$ $\delta\acute{o}\lambda\iota\omicron\iota$ v. 1322) und der Härte des Zeus [3], welchen der Widerstand der jungfräulichen Göttinnen Pallas und Artemis noch ein besonderes Relief gibt, als auch der Grausamkeit und Charakterlosigkeit der Demeter, welche sich einerseits an dem unschuldigen Menschengeschlechte furchtbar rächt, andrerseits durch nichts als durch aufgeregte Musik in ausgelassne Heiterkeit versetzt wird, auch ohne die Tochter wiedererlangt zu haben.

Auch diese euripideische Version blieb, was bei der Anziehungs-

---

[1] Wie in der arkadischen Sage die Moeren (Paus. VIII, 42, 3.).

[2] Nach Ed. Müller, Euripides deorum popularium contemtor, Vratisl. 1826 geben Janske de philosophia Euripidis P. I (Breslau 1857 Progr. des Matthiasgymnas.) p. 5 u. Pohle de rebus divinis quid senserit Euripides, (Trier 1868 Progr. des Gymnas.) p. 8 die Belegstellen.

[3] Gegen Zeus und seine Lenkung der Geschicke richtet sich besonders Euripides. S. Janske l. l. p. 4.

kraft, die gerade seine Tragödien ausübten, nicht Wunder nehmen kann, auf die spätere, auch ausserhalb Attikas blühende Poesie nicht ohne Einfluss. Doch davon wie von dem Einfluss, welchen der homerische Hymnus und die orphische Poesie noch auf Ovids Fasten und Claudians Gedicht vom Raube geübt haben, später.

Von weiteren Veränderungen, welche der Mythus vom Raube auf dem Boden von Attika durch die nacheuripideische Tragödie — Karkinos folgte der sicilischen Sage, welche er durch langen Aufenthalt in Syrakus kennen gelernt hatte[1]), — oder durch die Komödie[2]) erfahren habe, wissen wir nichts.

Aber im Anschluss an die alten poetischen Urkunden hatte sich auch die attische Logographie des Mythus bemächtigt: so schon Pherekydes von Leros in der θεογονία oder den αὐτόχθονες, welcher im Anschluss an Musaios den Triptolemos zum Sohn des Okeanos und der Gaia gemacht hatte[3]); so später Phanodemos, welcher den Raub selbst nach Attika verlegte[4]), endlich eine Art Abschluss bildend der Mythograph

Apollodor.

Die Erwartung, dass er sich in seinem grossen Werke περὶ θεῶν auch mit dem Raube der Persephone beschäftigte, wird durch die Fragmente vollauf bestätigt. Namentlich Buch XVI, was von Demeter[5]), und Buch XX, was von Hades[6]) handelte, werden eine ausführliche Schilderung desselben und der mit ihm zusammenhängenden Ereignisse enthalten haben.

In der erhaltnen Βιβλιοθήκη I, 5[7]) werden dieselben folgen-

---

1) Diod. V, 5.
2) Dass die Ἁρπαζομένη des Antiphanes (Athen. IX, p. 401 f. Mein. fr. com. III, 21) den Raub der Pers. zum Gegenstand gehabt habe, bleibt bei dem Mangel an grösseren Fragmenten unerweislich.
3) Apollod. I, 5, s. 2 (Müller fr. hist. gr. I, 72 fr. 12). Die Stelle des Paus. I, 14, 3 widerlegt Heynes Conjektur Οὐρανοῦ statt Ὠκεανοῦ.
4) Schol. z. Hes. theog. 914.
5) Steph. Byz. s. v. [Ἀρκαδία] Apollod. fr. 8. Müller fr. hist. I, 429. Vergl. fr. 22 u. 36, vielleicht auch fr. 11 über die Mysterien.
6) Stob. ecl. phys. I, c. 41 s. 50. Vergl. Phot. bibl. cod. 161 p. 103 a. B. u. Apollod. fr. 33.
7) Aus dieser schöpfte Didymos, auf welchen die mit der „Bibliothek" fast wörtlich übereinstimmenden Fassungen bei Zenob. paroem. cent. I, 7 u. Schol. z. Arist. Eq. 785 zurückgehen.

dermassen erzählt. Pluton entführte die Persephone mit Hilfe des Zeus; Demeter erfuhr diesen Raub, nachdem sie mit Fackeln den ganzen Erdkreis durchsucht hatte, von den Bewohnern von Hermione, verliess infolgedessen erzürnt den Olymp und kam in Gestalt einer Sterblichen nach Eleusis, wo sie zuerst auf dem ‚lachlosen Stein' neben dem ‚Schönreigenbrunnen', dann bei den Frauen im Hause des Königs Keleos, welche sie zu sich hineinriefen, und deren eine, Iambe, sie durch ihre Spässe zum Lachen brachte, sich niederliess. Hier blieb sie auch als Wärterin des Demophon, des Sohnes des Keleos und der Metaneira, welchen sie, um ihn unsterblich zu machen, bei Nacht ins Feuer hielt, bis die Neugierde der Mutter den Tod des Kindes im Feuer herbeiführte. Demeter entfernte sich, nicht ohne dem älteren Sohne Triptolemos den Weizen und den von geflügelten Drachen gezogenen Wagen geschenkt zu haben, auf welchem er über die ganze Erde fuhr, überall Samen ausstreuend. Demeter aber ruhte nicht eher, als bis sie von Zeus die Erlaubnis zur Heraufholung der Tochter erlangte; dieser hatte jedoch Pluton, damit sie nicht für immer von ihm fern bleibe, einen Granatkern zu essen gegeben, und da Askalaphos, der Sohn des Acheron und der Gorgyra, dies bezeugte, ein Zeugnis, für welches ihn Demeter dadurch büssen liess, dass sie einen schweren Stein [1]) auf ihn warf, so musste Persephone fortan den dritten Teil des Jahres in der Unterwelt bleiben.

Auf die Frage, welcher Vorlage Apollodor in seiner Erzählung gefolgt sei, lässt sich zunächst viel leichter eine negative als eine positive Antwort geben. Von vornherein schliessen sich durch ihren völlig verschiedenen Inhalt aus die orphische und die euripideische Version, durch eine wesentlich andre Auffassungsweise die philochoreische, welche wir im nächsten Abschnitt (§ 12) kennen lernen werden, durch abweichende Genealogien die des Musaios und Phere-

---

1) Diesen wälzte später Herakles ab nach Apollod. II, 5, 12, 6 ἀπεκύλισε δὲ καὶ τὸν Ἀσκαλάφου πέτρον. Der später (§ 9) mitten in die Kerberosgeschichte eingeschobne Satz aber Ἀσκάλαφον μὲν οὖν Δημήτηρ ἐποίησεν ὦτον ist nichts als ein mit Unrecht an diesen Platz geratnes, ursprünglich am Rande zu den obigen Worten gesetztes Einschiebsel eines sciolus, welcher die der alexandrin. Poesie entstammende Metamorphose des Askalaphos in den Text des Apollodor hineinbringen wollte. Schon Clavier und Heyne haben die Worte verdächtigt, Westermann hätte sie streichen sollen.

kydes, welche den Triptolemos zum Sohn des Okeanos und der Gaia, sowie die des Choirilos, welcher ihn zum Sohn des Rharos und der Alope machte. Der letztere Grund spricht auch gegen Panyasis[1]). Denn wenn auch an diesen Epiker von Halikarnass, der argivischen Pflanzstadt, der Umstand zu erinnern scheint, dass Demeter den Raub von Hermionern, also Argivern, erfährt, so spricht doch gegen ihn als Gewährsmann des ganzen Berichts die von Apollodor am Schluss seiner Erzählung ausdrücklich hervorgehobne Verschiedenheit der Genealogie des Triptolemos: Πανύασις δὲ Τριπτόλεμον Ἐλευσῖνος λέγει[2]). An Phanodemos zu denken ist deswegen mislich, weil Apollodor, wenn er, wie dieser, den Raub selbst nach Attika verlegt hätte — er nennt nicht das Lokal des Raubes — gewis auch Attiker, nicht Argiver, zu Angebern desselben gemacht haben würde. Gegen Pamphos endlich ist die Verschiedenheit des Lokals und eine Abweichung in der Erzählung geltend zu machen. An Stelle seines φρέαρ Ἄνθιον ist hier das Καλλίχορον getreten; bei ihm wird Demeter vom Brunnen durch die Töchter des Keleos ins Haus geführt, hier laden Frauen — also wol Dienerinnen, wie Iambe — nachdem sie von selbst vom Brunnen weggegangen ist, sie ein, zu ihnen ins Haus zu kommen. In letzterem Punkte stimmt die Erzählung des Apollodor auch nicht mit dem homerischen Hymnus, der sich darin an Pamphos anschloss, überein; trotz dieser und andrer kleinen Abweichungen aber ist der homer. Hymnus als Grundlage für die Erzählung des Apollodor anzusehen. Apollodor folgt demselben nicht nur in der Anordnung, sondern auch in den Hauptzügen der Erzählung: darin, dass Zeus den Raub nicht nur erlaubt, sondern auch unterstützt — das Wie? gibt Apollodor nicht an —, dass Demeter mit Fackeln den ganzen Erdkreis durchsucht und auch, nachdem sie den Raub erfahren hat, den Olymp meidet, dass sie in Gestalt einer Sterblichen im

---

[1]) An diesen denkt M. Schmidt Hygin. p. 21 auch als Quelle für Hygin. fab. 147, wenig wahrscheinlich, wie wir S. 70 sehen werden.

[2]) Die folgenden Worte φησί γὰρ Δήμητραν πρὸς αὐτὸν ἐλθεῖν lassen sich nur verstehen, wenn sie mit der von Paus. I, 14, 2 erzählten streng argivischen Sage zusammengehalten werden, wonach Demeter nach dem Raube gar nicht zu Triptolemos nach Eleusis, sondern zum Pelasgos nach Argos kam, während Triptolemos von dem erst später aus Argos nach Eleusis geflohenen Hierophanten Trochilos abstammte. Dieser vermutlich von Akusilaos vorgetragenen streng argivischen Sage folgten Panyasis und Apollodor nicht.

Hause des Königs Keleos von Eleusis als Wärterin seines Söhnchen Demophon Aufnahme findet, von Iambe zum Lachen gebracht wird, sich erst infolge der Neugier der Metaneira zu erkennen gibt und das Haus verlässt, dass Zeus dem Pluton aufgibt, die Persephone in die Oberwelt zurückzuschicken, dass dieser aber der Persephone einen Granatapfelkern zu essen gibt, und dass sie infolge dessen nur zwei Drittel des Jahres bei ihrer Mutter zubringen darf. Auch sind die sprachlichen Anklänge der Erzählung des Apollodor an den Hymnus zu zahlreich und zu bedeutend, als dass der Gedanke einer Benützung resp. stellenweise Paraphrase desselben zurückgewiesen werden könnte. Ich zähle nur die augenfälligsten auf:

Hom. Hymnus:	Apollodor:
v. 3. ἥρπαξε νόσφιν Δήμητρος	ἥρπασεν αὐτὴν κρύφα
v. 91. χωσαμένη .... νοσφισθεῖσα θεῶν ἀγορὴν καὶ μακρὸν Ὄλυμπον	ὀργιζομένη θεοῖς ἀπέλιπεν οὐρανόν
v. 101. γρηΐ παλαιγενέϊ ἐναλίγκιος	εἰκασθεῖσα γυναικί
v. 203. πολλὰ παρασκώπτουσ' ἐτρέψατο πότνιαν, ἁγνὴν μειδῆσαι γελάσαι τε	σκώψασα τὴν θεὸν ἐποίησε μειδιάσαι
v. 235. ὁ δ' ἀέξετο δαίμονι ἶσος	παραδόξως αὐξανομένου τοῦ Δημοφῶντος
v. 239. νύκτας δὲ κρύπτεσκε πυρὸς μένει	τὰς νύκτας εἰς πῦρ κατετίθει
v. 244. ἐπιτηρήσασα — σκέψατο	ἐπετήρησε, τί πράξει θεά
v. 248. πυρὶ ἔνι πολλῷ κρύπτει	εἰς πῦρ ἐγκεκρυμμένον
v. 260. ἀθάνατόν κεν τοι .... παῖδα φίλον ποίησα	βουλομένη αὐτὸν ἀθάνατον ποιῆσαι
v. 372. ῥοιῆς κόκκον ἔδωκε φαγεῖν	ῥοιᾶς ἔδωκεν αὐτῇ φαγεῖν κόκκον
v. 373. ἵνα μὴ μένοι ἤματα πάντα αὖθι παρ' αἰδοίῃ Δημήτερι	ἵνα μὴ πολὺν χρόνον παρὰ τῇ μητρὶ καταμείνῃ

Ebenso offenkundig aber sind gewisse inhaltliche Abweichungen[1])

---

[1]) Es ist daher nicht correkt, mit Bergk Griech. Lit. I, 768 zu sagen, Apollodor folge dem homer. Hymnus, ausgenommen, dass er Demeter den Raub von Hermionern erfahren lasse.

in der Erzählung des Apollodor von der des Hymnus, welche teils einen engern Anschluss an die Volkssage, als der hieratische eleusinische Hymnus ihn zeigt, teils einen gewissen naturalistischen und rationalistischen Standpunkt bekunden, wie er namentlich im 4. und 3. Jahrhundert zu finden war: also Abweichungen wie die des Euripides, aber von einem verschiednen Geiste diktirt.

Zu den ersteren, an Zahl geringern, gehört, dass Demeter hier den Raub nicht von einem Gotte, Helios, sondern von Sterblichen erfährt. Diese sind aber nicht die attischen Hirten der orphischen Erzählung, welche ihm oder seiner Quelle fremd geblieben ist, sondern die Bewohner von Hermione, welche wahrscheinlich durch Lasos von Hermione, den Gegner des Onomakritos[1]), welcher längere Zeit in Athen lebte und einen Hymnus auf die Demeter von Hermione gedichtet hatte[2]), in die attische Sage gekommen waren. Derselbe Anschluss an die attische Volkssage zeigt sich in der vom homerischen Hymnus abweichenden Hervorhebung des attischen Nationalheros Triptolemos, welchem auch hier von Demeter Getreidesamen, aber da er diesen über die ganze Erde verbreiten soll, zugleich ein von geflügelten Drachen gezogener Wagen verliehen wird. Das Motiv für diese Wohltat der Göttin ist, der erstgenannten Veränderung entsprechend, wol nur die Dankbarkeit für ihre Aufnahme durch Keleos, vielleicht auch der Wunsch, diesen dadurch für den Tod des andern Sohnes zu entschädigen[2]). Naturalistisch nämlich muss hier der von Demeter ins Feuer gehaltne Knabe Demophon für die unvorsichtige Neugier seiner Mutter mit dem Tode büssen, während er im Hymnus noch Gegenstand der Wohltat seiner Pflegerin wird[3]). Von einem ähnlichen Standpunkt, welcher es anstössig oder schwer glaublich fand, dass Königstöchter selbst das Wasser von dem Brunnen vor der Stadt holten, ging eine Veränderung der Umstände, unter denen Demeter ins Haus des Keleos eintrat, aus. Sie wird nicht von den Keleostöchtern am Brunnen getroffen und in die Stadt geführt, sondern geht selbst in diese hinein und wird von den Dienerinnen, also von ihresgleichen, ins Haus gerufen. Derselbe Rationalismus end-

---

1) Her. VII, 6.
2) Vergl. S. 63.
3) Diese Discrepanz darf also nicht als Motiv zur Athetese von Hymn. v. 254 dienen.

lich musste, da er nicht begreifen konnte, wie Persephone sich durch ihre eigene Aussage hätte an den schaudervollen Aufenthalt in der Unterwelt binden können, den Grund dafür in einer Verkettung äusserer Verhältnisse suchen und fand diese in der Denunciation des Unterweltsgottes Askalaphos, der als Stammvater der Eulen [1]), deren Scharfsichtigkeit bei Nacht ebenso bekannt ist wie ihre todbringende Bedeutung [2]), dazu besonders geeignet erscheinen mochte.

Dass Apollodor diese Veränderungen selbst erfunden hat, wird niemand behaupten; wem er aber in denselben folgte, sind wir ausser Stande mit Bestimmtheit zu sagen. Im Geiste des Sophocles, als des Dichters des Triptolemos, sind sie nicht. Ebensowenig erweisen sie sich denen des Euripides conform. Andrerseits aber stehen sie noch nicht auf dem Standpunkte des Euhemerismus, den wir sogleich näher kennen lernen werden. Sie werden mithin der ersten Hälfte des vierten Jahrhunderts zugeschrieben werden dürfen. Vielleicht fand sie Apollodor schon im Peplos des Aristoteles.

Es erübrigt noch, die euhemeristische Auffassung, welche den Mythus in einen rein menschlichen, geschichtlichen Vorgang auflöste, auf dem Boden von Attika zu verfolgen. Der Vater derselben, Euemeros von Messana, machte sich natürlich an die Sage seiner Heimat, also Siciliens: die Behandlung, welche er dieser widerfahren liess, werden wir später kennen lernen. An die attische Sage brachte diese Auffassung, durch ihn angeregt und ihm auch zeitlich nahestehend,

     Philochoros von Athen [3])

im zweiten Buche seiner Ἀτθίς. Nur in den Grundzügen vermögen wir § 1 dieselbe zu reconstruiren [4]). Aidoneus war König der Molosser und

---

1) An ihren Aufenthalt in Gemäuer erinnert die Strafe der Demeter.

2) Beides deutet an Ovid Met. V, 545 u. 549, das zweite Plin. h. n. X § 34. Isidor. origg. XII, 7. Serv. z. Aen. IV, 462. Sen. Herc. Fur. 691.

3) Ueber seine euhemeristische Behandlung der Mythen vergl. Müller fr. hist. gr. I. p. LXXXI. Belege gehen besonders fr. 30 u. 39.

4) Die Quellen, welche den Philochoros selbst nennen, sind Euseb. chron. p. 36 ed. Schoene (Müller fr. hist. I, 392), Schol. z. Aristid. Panath. 105, 12. (III p. 54. ed. Dind. (dies ist vermutlich identisch mit dem Schol. Arist. Mscr. 105, welchen Creuzer Symb. IV, 294 A. 2 erwähnt) u. Schol. Bern. z. Verg. Georg. I, 19. Die beiden letzten Stellen sind von Müller noch nicht benützt. An der letzten Stelle aber hätte Baehrens J. J. 105, 632 aus dem *Philorus* des Codex nicht *Florus* machen sollen. Jener P. Annius Florus, Verfasser der Deklamation *Vergilius ora-*

entführte mit seinem grossen Hunde Kerberos die Tochter der Demeter [1]). Diese kam, die Tochter zu suchen, unter der Regierung des Königs Keleos nach Eleusis und schenkte hier dem Triptolemos Weizen und ein Schiff, auf dem er herumfahren sollte, denselben zu verteilen. Motiv für diese Woltat war vermutlich Dankbarkeit für die Aufnahme, welche sie im Hause seines Vaters gefunden hatte. Dieser war aber nicht der König Keleos, sondern einer seiner Untertanen [2]), vielleicht, wenn eine Nachricht bei Serv. Lind. z. Georg. I, 19 [3]) hieher zu ziehen ist, Ikaros. Gerade die Scholien aber zu Verg. Georg. I, welche vom Raube der Persephone und den mit ihm zusammenhängenden Ereignissen sprechen, enthalten Züge philochoreischer Auffassung. Dahin gehört namentlich eine Angabe, welche uns über den Erfolg der Mutter, die Tochter wiederzuerlangen, aufklärt, bei Serv. z. Verg. Georg. I, 39: *Rex*

---

tor an poeta, der allerdings p. 107, 25 ed. Halm den Triptolemos-Wagen erwähnt, findet sich nirgens in jenen Scholl., ja seine Bekanntschaft im Mittelalter ist überhaupt sehr problematisch, auch von Baehrens lect. lat. p. 21 sq. für Macrobius nicht erwiesen; der Berner Scholiast entlehnte diese Angabe, wie viele (zu ecl. III, 90; ecl. X praef.; Georg. I, 482, wo Hagen mit Unrecht *Aeschylus* statt *Eusebius* gesetzt hat), dem Eusebius resp. Hieronymus.

1) Plut. Thes. c. 31 nennt Kora die Tochter des Königs Aidoneus u. der Persephone; die Byzantiner, Ioannes Antiochenus chron. lib. III, p. 62, ed. Dind. u. fr. 13 (Müller fr. hist. IV, p. 547) u. Cedrenus chron. I p. 143 B., ersterer dem Παλαίφατος ὁ σοφώτατος, dem euhemeristischen Mythographen, folgend, machen Kora zur Tochter des Molosserkönigs Aides und der Melindia, Tzetzes endlich Chil. II, 747 zur Tochter dieses Königs Hades und seiner Frau Demeter.

2) Umgekehrt ist im Marmor Parium (24) 13 (Müller fr. hist. gr. I, 544) Keleos, der Mann der Neaira u. Vater des Triptolemos, der Untertan, Erechtheus der König, desgl. in den unten citirten Scholl. zu Verg. Georg. I, 165.

3) *Triptolemus frumenta divisit, quod munus ei Ceres dedit propter humanitatem patris Icari, qui eam cum Proserpinam raptam in conjugium a Plutone quaereret, in Attica suscepit hospitio.* (Thilo Progr. d. Pädag. von Halle 1866 S. 8). Ungenau gibt Boccatius περὶ γενεαλογίας deor. lib. VIII c. 4 den Inhalt des Euseb. nach Hieronymus wieder, wenn er den Philochoros den Triptolemos selbst zum König in Attika machen lässt: *Quod etiam testatur in libro temporum Eusebius. De Triptolemo autem scribit Philochorus vetustissimum fuisse regem apud Atticam regionem.* Mit Unrecht beruft sich ferner Natalis Comes mythol. III, 16, dessen Stelle Müller fr. hist. I, 389 unter die Fragmente des Philochoros gesetzt hat, für die Genealogie der Iambe, als Tochter des Pan und der Echo, auf die Autorität des Philochoros; das Schol. z. Nicand. Alex. 130, welches er in der Iambe-Episode ausgeschrieben hat, enthält den Namen des Philochoros nicht. Es ist also wieder ein gefälschtes Citat. Vergl. S. 10 A. 3).

Molossorum Proserpinam rapuit et Ceres hostia cum cantatoribus multis pulsavit nec veniebat ad eam filia prae loci amore. Dass in dieser Angabe philochoreische Version stecke, wird durch die Auffassung des Pluton als Königs der Molosser und der Demeter als einer Sterblichen dargetan. Aber auch der Inhalt der Nachricht selbst, dass es der Demeter trotz Opfer und Gesänge[1]) nicht gelang die Tochter zur Rückkehr zu bewegen, entspricht der pragmatischen Auffassung, welche sich die lange Abgeschiedenheit der Tochter von der Mutter nicht anders zu erklären wusste als so, dass diese sich in ihrer Stellung als Königin der Molosser so wohl fühlte, dass sie nicht zurückkehren mochte. Dieselbe Wendung der Sage, dass Persephone der Aufforderung der Demeter zur Rückkehr widerstand, weil sie sich in ihrem neuen Aufenthalte so wohl fühlte, findet sich, nur ohne euhemeristische Inscenirung, bereits bei Vergil selbst Georg. I, 39:

*Qvamvis Elysios miretur Graecia campos
nec*[2]) *repetita sequi curet Proserpina matrem*

und danach bei Columella X, 272 sq.:

*Raptaque Lethaei coniunx mox facta tyranni
sideribus tristes umbras et tartara caelo
praeposuit Ditemque Iovi letumque saluti
Et nunc inferno potitur Proserpina regno*

und Lucan geht gar so weit, der Tochter Hass gegen die Mutter und gegen den Olymp, und dieser Widerwillen und Abneigung gegen die Zurückrufung der Tochter zuzuschreiben, Phars. VI, 698:

*coelum matremque perosa
Persephone*

und 739 sq.:

*eloquar immenso terrae sub pondere, quae te
contineant, Hennaea, dapes, quo foedere moestum
regem noctis ames, quae te contagia passam
noluerit revocare Ceres.*

---

1) Angeknüpft ist wol an die in der orphischen Poesie bei der ἄνοδος der Persephone mitwirkenden Chöre der Moiren und Chariten (Orph. h. XLIII, 7); im Cultus entspricht das ἐπικρούειν τὸ ἠχεῖον τῆς Κόρης ἐπικαλουμένης von Seiten des Hierophanten (Schol. z. Theocr. II, 36). Vergl. S. 21 A. 7).

2) Eine Reminiscenz an diese Stelle ist zu erkennen bei Martial XII, 52, 8, welcher von Helena sagt
illa virum voluit nec repetita sequi.

Keinesfalls aber war Vergil Urheber dieser Veränderung, sondern stand bei derselben unter griechischem Einfluss; dieser aber wird auf Philochoros zurückgehen, dessen 'Ατθίς der Zeit und Umgebung Vergils durch die (abkürzende) Bearbeitung des Asinius Pollio von Tralles, vermutlich des Freigelassnen des bekannten römischen Staatsmannes und Schriftstellers Asinius Pollio [1], nahegebracht worden war.

Auf dieselbe euhemeristische Quelle des Philochoros geht vermutlich auch der Ursprung der mit der Nichtrückkehr der Persephone in Verbindung stehenden Version zurück, dass Demeter auf Anraten des Zeus [2], an dessen Stelle später gar Persephone [3] trat, um den Schmerz über den Verlust der Tochter zu ertödten, den Vergessenheit schaffenden Mohntrank [4] nahm.

Diese euhemeristische Form ist die letzte Phase der Entwicklung, welche der Mythus vom Raube auf dem Boden von Attika durchgemacht hat: sie zeigt den Verfall der poetischen Schöpferkraft des griechischen Geistes in nachclassischer Zeit aufs deutlichste.

Die verschiedenen Darstellungsformen, welche der Mythus in Attika im Laufe der Jahrhunderte erfahren hatte, wirkten auch, wie schon bemerkt, auf die spätere ausserhalb Attikas blühende alexandrinische und römische Dichtung ein, aber diese Einwirkungen treten zurück gegen den bestimmenden Einfluss, welchen die sicilische Sage und Dichtung auf dieselbe ausübte.

Auf einen der Pers. nicht unerwünschten Aufenthalt in der Unterwelt deutet auch eine zweite Stelle des Vergil Aen. VI, 402

Casta licet patrui servet Proserpina limen.

Dem Scholiasten Probus war diese Version, wie seine Anmerkung zu Georg. l. l. p. 32 ed. Keil beweist, ebenso unbekannt wie dem Schol. zu Lucan VI, 740.

1) Vergl. Suidas s. v. Πωλίων ὁ 'Ασίνιος. Bernhardy Röm. Lit. S. 252, A. 173 [4].

2) Schol. Bern. u. Serv. z. Georg. I, 78 (Thilo Progr. d. Pädag. in Halle 1866 S. 23.): *Ceres Iove admonente dicitur cibo papaveris orbitatis oblita, cum iam Proserpinam raptam a Plutone ex inferno recipere non potuisset.* Myth. Vat. III, 7, 1.

3) Serv. Lindenbr. z. Georg. I, 78: *Ceres mater Proserpina admonente dicitur cibo papaveris orbitatis oblita.* Keinen Ratgeber nennt Junil. im Schol. Bern. u. Serv. z. Georg. I, 212.

4) Bei Ovid Fast. IV, 531 bricht Demeter aus Vergesslichkeit durch den Genuss von Mohn ihr Fasten.

Zu dieser wenden wir uns, nachdem wir vorher kurz der dichterischen Behandlung, welche dem Mythus ausserhalb Attikas und Siciliens zu Teil geworden, gedacht haben.

2. Der Mythus in den Hymnen des Archilochos, Lasos, Pindar und Bacchylides.

Es ist nicht zu bezweifeln, dass auch an andern Orten, an §13 denen der Cult der Demeter und Persephone blühte, in Hymnen, welche auf diese Göttinnen gedichtet wurden, der Mythus vom Raube in den Vordergrund trat. An der Spitze derselben steht der Hymnus des Archilochos auf Demeter. Da derselbe für seine Vaterstadt Paros[1]) gedichtet war, so scheint die Vermutung begründet, dass er hinsichtlich der Entdeckung des Raubes der parischen Sage folgte, nach welcher Kabarnos der Demeter den Raub verriet[2]), dies um so mehr, wenn die andre Vermutung berechtigt ist, dass Archilochos einem Geschlechte entstammte, welchem der Demetercult oblag[3]). Zweifelhaft bleibt, ob mit Bergk (Poet. lyr. Archil. fr. 119) der Vers

$\Delta\acute{\eta}\mu\eta\tau\varrho o\varsigma\ \acute{\alpha}\gamma\nu\tilde{\eta}\varsigma\ \kappa\alpha\grave{\iota}\ K\acute{o}\varrho\eta\varsigma\ \tau\grave{\eta}\nu\ \pi\alpha\nu\acute{\eta}\gamma\nu\varrho\iota\nu\ \sigma\acute{\epsilon}\beta\omega\nu$

auf diesen Hymnus zu beziehen, und somit ein Irrtum des Hephaestion p. 94 G., der ihn τοῖς ἀναφερομένοις εἰς Ἀρχίλοχον Ἰοβάκχοις zuschreibt, anzunehmen sei.

Dass in ähnlicher Weise Lasos von Hermione in seinem Hymnus auf Demeter die Lokalsage seiner Vaterstadt, wonach die Bewohner von Hermione der Demeter den Raub verkündeten[4]), verherrlicht habe, ist bereits S. 58 als Vermutung ausgesprochen worden. Erhalten[5]) ist nur der Anfang

Δάματρα μέλπω Κόραν τε Κλυμένοι᾽ ἄλοχον Μελίβοιαν,
ὕμνον ἀνάγων τ᾽ Αἰολίδ᾽ ἅμα
βαρύβρομον ἁρμονίαν.

Auch sein Schüler Pindar tat in seinem Schwanengesang, der erst nach seinem Tode bekannt wurde[6]), in dem Hymnus auf

---

1) Schol. z. Aristoph. Av. 1764.
2) Vergl. S. 11.
3) O. Müller Griech. Lit. I, 234.
4) Vergl. S. 14.
5) Bei Athen. X, p. 455 C. u. XIV, p. 624 E.
6) Dies scheint der Sinn der Sage, dass Pindar diesen Hymnus erst nach seinem

Persephone, des Raubes Erwähnung, wie uns Pausanias IX, 23, 3, dem derselbe vorlag[1]), ausdrücklich bemerkt. Auch von diesem ist uns nur der Anfang erhalten

Πότνια Θεσμοφόρε χρυσάνιον . . . .

(Boeckh fr. hymn. VIII, vol. II, 2 p. 564. Bergk Poet. lyr. fr. 13), und sind wir daher ausser Stande uns den Inhalt desselben zu reconstruiren. Selbst über das Lokal des Raubes lässt sich keine sichere Vermutung aussprechen. Theben, ‚das Hochzeitsgeschenk des Zeus an Persephone'[2]), wird nirgens als Ort des Raubes selbst genannt. Dagegen hatte Pindar bei seinem langen Aufenthalte am Hofe des Hieron von Syrakus wie bei seinen Reisen in Sicilien reiche Gelegenheit die sicilische Sage kennen zu lernen. Und wenn er an mehr als Einer Stelle[3]) die Beziehungen der ganzen Insel wie einzelner Orte derselben zur Persephone hervorhebt, so weist Eine Stelle darauf hin, dass er sich wenigstens die ἄνοδος der Persephone bei Syrakus, also da, wo auch die κάθοδος erfolgt sein sollte[4]), dachte: Ol. VI, 92 sq.

εἰπὸν δὲ μεμνᾶσθαι Συρακοσσᾶν τε καὶ 'Ορτυγίας·
τὰν 'Ιέρων, καθαρῷ σκάπτῳ διέπων
ἄρτια μηδόμενος, φοινικόπεζαν
ἀμφέπει Δάματρα λευκίππου τε θυγατρὸς ἑορτὰν
καὶ Ζηνὸς Αἰτναίου κράτος.

Dies ist immerhin ein beachtenswertes Argument dafür, dass Pindar in jenem Hymnus Sicilien auch als Lokal des Raubes angenommen habe.

Etwas anders liegt die Sache bei Bacchylides, dem Jüngsten im chorischen Dreigestirn. Obwohl auch er, gleichzeitig mit Pindar und Simonides, am Hofe Hierons lebte[5]), verlegte er doch den Raub nicht nach Sicilien, sondern nach Kreta[6]). Aber es ist

---

Tode infolge einer Erscheinung der Persephone vorgesungen habe einer γυνὴ πρεσβῦτις ἐν Θήβαις γένους ἕνεκα προσήκουσα Πινδάρῳ (Paus. l. l.) Vergl. die Vita Pind. Vratisl. (Boeckh. T. II p. 9. Westerm. biogr. p. 97), welche Demeter statt Persephone nennt.

1) Vergl. S. 5.
2) Vergl. S. 7 A. 3).
3) Nem. I, 20 sq. (Cf. Diod. V, 2). Pyth. XII, 2. Ol. II, 9 mit den Scholl.
4) Vergl. S. 15 A. 1).
5) Aelian. var. hist. IV, 15.
6) Schol. z. Hes. theog. 914. Bergk. fr. 64.

nicht zu vergessen, dass er in Sicilien wahrscheinlich nur seine Jugend, die Jahre seiner dichterischen Produktivität dagegen im Peloponnes[1]) verlebte, und dass sich so ein Einfluss kretischer Sage schon durch die Stammes- und dichterischen Traditionen gerade auf dem Gebiet der chorischen Poesie — ich erinnere nur an Thaletas und Xenodamos — zur Genüge erklärt. Im Anschluss an die kretische Sage[2]) liess Bacchylides wahrscheinlich auch Demeter von dem Orte des Raubes nach Eleusis ins Haus des Keleos kommen: wenigstens liegt nichts näher als die Erwähnung des Keleos[3]) auf den hier in Rede stehenden Hymnus auf Demeter oder Persephone zu beziehen[4]).

Dies sind die geringen Spuren litterärischer Fixirung des Mythus ausserhalb Attikas und Siciliens.

3. Die dichterische Behandlung des sicilischen Mythus.

§ 14. Da der Mythus vom Raube der Persephone erst vom griechischen Mutterlande nach Sicilien gebracht worden ist, so erklären sich einerseits manche Anklänge an die Sagen des Heimatlandes, namentlich — wahrscheinlich durch Katana, aber auch durch Megara vermittelt — an die attische, andrerseits die späte litterarische Fixirung desselben in Sicilien. Das erste betreffend, so wird nicht nur constant der Einkehr der Demeter in Eleusis gedacht, sondern auch viele Einzelheiten in der Ausmalung des Raubes, der, wie die κάθοδος, nach Sicilien verlegt wird, erinnern an Versionen der attischen Sage.

Was das zweite betrifft, so findet sich keine Andeutung des Raubes in den Fragmenten des Stesichoros, obwol er durch Abstammung wie durch Aufenthalt mit Himera, das Syrakusaner unter seinen Colonisten zählte, sowie mit Locri, einem zweiten Hauptsitz des Persephonecults, in Verbindung stand[5]); und zweifel-

---

1) Plut. de exil. c. 14.
2) Etym. Gud. p. 329, 36. Vergl. S. 4 A. 15).
3) Schol. z. Aristoph. Ach. 47. Bergk fr. 12.
4) Möglicherweise kam auch fr. 40
        Ἑκάτα δᾳδοφόρε Νυκτὸς
        μελανοκόλπου θύγατερ

in diesem Hymnus in ähnlichem Zusammenhang wie im homer. Hymnus v. 22 oder 52 oder 438 sq., oder wie in der orph. Poesie vor.

5) Arist. Rhet. II, 21.

haft bleibt, ob Ibykos von Rhegion bei Erwähnung des Alpheios und der Arethusa (fr. 23) letztere als Angeberin des Raubes kannte, desgleichen, ob Epicharm, der zwar nicht in Syrakus geboren war, aber dort dichtete, in seinen Σειρῆνες (fr. 82 Ahrens. p. 251 ed. Lor.) diese zu Gespielinnen der Persephone beim Raube machte [1]; endlich, ob die Αἰτναῖαι des Aeschylus, welche ihre Entstehung dem Aufenthalte des Dichters am Hofe Hierons in Syrakus verdankten [2], eine Beziehung auf den Raub der Persephone am Aetna enthielten. Wenigstens etwas Anhalt hatte die Vermutung, dass Pindar in seinem Hymnus auf Persephone den Raub nach Sicilien verlegte [3]. Die erste sichere [4] Erwähnung der sicilischen Sage aber findet sich in Versen des athenischen Tragiker Karkinos [5], welche Diod. Sic. V, 5 überliefert hat mit der Bemerkung, dass dieser die sicilische Sage durch mehrmaligen Aufenthalt in Syrakus kennen gelernt habe. Aber auch diese Erwähnung ist nur eine gelegentliche, und erfahren wir aus den 10 Versen nicht mehr, als dass die Umgegend des Aetna Lokal des Raubes [6] war und den Schmerz der Demeter durch Klagen und Fasten teilte. Welchem Karkinos die Verse angehören, sagt Diodor nicht, aber eine Reihe sprachlicher [7] Anklänge an Euripides, namentlich an den oben (S. 51 sq.) behandelten Chorgesang in der Helena v. 1301 sq., lassen keinen

---

1) Unklar bleibt auch die Beziehung von fr. 71 Ahr. (p. 247, 2 ed. Lor.) auf die Eleusinier.
2) Vita Aeschyli (Westerm. biogr. p. 120, 52). Nauck fr. trag. p. 4, Hermann de Aeschyli Aetnaeis p. 4 u. Welcker Gr. Trag. I, 58 verzichten auf eine Herstellung des Inhalts. Wenigstens möge an die Verse des Karkinos fr. 5 (Nauck fr. trag. p. 620) erinnert werden.
3) Vergl. S. 64.
4) Aus der Aufzählung der von Triptolemos durchfahrenen Länder bei Dion. Hal. I. 12 sieht man, dass im Triptolemos des Sophocles Sicilien noch keineswegs vor den Nachbarländern hervortritt.
5) Nauck Carcin. fr. 5.
6) Preller Dem. S. 178 A. 24) läugnet dies mit Unrecht, wie der Zusammenhang der ganzen Stelle des Diodor und namentlich v. 6 sq. beweisen.
7) V. 1 ἄρρητον κόρην   Hel. 1306 u. Alexandr. fr. 64 N.
„ 2 κρυφίοις βουλεύμασι   Hel. 1322.
„ 3 μελαμφαεῖς μυχούς   Hel. 517.
„ 4 πόθῳ ἠφανισμένης κόρης   Hel. 1306.
„ 5 μαστῆρα   Hel. 1321.
„ 8 πένθεσιν παρθένον   Hel. 1337.
„ 9 διοτρεφὲς φθίνειν γένος   Hel. 1329.

Zweifel, dass dies der jüngere, zwischen Ol. 100 und 90 in Athen lebende Tragiker [1]) ist; dagegen müssen wir auf Ermittlung der Tragödie, aus welcher sie stammen, verzichten [2]). Der Umstand aber, dass Diodor diesen zu den ἀρχαῖοι συγγραφεῖς καὶ ποιηταί zählt, auf welche er sich bei seiner Darstellung des Raubes beruft, ist ein Beweis, dass er es mit jenem Ausdruck ἀρχαῖοι nicht allzu genau genommen hat. Nicht nur Hippys von Rhegion und Antiochos von Syrakus, sondern auch noch Philistos von Syrakus kann damit gemeint sein: denn er ist Zeitgenosse dieses Karkinos. Ebensowenig wird einer von diesen drei durch den Inhalt des Mythus, wie ihn Diodor widergibt, ausgeschlossen [3]): denn keiner von ihnen ist älter als der Verfasser der 'Ορφικὴ ποίησις, an welche sich in der Erzählung einige Anklänge finden. Dahin gehört die Verbindung der Athena und Artemis mit Persephone, ihre gemeinsame Arbeit am Webstuhle, um dem Zeus einen Peplos zu weben, Obscönität — hier allerdings in Worten — als Mittel, die Demeter zum Lachen zu bringen. Folgendes sind die Grundzüge dieser ältesten, von Diodor leider nur unvollständig überlieferten sicilischen Darstellung.

Kora — so nennt sie Diodor constant — wird mit Athena und Artemis in Sicilien in der Nähe von Henna erzogen: mit ihnen webt sie für Zeus den Peplos, mit ihnen sammelt sie Blumen, unter denen namentlich die das ganze Jahr hindurch blühenden Veilchen, ähnlich wie in Attika die Narzisse [4]), hervorgehoben werden. Bei der letztern Beschäftigung — ob Artemis und Athena zugegen waren und was sie taten, ist nicht gesagt — wird sie von Pluton, der auf seinem Wagen durch eine Höhle bei Henna empor-

---

1) Kayser hist. trag. p. 98 sq.
2) Die Vermutung Prellers Dem. S. 178 A. 24), dass die Verse aus der Alope seien, ist deshalb sehr unwahrscheinlich, weil in denselben mit λέγουσί ποτε auf ein längst vergangenes Ereignis hingedeutet wird, Alope aber von Poseidon Mutter des Hippothoon ist, in dessen Hause Demeter Aufnahme findet (Schol. z. Nic. Alex. 130 p. 84 Schneider).
3) Dies involvirt natürlich nicht die Annahme einer direkten Benützung des Hippys und Antiochos von Seiten des Diodor. Vergl. Volquardsen Untersuchungen über die Quellen Diodors S. 80 u. Wölfflin Antiochos von Syrakus S. 21. Die nächste Quelle war vielleicht für diesen Abschnitt Nymphodor v. Syrakus περὶ τῶν ἐν Σικελίᾳ θαυμαζομένων (Müller fr. hist. gr. II, 375 sq.).
4) Vergl. S. 31.

gefahren ist, überrascht und bis in die Nähe von Syrakus entführt; dort fährt er mit ihr in die Unterwelt herab und lässt an der Stelle die Quelle Kyane hervorsprudeln. Demeter durchsucht mit Fackeln, welche sie am Krater des Aetna angezündet hat, die Erde und kommt auch nach Athen, wo sie aufgenommen und durch lose Reden (αἰσχρολογία) erheitert wird; ihre Wirte belohnt sie durch das Geschenk des Weizen, welcher von dort aus über die ganze Erde — nur Sicilien hatte ihn schon vorher — verbreitet wird[1]).

Dieser nachweislich ältesten Gestalt des sicilischen Mythus steht am nächsten folgende von Hygin fab. 146, 147 und 141 leider auch nur skizzenhaft überlieferte Version.

Pluton bittet den Zeus um seine Tochter Persephone; dieser aber heisst ihn, da Demeter sie ihm nicht geben werde, sie rauben, während sie auf dem Aetna Blumen suche. Dort wird sie mit Aphrodite, Artemis, Athena und ihren Gefährtinnen, den Sirenen, von ihm überrascht und auf seinem Viergespann entführt: was die Göttinnen tun, ist auch hier nicht gesagt; unbefangne Betrachtung der Worte[2]) aber macht den Gedanken, dass sie sich, wie in der orphischen Poesie, alle, oder, wie bei Claudian, Aphrodite allein an der Intrigue gegen Persephone beteiligten, unwahrscheinlich; möglich ist, dass sie im Augenblick des Raubes nicht in der Nähe der Persephone waren, möglich auch, dass sie zu spät oder vergebens Widerstand zu leisten suchten, dass Zeus durch seinen Blitzstrahl sie daran hinderte. Aphrodite war zu den Gespielinnen der Persephone insofern passend hinzugefügt, als sie, wie Athene und Artemis, zu den meistverehrten Göttinnen Siciliens gehörte[3]). Die Sirenen aber wurden, weil sie der Persephone nicht zu Hilfe gekommen waren, auf dem „Apollofelsen'[4]), auf den sie geflohen

---

1) Diod. V, 3 u. 4.
2) *Proserpina dum flores cum Venere et Diana et Minerva legit, Pluton quadrigis venit et eam rapuit.*
3) Diod. IV, 83 u. 78. V, 77. Vergl. V, 3.
4) *ad Apollinis petram* (statt *terram*), wie Bursian exc. Hygin. geneal. Turici 1868 p. 12 u. M. Schmidt geschrieben haben, wird nicht nur durch Dosith. p. 72, sondern auch dadurch bestätigt, dass Lactanz narr. fab. V, 9, Myth. Vat. II, 101 u. I, 186, welche die Sache ähnlich erzählen, die *petra Martis* nennen in Folge einer Gedankenlosigkeit, mit welcher ihre Quelle die Sirenen mit den stymphal. Vögeln *in insula Martis* (Hygin fab. 30. Apoll. Rhod. II, 1033 u. 382 c. scholl.) verwechselte. Vergl. Excurs VII. Wahrscheinlich ist damit gemeint die Σειρηνίς

waren, auf Wunsch der Demeter nach dem Ratschluss der Götter[1]) befiedert: nur menschliche Köpfe behielten sie und die Gabe des Gesanges, durch welche sie als Töchter der Melpomene[2]) die Persephone erfreut hatten. Demeter[3]) selbst macht sich auf, die Tochter zu suchen und kommt nach Attika, findet Aufnahme im Hause des Königs Eleusinos und bietet sich dessen Frau Kothonea[4]) als Amme ihres neugeborenen Sohnes Triptolemos an. Um diesen unsterblich zu machen, nährt sie ihn bei Tage an ihrer göttlichen Brust, bei Nacht hält sie ihn ins Feuer. Als dies die Eltern einmal beobachten und der Vater vor Angst aufschreit, entseelt ihn Demeter, dem Triptolemos aber gibt sie die Getreidefrucht und den Drachenwagen, auf welchem er jene über die ganze Erde verbreitet; aber auch später erweist sich ihm Demeter gnädig, indem sie den nach Eleusinos zur Regierung gelangten König Keleos[5]), welcher dem Triptolemos nach dem Leben trachtet, mit ihm versöhnt und zur Abtretung der Herrschaft an diesen vermag.

Von wem Demeter den Raub erfuhr, ist auch hier nicht gesagt[6]): ausgeschlossen sind der König Eleusinos und Triptolemos;

πέτρα (Dionys. Perieg. 360), ἀκρωτήριον Σειρηνουσσῶν Strab. V, 247 coll. I, 22; Hygin fab. 141. *Sirenii scopuli* Gell. XVI, 8, 17. *Sirenum scopuli* Ovid Met. XIV, 88.

1) Hygins *Cereris voluntate* wird ergänzt durch *consilio deorum*, συμβουλίᾳ θεῶν des Dositheus p. 72, wie das *volaticae sunt factae* durch *capita solum habentes* sc. sua, κεφαλὰς μόνον ἔχουσαι.

2) Terpsichore nennt Apoll. Rhod. IV, 895.

3) Hygin fab. 147. Serv. z. Verg. Georg. I, 19. Lactanz z. Stat. Theb. II, 382 u. XII, 628. Myth. Vat. II, 96 u. 97. Vgl. Boccatius geneal. deor. VIII, 4.

4) Der Name *Cothonea*, entstellt zu *Cyntinia* (*Cytinia* Bursian) bei Serv., *Hionia* (cod. Tiliobr.) oder *Hioma* (cod. Monac. 6396) bei Lactanz u. *Hiona* beim Myth. Vat. II u. Boccatius, enthält wol eine Anspielung auf den Trank, welchen sie, wie Metaneira, der Demeter reichte. Aber eine Regengöttin *Hyona* ist nur Welckers (Gr. Gött. II, 471) Erfindung. Irrtümlich nennt sie ebenderselbe *Chthonia*. Auch Prellers (Dem. S. 109 A. 78) Gedanke, C. sei aus Hippothoon entstellt, ist wenig wahrscheinlich. Soll geändert werden, läge *Cyceonia* (κυκεών) am nächsten. Vergl. S. 82 A. 4).

5) *Celeus* ist der richtige Name, bei Servius in *Cephalus*, bei Lact. u. Myth. Vat. II, 99 in *Cepheus*, (mit Unrecht von Welcker, Gr. Trag. I, 301 gebilligt), entstellt: denn er ist König von Eleusis: nur die attische Genealogie, welche ihn zum Vater des Triptolemos macht, ist geändert.

6) Wenn Myth. Vat. II, 96 den Keleos als Angeber des Raubes nennt, so gehört dies nicht der Hyginischen, sondern einer anderen vom Schol. z. Arist. Eq. 698

zwischen Helios aber, wie im homerischen Hymnus und Ovids Fasten, und Arethusa, wie in Ovids Metamorphosen, wird sich schwer eine Entscheidung treffen lassen. Der Genuss des Kernes machte auch hier den ausschlieslichen Aufenthalt der Persephone bei Demeter unmöglich; diese erlangt von Zeus nicht, wie in der älteren, attischen Sage, zwei Drittel, sondern, wie constant in der spätern[1]) Sage, nur die Hälfte des Jahres für sich.

Werfen wir nunmehr auch hier die Frage nach dem Alter dieser Version auf, so wird unbedenklich zugestanden werden, dass Hygin sich zu derselben nicht anders verhält, als Apollodor zu der von ihm erzählten attischen Sage: Hygin ist nur Referent einer sicilischen Version, deren Ursprung um Jahrhunderte vor ihm liegt. Das uns erhaltene Material erlaubt aber nur noch eine Ansicht über die ungefähre Entstehungszeit, nicht über die Person des Schöpfers aufzustellen. Denn wenn Welcker (Griech. Trag. I, 299—312) und nach ihm C. Lange de nexu inter Hygini opera mythologica, Moguntiae 1865 p. 32 vermuten, Hygin sei, wenigstens in der Triptolemos-Episode, der gleichnamigen Tragödie des Sophocles[2]) gefolgt, so scheint mir undenkbar[3]), dass dieser in einem Stück, welches den attischen Nationalheros feierte, eine nichtattische Genealogie gewagt habe: Triptolemos als Sohn des Eleusis findet sich ausser hier nur noch bei dem Nichtattiker Panyasis[4]). Nur wegen letzterer Uebereinstimmung aber mit Muncker (zu fab. 147) und M. Schmidt, Hygin p. 21 den Panyasis als Gewährsmann für diese Episode zu halten, scheint mir nicht minder gewagt. Wir wissen nicht einmal, ob Panyasis den Mythus überhaupt einigermassen ausführlich behandelt hat, und wie sehr weichen die einzelnen Sagen, welchen die Genealogie des Triptolemos als Sohnes des Keleos gemeinsam ist, in der Erzählung selbst von einander ab! Und wie sollte Panyasis den Raub nach Sicilien und nicht vielmehr nach einem Orte von Argos, dem Mutterlande seiner Geburtsstadt Halikarnass, gelegt haben! Die Verlegung des

---

überlieferten Version an, welche den Keleos zum Wirt der Demeter machte. S. Excurs VII.

1) Vergl. S. 46 A. 1).
2) Vorsichtiger nannte O. Müller Eleusinien S. 268 überhaupt irgend eine Tragödie als Quelle für Hygin.
3) Andre Einwände gegen diese Hypothese erhebt Preller Dem. S. 307 sq.
4) Die attischen Genealogien des Triptolemos zählt Paus. I, 14, 2 sq. auf.

Raubes nach Sicilien und die Einführung der Sirenen[1]) als Gespielinnen der Persephone weist darauf hin, dass Hygin — mittelbar oder unmittelbar — aus einer sicilischen Quelle[2]) schöpfte, die ihrerseits die Genealogie — ungewis bleibt, ob auch die Ernährung — des Triptolemos bei dem bedeutenden Einfluss, welchen der dorische Osten, besonders der triopische Cult[3]), auf Sicilien übte, recht wol von Panyasis entlehnt haben konnte.

Die einzige Handhabe zur Bestimmung des Alters dieser hyginischen Version bietet ein Vergleich mit der von Apollodor benützten Quelle: insofern jene sich teils als Veränderung, teils als Erweiterung dieser herausstellt, ist sie nicht vor die zweite Hälfte des vierten Jahrhunderts[4]) zu setzen. Abgesehen von der Umänderung der Namen ist aus dem Säugling (Demophon) und dem älteren Bruder und Günstling der Demeter (Triptolemos) Eine Figur (Triptolemos) geworden, auf welche beides trifft; die Folge davon ist, dass der Tod bei der Feuertaufe nicht das Kind, sondern den Vater als Strafe der Neugier trifft; dieser Tod aber gibt wiederum Gelegenheit zur nachträglichen Einführung des Keleos als Königs von Eleusis; die Nachstellungen dieses endlich gegen Triptolemos motiviren das Eingreifen der Demeter und die Thronfolge des Triptolemos. Einen terminus ante quem aber liefert die Sirenen-Episode. Eine Befiederung resp. theilweise Verwandlung dieser in Vögel und ihren Aufenthalt auf einer Insel bei Sicilien nach dem Raube ihrer Herrin Persephone kennt schon Apollon. Rhod. IV, 894 sq.

$$καί\ ποτε\ Δηοῦς$$
$$θυγατέρ'\ ἰφθίμην\ ἀδμῆτ'\ ἔτι\ πορσαίνεσκον$$

---

1) Die Sirenen treten in der sicil. Poesie an Stelle der älteren Okeaniden. Dies hat Schrader, die Sirenen, Berlin 1868 S. 25 nicht erkannt, der auch irrt (S. 47), wenn er zuerst von Ovid in den Metam. diesen Mythus ausgebildet sein lässt. Schon Apoll. Rhod. IV, 894 sq. zeigt Bekanntschaft mit demselben. Dieser hatte die Verwandlung der Sirenen in Vögel vielleicht aus der 'Ορνιθογονία des Boios, der sicher vor Philochoros gehört (Athen. IX p. 393 e.) entlehnt. Auch der Vorstellung Schraders S. 25, dass Pers. von Haus aus die furchtbare Unterweltsgöttin sei, mit welcher die Sirenen als tod- und verderbenbringende Wesen verbunden seien, kann ich aus den S. 27 sq. erörterten Gründen nicht beitreten.

2) Dafür, dass Hygin wenigstens im Raube einer sicil. Quelle folgte, erklärt sich auch C. Lange l. l. p. 32.

3) Vergl. S. 9 sq.

4) Vergl. S. 59.

ἄμμιγα μελπόμεναι· τότε δ' ἄλλο μὲν οἰωνοῖσιν,
ἄλλο δὲ παρθενικῆς ἐναλίγκιαι ἔσκον ἰδέσθαι ¹).

Erwägen wir nun die Stärke der Veränderungen, welche die hyginische Version gegenüber der des Apollodor darbietet, so werden wir ihren Ursprung eher in die erste Hälfte des 3. als in die zweite Hälfte des 4. Jahrhunderts setzen. Nur als Vermutung wollen wir hinstellen, dass sie auf Philetas zurückgehe, dessen Elegie Δημήτηρ gewis den Raub der Persephone und die Irrwege der Demeter schilderte. Zwar ist er nicht Sikuler, aber durch seinen Freund Theokrit konnte er mit der sicilischen Sage bekannt werden. Seine Abstammung von Kos würde die Herübernahme der Genealogie des Triptolemos von Panyasis aus Halikarnass rechtfertigen, seine notorische Beliebtheit in der römischen ²) Litteratur besonders zur Zeit des Augustus seine Benutzung durch Hygin erklären.

Zu der hier vorgeschlagenen chronologischen Ansetzung stimmt aber auch das Bild, welches der sicilische Mythus durch die alexandrinische Poesie erhalten hat.

Der Mythus in der alexandrinischen Poesie.

Dass die sicilische Sage auf die alexandrinische Poesie einen bestimmenden Einfluss übte, ist von vornherein nicht wunderbar, wenn man sich die Bedeutung namentlich von Syrakus und ganz besonders die litterarischen Beziehungen zwischen den Höfen Hierons II und des Ptolemäos Philadelphos vergegenwärtigt. Hier möge nur an Dichter, wie Theokrit, Bion, Moschos, Leonidas von Tarent erinnert werden. In den Resten der den beiden letzten zugeschriebnen Gedichte vermögen wir noch jetzt Spuren von Bezugnahme auf den Mythus vom Raube nachzuweisen: im ἐπιτάφιος Βίωνος (Mosch. id. III.) 126 sq.

καὶ κεῖνα (Κώρα) Σικελά, καὶ ἐν Αἰτναίοισιν ἔπαιζεν
ἄγκεσι καὶ μέλος ᾖδε τὸ Δώριον

---

1) Hätte Apollodor die Sirenen als Begleiterinnen der Pers. beim Raube gekannt, würde er es wenigstens angedeutet haben, wenn er auch ausführliche Bemerkungen über dieselben erst im Anschluss an die Abenteuer des Odysseus (I, 3, 4) geben wollte.

2) Vergl. Bernhardy Gr. Lit. II, 1, 567, der auch vermutet, dass die Δημήτηρ den Raub enthielt. Die 3 Fragmente (Bergk Anthol. lyr. p. 131) haben allerdings keine Beziehung auf denselben.

eine Erwähnung des Spiels der Persephone auf den Aetnafluren, in einem Epigramm, welches von einigen dem Leonidas zugeschrieben wurde, eine wenn auch verhüllte Anspielung auf den Raub[1]). Einfluss der sicilischen Sage aber auf die alexandrinische Poesie, durch Theokrit vermittelt, haben wir bereits in der Δημήτηρ des Philetas vermutet und in der Sirenen-Episode beim Apollononios Rhodios wirklich kennen gelernt. Und seit der Zeit ist die alexandrinische und die durch diese beeinflusste römische Poesie bis zu ihrem völligen Untergange in Ausschmückung und Umgestaltung des Raubes und der mit ihm zusammenhängenden Begebenheiten nicht müde geworden, so jedoch, dass immer der Kern der älteren und zwar meist der sicilischen Sage durchscheint. Anspielungen auf den Raub der Persephone, auf die Irre der Demeter, ihr Sitzen am ‚Schönreigenbrunnen', auf den Poleimischtrank, auf die Scherze der Iambe, auf die Entdeckung des Raubes durch Triptolemos, gehören geradezu unter die Gemeinplätze der alexandrinisch-römischen Poesie.

Nachdem schon Sophocles[2]) und Euripides eine verstorbne oder dem Tode geweihte Jungfrau ‚die Braut des Todes' genannt hatten, ist in metrischen Grabinschriften die Vergleichung einer verstorbnen Jungfrau mit Persephone und die Auffassung des Pluton als Räubers der Verstorbnen eine der beliebtesten[3]). Aber auch

---

1) Anthol. Pal. VII, 190, 3 u. 4

δισσὰ γὰρ αὐτᾶς
παίγνι' ὁ δυσπειθὴς ᾤχετ' ἔχων Ἀΐδας.

Wenn das Epigramm von Leonidas ist, dann ist dieser, wie der Dialekt zeigt, der Tarentiner. Die Ueberschrift lautet aber Ἀνύτης, οἱ δὲ Λεωνίδου. Vergl. auch VII, 13 mit der Ueberschrift Λεωνίδου, οἱ δὲ Μελεάγρου.

2) Soph. Ant. 801 sq. (Die Aehnlichkeit zwischen dem Schicksal der Antigone u. Pers. klingt durch die ganzen κομματικά durch.) Ant. 654. Eur. Iph. A. 460. Or. 1109. Verwandt ist auch die ältere Vorstellung, dass ein Unvermählter oder eine Unvermählte in den θάλαμος der Persephone herabsteige: Simonides (?) epigr. 127, 3 Bergk (Anthol. Pal. VII, 507). Sappho (?) epigr. 119 B. (Anthol. Pal. VII, 489). Soph. Ant. 804. Verwandtes stellt zusammen Jacobs Anthol. gr. VI p. 139 u. Dilthey Ann. d. I. 1869, 26.

3) Hieher gehören von griech. Epigrammen: Anthol. Pal. VII, 13; 186, 5 u. 6; 221; 599; 643. Anthol. Graec. III, 711 = Append. epigr. 287, Murat. Nov. thes. inscr. p. 1502, 11; Graec. III, 710 = Append. epigr. 229, Murat. p. 1727, 4; Graec. III, 723 = Append. epigr. 103; Gr. III, 713 = App. epigr. 122; Gr. III, 754 = App. epigr. 215. Versteckter ist die Beziehung in dem Epigramm des Anti-

zu komischem Zwecke dient der Vergleich: so wenn die ein Korn schleppende Ameise mit dem Pluton, welcher Persephone davonträgt, verglichen [1]) wird: desgleichen die Mühen des Müllers mit den Sorgen, welche Demeter beim Suchen der Tochter auszustehen hatte [2]). Ebenso geben die Scherze, durch welche diese zum Lachen gebracht worden ist, noch dem Aegypter Julian in seinem Grabepigramm auf Demokrit zu der Bitte Anlass, Persephone möge um jener Wirkung willen die Seele des lachenden Philosophen gnädig aufnehmen [3]), und sein Zeitgenosse Macedonius [4]) nennt, der orphischen Poesie folgend, die Auffindung der Spuren der geraubten Persephone durch Triptolemos die Veranlassung zur Erfindung des Ackerbaus.

Wichtiger als diese gelegentlichen Anspielungen ist es, die umfassenden Behandlungen, welche die Dichter dem Mythus zu Teil werden liessen, zu verfolgen. Zwar ist von den griechischen Originalen nur sehr wenig erhalten, aber eine genaue Zusammenstellung der Fragmente mit den erhaltnen vollständigen Bearbeitungen römischer Dichter, welche nachweislich aus alexandrinischen Quellen schöpften, namentlich des Ovid, lässt nicht nur ein allgemeines Bild des Mythus in der alexandrinischen Poesie gewinnen, sondern gestattet auch mehr oder weniger sichere Vermutungen über die speciellen Vorbilder der einzelnen römischen Bearbeitungen.

Hier ist zuerst der nur um wenig jüngere Zeitgenosse des Theokrit,

---

patros (Anthol. Pal. VII, 711, 5), in welchem *νοῦσος* die Stelle des Hades vertritt, und in der Grabinschrift des Aristocles (Append. epigr. 303 = Anthol. gr. III, 749. C. I. Gr. n. 749). Vergl. App. 332, 4. Von lateinischen Inschriften gehören hieher die Grabinschriften der Caecinia Bassa (Murator. p. 1645, 6 = Antbol. Lat. IV, 267 Burm. n. 1367 Meyer), der Helvia Prima (Mommsen I. R. N. 1623), der Octavia Arbuscula bei Garrucci les mystères du syncrétisme Phrygien, Paris 1854 p. 20, des C. Satellius Clemens (Murat. p. 1210, 9 = Anth. Lat. IV, 287 n. 1383 Meyer). Endlich wurde auch aus Persephone, dem Vorbild und der Freundin der Geraubten (Martial XII, 52, 13) eine Räuberin: Anthol. Lat. IV, 122, 14 sq.; 324 (Meyer n. 1414 Fabretti inscr. p. 189, 433. Gruter p. 659, 7).

1) Anthol. Lat. 104, 7 u. 8 ed. Riese I p. 106.
2) Anthol. Lat. 103, 7 u. 8 ed. Riese I p. 105.
3) Anthol. Pal. VII, 58 = Anth. Gr. T. II p. 509 Brunck.
4) Anthol. Pal. XI, 59, 4 sq. In Vers 6 ist *ἁρπαγίμης ἴχνια Φερσεφόνης* zu schreiben (st. *ἁρπαμένης*), da eine Reminiscenz an Callim. h. in Cer. 9 *ἁρπαγίμας-ἴχνια κώρας* vorliegt.

Kallimachos,
zu nennen. Zwar sind aus seinem grossen mythologischen Gedicht, § 17.
Αἴτια, in welchem gewis auch der Raub seine Stelle fand, keine
Fragmente erhalten, welche auf die Darstellung dieses ein besonderes Licht werfen [1]), und der erhaltne Hymnus auf Demeter hat
denselben auch nicht zu seinem eigentlichen Inhalte, sondern erwähnt nur im Eingange die Irrfahrten der Demeter, ihr Fasten,
welches zu brechen sie nur der Abend beredet habe, ihr Sitzen
am ‚Schönreigenbrunnen' [2]), ihre Unterweisung des Triptolemos im
Ackerbau, aber diese Beziehungen, in Zusammenhang mit gewissen
litterarischen Ueberlieferungen gebracht, genügen, um eine Anlehnung der Darstellung Ovids in den Fasten IV, 417—620 an
die des Kallimachos als Vermutung und somit eine Reconstruction
der letzteren wenigstens als Möglichkeit hinzustellen.

Zunächst möge an die allgemeine Tatsache erinnert werden,
dass Ovid den Kallimachos nicht nur sehr verehrt [3]) sondern auch
in mehr als Einem Gedichte (Ibis, Heroid XX u. XXI) direkt benützt hat. Eine solche Benützung der *Αἴτια* aber auch für diesen
Abschnitt der Fasten, bei welchem Annahme einer nichtrömischen

---

[1]) Doch konnten fr. 24 [382] Bergk Anthol. lyr. p. 145
τριγλώχιν ὀλοῷ νῆσος ἐπ᾽ Ἐγκελάδῳ
(vergl. mit Ovid Fast. IV, 419) u. fr. 105 p. 153
υἷα Διώνυσον Ζαγρέα γειναμένη
recht wol in Verbindung mit dem Raube vorkommen.

[2]) Dass Vers 15, von welchem nur der Anfang τρὶς δ᾽ ἐπὶ καλλι . . . . überliefert
ist, die Erwähnung des Καλλιχόρου enthielt, zeigt das Scholion z. d. V., und die genaue Uebereinstimmung in Form wie Gedanken, welche der vom Schol. z. Clem.
Alex. Protr. § 20 überlieferte Vers zeigt,
Καλλιχόρῳ ἐπὶ φρητὶ καθέξετο παιδὸς ἄπανστος (corr. ἄπυστος)
lässt nicht zweifeln, dass dieser Vers hieher, (nicht, wie O. Schneider Callim. I,
p. 373 vermutet, in ein andres Gedicht) gehört, jedoch, wie oft, ungenau aus dem
Gedächtnis, citirt ist. Schneiders Ergänzung
Καλλιχόρῳ φρέαρ ἷκεο δαιτὸς ἄπαστος
scheint mir aus mehr als Einem Grunde, namentlich aber wegen des folgenden Verses
αὐσταλέα ἄποτός τε· καὶ οὐ φάγες, οὐδ᾽ ἐλοέσσω
unglücklich. Ich schlage vor:
τρὶς δ᾽ ἐπὶ Καλλιχόρου ἐκαθέζετο παιδὸς ἄπυστος.
Vergl. Hom. h. in Cer. 99 ἕζετο Παρθενίῳ φρήατι. Apollod. I, 5, 1 ἐκάθισε
παρὰ τὸ Καλλίχορον καλούμενον. Καλλίχορον ohne φρέαρ Hom. h. in
Cer. 272.

[3]) Vergl. Am. I, 15, 13. ex Pont. IV, 16, 32.

Quelle durch den Gegenstand selbst geboten ist, zu vermuten, bestimmt mich nicht so sehr die Rücksichtnahme auf die Gleichheit des Metrum, als auf die Aehnlichkeit der Tendenz und den Geist der Darstellung. Was das erste betrifft, so kann es jetzt keinem Zweifel unterliegen, dass die Αἴτια den Ursprung der verschiednen Götter- und Heroen-Culte und religiös-politischer Institutionen feierten [1]. Dieselbe Tendenz haben aber auch Ovids Fasten, nur dass dort eine andre Anordnung gewesen sein wird. So wird auch hier der Raub und die mit ihm zusammenhängenden Begebenheiten nur geschildert, um an sie den Ursprung der ludi Cereales zu knüpfen. Dass aber die Darstellung selbst einen Geist atmet, welcher dem der kallimacheischen Poesie sehr wol entspricht, wird die Betrachtung des Inhalts lehren.

Persephone pflückte einst in Begleitung ihrer Dienerinnen *(puellae* v. 425, *ministrae* 451) Blumen auf den schattigen Wiesen von Henna, während ihre Mutter einer Einladung der Arethusa zum Götterschmauss gefolgt war [2]. Durch die Schönheit der Blumen allmählich aus dem Gesichtskreis der Gespielinnen gelockt, wird sie von Pluton überrascht und auf sein Viergespann gehoben. Durch das Jammergeschrei der Gespielinnen, welche die Geraubte suchen, wird auch die eben nach Henna zurückgekehrte Mutter herbeigerufen. Diese findet die Fussspuren der Tochter im Boden, aber bald verlieren sich diese, durch eine Heerde von Schweinen ausgescharrt. Sie durchsucht nun ganz Sicilien und nachdem sie zwei Fackeln am Aetna angezündet und sich in einer Höhle bei demselben ihre Schlangen an den geflügelten Wagen geschirrt hat, fährt sie übers Meer und kommt auch nach Attika. Dort wird sie in Gestalt einer alten Frau auf dem ‚lachlosen Stein‘ *(saxum triste* v. 504) sitzend gesehen von der Tochter des alten Keleos, die eben ihre Ziegen nach Haus treibt, und vom Alten, welcher Eicheln, Brombeeren und Holz trägt, eingeladen, in seine Hütte einzutreten. In dieser findet sie seine Frau Metaneira um ihren sterbenskranken Sohn Triptolemos beschäftigt; die Berührung seines Mundes mit ihren Lippen gibt ihm neue Lebenskraft, und ein Trank von Mohn und Milch giesst den langersehnten Schlaf über seine Glieder aus.

---

[1] Anthol. Pal. VII, 42. Vergl. Rauch de Callimachi *Αἰτίων* libris, Rastatt 1860 p. 4 sq. Lincke de Callimachi vita et scriptis, Halis Sax. 1862 p. 26 sq.
[2] Nicht ganz richtig gibt Preller Röm. Mythol. S. 435^2 den Inhalt an.

Um Mitternacht hebt sie ihn von seinem Lager und hält ihn in die glühende Asche des Heerdes; als aber die Mutter, darüber erwacht, *stulte pia* (v. 555), ihr ihn entreisst, verkündet ihr Demeter, dass der Knabe nun sterblich bleiben, aber zuerst das Pflügen und Säen lernen solle. Damit hebt sie sich von dannen und setzt auf ihrem Schlangenwagen ihre Irrfahrt fort durch alle Meere und Länder, selbst durch den Himmel, bis sie zuletzt zu den Parrhasischen Sternen, welche nie ins Meer tauchen, gelangt. Unter diesen weist sie Helice an den Helios, da die Tat nicht bei Nacht, sondern nur bei Tage geschehen sein könne. Und als ihr nun dieser den Pluton als Entführer genannt hat, verlangt sie von Zeus die Einwilligung zur Zurückforderung der Tochter; da Zeus aber diese nur unter der Bedingung gewährt, dass Persephone noch nichts in der Unterwelt genossen habe, so wird Hermes abgesandt, um dies zu untersuchen, und dieser berichtet als Augenzeuge, dass sie drei Kerne eines Granatapfels genossen habe. Demeter, darüber aufs höchste betrübt, erklärt, fortan nicht mehr im Olymp, sondern in der Unterwelt leben zu wollen; erst als Zeus ihr zugesagt hat, dass Persephone die Hälfte des Jahres bei ihr im Olymp wohnen solle, wird sie heiter und sendet den Feldern reichen Segen.

Völlig ausgeschlossen wird durch die Betrachtung dieser Darstellung der Gedanke, dass Ovid selbst ihr Urheber sei; denn sie setzt ein solches Studium der älteren griechischen Quellen des Mythus voraus, wie es nicht dem Ovid, sondern nur einem der gelehrtesten Alexandriner zugetraut werden kann. Und welches sind diese Quellen? Als Alexandriner dokumentirt sich der Urheber derselben dadurch, dass er der sicilischen Sage folgt, indem er nicht nur den Raub nach Henna verlegt und Arethusa zur Gastgeberin der Demeter macht, sondern auch den Oertlichkeiten Siciliens bei Schilderung der von Demeter durchsuchten Gegenden wie der Beschreibung des Actna weitaus den grössten Raum widmet (v. 467—480 u. 491—497 vergl. mit 563—572), desgleichen dadurch, dass er Triptolemos zum Pflegling der Demeter macht, endlich dadurch, dass er die Dauer des Aufenthalts der Persephone nicht, wie in der älteren Poesie, auf zwei Drittel, sondern auf die Hälfte des Jahres bemisst. Am einflussreichsten aber wurde für ihn das Studium des homerischen Hymnus: diesem folgte er nicht nur im ernsten Tone, sondern auch im Gange und in der Mehrzahl der

Motive der Handlung: so in der breiten Ausmalung der Blumenlese, in der Annahme einer baldigen unangefochtenen Herabfahrt des Hades in die Unterwelt, darin, dass Demeter durch das Geschrei — hier der Gefährtinnen, dort der Persephone selbst — herbeigerufen wird, darin, dass sie am Trauerstein bei Eleusis zuerst von der Tochter resp. den Töchtern ihres nachmaligen Wirtes Keleos gesehen wird, dass die Neugier der Mutter Metaneira die Unsterblichkeit ihres Kindes verhindert, dass Demeter von der Vertreterin der Nacht — nur hat er an Stelle der homerischen Hekate den astronomischen Neigungen der Poesie seines Zeitalters folgend die Helice gesetzt — an den Helios gewiesen wird, dass sie von diesem den Namen des Räubers erfährt, endlich, dass Hermes in die Unterwelt geschickt wird, um Persephone zu holen. Aber auch Spuren eines Studiums der orphischen Darstellung [1]) sind unverkennbar: so die Hereinziehung der Schweine in den Mythus (wenn auch in verschiednem Sinne)[2]), und die Auffassung des Wirtes der Demeter, Keleos, nicht als eines Königs, sondern als eines niedrigen Hirten, und dem entsprechend die Schilderung des naturwüchsigen Lebens ihrer Wirte. Wenn nun ein solches Studium älterer Dichtungen an sich sehr gut zu dem σοφός u. ἐπιμελέστατος Βαττιάδης[3]) der

quamvis ingenio non valet, arte valet[4])

stimmt, so ganz besonders die Benützung jener beiden Quellen zu Kallimachos, welcher bei seinem Aufenthalt als Lehrer in dem alexandrinischen Eleusis[5]) von selbst auf das Studium jener Urkunden, welche gewis die Grundlage auch für den alexandrinischen Cultus[6]) bildeten, geführt wurde.

Auf des Kallimachos *Αἴτια* als Vorbild weisen ferner auch die zahlreichen der Darstellung eingestreuten ätiologischen Bemerkungen[7]) hin, auf ihn als Verfasser von Werken περὶ τῶν ποταμῶν,

---

1) Orphischen Einfluss zeigt auch Callim. fr. 105. (S. 75 A. 1) Vergl. O. Müller Proll. S. 391.

2) Vergl. S 43 A. 4).

3) Anthol. Pal. VII, 42, 1. u. Suidas s. v. Καλλίμαχος.

4) Ovid Am. I, 15, 14.

5) Suidas s. v. Καλλίμαχος· γράμματα ἐδίδασκεν ἐν Ἐλευσῖνι, κωμυδρίῳ τῆς Ἀλεξανδρείας.

6) Vergl. S. 9 A. 4).

7) V. 494. 504. 535 sq. 619.

κρηνῶν, λιμνῶν, von κτίσεις νήσων καὶ πόλεων καὶ μετονομασίαι¹) weisen die vielen Erwähnungen von Flüssen und Städten und Redeweisen wie v. 420:

Trinacris a positu nomen adepta loci.

Endlich, und das ist wol das entscheidende, es finden sich zwischen der ovidischen Darstellung und dem Eingange des erhaltenen Hymnus des Kallimachos auf Demeter eine Reihe zum Teil ganz signifikanter Bezüge. Am wichtigsten ist die Bedeutung, welche in beiden dem Abend für die Beendigung des Fastens der Demeter und demnach auch der Mysten beigelegt wird: Callim. v. 6

μηδ' ἔτ' ἀπ' αὐαλέων στομάτων πτύωμες ἄπαστοι,
ἕσπερος ἐκ νεφέων ἐσκέψατο, πανίκα νεῖται·
ἕσπερος²), ὅς τε πιεῖν Δαμάτερα μῶνος ἔπεισεν,
ἁρπαγίμας ὅκ' ἄπυστα μετέστιχεν ἴχνια κώρας.

und Ovid v. 535 sq.

*Quae quia principio posuit ieiunia noctis,
tempus habent mystae sidera visa cibi.*

Die Bedeutung, welche der Stadt Henna für den Demetercult zugesprochen wird, ist eine gleiche: H. v. 32 und Ovid v. 422; ebenso die Hervorhebung der Thränen der Demeter H. v. 18³) und Ovid v. 521; der durchirrten Flüsse H. v. 13 sq. und Ovid v. 467 sq.; der Verleihung der Gabe des Pflügens und Säens an Triptolemos H. v. 20 sq. und Ovid v. 559 sq. Endlich möge auch an verwandte Redeweisen erinnert werden, wie

H. v. 9: ἁρπαγίμας ὅκ' ἄπυστα μετέστιχεν ἴχνια κώρας
und Ovid v. 463: *inde puellaris nacta est vestigia plantae.*

H. v. 10: πότνια, πῶς σε δύναντο πόδες φέρεν ἔστ' ἐπὶ δυθμάς;
und Ovid v. 573: *Quo feror? immensum est erratas dicere terras.*

---

1) S. die Zusammenstellungen bei Lincke l. l. p. 39 sq.
2) Nur Misverständnis von Soph. O. R. 177 ἀκτὰν πρὸς ἑσπέρου θεοῦ (i. e. Ἀίδου) hat Spanheim (II p. 750 ed. Ern.) an Hesperos als Schwiegersohn der Demeter denken lassen.
3) Für den kundigen Leser wird in dem Verse 18
μὴ μὴ ταῦτα λέγωμες, ἃ δάκρυον ἄγαγε Δηοῖ,
zugleich ein Hinweis auf die ausführliche Schilderung der πλάνη Δήμητρος in den Αἴτια, welche er in seiner Jugend verfasste, gelegen haben, ähnlich wie in den Worten des Ovid v. 418
Plura recognosces, pauca docendus eris.

Dies wird zur Begründung der Vermutung genügen, dass die Schilderung des Raubes in Ovids Fasten im wesentlichen ein Abbild der Darstellung in den *Αἴτια* des Kallimachos gewährt.

Unter den alexandrinischen Dichtern nach Kallimachos [1]) ist keiner für die Fortbildung des Mythus vom Raube bedeutungsvoller als

Nicander von Colophon.

18. Auch er legt die sicilische Sage zu Grunde, erweitert dieselbe aber und schmückt sie aufs reichste aus, nicht nur, wie Kallimachos, im Anschluss an die älteren attischen Quellen [2]), sondern auch, und zwar ganz besonders, von dem seit jener Zeit immer beliebteren Standpunkte aus, die Mythen als Vehikel der Metamorphosendichtung zu behandeln. Dem entsprechend wird auch die ausgeführteste Schilderung des Raubes seinen jetzt verlornen 'Ετεροιούμενα zugefallen sein. Aber auch die erhaltnen Gedichte sind reich an Beziehungen auf denselben, an Beziehungen, welche uns namentlich als Ausgangspunkt für spätere Entwickelungen interessant sind. Dass diese aber weder durchweg zu einander, noch zu der durch Reconstruction zu gewinnenden Darstellung in den 'Ετεροιούμενα stimmen, darf bei Nicander ebensowenig Wunder nehmen als bei Ovid. Die Mythen waren schon längst nichts als ein Gegenstand rein poetischer Anschauung und Behandlung geworden. Um so mehr ist zunächst eine Auseinanderhaltung der in den verschiednen Gedichten vorkommenden Beziehungen geboten.

So ist die Situation, in welcher die Aufnahme der Demeter in Attika stattfindet, in den drei Gedichten, obwol die Variation einer und derselben, nämlich der homerischen, doch eine verschiedne.

In den Alexipharmaka v. 128 sq. heisst der Wirt, in dessen Hause Demeter den κυκεών, das erste Getränk nach dem Raube, unter den losen Scherzreden der Thracierin Iambe trinkt, Hippothoon. Und der Scholiast [3]) zu der Stelle bemerkt, dass dieser Hippothoon,

---

1) Nicht unwahrscheinlich lässt O. Schneider Nicandr. p. 43 den Nicander bes. in den 'Ετεροιούμενα durch Kallimachos' *Αἴτια* angeregt werden.

2) Athen. III p. 126 οὐ σὺ τὸν Κολοφώνιον Νίκανδρον ἀεὶ τεθαύμακας τὸν ἐποποιὸν ὡς φιλάρχαιον καὶ πολυμαθῆ;

3) Vielleicht geht das Scholion, welches den homer. Hymnus nicht nur citirt, sondern auch im Wortlaut Benützung desselben verrät, auf das ὑπόμνημα des

Sohn des Poseidon und der Alope¹), der Mann der Metaneira war, welche der Demeter den Mischtrank vorsetzte, Iambe aber die Tochter des Pan und der Echo und in Thracien geboren war.

In den Theriaka 483 sq. heisst der Wirt wieder wie in der attischen Sage Keleos und seine Frau Metaneira, ihr Sohn aber wird am ‚Schönreigenbrunnen' von Demeter in eine Eidechse verwandelt. Einstimmig nennen die in unsern Scholl. erhaltnen Auszüge aus drei Commentaren — vielleicht des Theon, Plutarch und Demetrios Chloros²) — diesen Sohn Ambas und als Grund jener Strafe seinen Uebermut gegen die Göttin. Nur über die Art dieses Uebermutes überliefern sie verschiedne Versionen. Der eine hat die von der attischen Sage gegebnen Motive zu folgender Erzählung ausgeschmückt. Metaneira hatte ihren einen Sohn Triptolemos der Demeter zur Ernährung anvertraut, diese wollte ihn unsterblich machen, wurde aber bei der Feuertaufe von irgend jemandem überrascht und, so an jenem Vorhaben verhindert, bewies sie ihm ihre Huld nur durch Anweisung zum Säen. Als sie später wieder einmal ins Haus der Metaneira kam, veranstaltete diese ihr zu Ehren ein Opfer: bei diesem verspottete ihr andrer Sohn Ambas die Göttin, wurde von dieser mit dem Rest des Opfertrankes übergossen und so in eine gefleckte Eidechse verwandelt. Diese — vermutlich durch Theon vertretne — Version wird auch dem Nicander selbst vorgeschwebt haben: sie verträgt sich am besten mit dem Wortlaute der Verse; das Opfer wird $Καλλίχορον$

Didymeer Theon (Steph. Byz. s. v. $Κορόπη$) zurück. Mit geringen Auslassungen ist dasselbe herübergenommen in d. Schol. z. Eur. Or. 952, benützt auch im Et. M. p. 463, 24 (Gud. p. 269), übersetzt mit Fiktion des Philochoros (Vergl. S. 60 A, 3) von Natal. Com. III c. 16. — Proklos schöpfte vielleicht in der Chrestomathie (Phot. bibl. p. 319b) aus dem Hymnus selbst, verwechselte aber das $πηκτὸν ἕδος$ (v. 196), auf welchem Demeter $ἀγέλαστος$ (v. 200) sass, mit der $πέτρα ἀγέλαστος$. Klügelnde Grammatiker machten aus den Scherzen der Iambe Tänze u. Lieder in iamb. Rhythmus: so der Schol. z. Hephaest. p. 169 (ed. Gaisford Oxonii 1855) u. danach Eustath. z. Od. λ. p. 1684, 52, welche übrigens wieder Keleos als Mann der Metaneira nennen, Marius Piotius de ped. I, 8 (Gaisf. scriptt. rei metr. p. 244), welcher gar Iambe zur Tochter des Keleos macht, und Diomed. de ped. III, 5, 10 (p. 428) welcher Demeter von Iambe schlecht behandelt werden lässt.

1) So auch [Demosth.] Epitaph. § 31. Paus I, 5, 2; 39, 3. Bei dem Attiker Choirilos war Alope die Mutter des Triptolemos von Rharos. (Paus. I, 14, 3). Vgl. S. 50.

2) S. Meineke z. Steph. Byz. s. v. $Κορόπη$.

παρὰ φρεῖαρ stattgefunden haben[1]). Die zweite Version, dass Ambas sich beim Opfer zu knickrig benommen habe, stellt sich leicht als tendenziöse Deutelei der ersten heraus — wie sie dem Plutarch nicht unähnlich ist. — Die dritte endlich, welche von einem Opfer nichts weiss und den Ambas überhaupt über die Aufnahme der Demeter erzürnt sein und sich in frechen Aeusserungen ergehen lässt, ist, wie sich sofort zeigen wird, nur eine Uebertragung der Misme- und Askalabos-Episode auf Metaneira und Ambas.

Diese Askalabos-Episode, welche Nicander im 4. Buch seiner Ἑτεροιούμενα vortrug, ist uns im Auszug bei Antoninus Liberalis Metam. c. 24[2]) erhalten. Wie Askalaphos in der attischen[3]) Sage für seinen Verrat der Persephone von Demeter mit einem schweren Stein belastet wurde, so wird hier Askalabos, der Sohn der Misme[4]), in deren Hause in Attika Demeter auf ihrer Irrfahrt Aufnahme und Stillung brennenden Durstes fand, für den Uebermut, mit welchem er sich über ihren Durst ergeht, mit dem Reste des Mischtrankes übergossen und so in eine gefleckte Eidechse verwandelt[5]).

Auf dieselben Ἑτεροιούμενα geht vermutlich auch die Erzählung von der Verwandlung der Minthe zurück. In dieser griff Nicander, wenn auch nicht direkt, auf die orphische Poesie zurück.

---

1) Vergl. Hom. h. in Cer. 270 sq.
2) Nicandri fr. 56 p. 63 ed. O. Schneider. Aus Nicander schöpft, nur ohne Nennung der Namen, Ovid Met. V, 444—461 und aus ihm, wenn auch nicht unmittelbar, entlehnt die Namen Misme u. (aus Ἀσκάλαβος latinisirt) Stelles der Verfasser der Narr. fab. V, 7, Lactantius Placidus, der sich im übrigen an die Schilderung Ovids anschliesst. Vergl. Exc. VII.
3) Vergl. S. 55.
4) Mit Unrecht hält Heyne ad Apollod. I p. 27 die Form Μίσμη für verderbt; dieselbe wird nicht nur durch Lact. Narr. l. l., sondern auch durch den von Antoninus Liberalis selbst überlieferten etymolog. Versuch geschützt. Nur ist dieser (ἀσκάλαβος καὶ ὑπὸ θεῶν καὶ ὑπὸ ἀνθρώπων μεμίσηται) schwerlich richtig. Μίσμη bedeutet wol die Mischerin (Vergl. G. Curtius Etym. I, 299), steht also der hyginischen Κωθωνέα, (Κυκεωνία ? S. 69 A. 4) nahe. Vergl. Ovid Met. V, 454 mista polenta.
5) Den Anlass zu diesem Ausdruck der Feindschaft der Demeter gegen die Eidechse (Anton. Lib. l. l. ὁ ἀποκτείνας κεχαρισμένος γίνεται Δήμητρι) wird nicht so sehr die erschreckende (C. Lange de nexu inter Hygin. opp. mythol. p. 65), als die schädliche Wirkung ihres Bisses gegeben haben. Vergl. Nic. Ther. 483 ἀπεχθέα βρύγματ' ἔασιν ἀσκαλάβου.

In dieser hatte Demeter, erzürnt, dass niemand ihr den Räuber der Tochter nenne, Dürre über die Erde verhängt und so auch den Fruchtbaum *Μίνθη* zu einem unfruchtbaren Kraut zusammenschrumpfen lassen[1]). Die alexandrinische Metamorphosenpoesie führt den Ursprung dieses Krautes auf eine Verwandlung der Minthe, der Buhlerin des Hades[2]), durch Persephone zurück. Als Mittelglied zwischen beiden wird die vom Schol. zu Nic. Alex. 375 erzählte Version anzusehen sein, dass Persephone ihre Nebenbuhlerin zerriss, dass aber Hades zu ihrem Andenken das Kraut Minze wachsen liess. Da in dieser noch von keiner eigentlichen Metamorphose die Rede ist, wird sie vor Nicander gehören. Nicanders Version[3]) wird uns auch hier bei Ovid aufbewahrt sein in den Worten Met. X, 728 sq.:

An tibi quondam
femineos artus in olentes vertere menthas
Persephone, licuit?

mit welchen dem Gedanken nach Strab. VIII p. 344 und Lact. Narr. fab. X, 13[4]) übereinstimmen: Persephone selbst verwandelte ihre übermütige Nebenbuhlerin durch einen Fusstritt in jenes Kraut. Die spätere Entwicklung knüpfte auch hier, wie in der Iambe-Episode, an Nicander an: Oppian Hal. III, 489 liess Minthe, die Tochter des Kokytos, welche in rasender Eifersucht, noch ehe Persephone in die Unterwelt gebracht war, sie bedroht und später

---

1) Vergl. S. 44 A. 1).
2) Die Ansicht Prellers (Dem. S. 173, A. 6), dass „Minthe zu den Damen der Pers. gehörte, welche sie in den Hades hatten begleiten müssen, um Brautführerinnen zu sein" beruht nur auf Misverständnis der Worte ἵνα τὴν Περσεφόνην βίᾳ νυμφεύσωσι des Agatharchid. de mar. rubr. p. 6 (Müller, Geogr. gr. min. I, 114), welche sich auf die Brautfahrt des Theseus u. Peirithoos beziehen.
3) In den erhaltenen Gedichten Nicanders findet sich das blosse Wort μίνθη Alex. 375.
4) Nur in den Worten des Lactanz *quod cum patre coniuge suo concubuisset* wird ein Fehler stecken. Als Vater der Minthe erscheint Kokytos bei Oppian Hal. III, 486 u. dem Schol. z. d. St. Da der Name des Buhlen der Minthe und Gatten der Proserpina, (die doch die Bezeichnung *Cereris filia* erhalten hat), fehlt, wird *Plutone* oder *Diespitre* st. *patre* (Lact. inst. div. I, 14, 5) zu lesen sein, wenn nicht der Irrtum dem Laktanz selbst zuzuschreiben ist. Vergl. Excurs VII. Nur die Verwandlung ohne Angabe der nähern Umstände berichten Pollux VI, 68 und Phot. lex. s. v. *Μίνθα* p. 232 Herm.

mit Spott und Hohn verfolgt hatte¹), von der erzürnten Demeter zu Boden getreten und in die Minze verwandelt werden.

Die zusammenhängende Schilderung des Raubes aber, welche Nicander in den ʽΕτεροιούμενα gab, lässt sich nur durch Reconstruction gewinnen. Eine Reihe Tatsachen nämlich erhebt die Vermutung, dass dieses Gedicht Nicanders wie überhaupt für grosse Partien²), so auch für die Schilderung des Raubes in
Ovids Metamorphosen V, 346—661
das Vorbild gewesen sei, fast zur Gewisheit.

§ 19. Wenn sich die Erzählung in den Metamorphosen weit mehr als in den Fasten mit allen ihren Einzelheiten um Sicilien als Mittelpunkt dreht und sicilische Gottheiten in die Handlung hineinzieht, so passt dies recht eigentlich zu Nicander, dem Verfasser der Σικελία³). Uebereinstimmend ist ferner, von der Minthe-Episode abgesehen, die Hervorhebung der Veilchen — im Gegensatz zur attischen Narzisse — bei der Anthologie⁴), die Erzählung von der Einkehr der Demeter im Hause der Misme und der Verwandlung des Askalabos in eine Eidechse, nur dass Ovid keine Namen nennt⁵). Endlich wird die Verwandlung der lycischen Bauern in Frösche übereinstimmend von Nicander (Antonin. Lib. c. 35) und Ovid (Met. VI, 339—381) auf deren Uebermut gegen Leto, nicht gegen die auf ihrer Irrfahrt von Durst gequälte Demeter zurückgeführt⁶).

---

1) Vergl. die Scholl. zu v. 486 u. 495. An der ersten Stelle ist ἐκείνη διεβεβαιοῦτο βελτίων (st. βελτίους) εἶναι καὶ εἰ ἔλθοι, διώκειν αὐτήν zu lesen.

2) Vergl. Haupt Metam. Einl. S. XI. Ueberliefert ist Nicander als eine der Quellen für Ovid von Probus z. Verg. Georg. I, 399.

3) S. Volkmann de Nicandri vita et scriptis p. 27 u. Schneider Nicandr. p. 31.

4) Nic. Georg. II fr. 74, 60 Schn. p. 91 u. Ovid Met. V,392. Vergl. S. 31 A. 4).

5) Den Askalabos deutet er jedoch an in v. 460
aptumque colori
nomen habet variis stillatus corpora guttis
(S. Haupt z. d. St.), die Misme vielleicht in v. 454 *mista polenta*.

6) Irrtümlich nennt den Uebermut gegen Demeter als ovidisch der Commentator zu Verg. Georg. I, 378, aus welchem unsre heutigen Berner, Servius- und Vossianischen Scholien z. d. St. stammen, — Iulius Modestus vermutet Ribbeck Proll. Vergil. p. 121, — wodurch sich Hagen Scholl. Bern. p. 696 hat täuschen lassen. Sollte Modestus nicht die gemeinsame Quelle sein, so wäre in dieser eine Vertauschung von Ovidius u. Modestus anzunehmen. Aus dem Schol. des Servius ist geschöpft Myth. Vat. II, 95 u. der Anfang von I, 10, nur werden hier im

Und in der Erzählung selbst, wie sie bei Ovid[1]) lautet, ist nichts, was dieser Annahme widerspräche.

Ganz im Geiste der erotischen Richtung der alexandrinischen Poesie erscheint als die causa agens des Ganzen Aphrodite mit Eros: eine Motivirung, welche fortan in der dichtenden und bildenden Kunst festgehalten wird[2]).

Aphrodite will nicht länger zugeben, dass ihre Macht von dem Beherrscher der Unterwelt misachtet, noch dass die Zahl der Jungfrauen unter den Göttinnen durch Persephone vermehrt werde, und fordert daher ihren Sohn auf, durch einen Pfeilschuss jenen mit Liebe zu dieser zu entzünden. Um nun jenen der Aphrodite und dem Eros in Sicht zu bringen, lässt der Dichter ihn durch die Bemühungen des Typhoeus, die Insel Sicilien von sich abzuwälzen, aufgeschreckt und auf die Oberwelt gelockt werden: als Pluton Siciliens Küste umfährt, um über die etwaige Gefährdung seines Reichs ins klare zu kommen, sieht ihn Aphrodite vom Eryx und zeigt ihn ihrem Sohne, der seinen Auftrag sofort ausrichtet. Sein Pfeil ist so scharf, dass Pluton in demselben Augenblicke, in welchem er der Persephone, welche in einem Hain am See Pergus unweit von Henna mit ihren Gefährtinnen Blumen pflückt, ansichtig wird, sie liebt und raubt. Auf seinem Viergespann trägt er sie durch den See der Paliken[3]) und an Syrakus vorbei bis zur Quelle Kyane. Während diese in der älteren sicilischen Poesie[4]) erst entstand dadurch, dass Pluton zum Zwecke seiner Einfahrt

---

weitern Verlauf die rustici Lycii u. Lyncus, der König der Scythen, durcheinandergewirrt, nicht, wie Welcker Griech. Trag. I, 300 A) annimmt, nach alter Ueberlieferung, sondern aus einer bei diesem Autor nicht seltenen Confusion. I, 31 steht die Lyncus-Episode richtig abgeschrieben aus Serv. z. Aen. I, 323. Vgl. Exc. VII.

1) Dem Ovid folgt Boccat. $\pi\varepsilon\varrho\grave{\iota}$ $\gamma\varepsilon\nu\varepsilon\alpha\lambda o\gamma\acute{\iota}\alpha\varsigma$ deorum VIII p. 202 ed. Basil. 1532, teilweis auch Natalis Comes III c. 16 p. 246. Ueber das Verhältnis von Lact. Placid. narr. fab. V, 6—9 zur Schilderung Ovids, desgl. über Lilius Gyraldus s. Excurs VII.

2) Vergl. v. 524. Sil. Ital. XIV, 242. Claudian I, 25. Sen. Herc. Oet. 561. Die Quelle dieser Anschauung war vermutlich der Dichter des *triumphus Cupidinis* welcher *amores singulorum deorum enumeraverat* (Lact. inst. div. I, 11, 1), ich vermute Phanokles $\dot{\varepsilon}\nu$ "$E\varrho\omega\sigma\iota$ (Bergk Anthol. lyr. p. 165), welchen auch der Verfasser der narr. fab. II, 4 citirt. S. Excurs VII.

3) Noch heut brodelt aus zwei Oeffnungen in der Mitte des lago di Palizi (auf dem Wege zwischen Caltagirone u. Catania) kohlensaures Gas in die Höhe.

4) S. Diod. Sic. V, 4. Vergl. S. 68.

in die Unterwelt die Erde spaltete, widersetzt sich hier die aus dem Strudel emporragende Kyane, welche die Persephone erkennt, mit ausgebreiteten Armen dem Räuber, so dass dieser sein Scepter in die Tiefe des Wassers schleudert und sich so mit Gewalt einen Weg in die Unterwelt bahnt. Kyane aber schwindet aus Kummer über den Raub der Persephone und über die erlittne Kränkung hin und wird selbst zu Wasser. Inzwischen durchsucht Demeter vergebens die ganze Erde nach ihrer Tochter, wobei sie auch in der Hütte der Misme Aufnahme findet und den Askalabos verwandelt; zuletzt nach Sicilien zurückgekehrt, wird ihr von Kyane, da sie nicht mehr sprechen kann, wenigstens der auf dem Wasser schwimmende Gürtel gezeigt, und da sie so die Ueberzeugung vom Raube ihrer Tochter erlangt hat, lässt sie ihren Zorn an der Erde und besonders an Sicilien aus, indem sie Unfruchtbarkeit und Hungersnot verhängt, bis sich Arethusa, die Quellnymphe von Ortygia, aus Dankbarkeit für die ihr gewordne Aufnahme, zur Fürsprecherin Siciliens macht und der Demeter erzählt, dass sie auf ihrem Wege von Elis in der Unterwelt Persephone als Gemahlin des Pluton gesehen habe. Da begibt sie sich zu Zeus und erhält von diesem die Zusage, dass Persephone in den Olymp zurückkehren solle unter der durch das Gesetz der Parzen[1]) vorgeschriebnen Bedingung, dass sie noch nichts in der Unterwelt genossen habe. Nun steigt sie selbst in diese hinab[2]). Persephone aber hatte einen Granatapfel gepflückt und 7 Kerne desselben genossen, und Askalaphos, der Sohn des Acheron und der Orphne, der einzige Augenzeuge, schnitt ihr durch seine Angabe die Rückkehr für immer ab, zog sich selbst aber ihre Rache[3]), Verwandlung in einen Uhu, zu, und Zeus, zwischen seinen Bruder Pluton

---

1) v. 532 *nam sic Parcarum foedere cautum est.*
2) Ovid deutet dies nur an v. 533
   at Cereri certum est educere natam;
ausdrücklich sagt es Lact. narr. V, 8 (u. Natal. Com. III, c. 16), wie Serv. u. Prob. zu Verg. Georg. I, 39, ersterer z. Aen. IV, 462, und die orph. Poesie. Vergl. S. 42 A. 2) u. 5).
3) Bei Serv. z. Aen. IV, 462 u. Myth. Vat. II, 100, danach bei Boccat. geneal. III, c. 13, ist es nicht Persephone, sondern Demeter, welche die Strafe der Verwandlung über Askalaphos, welcher Sohn des Acheron und der Styx genannt wird, verhängt, dergestalt, dass eine Contamination der Erzählung des Apollodor und des Ovid stattgefunden hat, und Styx an Stelle der Gorgyra und Orphne getreten ist.

und seine Schwester Demeter gestellt, bestimmte, dass Persephone die eine Hälfte des Jahres in der Oberwelt, die andre bei ihrem Gatten zubringe.

An die Bemerkung, dass Askalaphos als Angeber seine Strafe wol verdient habe, schliesst sich als eine Art Gegenstück die Erzählung von der Befiederung der Sirenen, welche hier nicht, wie in der älteren hyginischen Version, auf Wunsch der Demeter als Strafe dafür, dass sie der Persephone nicht Hilfe geleistet hatten[1]), sondern auf Wunsch der Sirenen selbst, welche ihre Herrin auch über dem Meere suchen wollen, von den Göttern verhängt wird[2]).

Zuletzt wird auch die Person des Triptolemos eingeführt, jedoch ohne in innerlichen Zusammenhang mit dem Raube gesetzt zu werden, vielmehr nur um als Vehikel für die Verwandlung des Lyncus zu dienen. Demeter schickt, nachdem sie ihre Tochter wenigstens für die Hälfte des Jahres wiedererlangt hat, dem Triptolemos ihren Schlangenwagen, damit er das Geschenk des Samens der ganzen Erde bringe. So kommt er auch zum Scythenkönig Lyncus, welcher, neidisch auf jenes Geschenk, ihn im Schlaf umbringen will, aber von Demeter durch Verwandlung in einen Luchs daran gehindert wird. Es kann keinem Zweifel unterliegen, dass auch diese Lyncus-Episode nur eine Umbildung der älteren von Hygin[3]) überlieferten Keleos-Episode ist.

Gerade der Umstand aber, dass Ovid in den Metamorphosen die Veranlassung dazu, dass Demeter dem Triptolemos das Geschenk des Samens macht, nicht einmal berührt, wird ihn bewogen haben, die Triptolemos-Episode, die Aufnahme der Demeter im Hause des Keleos und der Metaneira, in den Fasten mit besondrer Ausführlichkeit zu schildern, ebenso wie er sich in diesen in breiter Ausmalung der Blumenlese und der von Demeter durchirrten

---

[1]) Vergl. S. 68.

[2]) Diese, von der hyginischen abweichende, die Sirenen mehr idealisirende Erzählung Ovid's ist ebensosehr ein Argument gegen C. Lange's (de nexu p. 67 sq.) Annahme der Benützung eines liber transformationum des Hygin in Ovid's Metamorphosen, wie die Verschiedenheit im Lokal des Raubes und in den Begleiterinnen der Persephone. Mit Recht hat sich daher Bursian J. J. 1866, 779 gegen diese Annahme erklärt. Vergl. Excurs VII.

[3]) Fab. 147. Vergl. S. 69. Der Schilderung Ovid's folgt ausser Lactanz (narr. V, 11), Serv. z. Aen. I, 323, (daraus Myth. Vat. I, 31) und Myth. Vat. II, 98 und mit den Lycii rustici confundirend I, 10. Vergl. S. 84 A. 6).

Gegenden, welche in den Metamorphosen[1]) sehr kurz abgetan worden waren, ergeht. Die Worte, mit welchen Ovid seine Schilderung in den Fasten einleitet, v. 417 sq.:

Exigit ipse locus, raptus ut virginis edam.
Plura recognosces, pauca docendus eris,

Worte, welche durch Vergleichung beider Schilderungen bewahrheitet werden, scheinen mir ein schlagender Beweis dafür, dass die Schilderung der Metamorphosen älter und dass die Abfassung derselben vor die der Fasten fällt: eine Ansicht, welche durch unbefangne Interpretation der 2 Stellen Trist. I, 1, 117 u. II, 549 nur bestätigt werden kann.

Der Mythus bei den römischen Dichtern ausser Ovid.

§ 20. Nach Nicander ist die poetische Weiterentwicklung des Mythus scheinbar der römischen Poesie zugefallen. Auf die grosse Menge der römischen Dichter der augusteischen und nachaugusteischen Zeit, welche denselben bald mehr, bald weniger ausführlich berühren, kommt nur Ein Grieche, Oppian, noch dazu nur mit einer kurzen Erwähnung des Raubes auf den Fluren des Aetna und der Bestrafung der Minthe durch Demeter (Hal. III, 486—490). Allerdings steht dies einerseits mit dem Mangel an hervorragenden griechischen Dichtern in diesem Zeitraum im Zusammenhang, andrerseits aber beweist die genauere Untersuchung der römischen Dichterstellen nur, dass der griechische Mythus vermöge seines Inhalts auch dem römischen Geschmacke ganz genehm war. Die poetische Entwicklung desselben ist, wie die der bildenden Kunst, auch auf dem römischen Boden den Griechen zugefallen. Folgender Ueberblick wird dies zeigen.

Wie der sicilische Mythus selbst mit dem Demeter- und Persephone-Cult von Unter-Italien aus seinen Weg nach Rom fand[2]), so auch die litterärische Fixirung desselben. Stammten doch fast alle alten römischen Dichter aus Unter-Italien. Schon der semigraecus Ennius wird in seinem Euhemerus[3]) nicht umhin

---

1) V. 462 *dicere longa mora est.*
2) Vergl. S. 9. A. 15).
3) Varr. de r. r. I, 48, 2. Lact. inst. div. I, 11, 33 sq.; 45 sq.; 63; 65; 13, 14; 14, 1—7 u. 10—12; 17, 10; 22, 21 u. 27. de ira dei 11, 8. Vergl. auch Colum. d. r. r. IX, 8, 3 u. 4.

gekonnt haben, das Bild des Raubes der Persephone wie es der Mann von Messana entworfen hatte, wiederzugeben [1]), und wir werden bald Gelegenheit haben, wenigstens ein Nachbild desselben kennen zu lernen. Und eine von Varro [2]) citirte, leider nicht näher bekannte Dichtung Chorus Proserpinae wird vermutlich den Raub geradezu zum Mittelpunkt gehabt haben. Die von dem Meister Euemeros angeregte philochoreische Darstellung wurde den Römern durch Asinius Pollio von Tralles zur Zeit Vergils nahegebracht [3]), welcher dieselbe, wie wir oben sahen, sich zwar nicht angeeignet, wol aber gekannt zu haben scheint, wenn er Persephone den Aufenthalt als Königin der Unterwelt dem Zusammensein mit der Mutter vorziehen liess [4]). Aber erst durch Hygin, den Verfasser

---

1) Dies ist zu schliessen aus der Inhaltsangabe des Werkes resp. einer spätern Bearbeitung desselben bei Lact. inst. div. I, 11, 33 u. 34 (*res gestas Iovis et caeterorum qui dii putantur collegit*) u. de ira dei 11, 8 *Euhemerus ac noster Ennius, qui eorum omnium natales, coniugia, progenies, imperia, res gestas, obitus, simulacra demonstrant*, wenn auch nicht die von L. erhaltnen Auszüge gerade vom Raube handeln; inst. div. I, 14, 5 handelt von der Abstammung des Pluto und der Glauce (p. 170 Vahlen).

2) Varr. de l. l. VI, § 94 *quare una origine inlici et inlicis quod in Choro Proserpinae est et pellexit quod in Hermiona, quom ait Pacuvius etc.* Die Art wie Varro spricht, lässt die Möglichkeit zu, dass auch dieser Chorus Pros., wie die Hermiona von Pacuvius ist, eine Möglichkeit, für welche auch seine Abstammung und sein Aufenthalt in Unter-Italien geltend gemacht werden kann. Der Titel Chorus Proserpinae scheint mehr für ein Chorlied (Ribbeck trag. Rom. fr. p. 234²) als für eine Tragödie (Bothe Poet. scen. lat. V, 1, 285. O. Jahn Herm. II, 228) zu sprechen. Vergl. χορὸν προσάγειν Ἀπόλλωνι Plut. mor. p. 1135 F. Διὸς κόραν μέλπεσθαι χοροῖσι Eur. Tro. 554 u. ähnliches. Auch gibt es keine griech. Tragödie, welche den Raub der Pers. zum eigentlichen Inhalt hätte. Es könnte eine Uebersetzung eines der ἴουλοι, Persephonelieder (Athen. XIV p. 619 B. s. S. 49. A. 2) gewesen sein, und diese könnte, unter Annahme obiger Möglichkeit, in der satura des Pacuvius (Bernhardy Röm. Lit. S. 415 A. 313) gestanden haben.

3) S. 62 A. 1).

4) Georg. I, 39. Aen. VI, 402. Nicht philochoreisch ist auch die Anspielung auf die Einkehr der Demeter bei Keleos und auf die ihm geschenkten landwirtschaftlichen Geräte Georg. I, 165 *virgea praeterea Celei vilisque supellex*. Denn Keleos ist bei Philochoros nicht der Wirt der Demeter, s. S. 60. Vergil folgte vielleicht der Erzählung der Γεωργικά des Nicander, welcher die Aufnahme der Demeter im Hause des Keleos auch Ther. 486 erwähnt. Die Belohnung des Vaters Keleos durch die Geräte, des Sohnes Triptolemos durch den *usus serendi*, erwähnt auch Philargyr. z. d. St., während bei Iunilius in den Berner Scholl. z. v. 163 u. 165 die Demeter den Keleos *omni genere agriculturae* belohnt.

der Genealogien, und durch Ovid wird der sicilische Mythus in den verschiednen ihm durch die alexandrinischen Dichter gegebnen Gestalten für immer in der römischen Poesie eingebürgert und so zu sagen heimisch gemacht. Seitdem zieht sich eine ununterbrochne Kette von Anspielungen und Hinweisungen auf die Ereignisse des Raubes durch die Dichter der augusteischen Epoche, besonders aber des ersten Jahrhunderts der Kaiserzeit. Der Raub gehört geradezu unter die mythologischen Gemeinplätze in den gelehrten Dichtungen dieses Jahrhunderts. Wie diese aber wesentlich auf Studium der älteren Poesie beruhen, so geben auch diese Anspielungen fast nur einzelne Bilder aus der älteren, grösstenteils aus der alexandrinischen Dichtung wieder.

Ziemlich isolirt steht Properz IV (III), 22, 4 und danach der Verfasser des Epigramm Anthol. Lat. VI, 77 (II, p. 550 Burm. II, p. 244 Meyer) v. 12 sq. mit der Verlegung des Raubes in die Nähe von Kyzikos. Für gewöhnlich wird der Raub auch hier nach Sicilien [1]) verlegt: in den *Siculus campus* von Stat. Theb. VIII, 61, nach Henna von Sil. Ital. XIV, 238 sq., VII, 688, an den Aetna von Auson. epist. ad Theon. (IV, 47), an den Halesus von Columell. X, 269. Als Triebfeder der Tat erscheint auch hier Eros [2]) bei Sil. Ital. XIV, 242. Sen. Herc. Oet. 561. Pallas und Artemis sind ihre Gefährtinnen wie bei Hygin [3]), so bei Valer. Flacc. Arg. V, 341 sq. u. Stat. Achill. II, 150. Demeter zündet auch hier ihre Fackeln am Aetna an, um die Tochter zu suchen, bei Sen. Herc. F. 662 u. Stat. Theb. XII, 270 sq. Nur wenn der letztere auf das Klagegeschrei der Demeter auch den Enceladus mit Gedröhn und Feuerausbruch antworten und alle Flüsse, Wälder, Meere und Wolken ‚Persephone' rufen lässt, wird dies seine eigne Erfindung sein. Ebenderselbe lässt den Pluton für den nur zeitweiligen Aufenthalt der Persephone ‚die ungerechten Gesetze des Zeus und die Mutter' anklagen (Theb. VIII, 61), während Columella X, 268 sq. im Anschluss an Vergil [4]), Persephone als Königin der Unterwelt ‚die Schatten und den Tartarus dem Olymp vorziehen' lässt, und Lucan Phars. VI, 698 u. 739 gar der Tochter Hass gegen den Olymp und gegen die Mutter,

---

1) Vergl. Sen. Herc. F. 553 *Siculae regna Proserpinae*.
2) Vergl. S. 85 A. 2).
3) Vergl. S. 68.
4) Vergl. S. 61.

und der Mutter Widerwillen gegen die Tochter ‚ob der erlittnen Befleckung' zuschreibt.

Aber dies alles[1]) sind nur gelegentliche Reminiscenzen und Anspielungen ohne eigentliche Originalität der Erfindung. Der erste, aber auch zugleich der letzte Dichter, welcher mit einer ausführlichen und zusammenhängenden Schilderung des Raubes hervorgetreten, ist, wenn er auch in lateinischer Sprache gedichtet hat, ein Grieche von Geburt, ja gerade ein Alexandriner[2]),

Claudian,

der die Zeit der Oede, welche in der Poesie über das zweite, dritte § 21. und vierte Jahrhundert n. Chr. ausgebreitet ist, beendet und noch einmal die fast erloschne Flamme der antiken Poesie aufleuchten lässt. Gerade die besondern Eigenschaften der Alexandriner, Studium und Gelehrsamkeit einerseits, lascivia und Vorliebe für Liebesintriguen andrerseits, ferner Abwechselung von tändelndem und pikantem Ton, endlich ausgedehnte Anwendung von Schilderungen und Beschreibungen treten in seinem carmen de raptu Proserpinae aufs deutlichste hervor.

Folgendermassen stellt sich das Bild des Raubes dar[3]).

Eros, der als treibendes Princip gleich an die Spitze gestellt ist (I, 25), wirkt in der Seele des Pluton Unzufriedenheit mit seinem Schicksal, der Ehelosigkeit; schon ist dieser zur offnen Auflehnung gegen den Olymp entschlossen, schon rüsten sich Manen und Furien; nur durch die Parzen lässt er sich begütigen und schickt Hermes, den Vermittler des Verkehrs zwischen Unter- und Oberwelt (I, 89), mit der in drohendem Tone gehaltnen Forderung zu Zeus, ihm eine Gattin zu gewähren. Dieser sagt ihm nach längerer Ueberlegung die Persephone zu und gibt ihm selbst die Mittel an, diese zu rauben (I, 276). Demeter nämlich hatte ihre wegen ihrer ausserordentlichen Schönheit von vielen Göttern begehrte Tochter, die sie immer für sich behalten wollte, um alle Bewerbungen abzuschneiden, heimlich (III, 118) aus dem Olymp in die Einsamkeit von Henna gebracht und in einem ehernen von den Cyclopen gebauten Hause unter Aufsicht der alten Electra und vieler Die-

---

1) Die blossen Erwähnungen des Raubes in Epigrammen sind S. 73 A. 3) u. S. 74 zusammengestellt.

2) Suidas u. Eudoc. s. v. Κλανδιανός. Claudian c. 43, 3; 39, 20.

3) Die Schilderung Prellers Dem. S. 140 ist nicht frei von Unrichtigkeiten.

nerinnen, der sicilischen Najaden, gelassen. Sie selbst war dann auf Besuch zur Cybele nach dem Berge Ida gefahren, nicht ohne der Tochter verboten zu haben, bis zu ihrer Rückkehr das Haus zu verlassen (II, 4 u. 265. III, 204). Zeus, der dies alles mitangesehen hat (I, 212), zieht Aphrodite in sein Vertrauen und schickt sie nach Henna, um Persephone zum Blumenpflücken ins Freie zu locken (I, 217). Pallas und Artemis, die jedoch von dem Anschlage nichts wissen (II, 10. 154. 266. III, 208)[1]), sollen sie begleiten, um die Sache desto unverfänglicher zu machen. Alsbald machen sich alle drei auf den Weg und treffen am Abend desselben Tages in Henna ein, wo sie Persephone singend und ein Gewand webend finden, womit sie ihre Mutter nach der Rückkehr überraschen will (I, 229—276). In der Frühe des andern Morgens[2]) lockt Aphrodite die Persephone mit ihnen ins Freie zu gehen; Persephone folgt ihr gegen das Gebot der Mutter mit den Najaden, unter denen sich auch Kyane und die Sirenen, welche sie durch ihren Gesang erheitern sollten, befinden (II, 55. III, 189. 205). Sie gehen auf die Wiesen am Pergus, und Zephyros ruft auf Bitten der Henna, welche über den Besuch der Göttinnen hoch erfreut ist (II, 86), — wie im homerischen Hymnus Gaia selbst — den reichsten Blumenflor hervor. Da auf einmal wird ihre unschuldige Freude durch ein dumpfes Geräusch, allein der Aphrodite verständlich, unterbrochen. Pluton auf Viergespann bahnt sich mit seinem Scepter einen Weg durch die Felsen: die Nymphen

---

1) Vergl. Excurs V.

2) Der Beweis für die Annahme eines Ausfalles von Versen im Texte zwischen I, 273 u. 274 ist nach meiner Ansicht von L. Jeep (Act. Soc. Lips. ed. Ritschl t. I. fasc. II, p. 356) noch nicht erbracht. Auch die Schilderung des Raubes, welche Persephone selbst nachträglich im homer. H. auf Demeter gibt, enthält Dinge, welche in der Beschreibung des Dichters nicht vorkommen, die Namen der Okeaniden v. 418—424. Auch fehlt die Verwandlung der Kyane, welche in dem Bericht der Elektra (III, 245 sq.) vorkommt, in der Schilderung Claudians im zweiten Buch. Ueberhaupt finde ich in Claudians Gedicht so viel Spuren des Unfertigen, dass ich dasselbe nicht sowol für unvollständig, d. i. schlecht erhalten, als für unvollendet (Bernhardy Röm. Lit. S. 499[a]) halten muss, wie dies die ältern Herausgeber und Teuffel Röm. Litgesch. S. 917 hinsichtlich des Schlusses tun. Noch weniger kann ich Freund Jeep (S. 361) beistimmen, dass III, 332 der Anfang eines neuen, des vierten, Buchs zu statuiren sei. Nicht die Rückkehr, sondern die πλάνη der Demeter bildet einen Einschnitt der Handlung.

stieben auseinander, nur Kyane widersetzt sich dem Räuber, welcher Persephone auf seinen Wagen hebt, wird aber von ihm sogleich unschädlich gemacht *(tacito laesa veneno* III, 250) [1]) und löst sich in Flüssigkeit auf. Persephone ruft die Göttinnen zu Hilfe: Pallas und Artemis dringen mit Lanze und Bogen auf Pluton ein, werden aber durch einen Blitzstrahl, durch welchen Zeus den Pluton als seinen rechtmässigen Schwiegersohn anerkennt (II, 228), von weiterer Verfolgung abgehalten und kehren in den Olymp zurück (III, 244). Pluton aber, alsbald von Liebe zur Geraubten ergriffen, sucht die über ihr Schicksal und den Verrat der Aphrodite laut Klagende durch den Hinweis auf ihre künftige Machtstellung zu trösten, und in der Unterwelt angekommen, lässt sie sich alsbald willig bräutlich schmücken, und die Vermählung, bei welcher Nyx die Brautführerin ist, gestaltet sich zu einem allgemeinen Freudenfest. Inzwischen wird Persephone von den Nymphen gesucht, Kyane aber vermag keine Antwort zu geben, und so fliehen sie nach allen Seiten, die Sirenen [2]) nach dem Vorgebirge Pelorum, um ihre Saiten fortan zum Untergange der Schiffer erklingen zu lassen. Nur die älteste der Nymphen, Electra [3]) (III, 171), bleibt zurück und wird in einem Winkel des Hauses sitzend und klagend von Demeter gefunden, als diese von allerlei Ahnungen und Träumen erschreckt nach Henna zurückkehrt. Endlich vermag sie dieser den Hergang der Sache, soweit sie ihn kennt, zu erzählen, wobei der Dichter Gelegenheit nimmt, noch einige in unsrer Schilderung dem Ganzen einverleibte Einzelheiten in summarischer, stellenweis etwas dunkler, die Spuren des Unfertigen verratender Form nachzutragen. Um den Namen des Räubers zu erfahren, begibt sich Demeter in den Olymp, aber alle Götter setzen ihren Fragen nur thränenvolles Stillschweigen entgegen. Demeter sollte, das war der ihnen in feierlicher Versammlung kundgetane Beschluss des Zeus, selbst die ganze Erde durchsuchen, damit sie endlich aus Freude und Dankbarkeit für ein Anzeichen, wohin die Tochter ge-

---

1) Diese Worte u. v. 246 *caligantes coronae* deuten wahrscheinlich die Wirkung des plutonischen Scepters an. Widerstand der Kyane ist nicht ausgesagt, sondern nur aus der Wirkung zu schliessen.

2) Bei Claudian werden die Sirenen nicht erst nach, sondern sind schon vor dem Raube geflügelt, wie III, v. 190 u. 254 zeigen.

3) Auch im homer. H. auf Dem. v. 418 erscheint Elektra unter den Okeaniden.

kommen, sich durch das Geschenk des Getreidebaues um das bisher von ihr vernachlässigte Menschengeschlecht, für welches Natura bei Zeus Fürbitte eingelegt hatte, verdient mache (III, 48 sq.). So entschliesst sich auch Demeter, da sie im Olymp nichts ausrichtet, die Erde zu durchsuchen: am Krater des Aetna zündet sie sich zwei Fackeln aus Cedernholz an und macht sich auf den Weg. Im Anfang der Schilderung ihrer Irrfahrt bricht das Gedicht (III, 448) ab. Aber durch den im Anfang des III. Buchs mitgeteilten Beschluss des Zeus sind wir im Stande, wenigstens als denjenigen Sterblichen, von welchem sie den Raub erfuhr, den Attiker Triptolemos zu bezeichnen: denn nur ihm kommt der geflügelte Drachenwagen, die Belohnung für die Anzeige, zu: v. 51 sq.

natae donec laetata repertae
indicio tribuat fruges currusque feratur
avius [1]) *ignotas populis sparsurus aristas*
et iuga caerulei subeant Actaea dracones.

Triptolemos war also, wie in der 'Ορφικὴ ποίησις, Augenzeuge der κάθοδος, welche in Attika stattfand. Demnach lässt sich wenigstens vermuten, dass auch die ἄνοδος der Persephone von Claudian nach Eleusis verlegt worden wäre [2]).

Fragen wir nunmehr nach dem Verhältnis dieser claudianischen Erzählung zu den älteren Versionen, so setzt sich dieselbe aus folgenden Elementen zusammen. Die Scenerie ist die der sicilischen Dichtung. Ebenso offenkundig ist aber auch das Studium der orphischen Poesie [3]). Aus dieser ist herübergenommen die durch Demeter veranlasste Verbergung der Persephone in der Einsamkeit und Bewachung in ehernem Hause, ihr Singen und Weben, die Anzettelung der Intrigue durch Zeus, die Mitwirkung der drei Göttinnen Aphrodite, Pallas und Artemis — von Seiten der beiden letzteren jedoch hier nach Massgabe der sicilischen Dichtung absichtslos —, wohl auch die Schilderung der Vermählung in der Unterwelt, sicher endlich die Entdeckung des Räubers durch den

---

1) Ich vermute *alifer*, wie Ovid Fast. IV, 562 *alifero tollitur axe Ceres*.

2) Dafür spricht auch die sonstige Uebereinstimmung zwischen Claudian und den S. 46 A. 3) angeführten Zeugnissen des Tzetzes u. der Eudocia.

3) Dazu stimmt die häufige Erwähnung des Orpheus bei Claudian, z. B. de r. P. II praef., de nupt. Honor. et Mar. 233; epigr. 24, 11. Dies ist schon erkannt von Lobeck Agl. p. 551 u. Preller Dem. S. 140.

Augenzeugen der κάθοδος, den Attiker Triptolemos und die ihm zur Belohnung dafür verliehene Gabe des Ackerbaus. Benützt ist ferner, wenn auch frei und mit selbständigen Aenderungen, in Bezug auf Kyane und die Sirenen die alexandrinische Metamorphosendichtung. Auch die Fürbitte der Natura für die Erde bei Zeus (III, 33 sq.) ist der Fürbitte der Demeter für Sicilien bei Demeter in Ovids Metam. V, 488 sq. nicht gerade geschickt nachgebildet.

Auf die nun entstehende Frage, ob die Ausführung des Bildes aus den aufgezeigten Elementen Claudians eigne Tat sei, lässt sich nur mit Hilfe der Archäologie Antwort geben. Eine Reihe von Denkmälern, besonders eine ganze Klasse von Sarkophagen[1]), welche selbst ihrer Ausführung, geschweige denn ihrer Erfindung nach nicht in nachclaudianische Zeit gesetzt werden dürfen, zeigt im wesentlichen dasselbe aus sicilischen und orphischen Elementen zusammengesetzte Bild des Raubes: kleine Abweichungen und Zutaten von Nebenfiguren kommen auf Rechnung des Künstlers, besonders des Strebens nach Symmetrie und Responsion. Also Claudian und der Meister der Originalvorlage für diese Denkmälerklasse schöpften aus einer gemeinsamen Quelle[2]). Sicher ist diese jünger als Nicander, aber auch, da weder Hygin und Ovid, noch die Dichter des ersten Jahrhunderts der Kaiserzeit in ihren zahlreichen Anführungen eine Spur von Bekanntschaft mit dieser Version zeigen, wahrscheinlich jünger als die letztgenannten. Ueber das zweite Jahrhundert n. Chr. aber hinauszugehen ist deswegen nicht ratsam, weil nicht nur die Erfindung, sondern selbst die Ausführung wenigstens an einigen jener Denkmäler wahrscheinlich nicht unter dasselbe hinabgerückt werden darf. Für dieses Jahrhundert spricht aber besonders der Umstand, dass in ihm das — freilich nie ganz erstorbne — Studium der orphischen Poesie mit besondrer Lebhaftigkeit getrieben zu werden anfing, wofür nicht nur Pausanias, sondern auch Clemens Alexandrinus, Justinus und die andern

---

1) Vergl. § 41 u. 42.

2) Danach ist sowol die Meinung aufzugeben, Claudians Schilderungen beruhten grösstenteils auf der Betrachtung dieser Denkmäler (Foggini Mus. Capit. IV, 285. Preller Dem. S. 140), als auch Claudians Gedicht sei das Vorbild für diese gewesen (Käntzeler Jahrbb. d. Ver. v. Altert. im Rheinl. XXIX. XXX. S. 196), und natürlich auch E. Q. Viscontis Ansicht (Mus. Piocl. V, 45 not. 1), Claudian sei den ältesten Mythologen gefolgt, zu modificiren.

Apologeten dieses Jahrhunderts Zeugnis ablegen [1]). Dieses Studium aber nahm im dritten und vierten Jahrhundert nur noch zu [2]), und so erklärt sich, dass Claudian sich an diese Version, deren Gewährsmann aufzufinden wir freilich ausser Stande sind, anschloss. Wenn Claudian der letzte römische Dichter genannt wird, so gilt dies auch in Bezug auf den Mythus vom Raube. Nach ihm [3]) fällt derselbe nur noch den Scholiasten und Mythographen zu (Servius, Lactantius Placidus, Nonnos Abbas, Tzetzes), welche ihn immer mehr verquicken oder verwässern — in dieser verquickten Gestalt überkommen ihn Boccaccio, Gyraldus und Natalis Comes, oder er fällt den Speculationen der Neu-Platoniker (Proklos, Salust) anheim, welche ihn vollends verflüchtigen, oder endlich die christliche Apologetik bemächtigt sich seiner, um Waffen aus ihm gegen die heidnische Theologie zu schmieden, und wie die letzten Vorkämpfer des Heidentums, besonders Aristides im 'Ελευσίνιος, Julian [4]) und Libanius [5]), gerade für die Gottheiten der Eleusinien, des letzten „heidnischen Bollwerks' mit besonderm Eifer eintreten, so gibt es wenig Mythen, welche die Apologeten [6]) so

---

1) Vielleicht gehört auch ins 2. Jahrh. Charax Pergamenus, der nach Eudocia s. v. p. 437 schrieb συμφωνίαν Ὀρφέως, Πυθαγόρου καὶ Πλάτωνος περὶ τὰ λόγια u. der nach Suidas (u. Eudoc.) schon des Nero und der nach ihm regierenden Kaiser gedacht hatte.

2) Lob. Agl. p. 344.

3) Die Schilderung des Nonnos Dion. V extr. u. VI init. von den Bewerbungen der Freier um Pers., von der Sorge der Demeter u. der Verbergung der Pers. in einer Höhle Siciliens bei der Kyane ist offenkundige Nachahmung der Schilderung des Claudian, bezieht sich aber nicht, wie Preller Dem. S. 139 glaubt, auf den Raub der Pers. durch Pluton, sondern auf die orph. Dichtung von den Nachstellungen des Zeus gegen Pers.

4) Vergl. Eunap. vit. Maxim. p. 52 Boiss. Mamertin. grat. act. de consul. Iuliani c. 9. (Panegyr. ed. 1599 p. 165 sq.).

5) Or. I, 427. IV, 279. 361. 367 R. Vergl. auch Ps. Dion. or. Corinth. XXXVII (II, 302 Dind.).

6) Vergl. Justin. Martyr. coh. c. 2, 8 u. c. 17. Athenagor. leg. c. 12. Clem. Alex. Protr. § 20 sq. (aus welchem Euseb. praep. ev. II, 2, 64—3, 35 u. Arnob. adv. nat. V, 25 sq. geschöpft haben). Tertullian ad nat. II c. 7 u. 10. Hippolyt. ref. haer. V, 7 u. 8 u. 20. Euseb. praep. ev. III, 12, 4. Aster. enc. martyr. p. 193. Firm. Mat. de err. prof. rel. c. 8, 3. Gregor. Naz. or. III p. 104; XXXIX p. 678 ed. Maur. Augustin de civ. dei V, 68; VII, 20 u. 24. Lact. inst. div. I, 21; II, 4, 28. Synes. euc. calv. c. 7. Epiphan. adv. haer. III, 10 u. fr. (Philol. XVI, 355). Theodoret serm. III, p. 46 Sylb.

oft und mit solcher Zähigkeit zum Ziele ihrer Angriffe gemacht hätten, als den Mythus vom Raube der Persephone. Und zwar halten sie sich ausser der 'Ορφικὴ ποίησις, deren Studium, wie bemerkt, in jener Zeit mit grossem Eifer erneuert worden war, besonders an die euhemeristische Behandlung des Mythus, offenbar weil diese mit dem Satze, die Götter seien nur poetische Fictionen, in Wahrheit Menschen, ihrem eignen Standpunkte vorgearbeitet hatte[1]). Und so verdanken wir die Möglichkeit, das Bild, richtiger Zerrbild, in welchem der Mythus beim Meister jener Auffassung selbst erschien, zu reconstruiren, einer jener apologetischen Schriften, nämlich dem liber de errore prof. rel. c. 7 des
Firmicus Maternus,
dessen Abfassung noch vor das Jahr 350 fällt, wenn anders unter den angeredeten *sacratissimi imperatores* mit Recht Constantius und Constans verstanden werden. Und so möge diese das Gebiet der Dichtkunst bereits überschreitende Darstellung den Beschluss in der Betrachtung der sicilischen Sage machen, wie die entsprechende philochoreische am Schluss der Behandlung der attischen Sage ihre Besprechung gefunden hat.

Ceres war eine Frau in Henna, deren einzige Tochter Proserpina von vielen Freiern umworben wurde; während die Mutter noch schwankt, wem sie dieselbe geben soll, wird diese eines Abends von einem alten reichen Bauern, *cui propter divitias Pluton fuit nomen, cum praeposteri amoris coqueretur incendiis*, beim Blumenpflücken am schönen Pergus trotz des lauten Geschreis ihrer Begleiterinnen geraubt. Eine von diesen eilt mit der Kunde zur Mutter, welche sofort mit bewaffneter Mannschaft dem Räuber nachsetzt. Sowie dieser seiner Verfolger ansichtig wird, lenkt er mit verzweifeltem Entschlusse seinen Vierspänner in die Untiefen des Sees. Die Hennenser aber reden der Mutter, um sie zu trösten, vor, der Gott der Unterwelt sei der Räuber gewesen und sei mit seiner Beute in der Nähe von Syrakus wieder emporgestiegen. Diese macht sich daher bei Nacht und Nebel mit ihrem Meier Triptolemos nach Syrakus auf, wo ihr ein Mann, Pandaros, vorredet, der Räuber habe nicht weit von Pachynum ein Schiff be-

---

[1]) So erklärt sich auch der euhemeristische Standpunkt des Boccatius (περὶ γενεαλ. deor. XI c. 6 X, c. 62; VIII, c. 4) resp. seines Gewährsmannes Theodontius. Vergl. Exc. VII.

stiegen. Ceres tut daher ein Gleiches, um die Geraubte zu suchen, wird dabei an die Küste von Eleusis verschlagen und, von den Bewohnern derselben gastlich aufgenommen, erweist sie sich ihnen durch das Geschenk des Weizens dankbar, bleibt bei ihnen, wird von ihnen begraben und nach ihrem Tode göttlicher Ehren teilhaftig.

Dass Firmicus einer griechischen Quelle folgte, lehrt die Etymologie von Eleusis c. 7: *locus Eleusin dictus est, quod illuc Ceres relicta Henna venerat;* dass diese Quelle euhemeristischen Geistes, zeigt der Inhalt selbst; dass sie aber die ἱερὰ ἀναγραφή des Euemeros selbst ist, wird im höchsten Grade wahrscheinlich dadurch, dass gerade die Apologeten des 4. Jahrhunderts, wie Lactanz (inst. div. I, 11), Minucius Felix (Oct. c. 21), Eusebius (praep. ev. II, 2) — aus dem obigen Grunde — diese benützt haben[1]). Es stimmt ferner mit dem, was uns im einzelnen über jenes Werk des Euemeros überliefert ist, überein, nicht nur dass Firmicus den Iupiter zu einem *rex Creticus* macht (c. 6, 1 u. 16, 1), sondern auch Demeter in Eleusis begraben werden lässt[2]). Endlich spricht auch die sicilische Scenerie des Raubes für Euemeros, der in Sicilien, wenn nicht geboren, so sicher heimisch war[3]). Nur die rhetorische Ausschmückung, besonders die farbenreiche Schilderung der Anthologie ist, wie schon ihre Aehnlichkeit mit Claudian II, 92 u. 128 sq. zeigt, als Zutat des rhetorisirenden Kirchenvaters zu betrachten[4]).

---

1) Vergl. Nitzsch Kieler Phil. Stud. S. 459 sq. L. Krahner Grundlinien z. Gesch. der röm. Staatsreligion, Progr. d. Lat. Hauptschule Halle 1837. S. 33.

2) Vergl. Minuc. Fel. Oct. c. 21. Nitzsch l. l. 461. Hoeck Kreta III, 331.

3) Vergl. Lact. inst. div. I, 11, 33. Clem. Alex. Protr. § 28 (Arnob. adv. nat. IV, 29) und die Stellen bei Gerlach histor. Stud. I, 142, der mir hierüber richtiger zu urteilen scheint als Krahner l. l. S. 25.

4) Spuren des ennianischen Euhemerus (Vahlen quaestt. Ennian. p. XCIII) trägt diese Darstellung des F. nicht; die Etymologie von Eleusis spricht für directe Benützung des griech. Originals.

V.

Der Mythus in der bildenden Kunst.

Die Darstellung des Raubes der Persephone und der mit ihm zusammenhängenden Begebenheiten hat in der bildenden Kunst eine der Dichtkunst parallele, weil von ihr abhängige, Entwicklung genommen. Der Ursprung derselben liegt auch hier auf dem Gebiet des Cultus: der Hymnenpoesie entsprechen die Werke der hieratischen Kunst. Den Dichtungen, welche unter euripideischem Einfluss stehend den Mythus vom rein poetischen Standpunkt erfassen und behandeln, entsprechen Werke von Künstlern der jüngern attischen Schule (Praxiteles, Nikomachos), welche sich von den psychologischen Problemen, die derselbe darbot, angezogen fühlten. Von den gelehrten Dichtungen der alexandrinisch-römischen Periode endlich, welche den Mythus mannichfaltig variirten und mit zahlreichen Arabesken versahen, hängt die grosse Zahl von Kunstwerken ab, welche grösstenteils zum Schmuck der Grabstätten dienten und Grabinschriften in Bildern genannt werden können.

Die erhaltnen Denkmäler gehören grösstentheils der letzten Gattung an; über die beiden ersten sind wir fast nur durch schriftliche Zeugnisse unterrichtet.

Ob und inwieweit die alten Schnitzbilder der Persephone durch Symbole an den Raub erinnert haben mögen, ist schwer zu sagen; leichter wird es gewesen sein, die Trauer oder das Suchen der Demeter im Schnitzbild auszudrücken. Dies kann gelten von dem allerdings nicht völlig sicher beglaubigten alten hölzernen Sitzbild der $Δημήτηρ$ $Μέλαινα$, welches mit langem dunklen Gewande angetan auf einen Stein in einer Höhle bei Phigalia[1]) gesetzt war, und dessen Erneuerung dem Aegineten Onatas[2]) aufgetragen wurde (Paus. VIII, 42, 4 u. 7); desgleichen von dem ehernen Bilde der Demeter, welche durch Fackeln als Suchende charakterisirt war, in Henna (Cic. in Verr. lib. IV § 109)[3]).

Der nächste Schritt war, dass die Bilder der Persephone und der Demeter durch ihre Zusammenstellung und Verbindung mit den Bildern andrer beim Raube beteiligter Gottheiten in dem religiöskundigen Beschauer die Erinnerung an den Raub und die mit ihm zusammenhängenden Ereignisse unmittelbar wachrief. Dieser Gesichtspunkt bestimmte die Auswahl der Figuren, welche an der Thronbasis des amykläischen Apollon den Hyakinthos und die Polyboia in den Olymp tragen[4]): Demeter, Kora, Pluton, die Moeren und Horen, Aphrodite, Athena und Artemis. Das Schicksal des Hyakinthos und der Polyboia, welche frühzeitigen Tod erleiden, aber im Olymp Aufnahme finden, entspricht dem der Persephone: so repräsentirt gewissermassen Pluton mit Aphrodite, Athena und Artemis die κάθοδος oder ἁρπαγή, Demeter mit den Moeren und Horen die ἄνοδος der Kora.

Gleicherweise rief die Gruppirung des Pluton und der Persephone mit Nymphen, die einander den Ball zuwarfen, an dem

---

1) Vergl. über diese Höhle Conze und Michaelis Ann. d. I. 1861, 59.

2) Mit Recht haben sich Welcker, Gr. Gött. II, 493 und E. Petersen, krit. Bemerk. zur ältesten Geschichte der griech. Kunst, Ploen 1871 S. 36, gegen Preller Dem. S. 160, welcher das Bild des Onatas nur für eine Periegetenfabel hält, erklärt. Aber die Nichtexistenz eines alten ἕδος der Demeter scheint mir auch nach der Auseinandersetzung Petersens l. l., welchem ‚im Resultat' Rosenberg, Erinyen S. 30 A. 1) beistimmt, nicht erwiesen. Nur im Einzelnen wird die Tradition unhaltbar sein.

3) Dagegen beruht ein ‚hieratisches Brunnenrelief des Pamphos mit Darstellung der auf dem Blumen-Brunnen sitzenden Demeter' nur auf einem ergötzlichen Irrtume Winckelmanns (Gesch. d. K. III, 2, 16 u. Monum. ined. I p. 4), welcher die Worte des Paus. I, 39, 1 ἐποίησε Πάμφως ἐπὶ τούτῳ τῷ φρέατι καθῆσθαι Δήμητρα μετὰ τὴν ἁρπαγὴν τῆς παιδὸς γραΐ εἰκασμένην misverstand, was Welcker Ztschr. f. Gesch. u. Ausl. d. a, K. S. 17 A. 26) nicht bemerkt hat. Den Irrtum eigneten sich an, machten jedoch aus dem Pamphos noch einen Pamphilos, Amaduzzi und Venuti, die Herausgeber der Vet. Monum. Matthaeiana III, p. 14; bereits Fea z. W. Gesch. d. K. l. l. hat ihn berichtigt.

4) Paus. III, 19, 4. Ann. d. I. 1872, 91. Vergl. Brunn Rh. M. N. F. V, 333 u. 334.

Relief, mit welchem Kolotes den berühmten Goldelfenbeintisch in Olympia geschmückt hatte[1]), die Erinnerung daran wach, dass Persephone mitten unter ihren Gespielinnen (h. Hom. v. 5 u. 425 vergl. Od. ξ, 100) von Pluton geraubt worden war.

Andrerseits versinnlichte die innige Vereinigung der Demeter und der Δέσποινα an dem Doppelsitzbilde der Göttinnen im Heiligtume der Despoina bei Akakesion, die durch die ἄνοδος wiederherbeigeführte zeitweilige, dafür aber um so vertrautere Gemeinschaft der Mutter und Tochter, und passend war neben Demeter die Artemis, ihre andre Tochter und zugleich Gespielin der Persephone, neben Despoina ihr Pfleger Anytos gestellt, passend endlich am Fussschemel und an der Basis ihre Wächter, die Kureten und Korybanten[2]).

Von demselben Künstler, Damophon von Messene, welcher unter den Peloponnesischen Meistern des vierten Jahrhunderts eine ganz singuläre Stellung einnimmt, insofern er durchaus einer religiösen Richtung huldigt, und welcher sich mit besondrer Vorliebe den Idealen der μεγάλαι θεαί[3]) zugewendet hatte, waren die Bilder der Δημήτηρ καὶ Κόρη Σώτειρα zu Megalopolis, neben denen zwei weibliche Figuren in langherabfallenden Gewändern, einen Korb mit Blumen auf dem Kopf tragend, standen, über deren Beziehung zu den Hauptbildern schon im Altertume verschiedne Auffassungen laut wurden[4]). Einige erklärten sie für die Töchter des Damophon, solche, welche überall einen tiefer religiösen Sinn finden wollten (οἱ ἐπανάγοντες ἐς τὸ θειότερον), für Athena und Artemis, die Gefährtinnen der Persephone bei der Anthologie. Die letztere Annahme wird nicht richtig gewesen sein. Pausanias würde bei seiner Scrupulosität etwaige Attribute dieser Göttinnen nicht unbemerkt gelassen haben. Ausserdem waren die Figuren kleiner als Demeter und Persephone, daher — nach Analogie der

---

1) Paus. V, 20, 2. Νύμφαι, σφαῖραν αὐτῶν ἡ ἑτέρα φέρουσα deutet darauf hin, dass immer eine Nymphe der andern den Ball zuwarf. Den Schlüssel hielt nicht eine Nymphe (Brunn G. d. K. I, 243. Preller Dem. S. 84 A. 16), sondern Pluton. Schubarts ἐπὶ δὲ τῇ κλειδὶ entspricht der handschriftlichen Ueberlieferung und dem Sinne am besten.

2) Paus. VIII, 37, 3—6.
3) Vergl. Paus. VIII, 37, 9.
4) Paus. VIII, 31, 1 u. 2.

Votivreliefs — wol Sterbliche resp. Gefährtinnen der Persephone bei der Anthologie, für welche dem Künstler vielleicht seine eignen Töchter zum Vorbild dienten. Der nächste Schritt, der Versuch, den Raub selbst darzustellen, konnte, da das Motiv an sich wenig geeignet war, Ehrfurcht vor der Würde und Erhabenheit der Götterwelt hervorzurufen, mit Erfolg erst in der Periode der Kunst gemacht werden, in welcher das religiöse Element bereits in den Hintergrund getreten und die Lösung psychologischer Probleme Hauptaufgabe geworden war. Dies ist die Periode der jüngern attischen Schule. Gerade der Vorwurf des Raubes gab, wie wenige, dem Künstler Gelegenheit, seine Virtuosität in Schilderung psychologischer Stimmungen und leidenschaftlicher Affecte zu zeigen. Die Angst der lieblichen geraubten Jungfrau und die leidenschaftliche Hast und Begehrlichkeit des finstern Räubers sind Contraste von Stimmungen und Affecten, welche den Meissel eines Praxiteles nicht minder als den Pinsel der thebanisch-attischen Malerschule geradezu herausfordern mussten.

In der Tat scheint niemand befähigter gewesen zu sein, den Raub der Persephone plastisch zu bilden, als

Praxiteles,

§ 25. dessen Gruppe, obschon in Erz, nicht in dem ihm sonst adaequateren Marmor, gearbeitet, zu den schönsten Werken des Meisters zählte [1]). Nicht genug, dass er vorzüglich auf Ausgestaltung der weiblichen Götterideale und mit ganz besondrer Vorliebe auf die der agrarischen Gottheiten gerichtet war [2]), alle die Eigenschaften, welche an ihm schon den Alten besonders hervorstechend waren, am meisten das Vermögen, Seelenstimmungen wahr und schön auszudrücken, fanden hier die beste Gelegenheit, sich zu documentiren. Wenn einerseits an ihm die *veritas* gerühmt wird (Quintil.

---

1) Plin. h. n. XXXIV, 69 *Praxiteles quoque marmore felicior, ideo et clarior fuit, fecit tamen et ex aere pulcherrima opera: Proserpinae raptum, item Catagusam.* Es ist, wie Welcker Zschr. S. 16 A. 25) bemerkt, unstatthaft, mit Visconti Mus. Piocl. V, 35 in dem Werke ein Relief zu erkennen.

2) Für den Demetertempel in Athen arbeitete er die Statuen der Demeter, Persephone und Iacchos (Paus. I, 2, 4. Clem. Al. Protr. § 62); in den servilianischen Gärten zu Rom standen seine Flora, Triptolemus u. Ceres (Plin. h. n. 36, 23). Dagegen beruhen die „Broncethüren des Schatzhauses der Pers. in Locri von der Hand des Praxiteles" auf einer Fiktion des Maraflotus. S. Exc. II.

inst. XII, 10, 9), andrerseits die Meisterschaft der psychologischen Charakteristik, das Vermögen τοῦ καταμῖξαι ἄκρως τοῖς λιθίνοις ἔργοις τὰ τῆς ψυχῆς πάθη (Diod. Sic. exc. 1. XXVI, fr. 1) und *diversos affectus exprimendi* (Plin. h. n. 34, 70), so sind dies Urteile, die von seinem ‚Raube' nicht am wenigsten gegolten haben werden. Leider müssen wir sagen: werden gegolten haben. Denn wir sind nicht im Stande, uns eine sichre Vorstellung von dem Werke zu bilden. Am nächsten, dies möge schon hier bemerkt werden, dürften demselben die Münztypen kleinasiatischer Städte kommen, welche den Gott auf seinem Viergespann — für dessen Vorhandensein in der praxiteleischen Gruppe spricht auch die Uebereinstimmung fast aller einschlägigen Denkmäler und Litteraturzeugnisse — darstellen, wie er die bald mehr zitternde, bald mehr sich sträubende Persephone hält. Schwerlich wird die Gruppe noch andre Figuren enthalten haben.

Hier ist der Ort, eines zweiten Broncewerkes des Praxiteles zu gedenken, welches bisher von allen Archäologen, wenn auch in verschiedner Weise, mit dem Raube in Beziehung gesetzt worden ist: das ist die Catagusa, ein Werk, über welches ausser der Erwähnung des Plinius, welche sich unmittelbar an den *raptus Proserpinae* anschliesst, nichts erhalten ist. Die Folge davon ist, dass trotz der Uebereinstimmung in jener Beziehung nicht nur über das Motiv, sondern auch über den Namen der Figur Verschiedenheit der Ansichten besteht. Die einen fassen dieselbe als Persephone, die andern als Demeter auf. Ersteres nimmt an ausser Gerhard (Anthesterien, Abh. d. Berl. Akad. 1858, 210) Stephani (Compte rendu pour l'année 1859 p. 73 und Ann. d. I. 1860, 307), indem er Κατάγουσα erklärt als Κόρη κατάγουσα τὸν Ἴακχον ‚*Core ritirandosi col piccolo Iacco in braccio nel seno della terra*'. Aber diese seine Ansicht beruht nur auf seiner Deutung der schönen von ihm publicirten Pelike von Kertsch (C. r. l. l. pl. 1), auf welcher er Kora mit dem kleinen Iacchos aus der Erde aufsteigend erkennen will: eine Deutung, welche, wie zuerst Strube (Studien über den Bilderkreis von Eleusis S. 78 sq.) überzeugend nachgewiesen hat, unhaltbar ist [1]). Jedoch selbst zugegeben, sie wäre richtig, es dürfte aus ihr durchaus nicht gefolgert werden, dass Kora den Iacchos mit in die Unterwelt genommen habe. Dafür

---

[1]) Vergl. § 50.

gibt es kein Bild- und kein Schriftwerk, und ist dieser ‚Mythos‘ hoffentlich für immer abgetan. — Persephone aber ohne Iacchos zu verstehen, καταγουσα also als ‚Herabsteigende‘ zu fassen, ist schon aus sprachlichem Grunde höchst mislich: καταγειν ist in intransitiver Bedeutung überhaupt nicht nachweislich [1]).

Die Mehrzal der Archäologen hat sich daher von dieser Annahme ferngehalten und Catagusa als Demeter gefasst, nur gehen sie, da das Wort sowol die ‚Zurückführende‘ als die ‚Herabführende‘ bedeuten kann, darin auseinander, dass die einen in ihr Demeter ‚welche zu Wagen ihre Tochter aus der Unterwelt zurückführt‘, die andern Demeter ‚welche dem Vertrage gemäss Persephone dem Pluton wiederzuführt‘ erkennen. Ersteres ist die Meinung von Urlichs (Obss. l. l. p. 12 und Chrestom. Plin. S. 323), allein auch diese verstösst gegen die Ueberlieferung — Demeter steigt nirgends mit der Tochter aus der Unterwelt empor, empfängt diese vielmehr von Hermes oder Hekate oder den Moeren und Chariten[2]) auf der Oberwelt — und findet keine Stütze an Denkmälern[3]). Aber auch gegen die zweite Ansicht, welche von Sillig, Preller (Dem. S. 125 u. Griech. Mythol. S. 629[3]), O. Müller (Handb. § 358, 2), Welcker (z. d. St.), Brunn (Gesch. d. K. I, 337), Bursian (Encyclop. Bd. 82, S. 458), Gerhard (Abh. d. Berl. Akad. 1858, 210), Overbeck (Gesch. d. Plast. II, 23) vertreten wird, ist geltend zu machen, dass von einer Herabführung der Persephone durch Demeter

---

1) Auch die Analogie von *ὑπάγειν* (sc. *τὸν ἵππον*) ‚heranreiten‘ kann nicht geltend gemacht werden. Dies ist militär. Terminus. *Ἡ τῆς Κόρης καταγωγή* bei Diod. Sic. V, 4 ist nicht, wie Urlichs obss. de arte Prax. p. 12 annimmt, ‚Rückkehr‘, sondern passiv, ‚Herabholung der Kora.‘ Ebenso scheint sich das Fest *καταγώγιον* in Ephesos (Timotheos bei Phot. bibl. p. 468 b., 35. Lob. Agl. p. 177) auf die Entführung der Pers. zu beziehen, u. *τὰ καταγώγια* in Sicilien (Athen. IX p. 394 f. Aelian nat. anim. IV, 2) ist das Fest, welches Aphrodite und die Tauben von Libyen nach Sicilien herab- resp. zurückbringt.

2) Die Belege sind von mir Ann. d. I. 1872, 82 zusammengestellt.

3) Die ‚*monumenta similia*‘, welche Urlichs l. l. heranzieht, sind ganz verschieden. Auf dem Sarkophag von Wiltonhouse (Montfaucon Ant. expl. I, 45) steht Pers. allein auf dem Wagen (Vergl. § 51); u. das ehemals barberinische, mantuanische, braunschweigische, jetzt in Genf im Nachlass Herzog Karls wieder aufgetauchte Onyxgefäss (Eggeling, mysteria Cereris et Bacchi, Bremae 1682. Gerhard Ant. Bildw. T. 310, 3. 4. S. 400. Hyperbor. Stud. II, 188—195. Abh. d. Berl. Akad. 1863, 562, A. 353) Stephani C. r. p. 1859, 88 u. 97) stellt weder Raub noch Rückkehr der Pers., sondern Triptolemos neben Demeter dar.

ebensowenig wie von einer Heraufführung irgendwo die Rede ist. Dies wäre aber unerlässliche Bedingung, wenn Demeter als κατάγουσα κατ' ἐξοχήν aufgefasst werden dürfte. Blos daraus, dass *Catagusam* mittels eines einfachen *item* an *Proserpinae raptum* angeschlossen ist, eine Beziehung des Werks zum Raube der Persephone zu folgern, würde Unkenntnis des plinianischen Sprachgebrauchs zeigen [1]).

Entweder ist also die Beziehung der Catagusa auf Demeter und Persephone samt den weiteren auf diese Beziehung gebauten Deutungen [2]) aufzugeben und unsre Nichtkenntnis der Bedeutung dieser Figur einzugestehen, oder es ist in der überlieferten Lesart *Catagusa* resp. *Castagusa* (cod. Bamberg.) ein Fehler anzunehmen. In letzterem Falle schlage ich vor mit Veränderung von zwei Buchstaben zu lesen *Coragusa*, Κοραγοῦσα d. i. ἡ ἀνάγουσα τὴν Κόρην (Hesych s. v. κοραγεῖν) und verstehe unter dieser Hekate, welche, wie in der orphischen Poesie [3]), so auch auf Denkmälern (der Vase des Marchese del Vasto und dem Sarkophag von Wiltonhouse) [4]), erscheint als ἀνάγουσα τὴν Κόρην. Dass eine Darstellung oder Andeutung der ἄνοδος das passendste Pendant zum Raube wäre, bedarf keines weiteren Beweises.

§ 26 Nach dieser Abschweifung wenden wir uns zu dem malerischen Gegenbilde der praxiteleischen Gruppe des Raubes. Fast noch mehr als Praxiteles musste sich ein Meister der thebanisch-attischen Malerschule von dem Motiv des Raubes angezogen fühlen: denn unläugbar ist dasselbe mehr ein malerisches als ein plastisches

---

1) Eine einfache Durchmusterung der kunsthistor. Stellen in Plin. h. n. XXXIV, (§ 54, 56, 59, 64, 69, 76, 78, 79, 82), XXXV (§ 27, 70, 78, 93, 99, 109, 134) u. XXXVI (§ 23, 26, 34) zeigt, dass zwischen den mit *item* verknüpften Kunstwerken keine innere Beziehung stattfindet.

2) Zu diesen gehört die von Welcker z. Müller Handb. § 358, 2 gebilligte Deutung, welche Millin dem Typus einer unter Antoninus Pius geprägten Münze mit der Inschrift LAETITIA COS IIII (Bast, Recueil d'Ant. rom. et gaul. trouv. dans la Flandre, Gand 1808 pl. XVII n. 12, danach Millin Gal. mythol. XLIX, 340) gegeben hat, „auf Demeter Catagusa, welche die wiedergefundene Persephone umarmt". Eine Umarmung ist übrigens auf der Abbildung bei Bast ebensowenig zu bemerken, wie in der Beschreibung zweier übereinstimmender Münzen bei Cohen descr. des monn. frapp. sous l'emp. Rom. II p. 299 n. 172 u. 173.

3) Vergl. S. 46 A. 2).

4) Vergl. § 49 u. 51.

zu nennen: ein Satz, der indirekt sogar dadurch, dass Praxiteles den Raub gebildet hat, seine Bestätigung erhält. Denn wenn auch keineswegs behauptet werden soll, dass die Gruppe des Praxiteles unter dem Einflusse der Malerei gestanden habe, so gehört er doch einer Zeit an, in welcher die Malerei bereits anfing, Einfluss auf die Plastik zu gewinnen, wofür es genügt, an den Paris des Euphranor gegenüber dem Demos des Parrhasios und an die Iokaste des Silanion gegenüber der sterbenden Mutter des Aristides zu erinnern[1]). Die Plastik lehnte sich im Zeitalter des Praxiteles schon teilweis an Gegenstände der Malerei an. Und so hat die Gruppe des Praxiteles ihr Gegenstück an dem Bilde des Raubes seines jüngern[2]) Zeitgenossen
Nikomachos.

Dasselbe gehörte zu den Beutestücken, welche ihren Weg aus Griechenland nach Rom und zwar in die Cella der Minerva des Capitolinischen Tempels fanden und dort bei einem der grossen Brände zu Grunde gingen[3]). Zwar hat Nikomachos in der Geschichte der Malerei keinen so glänzenden Namen wie sein Sohn und Schüler Aristides, aber der Umstand, dass er in Kunsturteilen, wie sie Cicero (Brut. 18, 70) und Plutarch überliefert haben, in Gesellschaft der ersten Künstler erscheint und mit Homer verglichen wird, scheint die Ansicht zu bestätigen, welche wir bei Vitruv praef. III § 2 lesen, dass seinem Ruhme, wie dem vieler Künstler, nicht Mangel an Tüchtigkeit oder Fleiss, sondern die Ungunst und Unbeständigkeit der Verhältnisse geschadet habe. An dem Vorzuge der thebanisch-attischen Schule *animum pingendi et sensus hominis exprimendi, quae vocant graeci ethe, item perturbationes* wird, obwol er von Plinius h. n. 35, 98 ganz und gar seinem Schüler Aristides

---

1) Vergl. Brunn Gesch. d. K. I, 438.
2) Zwar wird die Tätigkeit des Prax. über Ol. 104, in welche er von Plin. h. n. 34, 50 gesetzt wird, hinausgegangen sein, aber wenn Brunn Gesch. d. K. II, 160 sq. den Nikomachos zwischen Ol. 95 u. 105 u. danach Schuchardt, Nikomachos, Weimar 1866 S. 7 ums Jahr 365 setzt, so wissen wir jetzt durch Ps. Plutarch περὶ ἀσκήσεως (Bücheler Rh. M. XXVII, 536), was schon Urlichs Rh. M. XXV, 508 annähernd vermutete, dass seine Geburt um Ol. 99 u. seine Tätigkeit zwischen Ol. 105 u. 115 herabzurücken ist.
3) Daher der Ausdruck *tabula fuit* bei Plin. h. n. 35, 108. Ueber die Lokalität *in Minervae delubro super aediculam Iuventatis* vergl. Becker Handb. d. Röm. Alt. I, 397.

vindicirt wird, auch er Anteil gehabt haben. Und so lässt sich auch hier leicht denken, wie gerade der Raub der Persephone mit den Motiven der Leidenschaft und Angst dem Künstler besondre Gelegenheit zur Geltendmachung seiner Vorzüge darbot, zur Wiedergabe der ἤθη θυμικὰ καὶ οἰκτρά (Dion. Hal. rhet. p. 60 Sylb.), zur Entfaltung der Eigenschaften, die er mit Homer teilte, δύναμις und χάρις, zur Hervorbringung des Eindrucks, dass das Werk εὐχερῶς καὶ ῥᾳδίως ἀπείργασται (Plut. Timol. c. 36). Weiteres lässt sich auch über diese Schöpfung nicht aussagen. Selbst Panofka (Zur Erklärung des Plinius, Progr. d. Berl. Winckelmannsfestes 1853 S. 19) und O. Schuchardt (Nikomachos), welche sonst nur zu sehr geneigt sind, in erhaltnen Darstellungen Copien berühmter Kunstwerke zu sehen, haben sich hier einer löblichen Selbstbeschränkung befleissigt [1]). Die erhaltnen Wandgemälde, welche hier zunächst in Betracht kommen würden, weichen im einzelnen so stark von einander ab, dass auf den Versuch, aus einem derselben eine Reconstruktion jenes Gemäldes vorzunehmen, vollständig verzichtet werden muss. Höchstens lässt sich aus ihrer Gesammtheit etwas über Nebenfiguren oder Beiwerk vermuten, etwa dass ausser Pluton, welcher auf Viergespann stehend die angstvoll sich sträubende Persephone hielt, vielleicht Eros über dem Wagen schwebend, ein umgestürzter Blumenkorb unter, die eine oder andre Gespielin hinter dem Viergespann zu sehen war[2]).

Jedenfalls aber wird das Gemälde des Nikomachos wie die statuarische Gruppe des Praxiteles nicht verfehlt haben, auf das kunstsinnige Publicum den grössten Eindruck, auf die Jünger der Kunst nachhaltigen Einfluss[3]) auszuüben. Zwar ist uns nur noch

---

1) Alles was Panofka l. l. S. 18 u. 19 über die Beziehung des Gemäldes zu seinem Platze, zur Capelle der Iuventas, desgleichen über die Beziehung zu einem zweiten Gemälde des Nik., welches Munatius Plancus aufs Capitol geweiht hatte, der *Victoria quadrigam in sublime rapiens*, in welcher er eine Aurora-Victoria sieht, gesagt hat, ist falsch, bedarf aber jetzt keiner ernstlichen Widerlegung, obwol die Form, in welcher Schuchardt S. 36 die letztere Annahme bestreitet, nicht ganz correct und präcis ist.

2) Vergl. § 42.

3) In dieser Weise ist zu modificiren die auf unrichtiger Voraussetzung beruhende Bemerkung Millingens (Uned. anc. mon. ser. I p. 44), dass alle Denkmäler, welche den Raub darstellen, wegen ihrer Uebereinstimmung — dies ist unrichtig — auf das gemeinsame Original des Praxiteles oder Nikomachos zurückgingen. Aber auch der Satz von Urlichs (obss. de arte Praxitelis, Wirceburgi 1858 p. 13) *monumenta quibus Cereris, Proserpinae, Triptolemi fabulae nobis inno-*

ein einziges spätes Kunstwerk, welches den Raub darstellte, in den Nachrichten der Alten überliefert. Dies ist die Gemme des von Sporus dem Nero geschenkten Ringes, welche als omen seiner bevorstehenden Fahrt in den Hades angesehen wurde [1]. Aber für die Wahrheit der obigen Behauptung spricht die Tatsache, dass uns noch jetzt eine sehr bedeutende Anzahl von Denkmälern — es sind über 200 — erhalten ist, welche den Raub der Persephone wenigstens in den Hauptzügen übereinstimmend zeigen.

Zur Betrachtung dieser erhaltnen Denkmäler und zur Untersuchung ihres Verhältnisses zu jenen in den Nachrichten der Alten überlieferten Kunstwerken und zu den Erzeugnissen der Litteratur haben wir uns nunmehr zu wenden.

Die erhaltnen Kunstwerke.

Die hier in Frage kommenden Bildwerke [2] zerfallen von selbst nach dem Gegenstande ihrer Darstellung in drei Klassen: in solche, welche

    I. den Raub der Persephone (ἁρπαγή),
   II. das Suchen der Demeter (πλάνη, ζήτησις),
  III. die Rückkehr der Persephone (ἄνοδος)

darstellen.

Soweit eine gesonderte Betrachtung möglich ist, werden wir eine Scheidung der Denkmäler nach diesen 3 Scenen vornehmen.

I. Die Denkmäler, welche den Raub der Persephone darstellen.

A. Hieratische Darstellungen.

§ 27.   Aus der grossen Masse der hieher gehörigen Denkmäler sondert sich leicht ein Typus ab, der weder unter dem Einflusse der praxiteleischen noch der nikomachischen Schöpfung steht, sondern als Repräsentant der hieratischen Darstellungsweise des Raubes

---

tuerunt, ad Praxitelis ingenium referenda sunt, kann in dieser Allgemeinheit nicht angenommen werden.

1) Suet. Ner. c. 46.

2) Die neuere Kunst hat an dem Gegenstand wenig Geschmack gefunden; einen unerquicklichen Eindruck macht, besonders unter den Schätzen der Antike in Villa Ludovisi, Berninis Gruppe des Pluton und der Pers. Die Gruppe Girardons in den Gärten von Versailles kenne ich nicht. Gelobt wird L. Thierschens Gemälde der suchenden Demeter. (Beibl. z. Zschr. f. bild. K. 1873 N. 24 S. 384).

betrachtet werden kann. Dies sind Terrakotten von Locri Epizephyrii, von dessen Persephonecultus nicht nur zahlreiche Schriftstellen[1]), sondern auch Werke der bildenden Kunst[2]) beredtes Zeugnis ablegen. Bis jetzt ist dieser Typus durch drei Exemplare vertreten:
1) ein Exemplar, ‚nach Polen gebracht' (Hirt über die äginet. Bildwerke in Wolf's Litter. Anal. III, 180), über dessen jetzigen Aufbewahrungsort, Existenz und Aussehen ich weder von Professor Lepkowski in Krakau, noch von Kraszewski in Dresden etwas erfahren konnte;
2) ein fragmentirtes Exemplar des Museo nazionale in Neapel, zuerst erwähnt von Gerhard Kunstblatt 1825, 61 sq. (Hyperbor.-Röm. Stud. I, 191), publicirt von Minervini in Avellinos Bull. Napol. V t. 5 n. 4. N. LXXXI;
3) ein gleichfalls fragmentirtes Exemplar des Britt. Museums, publicirt von E. Curtius, Arch. Zeit. 1870, S. 77.

Die Fragmente 2) und 3) ergänzen sich teilweis, zeigen aber doch nicht völlige Uebereinstimmung, nicht einmal in der Richtung. Fr. 3 ist im ganzen besser erhalten und wird hier, weil es die Grundlage der Deutung bildet, vorangestellt: Pluton mit spärlichem Bart, in kurzem Rock, im Haar eine Binde, hält Persephone, deren Kopf fehlt, mit beiden Armen, auf einem Wagen stehend oder im Begriff, sie auf denselben zu heben. Persephone streckt den linken Arm empor, wie um Hilfe rufend. In der Rechten hält sie zwei Hähne, Symbole[3]), welche die Deutung erst sichern. Die Bewegungen sind noch gebunden, das Gesicht ohne Leidenschaft, ja noch ohne besondern Ausdruck. Besser sind die Formen und Verhältnisse des Körpers gelungen, und ist jedenfalls die Ent-

---

1) Liv. XXIX, 8 u. 18. Appian de reb. Samnit. XII, 1. Dion. Cass. fr. XL, 48. Dion. Hal. XX, 9. Diod. Sic. XXVII, 5. Valer. Max. I, 1 ext. 1. Lact. inst. div. II, 7, 18.

2) Gargallo Grimaldi Ann. d. I. XIX, t. F, 188—191. Vergl. Bull. Nap. VI, 93. Müller-Wieseler D. A. K. II, 856. Ueber den Kunstsinn der Lokrer vergl. Pind. Ol. XI (X), 16.

3) Porphyr. de abst. IV, 16. Der Hahn, welcher sich neben einem umliegenden Korbe in dem Giebelfelde einer röm. Graburne mit dem Raub der Persephone (Piranesi raccolta di vasi antichi etc. t. 96) befindet, soll nach Conze Arch. Anz. 1864 S. 216*, samt dem ganzen Giebel neu sein, vergl. jedoch, was wir unten (§ 32) dazu bemerkt haben.

stehungszeit dieser Terrakotte erheblich nach Locris Gründung und politischer Constitution, frühstens ins Ende des sechsten Jahrhunderts zu setzen.

Etwas entwickelteren Stil und mehr Lebendigkeit der Bewegung wie des Ausdrucks zeigt Fr. 2: Pluton mit spitzem Bart und Chlamys umfasst mit beiden Armen die reichgeschmückte und bekränzte Persephone, welche ihre Rechte erhebend und die Linke auf die Brust legend ihrem Räuber ins Gesicht blickt, freilich, wenn anders hierin der Zeichnung zu trauen ist, nicht ohne einen Anflug von archaischem Lächeln.

Alle übrigen Werke gehören in die Zeit nach Praxiteles.

B. Nachpraxiteleische Darstellungen.

Statuarische Werke, welche den Raub darstellten, gibt es nicht. Am nächsten dürften, wie schon oben bemerkt, der praxiteleischen Gruppe die Münztypen kommen.

1. Der Raub der Persephone auf Münzen.

§ 28. Dass Städte berühmte plastische Kunstwerke mehr oder weniger verändert zum Typus ihrer Münzen wählten, ist bekannt. Die grosse Mehrzahl der Städte aber, deren Münzen den Raub der Persephone zeigen, gehört Klein-Asien, besonders Karien und Lydien an. Ausgenommen sind nur Stobi in Macedonien, Alexandria in Aegypten, Sebaste in Samaria und Henna in Sicilien. Gerade zu den Städten Klein-Asiens aber, und nicht am wenigsten zu den karischen, war Praxiteles durch Werke seiner Kunst in vielfache Beziehung getreten. Der in allem wesentlichen übereinstimmende — nur die Richtung der Darstellung und die Stellung der Figg. ist eine wechselnde — Typus dieser Münzen ist ein durchaus einfacher, die Grenzen der Plastik keineswegs überschreitender. Pluton mit bauschender Chlamys auf dem Viergespann stehend hält die in seinen Armen sich vergebens sträubende Persephone und blickt rückwärts, offenbar nach einer Verfolgerin, als welche die Münzen von Hyrkania Pallas mit geschwungner Lanze hinter dem Viergespann herbeieilend zeigen, wie sie Eurip. Hel. 1316 schildert: ἔγχει Γοργῶπις πάνοπλος. Nur selten finden sich noch folgende geringe zur Raumfüllung angewandte Zutaten oder Nebenfiguren: unter den Rossen ein umgestürztes Gefäss mit Blumen oder Früchten (auf Münzen von

Nysa, Kyzikos, des Panionischen Bundes, Sardes, Thyateira, Hierapolis, Elaea, Alexandria) oder eine sich bäumende Schlange, das Sinnbild der Erde, über welche Pluton fährt (auf Münzen von Sardes, Hierapolis, Hyrkania und Gordus Iulia), über den Rossen Eros mit Fackel, als Brautführer (Thyateira, Panionischer Bund, Sardes, Hyrkania, Sebaste)[1], vor denselben als Leiter Hermes (Alexandria und wahrscheinlich auch Syedra)[2]. Fast alle kleinasiatischen Münzen aber mit diesem Typus gehören der römischen Kaiserzeit (von Augustus bis Trebonianus Gallus) an. Nur von Hierapolis, Orthosia und dem karischen Nysa gibt es auch autonome Münzen, in grösserer Zahl aber nur von letzterem. Daraus darf wol geschlossen werden, dass dieser Typus zuerst auf Münzen von Nysa, welches sich rühmte, Lokal des Raubes gewesen zu sein, Eingang gefunden habe. Und wenn nun auch die Behauptung unerweislich ist, dass Praxiteles seine Gruppe für die Nysäer gearbeitet habe, so ist doch die Möglichkeit zuzugeben, dass die Nysäer die Gruppe des Praxiteles, dessen Tätigkeit wenigstens zeitweise ihren Nachbarstädten zu Gute kam, für ihren Münztypus benützten, und dass dieser von Nysa aus über Karien mit Modificationen im einzelnen auch in die andern Städte Klein-Asiens, von diesen in die andern oben genannten Städte seinen Weg genommen habe. Dazu stimmt, dass der Typus von Nysa den Raub in seiner einfachsten Gestalt, Pluton auf einem nach rechts gehenden Viergespann stehend und mit der Rechten Persephone, mit der Linken sein Scepter und die Zügel haltend, ohne alle Nebenfiguren zeigt.

Folgendes ist das nach Landschaften geordnete Verzeichnis der einschlägigen Münztypen, welchem Mionnet's Description zu Grunde gelegt ist.

Karien.

Nysa (ΝΥΣΑΕΩΝ) autonom: Descr. III, 362 n. 343. 346. 347.
    349. Suppl. VI, 518 n. 401 u. 403.
    Augustus u. Livia: Descr. III, 364 n. 357.
    Domitian: Descr. III, 365 n. 361. Suppl. VI, 520 n. 409.
        Spanheim z. Callim. h. in Cer. v. 9 ed. Ern. II, 753 mit

---

1) Vergl. S. 114.
2) Vergl. S. 114.

Inschr. ΘΕΟΓΑΜΙΑ ΟΙΚΟΥΜΕ[ΝΙΚΑ]. Eckhel d. n. II,
586. Auch der von Rasche lex. univ. rei num. III, p. 1636
erwähnte, auf Poseidon und Amymone gedeutete Typus
dürfte hieher gehören.
M. Aurel: III, 366 n. 369.
Faustina iunior: III, 367 n. 374. S. VI, 522 n. 420 u. 421.
Iulia Domna: III, 368 n. 380.
Orthosia (ΟΡΘΩΣΙΕΩΝ) autonom: III, 374 n. 415.
Augustus: III, 374 n. 416. S. VI, 530 n. 461. 462 (Eckhel
cat. mus. Caes. Vind. t. I, p. 179 n. 1 tab. III, fig. 18).
Vespasian: S. VI, 531 n. 463.
Hadrian: S. VI, 532 n. 469.
Tripolis (ΤΡΙΠΟΛΕΙΤΩΝ) Livia: III, 393 n. 520. (Mus. Theupoli II, p. 836.)

Ionien.

Conventus Panionius (ΚΟΙΝΟΝ Ι oder ΓΙ ΠΟΛΕΩΝ).
Antoninus Pius: III, 61 n. 2. S. VI, 79 n. 2. 80 n. 3.
Magnesia (ΜΑΓΝΗΤΩΝ) Septimus Severus: III, 150 n. 650.
S. VI, 240 n. 1050.
Iulia Domna: III, 150 n. 651.
Elagabal: III, 152 n. 665.
Cadme Priene. Faustina iunior: S. VI, 299 n. 1385 (Sestini
descr. del Mus. Fontana pars II, p. 46 n. 2. tab. X, fig.
16. pars III, p. 60 n. 3).
Severus Alexander: S. VI, 290 n. 1386.

Lydien.

Sardes (ΣΑΡΔΙΑΝΩΝ) Vespasian: IV, 123 n. 698.
Trajan: IV, 125 n. 708. S. VII, 420 n. 475. Spanh. z. Callim.
h. in Cer. v. 9. II, p. 753 ed. Ern.
Septimius Severus: IV, 128 n. 728.
Caracalla: IV, 131 n. 747. 751. Vergl. Spanh. l. l. u. MüllerWieseler D. A. K. II, 9, 107.
Tranquillina: IV, 137 n. 787.
Gordianus Pius: Select. numism. ant. ex mus. P. Seguini p. 22.
Spanh. diss. de praest. et usu numism. ant. IX p. 618.
Hermokapelia (ΕΡΜΟΚΑΠΗΛΕΙΤΩΝ) Trebonianus Gallus:
IV, 46 n. 241 u. S. VII, 352 n. 161.

Hermupolis *(ΕΡΜΟΥΠΟΛΕΙΤΩΝ)* Trebonianus Gallus: IV, 47 n. 246 u. Spanh. z. Callim. l. l., der fälschlich an Hermupolis auf Kos denkt.

Thyateira *(ΘΥΑΤΕΙΡΗΝΩΝ)* Commodus: IV, 162 n. 926 u. S. VII, 449 n. 610.
Elagabal: IV, 169 n. 974.

Mostene *(ΜΟΣΤΗΝΩΝ)* Faustina iunior: IV, 91 n. 491 (Eckhel num. vet. p. 266).

Hyrcania *(ΥΡΚΑΝΩΝ)* Commodus: IV, 62 n. 330 u. 331. Pellerin Recueil de méd. de peupl. et de villes III, pl. CXXX n. 3. Antiq. numism. ex mus. card. Alex. Alban. in Vatican. bibl. transl. I, 45, 3. Zwei Abdrücke von Münzen im Berliner Cabinet verdanke ich Friedländer's Güte.

Gordus Iulia *(ΓΟΡΔΗΝΩΝ)* Caracalla: IV, 42 n. 220.

Tralles *(ΤΡΑΛΛΙΑΝΩΝ)* Gordianus Pius: IV, 192 n. 1115.

Aeolis.

Elaea *(ΕΛΑΙΤΩΝ)* Commodus: III, 18 n. 107. Welcker Zeitschr. S. 93. Den Abdruck eines Berliner Exemplars verdanke ich Friedländer.

Mysia.

Cyzicus *(ΚΥΖΙΚΗΝΩΝ ΝΕΟΚΟΡΩΝ)* M. Aurel: S. V, 322 n. 254. Panofka z. Erkl. des Plin., Berlin 1853 (Winckelmanns-Programm) Erläuterungstafel No. 12 nach einem Exemplar in Gotha.
Commodus: S. V, 332 n. 326. = Liebe Gotha num. c. XI, § 14 p. 374.

Bithynia.

Tium *(ΤΙΑΝΩΝ)* M. Aurel: S. V, 264 n. 1536.

Phrygia.

Hierapolis *(ΙΕΡΑΠΟΛΕΙΤΩΝ)* autonom: IV, 297 n. 586 = S. VII, 567 n. 368.
Caracalla: S. VII, 573 n. 394. (Ramus cat. num. vet. reg. Dan. t. I, p. 287 n. 8.)

Pamphylia.

Casa *(ΚΑΣΑΤΩΝ)* Herennius Etruscus: III, 454 n. 48.
Etruscilla: Mionnet l. l.

Pisidia.

Sagalassus *(ΣΑΓΑΛΑΣΣΕΩΝ)* Nerva: III, 512 n. 112: *Pluton nu enlevant Proserpine.* Wenn nach Mionnet's Index s. v. *Pluton* ein Fehlen des Viergespanns anzunehmen ist, so dürfte ein Zweifel an der Richtigkeit der Deutung erlaubt sein[1]).

Cilicia.

Syedra *(ΣΤΕΔΡΕΩΝ)* Trebonianus Gallus: III, 617 n. 380 (Eckhel cat. I, p. 208 n. 2, abgebildet bei Froelich, quatuor tentamina in re numaria vetere, Viennae 1737 p. 348, aber schlecht, wie ich gegenüber einem mir durch Friedländer's Vermittlung von Hrn. Dr. Kenner geschickten Abdrucke des in Wien befindlichen Originals urteilen kann. Das Exemplar ist leider sehr schlecht erhalten, es ist aber durchaus nicht zu bemerken, dass die vorangehende Figur, wie bei Froelich, dem Wagen entgegentrete; sie stimmt vielmehr in Stellung und Haltung zu Hermes, wie er oft, auch auf Münzen von Alexandria, vor dem Gespann vorkommt.

Ausserhalb Klein-Asiens weisen folgende Städte in ihren Münztypen den Raub der Persephone auf:

Macedonia.

Stobi (MVNICI. STOBEN) Septimius Severus: S. III, 111 n. 690.

Iulia Domna: S. III, 112 n. 691.

Caracalla: S. III, 115 n. 719.

Aegypten.

Alexandria. Trajanus: VI, 117 n. 629.

Samaria.

Sebaste. Iulia Domna: V, 515 n. 162. (Neumann Num. vet. II p. 82. P. II, tab. III, n. 5.) S. VIII, 358 n. 110.

Soaemias: S. VIII, 358 n. 113.

Maesa: S. VIII, 359 n. 114.

Caracalla: V, 515 n. 166. (Eckhel d. n. vet. T. III, p. 441.)

Ueber den Rossen fliegt Eros (nicht Nike), auch auf dem letztgenannten Typus des in Wien befindlichen Originals,

---

1) Vergl. S. 103.

wie der mir von Dr. Kenner gesandte Abdruck zeigt. „Nur das durch den Cours etwas verwetzte Gepräge gibt dem Körper ein breiteres Ansehen, als ob er mit einem Gewande bekleidet wäre." (Kenner.) Dies mag Eckhel, welchem Mionnet folgt, irregeführt haben. Auf einem Berliner Exemplar ist die fliegende Figur ausgewischt.

Sicilia.

Henna (MVN. HENNA. M. CESTIUS. L. MVNATIUS): I, 234 n. 212. Castelli Torremuzza Sicil. pop. et urb. vet. num. t. XXVIII, 1 p. 26. Im Museum der Universität Palermo sah ich 1869 zwei Exemplare dieses Typus.

Dies sind die Münzen, welche den Raub der Persephone zeigen. Spanheim z. Callim. l. l. und danach Foggini Mus. Cap. IV, 258 führt noch Midaeum in Phrygien an, allein weder bei Rasche lex. num. III, 1, 695 sq. noch bei Mionnet ist ein derartiger Typus verzeichnet; vielleicht liegt eine Verwechslung mit dem auf Münzen dieser Stadt nicht seltnen Typus des Pluton und Kerberos vor.

2. Gemmen.

An die Münzen schliessen sich naturgemäss die Gemmen an, § 29. deren Zahl verhältnismässig sehr gering ist[1]), wol, weil man es vermied einen Gegenstand zu tragen, durch den man an Tod und Unterwelt erinnert wurde, wie das Beispiel des Nero (Suet. Ner. c. 46) zeigt[2]). Ob die Darstellung jener dem Nero geschenkten Gemme eine Copie der praxiteleischen oder einer andern Gruppe war, muss unentschieden bleiben, nur das möge bemerkt werden, dass die erhaltnen Gemmen-Darstellungen in Bezug auf Einfachheit der Composition den Münztypen am nächsten stehen. Mir sind folgende bekannt geworden:

1) das Fragment eines Jaspis von sehr feiner Arbeit in Paris (Chabouillet catal. gén. des camées n. 89, p. 16), das nur die Figuren des Pluton und der Persephone enthält;

---

1) Danach ist Millingens Satz Uned. mon. ser. I p. 44: *occurs likewise on a great number of coins and gems* zu modificiren.

2) Deshalb möchte ich aber nicht mit Visconti Mus. Piocl. V p. 9 not a. annehmen, dass gerade der Fall des Nero für diese Vorstellung von besonderem Einflusse gewesen sei.

8*

2) ein Carneol Cades impr. cl. 1. D. n. 42: Pluton — ohne weitere Attribute — auf Viergespann die sich sträubende Persephone in seinen Armen haltend;
3) eine gelbe antike ehemals stoschische Paste des Berliner Cabinets (Winckelmann cabinet de Stosch cl. II, n. 361. Toelken Erkl. Verz. d. Berl. ant. Steine III Kl. II Abt. N. 234 S. 114), auf welcher, wie auf Münzen, unter dem Viergespann ein umgestürzter Blumenkorb liegt und auf den Zügeln ein die Rosse antreibender Eros kniet;
4) ‚ein Carneol von feiner Arbeit des Lord Belvedere' (Tassie a descr. catal. of engrav. gems. n. 1508). Ausser Eros, dem Lenker des Gespannes, sind hier noch drei erschreckte Gefährtinnen der Persephone dargestellt;
5) eine Gemme nach de la Chausse abgebildet bei Montfaucon Ant. expl. I, p. 1, t. 41, 3 (danach als Vignette der ed. Bipontina des Claudian 1784). Doch habe ich von derselben in M. Causei Romanum Museum keine Abbildung gefunden, und da auch Cades keinen Abdruck gibt, so scheint sie verschollen zu sein. Nach der Abbildung zu schliessen, scheint sie in Bezug auf Hermes, als Leiter des Gespanns, und den umgestürzten Blumenkorb mit dem Typus der Münzen von Alexandria (Mionnet VI, 117 n. 629) und Syedra (III, 617 n. 380) übereinzustimmen. Sollte sie nach diesem Typus erst in neuerer Zeit gemacht sein?

Sehen wir von diesem letzten Exemplar[1]) ab, so bleiben nur vier Gemmendarstellungen: alle übrigen sind mit grösserm oder geringerm Unrecht auf den Raub bezogen worden. Ein Nackter, der eine weibliche Figur trägt (Cades impr. cl. 1, D. n. 43) ist darum noch kein Pluton, ebensowenig wie eine weibliche Figur, welche Blumen pflückt (Lippert Daktyl. I, 106), eine Persephone. Die Entführung einer weiblichen Figur durch einen Jüngling mit Köcher auf einem von zwei Schwänen gezognen Wagen (ehemals stoschische Paste des Berliner Museums, Winckelmann cab. de Stosch cl. II,

---

1) Dass die Pretiosen, welche der Catal. des pierres grav. ant. de S. A. le Prince Stanisl. Poniatowski (Rom 1831) unter N. 140—142 aufzählt, hier unberücksichtigt bleiben, findet seine Rechtfertigung durch die Kritik, welche jener Fälschung durch Toelken (Jahrbb. f. wiss. Krit. 1832 S. 309—320 u. Sendschr. an d. K. Akad. d. W. in Petersburg, Berlin 1852 S. 13) zu Teil geworden ist.

n. 360) ist nicht, wie Winckelmann und nach ihm Raspe (Tassie a descr. catal. n. 1507) annahmen, ein Raub der Persephone, sondern, wie schon Visconti Mus. Piocl. V, p. 37 ed. Mil. einsah, eine Entführung der Kyrene durch Apoll, wenn nicht die ganze Darstellung für modern zu halten ist, wofür zu sprechen scheint, dass die Paste in Toelkens Verz. der antiken Steine (vgl. Vorr. S. XIII) ganz ausgelassen ist.

Endlich ist auch von der Zahl der Darstellungen des Raubes auszuschliessen der Carneol, der einst dem Senator Buonarotti, später Stosch in Florenz gehörte und sich jetzt in Berlin befindet (Winckelm. cl. II, n. 452. Toelken III, N. 174. Cades impr. cl. 1. D. n. 41, abgebildet bei Maffei gemme antiche figurate II, 35 und danach bei Montfaucon Ant. expl. I, t. 41, 2 p. 81). Denn erstens hält der Räuber einen Dreizack, welcher, wie ich mich am Original überzeugte, nicht „auf Entstellung des Zeichners beruht" (Welcker Ztschr. S. 194); ein Dreizack aber ist als Attribut des Pluton mindestens sehr mislich [1]). Sodann ist die Figur unter den Pferden nicht schlangen-, sondern fischschwänzig, also nicht Enkelados, an den Montfaucon und Welcker Ztschr. S. 92 (nach Claud. de rapt. Pr. II, 157. Stat. Theb. XII, 275) gedacht haben, sondern Triton; demnach ist, wie schon Gori (Mus. Etr. III, diss. III, p. 149) und Winckelmann annahmen, die Entführung der Amymone oder Alope durch Poseidon zu erkennen [2]).

In der übeln Vorbedeutung des Süjets ist wohl auch der Grund zu sehen, dass dasselbe auf Gegenständen, welche zum Schmuck oder Gebrauch des täglichen Lebens gehören, so ausserordentlich selten ist, während es auf Gegenständen, welche eine sepulcrale Beziehung haben, zu den häufigsten gehört. Vergebens habe ich dasselbe gesucht auf Lampen, Cisten und Spiegeln [3]).

---

[1]) Sen. Herc. Fur. 567 *telum ter gemina cuspide praeferens* ist kein Beweis dafür; auf Denkmälern ist er mit Sicherheit noch nicht nachgewiesen. An der Ara Giustiniani (Gall. Giust. II, 126) ist sein Ursprung zweifelhaft (Welcker Zschr. S. 92), an dem Mosaik Ann. d. I. 1866, 310 die Deutung.

[2]) Vergl. d. Mosaik des Coazzo Ann. d. I. l. l. (§ 43).

[3]) Die von Demster Etrur. reg. pl. 91 (= Gerhard Etr. Sp. T. CCXXVI) auf Persephonraub gedeutete Darstellung eines Florentiner Spiegel ist, wie die Inschriften lehren, die Entführung der Thetis durch Peleus. Ebensowenig sind die 3 Göttinnen des Spiegels T. CLXXXIII durch irgend etwas charakterisirt als „Venus, Minerva, Diana, Blumenlesend vor dem Raube der Kora" (Gerhard III, S. 183).

Und mit den wenigen Schmuckgegenständen, welche hier in Frage kommen, hat es seine besondre Bewandnis.

3. Schmucksachen mit Darstellung des Raubes.

§ 30. An der silbernen Schale getriebner Arbeit von Aquileja (seit 1825 im Antikencabinet zu Wien, Mon. d. I. III, 4. Ann. 1839, 79 sq. v. Arneth, die antiken Gold- und Silbermonumente des K. K. Antikencabinets in Wien S. V und V^a S. 61. Gerhard Abh. d. Berl. Akad. a. d. J. 1863, 544 A. 228) findet sich zwar auch der Raub dargestellt — ähnlich den einfachsten Münztypen: Pluton auf Viergespann hält Persephone, welche Kopf und Arme zurückgeworfen hat — aber nicht als eigentlicher Gegenstand, sondern nur nebensächlich, wenn auch sehr passend zur Hauptdarstellung, der Entsendung des Triptolemos-Germanicus, als Reliefschmuck des Altars, auf welchem der moderne Triptolemos opfert.

Ist hier eine Art von hieratischem Motiv vorhanden, so liegt eine sepulcrale Beziehung vor bei dem goldnen Stirn- oder richtiger Hals[1]-Bande mit Darstellung des Raubes, welches dem 1835 entdeckten Grabe des Koul-Oba bei Kertsch entstammt. Dasselbe ist publicirt in den Antiq. du Bosphor. Cimmér. I, p. 45, t. VI, 3, jedoch mit dem Uebelstande, dass der Zeichner genötigt gewesen ist, das Band nicht ganz flach ausgebreitet, sondern an beiden Enden gebogen zu zeichnen, wodurch die letzten Figuren beider Enden schlecht oder gar nicht sichtbar geworden sind. Die sorgfältige Beschreibung dieser nebst genaueren Angaben über Einzelheiten verdanke ich L. v. Stephani's Freundlichkeit. Die mittels Stempel eingepressten Figuren sind nicht von der besten Erhaltung, was bei ihrer winzigen Kleinheit ein sichres Urteil über Stil und Inhalt erschwert. Doch scheint es auch so, dass der Stil, wie bei der Mehrzahl der dekorativen Kunstwerke von Kertsch[2], nicht rein griechisch, sondern mit barbarischen Elementen versetzt ist. Andrerseits wird wenigstens die Deutung dadurch erleichtert, dass die Darstellung auf beiden durch eine zierliche Agraffe zusammengehaltnen Hälften des Bandes erscheint und so gleichsam in zwei Exemplaren erhalten ist, von denen das eine das andre

---

[1] Wieseler Gött. Gel. Anz. 1869, 2104.
[2] Wieseler l. l. S. 2067.

ergänzt. Nur die Figur an der äussersten Ecke der linken Hälfte fehlt auf der rechten Seite, weil diese „vielleicht ursprünglich etwas kürzer war, als der angewandte Stempel und überdies vielleicht bei der Befestigung an die Agraffe ein kleines Stückchen des Plättchen verloren gegangen ist" (Stephani). Die Darstellung ist linksläufig, Einteilung in Felder ist nicht vorhanden. Die Beziehung der Darstellung auf den Raub der Persephone kann keinem Zweifel unterliegen, wenn wir auch der im Text zu den Antiquités aufgestellten, im allgemeinen auch von Wiesler l. l. gebilligten, Erklärung nicht in allen Einzelheiten beistimmen können.

Pluton (mit Nimbus und Endromides) hält die sich sträubende Persephone in seinem linken Arm, im Begriff, sie auf das Viergespann zu heben, nach dessen Zügeln bereits seine Rechte ausgestreckt ist. Diese Zügel hält eine kleine gewandete weibliche Figur, ohne Flügel, so dass weder an Eros noch an Nike, vielmehr wol an Alekto zu denken ist, diejenige von den Erinyen (Il. ι, 454 vgl. 571), welche das pluton. Gespann zu besorgen hat (Claudian I, 280)[1]. Den Rossen geht voran Hermes (mit Nimbus und Stab). Vor ihm sind fünf erschreckte Gespielinnen der Persephone zu bemerken, von denen die vier ersten nach der Entführungsscene hinblicken, während die fünfte, ihr einziges Heil in der Flucht sehend, Schritt und Blick von derselben abwendet[2]. Hinter dieser sitzt eine männliche Figur (mit Nimbus) mit überschlagnen Beinen auf einem Felsen, den linken Arm auf denselben stützend, den Rechten erhebend, um sich auf ein Scepter zu stützen, dessen Spitze erhalten ist. Hinter ihm ist wieder in der Höhe ein kleines, von einer nackten, nicht näher charakterisirten Person gelenktes Viergespann sichtbar. Die sitzende Figur ist für Helios, das Viergespann für das der Demeter, welche jenen nach der Tochter frage, die Lenkerin desselben für Hekate erklärt worden.

---

1) Die Erinyen sind ἄπτεροι (Aesch. Eum. 51) u. μελανείμονες (v. 375). Vergl. Paus. I, 28, 6. Wie hier erscheint Alekto auf dem S. von Salerno (§ 38 N. 3) neben dem pluton. Gespann, desgleichen auf etrur. Aschenkisten. Vergl. § 33.

2) Iris, für welche die erste im Text zu den Ant. erklärt worden ist, hat mit Pluton u. Pers. nichts zu tun; der fünften fehlt jegliches Attribut, um (wie im Text u. von Wieseler l. l. S. 2104) für Demeter gehalten zu werden. Bei der vierten sitzenden ist schon im Text mit Recht der Gedanke an die auf der πέτρα ἀγέλαστος sitzende Demeter aufgegeben.

Ist es aber denkbar, dass gerade hier Helios ruhig dasitze, während Demeter, die selbst im homerischen Hymnus zu Fuss zu ihm geht und vor seine Rosse tritt, ein Gespann erhalten haben sollte, noch dazu ein Viergespann, was sie sonst nirgends hat[1]), ferner dass Hekate von ihrer Herrin durch Helios getrennt sei? Viel natürlicher ist es, den Lenker des Gespanns, wie gewöhnlich, für Helios zu erklären, während in der sitzenden Figur nach Analogie zahlreicher Denkmäler des Raubes[2]) Zeus zu erkennen ist. Letztere Deutung wird durch eine zweite ihm deutlich entsprechende weibliche Figur nur bestätigt. Diese, im Stich wegen der Krümmung des Plättchens ausgelassen und auch im Original aus dem oben angegebnen Grunde nur auf der linken Hälfte erhalten, sitzt in gleicher Linie mit Zeus und ihm zugewendet auf einem Felsen; mit Unter- und Obergewand, welches schleierartig über den Kopf gezogen ist, bekleidet, wird sie als des Zeus Gemahlin Hera aufzufassen sein, welche zwar im Mythus nicht, wie Zeus und Helios, als Zuschauerin des Raubes erscheint, in einem Kunstwerke aber an der Seite des Zeus durchaus passend ist.

Endlich ist noch der einen weiblichen Figur, welche sich hinter der Gruppe des Pluton und der Persephone, also zunächst der Agraffe befindet, zu gedenken. Mit Doppelgewand bekleidet schreitet sie mit erhobner Rechten, jedoch rückwärtsblickend, nach links; in der Linken hält sie einen langen nach oben hin stärker werdenden undeutlichen Gegenstand, von dessen Benennung auch die Deutung dieser Figur abhängt. Wenn derselbe, wie Stephani vermutet, eine Fackel ist, dann ist in dieser Figur die ihre Tochter suchende Demeter zu erkennen. In diesem Falle wären, wie auf den Sarkophagreliefs, die zwei Scenen der ἁρπαγή und ζήτησις unmittelbar nebeneinander gesetzt. Wäre der Gegenstand ein Bogen, was freilich sehr unwahrscheinlich, könnte man an Artemis denken, welche dem Räuber nachsetzte. In diesem Falle wäre Einheit der Handlung, ebensowie in dem dritten Falle, dass der Gegenstand ein Scepter, die Trägerin desselben also, wie oft auf entsprechenden Sarkophagreliefs, Aphrodite, die Begünstigerin des

---

1) Ueber das Viergespann auf dem Sarkophage von Pisa s. § 38 N. 4.
2) Mosaik von Ostia (§ 43). Sarkophage: ehemals Ruccllai, jetzt Ricasoli Firidolfi in Florenz (§ 40 N. 4); von Pisa (§ 38 N. 4); Cavaceppi (§ 38 N. 2) Mattei (§ 38 N. 5); das Relief des weiblichen Marmortorso des Gualdus (§ 31).

Raubes, wäre. Gegen Pallas spricht das Kostüm. In den beiden letzten Fällen wäre dies Denkmal, welches ins vierte Jahrhundert gesetzt wird[1]), das früheste monumentale Zeugnis von der Anwesenheit der Artemis resp. der Aphrodite beim Raube. Der homerische Hymnus tut derselben keine Erwähnung, dass diesen aber der Künstler keineswegs zu illustriren beabsichtigt hat, zeigt seine Verwendung des Hermes, der Alekto, des Zeus. Doch ist eine sichre Entscheidung über die Bedeutung der in Rede stehenden Figur bei dem Zustande des Plättchens nicht möglich.

Aehnlich steht es mit dem Zustande eines Marmor-Reliefs, welches den angeführten Schmuckgegenständen beizuzählen ist, insofern es das Brustband (κεστός) eines weiblichen Marmortorso schmückte. Derselbe, in Rom gefunden, gelangte in den Besitz des Archipresbyter Paulus Gualdus zu Padua und wurde auf dessen Bitten publicirt und illustrirt von Hieronymus Aleander Iunior in einer besondern Schrift: *expositio argumentorum in zona exsculptorum antiquae statuae ex albo marmore ad P. Gualdum archipresbyterum Patavinum* 1616, abgedruckt in Graev. thes. ant. Rom. V, p. 747—762; die Abbildung wiederholt bei Montfaucon Ant. expl. I, t. XLI, 1; besprochen von Welcker Ztschr. S. 63, N. 31 und von Gerhard Abh. d. Berl. Akad. 1864 S. 410, N. 41. Der Torso, welcher einer Statue der Persephone oder Demeter angehört haben kann, ist verschollen, somit ein Urteil über die Entstehungszeit der Statue unmöglich; das Relief war sehr flach gearbeitet und schon zu Aleanders Zeit *adeo vetustate ambesum, ut signa nonnullis in partibus aegre dignoscerentur*. Wie auf den Sarkophagreliefs ist die πλάνη Δήμητρος unmittelbar neben die ἁρπαγὴ Περσεφόνης gesetzt; die Darstellung ist, wie auf der Mehrzahl der Sarkophage, rechtsläufig. Auf einem Viergespann von Rossen[2]), hinter welchem ein umgestürzter Blumenkorb liegt, steht Pluton, wie gewöhnlich, mit bauschendem Peplos, mit der Linken die Zügel, im rechten Arm Persephone haltend, welche, mit entblösstem Oberkörper, den Kopf und beide Arme rückwärts geworfen hat. Ihr eilt von links Pallas (mit Helm und Panzer) zu Hilfe, den rechten Arm nach ihr ausstreckend. Von diesem Be-

---

1) Wieseler 1. l. S. 2068.
2) Irrtümlich sind diese von einigen, auch von Aleander, der von falschen Voraussetzungen ausgeht, für Löwen gehalten worden.

ginnen scheint sie abgehalten zu werden durch eine zweite, zum Teil durch sie verdeckte weibliche Figur, in welcher nach Analogie zahlreicher Sarkophagreliefs nicht Artemis, wie Aleander vorschlug — diese würde sich dem Widerstande der Pallas anschliessen — sondern Aphrodite zu erkennen sein wird. Ebenfalls diesen Reliefs entsprechend schwebt über den Rossen Eros, wahrscheinlich eine, jetzt verlorene, Fackel haltend; vor ihnen geht, offenbar mit der ausgestreckten rechten Hand sie am Zügel führend, eine männliche Figur in chlamysartigem Gewande; der Kopf ist verstossen. In der Abbildung hat er eine Keule in der Linken erhalten, und Aleander, dem Welcker und Gerhard gefolgt sind, haben hier den Herakles sehen wollen. Die Erklärung des ersteren, dieser sei das Princip der Tätigkeit und der Zeit, beruht lediglich auf falschen allegorisch-physikalischen Anschauungen. Herakles hat im ganzen Mythus vom Raube keinen Platz[1]). Wie schon Visconti (Mus. Piocl. V p. 45 not.) und Zoega (bei Welcker l. l.) bemerkten, beruht die Keule höchst wahrscheinlich nur auf Misverständnis des Heroldstabes, mit welchem Hermes als Führer des Gespanns auf Sarkophagen und andern Denkmälern fast stehend ist. In der letzten Figur eines Bärtigen, welcher mit entblösstem Oberkörper, die Rechte nach der Gruppe des Raubes ausstreckend, auf Wolken (?) sitzt, dürfte nach Analogie des Bandes von Koul-Oba mit Aleander Zeus zu erkennen sein. Kronos, auf welchen Gerhard (Abh. d. Berl. Akad. 1863, 554 A. 299) riet, ist durch den Mythus selbst ausgeschlossen. Zoega, der die Wolken für Felsen erklärt, denkt an den Okeanos, allein dieser müsste liegen, nicht sitzen. Höchstens könnte an einen Berggott (Aetna?) als Andeutung des Lokals, auf dem der Raub erfolgte, gedacht werden[2]), aber auch dieser ist auf keinem Denkmal nachweislich.

Die πλάνη Δήμητρος wird, wie oft, nur durch Demeter selbst repräsentirt, welche auf einem von 2 Schlangen gezognen Wagen fährt, in jeder Hand eine Fackel haltend. Ueber die Entstehungszeit des Reliefs lässt sich nur im Zusammenhang mit den im Wesentlichen der Composition übereinstimmenden Sarkophagreliefs eine Vermutung aufstellen. Von diesen wird sogleich die Rede sein.

---

[1] Ausserhalb des Zusammenhanges der Darstellung steht Herakles an der Vorderseite des capitolin. Sarkophags (§ 37 N. 4).

[2] Vergl. den Flussgott der l. Kurzseite des S. Rospigliosi (§ 36 N. 5).

Nachdem wir nämlich die wenigen Denkmäler nicht sepulcraler Beziehung besprochen haben, lassen wir die grosse Zahl der zu Gräbern gehörigen Denkmäler folgen und stellen unter diesen im Anschluss an die bisher befolgte Anordnung die Reliefs voran.

4. Reliefs mit Darstellung des Raubes.

Dieselben zerfallen von selbst in zwei grosse Klassen:
A. Reliefs von Grabsteinen,
B. Reliefs von Sarkophagen.
Zwischen beiden stehen die Reliefs der Aschenkisten.

A. Reliefs von Grabsteinen.

Dieselben stehen an Einfachheit der Compostion den Münzen § und Gemmen am nächsten: Pluton mit bauschendem Gewande steht auf Viergespann, die sich sträubende Persephone im rechten Arm, in der Linken die Zügel oder ein Scepter haltend; die etwaigen Nebenfiguren sind dieselben wie auf jenen: Eros mit Fackel über dem Gespann oder als Lenker desselben, Hermes vor, eine Schlange unter demselben.

1. An die Spitze stelle ich das einfachste und am längsten bekannte Grabrelief später römischer Zeit und entsprechender Arbeit, von Pighius in Rom[1]) gesehen, gezeichnet im cod. Pigh. fol. 46[2]), danach publicirt, aber ungenau — der rechte Arm des Pluton muss den Pferdeköpfen viel näher kommen[3]) — von Lor. Beger Spicileg. antiq. (Colon. 1692) p. 94 und nach diesem von Montfaucon Ant. expl. I, pl. XLI n. 4, jetzt verschollen. Unter dem Relief, welches nur die beiden Figuren des Pluton und der Persephone auf einem nach links jagenden Viergespann zeigt, befindet sich die Inschrift $ATΣON\ ETΨTXI$, $Aῦσον\ εὐψύχει$[4]).

2. Ein Relief von guter Arbeit und lebendiger Composition, aus der Sammlung Grimani (1586) aus Griechenland (?) stammend, bewahrt das Museum der Marciana in Venedig (jetzt N. 195, schlecht publicirt in Valentinellis Marmi scolpiti del Mus. archeol.

---

1) Der Standort ist nicht angegeben; im Coburger Codex fehlt es ganz.
2) Vergl. O. Jahn Ber. d. sächs. Ges. d. Wiss. 1868, 206 N. 117.
3) Das Vorderbein des vordersten Pferdes fehlt schon in der Zeichnung des Pighius, welche ich in Berlin ansah.
4) Cf. Jacobs Anthol. gr. XII p. 305. Pal. III p. 939. Steph. thes. s. v.

della Marciana di Venez. t. XXXVIII, erwähnt in den ‚Reisen in Italien' von Thiersch S. 247 und von Conze, Archäol. Zeit. 1873 S. 88). Mit Unrecht ist dasselbe ein Fragment genannt worden von Welcker Ztschr. S. 60 N. 26 und nach ihm von Gerhard Abh. der Berl. Akad. 1864 S. 405 N. 28. Es ist ein vollständiges Relief von ziemlicher Grösse (Gesammtlänge 1,18; Gesammthöhe 0,74, die der Darstellung des Raubes 0,39 M.), aber stark ergänzt[1]). Die rechtsläufige Darstellung innerhalb einer reichen von zwei Eroten gehaltnen Frucht-Guirlande enthält ausser den beiden Hauptfiguren nur noch Hermes als Leiter des Viergespanns.

3. Ausser Hermes ist noch ein mit beiden Händen eine Fackel haltender, sich umblickender Eros über den Pferden angebracht an einem fragmentirten Relief von ziemlicher Arbeit, welches W. v. Humboldt in Italien erworben haben wird, und welches sich jetzt im Schloss Tegel befindet[2]). Von der Figur des Hermes ist nur noch der rechte Unterarm, welcher den Zügel des dritten (von vorn) Pferdes hielt, sichtbar. Das Viergespann galoppirt nach rechts; Pluton hält in der Linken die Zügel, in der Rechten Persephone, welche nach hinten überliegend mit der Rechten ihren Kopf fasst, wie um ihre Haare zu raufen oder ihr Angesicht vor dem nach ihr umblickenden Räuber zu bedecken.

Hieran schliesse ich die zahlreiche Klasse der eigentlichen Grabcippen, welche ausser den beiden Hauptfiguren nur eine Schlange, das Symbol der Erde, nicht die Andeutung des Enke-

---

1) Die Ergänzungen sind folgende: am Pluton der Kopf, die linke Hand, die 3 ersten Finger der rechten Hand; an Persephone das Gesicht, die rechte Hand ausser den Fingern und ein Teil des rechten Unterarmes, die Finger der linken Hand, ein grosser Teil des linken Schenkels, der rechte Fuss; am Hermes der Kopf, der rechte Arm nebst Zügel, das rechte Bein, der linke Unterschenkel; am zweiten Pferde die Schnauze, am vierten der Kopf; an dem linken Eros das rechte Bein, der linke Fuss und ein Stück des Unterschenkels.

2) Erwähnt ist dasselbe von Waagen, Schloss Tegel u. s. Kunstwerke, Berlin 1859 S. 13. Dasselbe, in die Wand des grossen Saales der Abgüsse eingemauert, misst etwa 1' Höhe und 2½' Länge, ist jedoch unvollständig erhalten. Nur die obere, nach aussen etwas ausgeschweifte, antike Einfassung ist erhalten. Ergänzt ist der hintere Teil des Wagens und des bauschenden Gewandes der Persephone, desgleichen ihr rechter Unterarm. Von diesem ist aber der Ansatz und die am Kopf liegende Hand alt. Wahrscheinlich ist hinter ihr keine Figur verloren. Uebrigens halte ich es wol für möglich, dass das Relief zu einem Kinder-Sarkophag gehörte. Vergl. d. Sfr. § 37 N. 7.

lados, wie Montfaucon Ant. expl. I p. 77 aus Misverständnis von Claudian de r. P. II, 161 annahm, unter den Rossen, seltner auch Eros als Lenker derselben zeigen.

Mir sind folgende bekannt geworden [1]):

1. Cippus des Epaphroditus, *in atrio rotundae molis cognomento Caput bovis* (Mazochi epigr. ant. urb. f. 170), *in vinea card. Vitellotii* (Paris Lat. 5825 F.), *in Carpensibus hortis in Quirinali ad ingressum vineae majoris sub statua Virginis* (Boissardus Ant. T. IV p. 85), *in vinea card. Carpensis* (Metell. Vatic. 6039 f. 252), *apud nobiles de Patritiis* (Ptolem. Sched. Senens. 2, 537)[2]), in villa Pellucchi (Marini fr. Arval. II, 522), jetzt in Villa Patrizi hinter porta Pia, im Coburger Codex gezeichnet fol. 112 (Matz Ber. der Berl. Akad. 1871, 477 N. 75, 2), im Codex Pighianus fol. 153 (Jahn Ber. d. sächs. Ges. d. Wiss. 1868 S. 209 N. 143), ohne Angabe des Standortes, publicirt nach Boissardus bei Montfaucon Ant. expl. I, t. XXXVIII, 2 und Gruter Inscr. II p. 590, welcher auch die Inschriften mitteilt. Die Inschrift der Vorderseite (Orelli II, n. 3350) lautet:

EPAPHRODITO
AVG. LIB. PEPLIA
AB AVCTORITA
RATION. HEREDIT.

Ueber der Inschrift sind zwischen zwei Ammonshörnern zwei sich bekämpfende Greife, unter derselben ist der Raub dargestellt.

2. Cippus der Freigelassnen Asclepiades und Iulia, gefunden in der ersten Vigna rechts hinter Porta S. Lorenzo (Bull. d. I. 1853, 138), jetzt im Hofe des Palazzo Rondanini am Corso in Rom, mit den Brustbildern der beiden Gestorbnen, unter welchen sich die Inschrift befindet:

DIS · MANIBVS
M. ANTONIVS . ASCLEPIADES
PALLANTIS. L. FECIT. SIBI . ET

IVLIAE PHILVMENAE
CONIV . CARISSIMAE.

---

1) Auszuschliessen ist der von Welcker Zschr. S. 92 aufgeführte Cippus der Caecinia Bassa, welcher aus Ficoronis Besitz in das Museo Kircheriano übergegangen ist (Muratori T. III p. 1645. Anthol. Lat. IV, 267. Garrucci Myst. du syncrétism. phryg. p. 20). Derselbe ist ohne die Darstellung des Raubes.

2) Diese Angaben verdanke ich der freundlichen Mitteilung von Matz.

3. Cippus in Villa Albani, erwähnt in Zoegas bassiril. di Roma T. II p. 291, bei Welcker Ztschr. S. 91, in der Beschr. Roms III, 2, 497 „im zweiten Zimmer des Palastes", jetzt im Kaffehaus, wahrscheinlich identisch mit Ind. Ant. della villa Albani ed. II (Roma 1803) n. 156 *(ara per base col bassorilievo di una quadriga)*, sehr verstümmelt und verdorben. Pluton hält die Zügel in der Linken, mit der Rechten die Persephone quer vor sich; unter den Pferden ist wieder eine Schlange. Die über dem Relief befindliche Tafel hat noch keine Inschrift.

4. Cippus oder vielmehr Aschenurne der Saenia Longina, „0,42 M. hoch, 0,41 breit, von guter Arbeit" (Matz), aus Rom nach England gebracht in das Landhaus des H. Aufrere zu Chelsea (Welcker Ztschr. S. 195), jetzt in Brocklesby house des Earl of Yarborough in Lincolnshire (Conze Arch. Anz. 1864 S. 216*), publicirt in Piranesis raccolta di vasi antichi, candelabri etc. t. 96. Pluton völlig nackt, das linke gebogne Bein vorstellend, hält in der Linken die Zügel, mit der Rechten Persephone, welche den Oberkörper zurückwirft und die Arme über den in den Nacken geworfenen Kopf nach hinten fallen lässt. Piranesi gibt die unter dem Relief befindliche Inschrift so:

SAENIAE . LONGINAE
FILIAE GERMANI
CI

während sie bei Conze lautet:

SAENIAE . LONGINAE
fili AE G e RM iani
ci

wozu freilich die Bemerkung, dass „in der zweiten Zeile nur AE und RM mit einem Stückchen des linken Schenkels des folgenden A alt sei", nicht passen will. Dem gegenüber zweifle ich nicht, dass die Lesart, welche mir soeben Matz mit der Bemerkung, dass die Inschrift an zwei Stellen geflickt sei, mitteilt, die richtige ist:

SAENIAE . LONGINAE
FILIAE GeRMANI
CI

Der obere Teil der Urne und der Deckel, welcher vorn ein niedriges Giebelfeld hat, in dessen Mitte sich en face das Brustbild eines Hermes mit flachem Hut und Kerykeion in der Rechten, links ein umliegender Korb, rechts ein Hahn befindet, soll nach Conze neu sein, während Matz keinen Zweifel äussert. An sich wäre sowohl Hermes, als der umgestürzte Korb und der Hahn, welcher uns als Symbol der Persephone bereits auf den Terrakotten von Locri begegnete (S. 109), an dieser Stelle nicht unpassend, und kann ich einen Zweifel an der Richtigkeit der Bemerkung Conzes nicht unterdrücken.

5. Cippus der Valeria Fusca und des Posphorus, im Klosterhofe von S. Paolo fuori le mura in Rom, erwähnt von Zoega bei Welcker Ztschr. S. 91, publicirt von Raoul Rochette Mon. ined. pl. LXXVII (durch Versehen fehlt L auf der Tafel) n. 3 mit der Inschrift (Marucell. A. 79, 1 f., Inscriptt. ant. basil. S. Pauli ad viam Ostiens. p. LV n 603 (Romae 1654). Gruter DCCCCLVI n. 5):

VALERIAE C . F
FVSCAE
PATRONAE
OPTIMAE ET
FIDELISSIMAE
POSPHOR
LIBERTVS FECIT
ET SIBI.

Das Gesicht des Pluton, desgleichen der Kopf der Persephone und ihr linker über den Kopf genommener Arm fehlen jetzt. Hier steht Persephone noch nicht auf dem Wagen, Pluton sucht sie erst auf denselben zu heben. Auch hier windet sich unter den Pferden, welche nach rechts gehen, eine in der Zeichnung ausgelassne Schlange. Länge des Cippus 0,5, Höhe des Reliefs 0,22 M.

6. Cippus im Hofe des Pal. Giustiniani in Rom mit einer fast erloschnen Inschrift, beschrieben von Zoega bei Welcker l. l. S. 91. Die Situation ist dieselbe wie in N. 5[1]).

7. Cippus der Freigelassnen Thalassa und Epictetus, der Sammlung Townley, jetzt wol im britt. Museum (Anecdotes of the arts in England by Dallaway, London 1800 p. 331, französisch

---

1) In der Gall. Giust. ist dieser nicht publicirt. Auf dem in derselben II, 147 abgebildeten, von mir und Matz vergebens gesuchten Cippus ist wie auf dem von Holkham Hall bei Wells in Norfolk (Conze Arch. Anz. 1864 S. 214*) die Entführung der Psyche durch Eros nach dem Vorbilde des Persephonenraubes dargestellt. Die Psyche gleicht der Persephone vollständig in ihrer Haltung. Vergl. Böttiger Kunstmyth. II, 504. Jahn Arch. Beitr. S. 195.

von Millin, les beaux arts en Angleterre Paris 1807 vol. II p. 75, n. 78, Welcker Ztschr. S. 195), ehemals ‚in hortis Caesii card.' nach Boissardus Ant. III, 86, welcher die Vorderseite ohne Relief[1]), aber mit der Inschrift mitteilt:

VIPSANIA M. VIPSANII
MVSEI L. THALASSA
SIBI ET
T. CLAVDIO AVG. L. EPICTETO.

Hier wird das Viergespann von Eros gelenkt. Dasselbe geschieht auf dem

8. Cippus des Museo Kircheriano in Rom, Bonanni Mus. Kircher. t. XXVI und danach Montfaucon Ant. expl. I, t. XXXVIII, 1, von sehr roher Arbeit, noch ohne Inschrift. Eros blickt hier triumphirend lächelnd halb nach Persephone um; diese steht noch mit einem Fusse auf dem Boden. Pluton hält in der Linken das Scepter. Die Richtung ist wie auf allen diesen Cippen rechtsläufig.

In der Mitte zwischen den betrachteten Grabreliefs und den Sarkophagen stehen die Reliefs der etruscischen Aschenkisten.

Etruscische Aschenkisten.

§ 33. Zu den Gegenständen der Götterwelt, welche, wenn auch nicht so häufig wie gewisse Heroenfabeln, nach griechischen Vorbildern auf etruscischen Urnen Darstellung fanden, gehört auch der Raub der Persephone. Die Darstellung desselben ist im wesentlichen dieselbe, wie auf den angeführten Grabreliefs; sie enthält ausser den Hauptfiguren nur Hermes als Führer oder Alekto als Lenkerin des Gespanns und als einzige nationale Zutat noch eine der auf etruscischen Denkmälern so beliebten Unterweltsgottheiten, welche hier um so mehr angebracht war, als es sich um eine Tat des Beherrschers der Unterwelt handelt.

Mir sind folgende vier sämmtlich aus der Gegend von Volterra stammende Urnen bekannt geworden, die ersten drei in zuverlässigen Zeichnungen des Arch. Instituts, deren Benützung ich Brunn's Freundlichkeit verdanke, eine vierte nur durch Beschreibung[2]).

---

[1] Danach ist Welckers Bemerkung l. l. zu berichtigen.
[2] Mit offenbarem Unrecht sind die Urnen Inghir. Mon. Etr. I, 84 u. Gori Mus. Etr. I, 78; III, 7 u. 29 von den Herausgebern auf den Raub bezogen worden.

1. im Museo Guarnacci in Volterra N. 183, 0,75 M. lang, publicirt von Gori Mus. etr. T. III diss. 3 t. 3 p. 149 sq., etwas besser, aber doch auch nicht stilgetreu bei Inghirami Mon. etr. Ser. I t. LIII p. 437—448 u. in Umrissen Ser. VI, D. 5 p. 47, erwähnt von Welcker Ztschr. S. 92 A. 114). Pluton mit flatternder Chlamys hält mit beiden Armen die Persephone, welche sich von ihm abwendend ihren rechten Arm an ihren Kopf legt. Das nach rechts gehende Viergespann wird von einer weiblichen Figur mit Flügeln an Kopf und Schultern gelenkt. Dieselbe ist weder als Hore (Welcker l. l.) zu bezeichnen — denn diese hat mit dem Raube selbst gar nichts zu tun — noch als Hekate, zu welcher die Flügel nicht passen würden, noch als Nike, welche ihrer Bedeutung nach an dieser Stelle ungehörig wäre und wol auch kleiner gebildet sein müsste, sondern wol, wie an dem Halsbande von Koul-Oba (S. 119), am Sarkophage von Salerno (§ 39 N. 3) und an unteritalischen Vasenbildern (§ 44 N. 4 u. 8) als die Furie Alekto, welche

*torvos invisa iugales
temone ligat, qui pascua mandunt*
Cocyti[1]). (Claud. I, 278.)

Dass sie beflügelt erscheint, ist an einem etruscischen Werke am allerwenigsten auffällig.

Auch in der männlichen in einen langen Fischschwanz ausgehenden Figur, welche unter den Pferden liegt, in der Rechten ein kurzes Schwert (?), in der Linken eine Keule (?) haltend, wird wol richtiger eines der Ungeheuer der Unterwelt als (mit Welcker l. l.) Enkelados, für welchen die Fischnatur nicht passend wäre, erkannt. Für die Figur des Hermes vor den Pferden war

---

Bei dem ersten Typus spricht die Behelmung der Figg., beim zweiten die phrygischen Mützen gegen diese Deutung. In dem zweiten erkenne ich nicht mit Welcker Zschr. S. 92 A. 114) die Entführung der Helena durch Paris, welche eine andre Darstellung gefunden hat (Brunn i rilievi delle urne etr. t. XVII—XXV p. 25—29. Schlie die Darstellungen des Troischen Sagenkr. S. 23—29), sondern mit Gerhard (Arch. Zeit. 1855 S. 97 sq. T. 81) Pelops und Hippodameia, und zu diesem Typus rechne ich auch die mir in Zeichnung vorliegende Urne des Museo di Volterra n. 379, auf welcher der Führer des Gespanns die phrygische Mütze trägt.

1) Vergl. Inghir. Mon. Etr. V, 1. T. 39. Inghirami p. 96 erinnert passend auch an Claud. II, 215

*quae te stimulis facibusque profanis
Eumenides monere?*

an dieser Urne kein Platz¹). Dagegen ist dieser vorhanden an einer

2. Urne aus Volterra (N. 182), 0,75 M. lang, publicirt von Inghirami Mon. etr. Ser. I, t. 9 mit einer astronomisirenden Erläuterung des Mythus (p. 82—106), welche, schon von Zannoni Gall. di Fir. III p. 235 gerügt, heut keiner Widerlegung bedarf. Bis auf die Figur des Hermes (mit Chlamys und Flügelstiefeln), welcher über Steine springt, und bis auf eine grosse Schlange unter den Pferden, welche auch hier wol nur als Symbol der Erde zu fassen ist, stimmt die Darstellung mit jener überein, nur ist sie weit schlechter erhalten²). Den Typus dieser wiederholt ziemlich vollständig eine

3. Urne des Museums von Volterra (N. 172), 0,50 M. lang, bisher nicht publicirt. Auch an dieser ist von Pluton sehr wenig, von Persephone nur der rechte Arm erhalten; die Schlange fehlt ganz. Dagegen ist vollständig erhalten Hermes (mit langen, satyrartigen Ohren), welcher das hinterste Pferd am Kopf fasst. Die Pferde, wie an N. 2 durch schönen Brustschmuck ausgezeichnet, setzen sich eben erst in Bewegung, so dass Pluton hier vielleicht wie an den Cippen N. 5 und 6 (S. 127) die Persephone erst auf den Wagen hebend dargestellt war³). Etwas verschieden ist die am unvollständigsten erhaltne Darstellung einer

4. Urne, welche in der terra di Figline, also wenigstens in der Nachbarschaft des Gebiets von Volterra, gefunden (Migliarini Bull. d. I. 1843, 37), seitdem verschollen ist⁴). Von ihr ist nur der Wagen mit den vier Pferden erhalten, welche bereits mit ihren Knieen die Erde berühren, während die Figur des Hermes, wie an dem Sarkophag-Fragment von Ostia (§ 36 N. 15), schon zur Hälfte unter derselben ist.

---

1) Die eine Kurzseite stellt eine Furie dar; die Vorstellung der andern, deren obere Hälfte abgebrochen, ist unsicher.

2) Vollständig bis auf ein Stück im Gesicht erhalten ist nur die Furie, sehr schlecht Pluton, fast gar nicht Persephone. Dem Hermes fehlt der Kopf, der Schlange der Vorderteil mit dem Kopf. Die eine Kurzseite stellt den Angriff eines behelmten Kriegers auf einen Kentauren, die andre den neben dem Kerberos thronenden Unterweltsgott mit Schwert und Fackel vor.

3) Die eine erhaltene Kurzseite zeigt einen Unterweltsgott (Charun?) in kurzem gegürteten Chiton, in der einen Hand eine Axt, in der andern einen Hammer haltend.

4) Auch das Arch. Institut besitzt, wie mir Brunn mitteilt, keine Zeichnung.

Wir betrachten nunmehr

B. Die Sarkophage.

Die Beziehung auf Tod und Unterwelt, welche im Mythus vom Raube der Persephone im Laufe der Zeit immer mehr gefunden wurde, machte die Darstellung desselben auch zum Schmuck der Sarkophage besonders geeignet[1]). Nachdem schon Hieronymus Aleander iunior in seiner *expositio argumentorum in zona exsculptorum etc.* (s. S. 121) eine ziemliche Anzahl derselben zusammengestellt hatte, zählte Welcker deren im Jahre 1818 in seiner Zeitschr. f. Gesch. u. Ausl. der alten Kunst bereits 31, zu denen er im Jahre 1832 (Ann. d. I. V, 144) noch 6 hinzufügte, und Gerhard brachte im Jahre 1864 (Abh. d. Berl. Akad. d. J. S. 395 sq.) dies Verzeichnis auf 40 Nummern. Trotzdem eine Anzahl von diesen, weil überhaupt nicht vorhanden oder irrtümlich hieher gerechnet, abzuziehen ist, umfasst die Zahl der mir bekannten, teils vollständig, teils fragmentarisch, teils nur durch schriftliche Aufzeichnungen, erhaltnen Sarkophag-Darstellungen nicht weniger als 58 Nummern[2]): darunter 16 vollständige Sarkophage, 21 voll-

---

1) Was ältere Archäologen (Buonarotti osservazioni istoriche sopra alcune medaglioni p. 58, Aleander expos. argum. in zona exsculpt. etc. bei Graev. thes. ant. Rom. V, 762. Gori Inscr. ant. Etr. III p. CVI) angenommen haben, dass die Darstellung des Raubes nur für Sarkophage von Priestern oder solchen, welche in die eleus. Myst. eingeweiht waren, angewandt worden sei, bedarf keiner Widerlegung; aber auch eine Einschränkung, wie sie andre aufgestellt haben, dass sie nur für Sarkophage von Jungfrauen gedient habe, wird nicht anzunehmen sein, wenn sie auch für diese am passendsten und gewis zuerst in Gebrauch war.

2) Zu beseitigen sind:
1) ein Sarkophag von Marseille bei Welcker Nr. 29 und
2) ein Sarkophag von Köln bei Welcker N. 30: beide beruhen nur auf Verwechslung mit dem Sarkophag von Aachen: s. Gerhard l. l. S. 410 und Welcker Ann. d. I. V, 146;
3) ein Sarkophag in Palermo „*dans le portique de la cour de l'église métropolitaine d'après l'ouvrage de von der Hagen Briefe in die Heimat* III, 222" (Welcker Ann. l. l. n. 3, danach bei Gerhard N. 40). v. d. Hagen redet von dem Sarkophag im Vorhof der erzbischöflichen Kirche in Salerno (§ 38 N. 3);
4) der ehemals in Neapel befindliche Sarkophag bei Gerhard N. 21 ist identisch mit dem Berliner (Gerhard N. 33*). Vergl. § 37 N. 2.
5) die Sarkophagplatte bei Gerhard N. 28* S. 405 „deren Ortsangabe in seiner Handschrift vermisst wurde" ist identisch mit der in Landsdown-House bei Gerhard Nr. 35 S. 409. Seine Beschreibung stimmt in Irrtümern, Auslassungen

ständige Sarkophagplatten (Vorderseiten), 18 fragmentirte Vorderseiten, 3 Kurzseiten.

Die von Welcker und Gerhard befolgte museographische Anordnung ist bei dem stets wechselnden Aufbewahrungsort der Denkmäler — in der Tat hatten schon, als Welcker und Gerhard schrieben, manche ihrer Angaben ihre Richtigkeit verloren — an sich nicht empfehlenswert, ist aber für uns, denen es nicht allein auf Deutung der Figuren, sondern auch auf Untersuchung der Composition und Reconstruction der Original-Vorlagen, sowie auf Feststellung der Quellen, denen diese folgten, ankommt, entschieden mit derjenigen Anordnung zu vertauschen, welche die Art der Composition zum Ausgangspunkt der Einteilung macht. Dem Zwecke, den jene Anordnung haben kann, mögen folgende kurze Angaben dienen.

Der Fundort ist bei den wenigsten dieser 58 Denkmäler bekannt, von einzelnen ausserhalb Italiens befindlichen, z. B. selbst von dem erst im Jahre 1868 in die Eremitage zu St. Petersburg gebrachten (§ 36 N. 9), ist nicht einmal die Herkunft bekannt. Bei weitem die meisten aber entstammen dem Boden Italiens; von diesen gehört wieder die Mehrzahl der Stadt Rom selbst an: fast zwei Drittel aller jetzt erhaltnen Denkmäler befindet sich noch daselbst, nicht gerechnet die beträchtliche Zahl derer, welche, jetzt verschollen, dort einstmals gesehen oder, wie der Sarkophag und

---

und selbst im Wortlaut mit O. Müllers (Amalthea III, 247) Beschreibung des letzteren;

6) ein Sarkophagfragment nach Welcker Ann. l. l. V, 145 „in einer Mauer beim Thurme in Pisa, publicirt in den Lettere pittoriche sul campo Santo di Pisa 1810 p. 59". Der hier publicirte Sarkophag ist identisch mit dem des Campo Santo (Vergl. § 38 N. 4), dessen Vorhandensein W. fälschlich läugnet. Jenes Fragment aber, welches wahrscheinlich Welckers Notiz zu Grunde liegt, befindet sich in der Nordseite der Trommel der Kuppel der Kathedrale zu Pisa eingemauert und stellt nur den Lenker eines nach links gehenden Dreigespannes dar, nach der freundlichen Mitteilung des H. Micheli, Prof. der Pädagogik an der Universität Pisa, welcher mir auch eine selbstgemachte Zeichnung desselben sandte u. bemerkte, dass das Fragment 0,58 M. lang, 0,41 M. hoch ist;

7) der aus Villa Borghese in d. Louvre versetzte Medea-Sarkophag (Clarac pl. 204, 478. Dilthey Ann. d. I. 1869, 1], i.) wurde von Montfaucon Ant. expl. I p. 79 fälschlich auf den Raub der Persephone bezogen, nachdem schon Spanheim zu Callim. h. in Cer. v. 9, II p. 751 ed. Ern. die Glauce für die verzweifelte Demeter erklärt hatte.

das Fragment des Louvre (§ 36 N. 10 u. § 37 N. 4), des Soane-Museums (§ 38 N. 6), der Uffizien (§ 36 N. 7), des Pal. Modena in Wien (§ 40 N. 1), von dort nach andern Orten gebracht worden sind. Nicht zu bezweifeln aber ist das Vorkommen von Sarkophagen auch ausserhalb Roms: nicht blos in Ostia, sondern auch, und zwar besonders, in Unter-Italien[1]) (Neapel, Salerno, Amalfi) und Sicilien (Messina, Mazzara, Raffadali, Advernò), woselbst der Mythus vom Raube vorzugsweise lokalisirt war, desgleichen in Spanien, da kein Grund vorhanden ist, an den Angaben bei Laborde[2]) und Hübner[3]) über den Fundort der Sarkophage von Barcelona und Tarragona zu zweifeln. Nicht bewiesen ist als Fundort die Gegend von Florenz durch den dort befindlichen Sarkophag Rucellai, jetzt Ricasoli-Firidolfi, desgleichen nicht Ravenna durch den angeblich unter Karl dem Grossen von dort nach Aachen versetzten Sarkophag. Denn beide können recht wol dorthin von Rom aus gekommen sein[4]). In Griechenland ist bis jetzt noch kein Sarkophag mit dem Raube zu Tage gekommen[5]).

Die Entstehungszeit derselben betreffend, so gehört wol keiner vor das Ende des zweiten, die Mehrzahl ins dritte Jahrhundert, einige in noch spätere Zeit. Keiner zeichnet sich daher durch wirklich schöne Arbeit aus; zu den besten gehören die aus Rom selbst stammenden (der Wiener, der in den Uffizien, die barberinischen, der im Casino Rospigliosi); die Mehrzahl, namentlich fast alle aus den Provinzen stammenden (besonders der aus Neapel stammende Berliner und der in Messina) sind von schlechter, einige (besonders der von Tarragona) geradezu von roher Arbeit.

Es kann nicht meine Aufgabe sein, von sämmtlichen hier in Frage kommenden Sarkophagen detaillirte Beschreibungen zu geben: bei einer grossen Anzahl und gerade bei den bedeutendsten würden dieselben auf eine Wiederholung der von Zoega mit musterhafter Genauigkeit und Zuverlässigkeit gemachten, von Welcker in seiner Zeitschrift S. 25 sq. in deutscher Uebersetzung mitge-

---

1) Von dort stammt vielleicht auch der Sarkophag von Pisa.
2) Laborde Voygage pittor. et hist. de l'Espagne nennt I p. 35 den Sarkophag *trouvé à Barcelone*, p. 9 allerdings nur als daselbst befindlich.
3) Hübner die antiken Bildwerke in Madrid S. 283.
4) Bernardo Rucellai († 1478) war in Rom. Vergl. Iordan Top. Roms II, 303.
5) Ueber den Sarkophag von Wiltonhouse vergl. jedoch § 51.

teilten Aufzeichnungen[1]) hinauskommen. Angaben über Erhaltung der einzelnen Teile werde ich daher nur da machen, wo ich in der Lage bin, die Angaben jenes zu ergänzen oder zu berichtigen, und genauere Beschreibungen werde ich nur von bisher gar nicht oder mangelhaft bekannten Sarkophagen geben. Diejenigen, deren erneute Untersuchung mir die Verhältnisse nicht möglich gemacht haben, werde ich nennen.

Obwol wenige Mythen so zahlreich auf Sarkophagen vertreten sind, als der Raub, so ist doch auch hier zu constatiren, dass bis jetzt auch noch nicht zwei völlig übereinstimmende Darstellungen gefunden worden sind, dass vielmehr trotz eines gemeinsamen Grundtypus eine jede von der andern mehr oder weniger abweicht. Die Gemeinsamkeit des Typus besteht in sachlicher Beziehung darin, dass die dargestellte Handlung in den Hauptzügen und Hauptfiguren dieselbe ist, in formaler Beziehung darin, dass die zeitlich getrennten Scenen des Raubes der Persephone ($\dot{\alpha}\varrho\pi\alpha\gamma\acute{\eta}$) und des Suchens der Demeter ($\pi\lambda\acute{\alpha}\nu\eta$ Clem. Protr. § 12. Plut. de fac. in orbe lun. c. 27), sehr oft auch eine dritte Scene, die der Ueberraschung der Persephone beim Blumenlesen ($\dot{\alpha}\nu\vartheta o\lambda o\gamma\acute{\iota}\alpha$), unmittelbar neben einander gesetzt erscheinen und zwar nicht in zeitlich genauer Reihenfolge, sondern so, dass die früheste Scene, die der Anthologie, ihren Platz findet zwischen der letzten ($\pi\lambda\acute{\alpha}\nu\eta$) und der mittlern ($\dot{\alpha}\varrho\pi\alpha\gamma\acute{\eta}$). Letztere Anordnung beruht wol nur auf dem Gesetz der Symmetrie: die ganze Composition soll auf beiden Seiten durch zwei äusserlich sich entsprechende Gruppen (eine Figur zu Wagen über die Erde fahrend) abgeschlossen werden. Diese im Sarkophagreliefstil begründete unmittelbare Verbindung von drei Scenen zu einem Ganzen involvirt keineswegs die Tatsache, welche Preller Griech. Mythol. I. 626[3] aus ihr folgert, dass Demeter in den Bildwerken, von heftigstem Schmerze ergriffen, wie sie den letzten Schrei der Tochter höre, wirklich dem Gespanne Plutons nachjage, und schliesst Beziehungen von Figuren der einen Scene zu denen der andern aus, wie sie Em. Braun (Ant. Marmorwerke S. 20) und andre (z. B. Welcker Ztschr. S. 59 und Helbig Bull. d. I. 1864, 255) angenommen haben, z. B. dass das Frohlocken zweier

---

1) Die Citate der italienischen Originalaufzeichnungen (Zoega Appar.) welche die Bonner Bibliothek bewahrt, verdanke ich der freundlichen Mitteilung von Matz.

(beim Raube anwesender) Eroten die Demeter noch mehr zu erbittern scheine, so dass sie drohend eine Fackel erhebe, oder dass Artemis der geängstigten Mutter zurückwinke. Beiderlei Annahmen verstossen durchaus gegen die Ueberlieferung des Mythus.

Aber auch das Einteilungsprincip, nach welchem sämmtliche hieher gehörige Sarkophag-Darstellungen zunächst in zwei grosse Klassen zerfallen, ist ebensowol ein formales, beruhend auf der Verschiedenheit der Hauptrichtung der Figuren als ein inhaltliches, beruhend auf der Verschiedenheit der Haltung, welche einzelne Figuren bei der Handlung des Raubes einnehmen. Entweder nämlich ist die Hauptrichtung der Figuren von links nach rechts, und in diesem Falle widersetzen sich, wie bei Euripides und Claudian, Pallas und Artemis dem Raube, während Zeus und Aphrodite ihn begünstigen, oder die Hauptrichtung ist von rechts nach links, und in diesem Falle spielen auch Pallas und Artemis eine dem Raube günstige Rolle, wie in der orphischen Poesie. Die mit Unrecht von Welcker Ztschr. S. 71, welcher Athena stets dem Raube feindlich dachte, von Braun und Urlichs geläugnete, von Gerhard verwischte Verschiedenheit in der Rolle der Pallas und Artemis ist schon von Foggini Mus. Cap. IV p. 283 und Cavedoni ind. del mus. Est. p. 101 bemerkt, vom erstern aber fälschlich so erklärt worden, dass die Sarkophage, welche einen Widerstand der Göttinnen gegen den Raub zeigen, unter dem Einfluss der griechischen Dichtung von griechischen Künstlern, die andern von römischen Künstlern gemacht seien. Ein derartiger Gegensatz von griechischer und römischer Poesie wie von griechischer und römischer Kunst als zwei gleichberechtigten Faktoren ist gleich unstatthaft. Alle verdanken ihr Dasein griechischer wenn auch nach Rom verpflanzter Poesie und Kunstübung.

Ehe wir nun an eine Einreihung aller Sarkophage in die eine von beiden Klassen und an die genauere Untersuchung der Grundtypen gehen, wollen wir diejenigen Sarkophage nennen, welche sich dieser Einreihung und Untersuchung deshalb entziehen, weil jegliche genauere Kunde über sie fehlt. Es sind dies folgende:

Ein jetzt verschollner Sarkophag, gesehen apud Accorombonios (Pal. Accarombi bei piazza S. Pietro?) von Aleander l. l. p. 125 (Graev. thes. V, 758 sq.), der nur folgendes über ihn bemerkt: *Plutonis equos praeit Mercurius; subter Plutonis quadrigas iacet humi strata cornu tenens Terra*, Angaben, deren Allgemein-

ständige Sarkophagplatten (Vorderseiten), 18 fragmentirte Vorderseiten, 3 Kurzseiten.

Die von Welcker und Gerhard befolgte museographische Anordnung ist bei dem stets wechselnden Aufbewahrungsort der Denkmäler — in der Tat hatten schon, als Welcker und Gerhard schrieben, manche ihrer Angaben ihre Richtigkeit verloren — an sich nicht empfehlenswert, ist aber für uns, denen es nicht allein auf Deutung der Figuren, sondern auch auf Untersuchung der Composition und Reconstruction der Original-Vorlagen, sowie auf Feststellung der Quellen, denen diese folgten, ankommt, entschieden mit derjenigen Anordnung zu vertauschen, welche die Art der Composition zum Ausgangspunkt der Einteilung macht. Dem Zwecke, den jene Anordnung haben kann, mögen folgende kurze Angaben dienen.

Der Fundort ist bei den wenigsten dieser 58 Denkmäler bekannt, von einzelnen ausserhalb Italiens befindlichen, z. B. selbst von dem erst im Jahre 1868 in die Eremitage zu St. Petersburg gebrachten (§ 36 N. 9), ist nicht einmal die Herkunft bekannt. Bei weitem die meisten aber entstammen dem Boden Italiens; von diesen gehört wieder die Mehrzahl der Stadt Rom selbst an: fast zwei Drittel aller jetzt erhaltnen Denkmäler befindet sich noch daselbst, nicht gerechnet die beträchtliche Zahl derer, welche, jetzt verschollen, dort einstmals gesehen oder, wie der Sarkophag und

---

und selbst im Wortlaut mit O. Müllers (Amalthea III, 247) Beschreibung des letzteren;

6) ein Sarkophagfragment nach Welcker Ann. I. l. V, 146 „in einer Mauer beim Thurme in Pisa, publicirt in den Lettere pittoriche sul campo Santo di Pisa 1810 p. 59". Der hier publicirte Sarkophag ist identisch mit dem des Campo Santo (Vergl. § 38 N. 4), dessen Vorhandensein W. fälschlich läugnet. Jenes Fragment aber, welches wahrscheinlich Welckers Notiz zu Grunde liegt, befindet sich in der Nordseite der Trommel der Kuppel der Kathedrale zu Pisa eingemauert und stellt nur den Lenker eines nach links gehenden Dreigespannes dar, nach der freundlichen Mitteilung des H. Micheli, Prof. der Pädagogik an der Universität Pisa, welcher mir auch eine selbstgemachte Zeichnung desselben sandte u. bemerkte, dass das Fragment 0,58 M. lang, 0,41 M. hoch ist;

7) der aus Villa Borghese in d. Louvre versetzte Medea-Sarkophag (Clarac pl. 204, 478. Dilthey Ann. d. I. 1869, 11, 1.) wurde von Montfaucon Ant. expl. I p. 79 fälschlich auf den Raub der Persephone bezogen, nachdem schon Spanheim zu Callim. h. in Cer. v. 9, II p. 751 ed. Ern. die Glauce für die verzweifelte Demeter erklärt hatte.

das Fragment des Louvre (§ 36 N. 10 u. § 37 N. 4), des Soane-Museums (§ 38 N. 6), der Uffizien (§ 36 N. 7), des Pal. Modena in Wien (§ 40 N. 1), von dort nach andern Orten gebracht worden sind. Nicht zu bezweifeln aber ist das Vorkommen von Sarkophagen auch ausserhalb Roms: nicht blos in Ostia, sondern auch, und zwar besonders, in Unter-Italien[1]) (Neapel, Salerno, Amalfi) und Sicilien (Messina, Mazzara, Raffadali, Adernò), woselbst der Mythus vom Raube vorzugsweise lokalisirt war, desgleichen in Spanien, da kein Grund vorhanden ist, an den Angaben bei Laborde[2]) und Hübner[3]) über den Fundort der Sarkophage von Barcelona und Tarragona zu zweifeln. Nicht bewiesen ist als Fundort die Gegend von Florenz durch den dort befindlichen Sarkophag Rucellai, jetzt Ricasoli-Firidolfi, desgleichen nicht Ravenna durch den angeblich unter Karl dem Grossen von dort nach Aachen versetzten Sarkophag. Denn beide können recht wol dorthin von Rom aus gekommen sein[4]). In Griechenland ist bis jetzt noch kein Sarkophag mit dem Raube zu Tage gekommen[5]).

Die Entstehungszeit derselben betreffend, so gehört wol keiner vor das Ende des zweiten, die Mehrzahl ins dritte Jahrhundert, einige in noch spätere Zeit. Keiner zeichnet sich daher durch wirklich schöne Arbeit aus; zu den besten gehören die aus Rom selbst stammenden (der Wiener, der in den Uffizien, die barberinischen, der im Casino Rospigliosi); die Mehrzahl, namentlich fast alle aus den Provinzen stammenden (besonders der aus Neapel stammende Berliner und der in Messina) sind von schlechter, einige (besonders der von Tarragona) geradezu von roher Arbeit.

Es kann nicht meine Aufgabe sein, von sämmtlichen hier in Frage kommenden Sarkophagen detaillirte Beschreibungen zu geben: bei einer grossen Anzahl und gerade bei den bedeutendsten würden dieselben auf eine Wiederholung der von Zoega mit musterhafter Genauigkeit und Zuverlässigkeit gemachten, von Welcker in seiner Zeitschrift S. 25 sq. in deutscher Uebersetzung mitge-

---

1) Von dort stammt vielleicht auch der Sarkophag von Pisa.
2) Laborde Voygage pittor. et hist. de l'Espagne nennt I p. 35 den Sarkophag *trouvé à Barcelone*, p. 9 allerdings nur als daselbst befindlich.
3) Hübner die antiken Bildwerke in Madrid S. 283.
4) Bernardo Rucellai († 1478) war in Rom. Vergl. Iordan Top. Roms II, 303.
5) Ueber den Sarkophag von Wiltonhouse vergl. jedoch § 51.

teilten Aufzeichnungen [1]) hinauskommen. Angaben über Erhaltung der einzelnen Teile werde ich daher nur da machen, wo ich in der Lage bin, die Angaben jenes zu ergänzen oder zu berichtigen, und genauere Beschreibungen werde ich nur von bisher gar nicht oder mangelhaft bekannten Sarkophagen geben. Diejenigen, deren erneute Untersuchung mir die Verhältnisse nicht möglich gemacht haben, werde ich nennen.

Obwol wenige Mythen so zahlreich auf Sarkophagen vertreten sind, als der Raub, so ist doch auch hier zu constatiren, dass bis jetzt auch noch nicht zwei völlig übereinstimmende Darstellungen gefunden worden sind, dass vielmehr trotz eines gemeinsamen Grundtypus eine jede von der andern mehr oder weniger abweicht. Die Gemeinsamkeit des Typus besteht in sachlicher Beziehung darin, dass die dargestellte Handlung in den Hauptzügen und Hauptfiguren dieselbe ist, in formaler Beziehung darin, dass die zeitlich getrennten Scenen des Raubes der Persephone ($\dot{\alpha}\varrho\pi\alpha\gamma\dot{\eta}$) und des Suchens der Demeter ($\pi\lambda\dot{\alpha}\nu\eta$ Clem. Protr. § 12. Plut. de fac. in orbe lun. c. 27), sehr oft auch eine dritte Scene, die der Ueberraschung der Persephone beim Blumenlesen ($\dot{\alpha}\nu\vartheta o\lambda o\gamma i\alpha$), unmittelbar neben einander gesetzt erscheinen und zwar nicht in zeitlich genauer Reihenfolge, sondern so, dass die früheste Scene, die der Anthologie, ihren Platz findet zwischen der letzten ($\pi\lambda\dot{\alpha}\nu\eta$) und der mittlern ($\dot{\alpha}\varrho\pi\alpha\gamma\dot{\eta}$). Letztere Anordnung beruht wol nur auf dem Gesetz der Symmetrie: die ganze Composition soll auf beiden Seiten durch zwei äusserlich sich entsprechende Gruppen (eine Figur zu Wagen über die Erde fahrend) abgeschlossen werden. Diese im Sarkophagreliefstil begründete unmittelbare Verbindung von drei Scenen zu einem Ganzen involvirt keineswegs die Tatsache, welche Preller Griech. Mythol. I. 626[3] aus ihr folgert, dass Demeter in den Bildwerken, von heftigstem Schmerze ergriffen, wie sie den letzten Schrei der Tochter höre, wirklich dem Gespanne Plutons nachjage, und schliesst Beziehungen von Figuren der einen Scene zu denen der andern aus, wie sie Em. Braun (Ant. Marmorwerke S. 20) und andre (z. B. Welcker Ztschr. S. 59 und Helbig Bull. d. I. 1864, 255) angenommen haben, z. B. dass das Frohlocken zweier

---

[1] Die Citate der italienischen Originalaufzeichnungen (Zoega Appar.) welche die Bonner Bibliothek bewahrt, verdanke ich der freundlichen Mitteilung von Matz.

(beim Raube anwesender) Eroten die Demeter noch mehr zu erbittern scheine, so dass sie drohend eine Fackel erhebe, oder dass Artemis der geängstigten Mutter zurückwinke. Beiderlei Annahmen verstossen durchaus gegen die Ueberlieferung des Mythus.

Aber auch das Einteilungsprincip, nach welchem sämmtliche hieher gehörige Sarkophag-Darstellungen zunächst in zwei grosse Klassen zerfallen, ist ebensowol ein formales, beruhend auf der Verschiedenheit der Hauptrichtung der Figuren als ein inhaltliches, beruhend auf der Verschiedenheit der Haltung, welche einzelne Figuren bei der Handlung des Raubes einnehmen. Entweder nämlich ist die Hauptrichtung der Figuren von links nach rechts, und in diesem Falle widersetzen sich, wie bei Euripides und Claudian, Pallas und Artemis dem Raube, während Zeus und Aphrodite ihn begünstigen, oder die Hauptrichtung ist von rechts nach links, und in diesem Falle spielen auch Pallas und Artemis eine dem Raube günstige Rolle, wie in der orphischen Poesie. Die mit Unrecht von Welcker Ztschr. S. 71, welcher Athena stets dem Raube feindlich dachte, von Braun und Urlichs geläugnete, von Gerhard verwischte Verschiedenheit in der Rolle der Pallas und Artemis ist schon von Foggini Mus. Cap. IV p. 283 und Cavedoni ind. del mus. Est. p. 101 bemerkt, vom erstern aber fälschlich so erklärt worden, dass die Sarkophage, welche einen Widerstand der Göttinnen gegen den Raub zeigen, unter dem Einfluss der griechischen Dichtung von griechischen Künstlern, die andern von römischen Künstlern gemacht seien. Ein derartiger Gegensatz von griechischer und römischer Poesie wie von griechischer und römischer Kunst als zwei gleichberechtigten Faktoren ist gleich unstatthaft. Alle verdanken ihr Dasein griechischer wenn auch nach Rom verpflanzter Poesie und Kunstübung.

Ehe wir nun an eine Einreihung aller Sarkophage in die eine von beiden Klassen und an die genauere Untersuchung der Grundtypen gehen, wollen wir diejenigen Sarkophage nennen, welche sich dieser Einreihung und Untersuchung deshalb entziehen, weil jegliche genauere Kunde über sie fehlt. Es sind dies folgende:

Ein jetzt verschollner Sarkophag, gesehen apud Accorombonios (Pal. Accarombi bei piazza S. Pietro?) von Aleander l. l. p. 125 (Graev. thes. V, 758 sq.), der nur folgendes über ihn bemerkt: *Plutonis equos praeit Mercurius; subter Plutonis quadrigas iacet humi strata cornu tenens Terra,* Angaben, deren Allgemeinheit keine Vermutung über etwaige Identität des Sarkophages mit einem der erhaltnen zulässt;

ebenfalls verschollen, im übrigen vollständig unbekannt ist ein Sarkophag, gesehen von G. Fabricius ante S. Mariam in Cosmedin (dem angeblichen templum Cereris Liberi Liberaeque) prope Velabrum (Roma p. 203 ed. Basil. 1560 und genauer p. 247: *ante templum costa piscis ingentis et sepulchrum antiquum in quo raptus Proserpinae)* erwähnt von Welcker S. 61 N. 27;

ein Sarkophag in der Kathedrale von Raffadali bei Girgenti, erwähnt, jedoch ohne nähere Angabe, von Welcker zu O. Müller, Handb. § 358 S. 536. Seine Existenz ist auf eine für mich durch Salinas geschehene Anfrage bestätigt, genauere Nachrichten von Freund Giuseppe Picone in Girgenti stehen noch aus;

ein Sarkophag in Adernò am Aetna, „von dessen Auffindung im Jahre 1843 die Kunde nach Deutschland gelangte" nach Urlichs (Jahrbb. d. Ver. d. Alt. des Rheinl. V (1844), 374), welcher sich jedoch jetzt der Quelle für diese seine Notiz nicht mehr entsinnen kann. Auch Stark und Schubring, der im Jahre 1866 die Stadt besuchte, wissen nichts von seiner Existenz; eine von Salinas an den Sindaco der Stadt gerichtete Anfrage ist erfolglos geblieben. Sollte derselbe zu der Ausbeute gehören, welche Gräber in der Nähe von Adernò geliefert haben und welche jetzt teilweis im Hause des Don Antonino Alcoria bewahrt wird? Dennis in Murrays handbook for travellers in Sicily p. 234 nennt allerdings nur Vasen und Münzen;

ein Sarkophag-Fragment „von ziemlich guter Arbeit, in der Villa der Mönche von S. Bernardo neben der alten Strasse, die von porta Pinciana nach acqua Acetosa führt", gesehen von Zoega[1]) (Welcker l. l. S. 50 N. 17; Gerhard S. 410 N. 37);

ein schönes Fragment, Pluton mit Persephone auf dem Viergespann, im Besitz Webers in Venedig, erwähnt von Welcker Ann. d. I. V, 146. Thiersch gedenkt desselben nicht. Wohin dasselbe gelangt ist, habe ich nicht erfahren können;

das Fragment eines Sarkophags di bello stile, dem cav. Lanci gehörig, von Em. Braun in der Adunanz des Instituts vom 28. Februar 1851 vorgelegt (Bull. d. I. 1851, 66), ebenfalls den

---

[1] Dass sich auch in den Originalaufzeichnungen Zoegas nicht mehr als diese dürftige Notiz findet, schreibt mir Matz, der das Fragment auch nicht gesehen hat.

Raub darstellend. Hervorgehoben wird nur, dass ein Greif[1]) an der Vorderseite des Wagens angebracht war. Auch dessen jetziger Aufenthaltsort ist mir nicht bekannt.

I. Klasse.

Von den beiden Klassen, in welche alle übrigen Sarkophage zerfallen, ist die erste, deren Merkmale Hauptrichtung der Figuren von links nach rechts und eine dem Raube feindliche Haltung der Pallas und Artemis ist, der Zahl nach bei weitem die grösste: von den 51 Denkmälern, welche nach Abzug der bisher genannten sieben übrig bleiben, gehören ihr 45 an. Innerhalb derselben aber stellen sich nach Massgabe bestimmter Eigentümlichkeiten der Composition mehrere Kategorien heraus. Zunächst zerfällt dieselbe in zwei Gattungen, je nachdem die Hauptdarstellung, d. h. die Vorderseite, zwei Scenen, nämlich die $\pi\lambda\acute{\alpha}\nu\eta$ $\varDelta\acute{\eta}\mu\eta\tau\varrho o\varsigma$ und die $\dot{\alpha}\varrho\pi\alpha\gamma\acute{\eta}$ $\Pi\epsilon\varrho\sigma\epsilon\varphi\acute{o}\nu\eta\varsigma$ enthält, oder drei, nämlich zwischen diesen beiden noch die $\dot{\alpha}\nu\vartheta o\lambda o\gamma\acute{\iota}\alpha$. In der ersten Gattung wird Pluton in der eigentlichen Entführungsscene von vorn gesehen und hält Persephone, welche nach rechts liegt, mit beiden Armen; die Zügel seines Gespannes sind am Wagen befestigt zu denken. In der zweiten Gattung stellen sich nach Massgabe der Art, wie Pluton in der Entführungsscene erscheint, je nachdem er von vorn oder von hinten gesehen wird, zwei Species, innerhalb dieser aber wieder Modificationen heraus, welche unten genauer zu besprechen sind. Zunächst gehen wir an eine Musterung der Sarkophage der ersten Gattung, über welche schon hier bemerkt werden möge, dass sie sich keineswegs als blosse Abkürzung der zweiten Gattung erweist.

I. Gattung.

Wenn auch nicht Grundlage für die Erklärung aller Sarkophage dieser Gattung, so doch in mehr als einer Beziehung geeignet, an die Spitze der hieher gehörigen Denkmäler gestellt zu werden, ist

1. eine Sarkophagplatte im Pal. Barberini, aufbewahrt in dem Antikenzimmer, welches an den von Pietro da Cortona mit Fresken geschmückten Saal dieses Palastes anstösst, bei Welcker

---

1) Vergl. über dessen sepulcrale Bedeutung als Wächter des Grabes Stephani Compte rend. p. l'année 1864 p. 139.

N. 12 S. 42 nach Zoega Appar. p. 400, bei Gerhard N. 7 S 397, publicirt von mir Ann. d. I. 1873 t. EF p. 73 sq., von leidlich guter Arbeit und ziemlicher Erhaltung.

I. ἁρπαγή. Pluton (mit einer über dem Kopf bauschender Chlamys) springt auf den Wagen; die Spitze seines rechten Fusses berührt noch den Boden. Er hält mit beiden Armen die schreiende [1]) Persephone über seinen linken Schenkel geworfen und fasst sie mit der Rechten unten am linken Schenkel, mit der Linken unter der linken Schulter. Der Kopf der Persephone kommt über dem Rücken der zwei vorderen Pferde zu liegen, und ihre Arme sind verzweiflungsvoll in die Höh gestreckt. Die straffen Lenkzügel der Pferde hält niemand; dieselben sind am Rande des Wagens befestigt zu denken; Führer der Pferde ist Hermes; über ihnen fliegt Eros[2]), mit beiden Händen eine Fackel haltend, als δᾳδοῦχος γαμικός; unter ihnen liegt Gaia mit Aehrenkranz im Haar und Früchten im Schooss. An die Ueberraschung bei der Anthologie wird hier, wie auf allen Denkmälern dieser Gattung, nur erinnert durch ein umgestürztes Gefäss (hier ein Korb am linken Ende der Scene liegend) mit Blumen und Früchten. Dicht hinter Pluton kommt Pallas (mit Helm, Lanze in der Linken und Schild am linken Arm); wenn schon der auf sie halb besorgnis- halb zornvoll gerichtete Blick und die Kraftanstrengung des Pluton in ihr seine Gegnerin vermuten lässt, so ist auch ihre gesammte Haltung durchaus die einer Verfolgerin. Schon streckt sie ihren rechten Arm aus, um dem Räuber seine Beute zu entreissen. Zwar ist ihr rechter Unterarm hier wie auf allen erhaltenen Sarkophagen dieser Gattung[3]) abgebrochen; vollständig erhalten aber wurde derselbe noch an dem zu dieser Gattung gehörigen, jetzt im Louvre befindlichen Sarkophage (S. 149) von dem Künstler gesehen, welcher ihn in der ersten Hälfte des 16. Jahrhunderts für den Besitzer der jetzigen Coburger Sammlung und für Pighius zeichnete: dort greift Pallas mit dem rechten Arm nach dem rechten Arm des Pluton, um Persephone zu befreien. Diese Zeichnung wird aber auch für

---

1) Vergl. Claud. II, 247
fertur Proserpina curru
caesariem diffusa noto planctuque lacertos
verberat et questus ad nubila rumpit inanes.

2) Für die Benennung Hesperos, welche Welcker Zschr. S. 84 dieser Figur gegeben hat, ist weder der Platz noch die Kleinheit derselben angemessen.

3) Erhalten ist derselbe auch an der Platte des Soane-Museum (§ 38 N. 6).

die richtige Deutung der zwei mit Pallas eine Gruppe bildenden Figuren wertvoll. Während nämlich an der barberinischen Platte wie an allen andern der rechte Arm der hinter Pallas stehenden weiblichen Figur abgebrochen ist, erscheint dieser auf jener Zeichnung vollständig und zwar den Schild der Pallas anfassend, um sie von ihrem Widerstande gegen den Raub zurückzuhalten. Dabei ist sie, was die barberinische Platte wieder sehr schön erkennen lässt, der Pallas mit solcher Hast nachgeeilt und strengt sich jetzt so sehr an, deren Widerstand zu hemmen, dass ihr, während sie in einer stark gekrümmten Stellung verharrt, um den Schwerpunkt ihres Körpers nach hinten zu bringen und so ihre Widerstandskraft zu erhöhen, der Mantel von der Schulter zu fallen droht und sie kaum Zeit behält, mit der freien linken Hand den Zipfel desselben zu erfassen und festzuhalten. Die entgegengesetzte Absicht hat die zweite weibliche Figur, welche zwischen der ebengenannten und der Pallas zum Vorschein kommt. Sie fasst mit ihrem linken Arm, der in jenen Zeichnungen wie auf einzelnen Sarkophagen vollständig, hier nur in seinem obern Teile erhalten ist, den rechten Arm der ersten, um ihn vom Schilde der Pallas los und somit diesen wieder frei zu machen, während sie ihre Rechte nach der entgegengesetzten Seite ausstreckt, wahrscheinlich um auf ein unerwartetes Ereignis hinzudeuten. Von welcher Art dies sei und zugleich, welche Namen den beiden weiblichen Figuren zukommen, hilft die poetische Fixirung des Mythus, obwohl sie eine völlig entsprechende Situation nicht kennt, entscheiden. Bei Euripides und Claudian widersetzt sich ausser Pallas die andre jungfräuliche und kampfbereite Schwester der Persephone, Artemis, dem Räuber, während wenigstens bei dem letzteren Aphrodite im Einverständnis mit Zeus diesen begünstigt; ihr Widerstand wird durch den Blitzstrahl des Zeus gebrochen. Dies kann das Ereignis sein, auf welches die zweite Figur, in welcher keine andre als Artemis[1]) zu erkennen sein wird, hindeutet, während ihre und der Pallas Gegnerin nur Aphrodite[2]) sein kann. Mit dieser aus dem Mythus gezognen Schlussfolgerung steht die tatsächliche Erscheinung der Figuren auf den Sarkophagen in vollem Einklang.

---

1) Für diese erklärten die Figur Zoega S. 44, Gerhard u. Fröhner Notice de la sculpt. ant. du Louvre I p. 90.

2) Dies hat schon Winckelmann, Gesch. d. K. V, 2, 4 erkannt.

Auf der barberinischen Platte hat die Figur, welche wir als Aphrodite in Anspruch genommen haben, die dieser entsprechende Stephane; die andre hat freilich hier nur eine einfache Tänie im Haar, aber die Platte Albani (Bassir. II t. XCVII. § 39 N. 4) zeigt an der entsprechenden Figur die Attribute der Artemis (kurzen Chiton und Stiefeln). Für blosse Gefährtinnen der Persephone, welche Stephani an dem entsprechenden Petersburger Sarkophage (S. 149) in diesen Figuren erkennen wollte¹), passen weder jene Attribute noch jene Action: die Gefährtinnen greifen nirgends selbständig in diese ein, sondern wo ihrer Erwähnung getan wird, ist es nur, um zu sagen, dass sie ihr Heil in der Flucht suchen: so die Sirenen bei Hygin fab. 141 (Dosith. p. 72) und die sicilischen Nymphen bei Claudian II, 204:

Diffugiunt Nymphae: rapitur Proserpina curru.

Und nur solche erschreckt fliehende oder knieend überraschte Gefährtinnen kennen auch die Denkmäler. Nur ist es nicht angemessen, diese mit Stephani nach Massgabe des homerischen Hymnus Okeaniden statt sicilische Nymphen zu nennen. Jener Hymnus ist, wie ich § 42 ausführlicher dartun werde, nicht Quelle für die Originale der Sarkophage gewesen: diese kennen nur den Raub in Sicilien, genauer bei Henna. So ist auch der hier, am Florentiner Sarkophage (S. 146) und der Platte der Villa Massimi (S. 152) hinter Pallas sichtbare runde Altar (bald mit, bald ohne Opfer) gewis für nichts anders als für eine Andeutung des der Demeter heiligen Haines von Henna, in welchen der Raub der Persephone verlegt wurde²), zu nehmen.

II. Die πλάνη Δήμητρος wird hier durch zwei Figuren gebildet: Demeter (mit einem über dem Kopf bauschenden Peplos) steht auf ihrem von zwei geflügelten Schlangen³) gezognen Wagen,

---

1) Bull. de l'Acad. Imp. des Sciences de St. Pétersbourg XII (1868) p. 276. Die Deutung, welche St. von der Aphrodite gibt, „dass die Okeanide fürchte, der mächtige Gott der Unterwelt werde selbst der Athena Böses zufügen, wenn sie ihn mit Gewalt zurückhalte" ist ohne innere Wahrscheinlichkeit und ignorirt die Haltung der Artemis vollständig.

2) Cic. in Verr. IV § 106. Arnob. adv. nat. V, 37. Dass dieser Altar an Chortanz denken lasse, ist eine unbegründete Vorstellung Gerhards Abh. d. Berl. Akad. 1863, 552 A. 289).

3) Vergl. Orph. h. XXXIX, 14. Ovid Fast. IV, 561. Met. V, 511 u. 642. Claud. r. P. I, 181. III, 52, 54 u. 139. Cornut. de nat. deor. c. 28.

eine Fackel in der Linken haltend, die Rechte gesenkt und vorn an den Mantel gelegt. Als Begleiterin dient ihr eine Figur mit grossen Flügeln, ihren Peplos bogenförmig wie ein Segel mit beiden Armen vor sich haltend, neben den Schlangen durch die Luft schwebend oder gleichsam segelnd. Das Motiv erinnert an die *Aurae velificantes sua veste* (Plin. h. n. 36, 29). Die Figur selbst aber mit Stephani C. R. pour 1859, 98 (vergl. Wieseler Phaethon S. 60) Aura[1]) zu nennen, scheint mir, da diese Tochter des Boreas (Q. Smyrn. I, 684) zu Demeter in keiner innern Beziehung steht, unstatthaft. Nicht mehr berechtigt ist die Bezeichnung der Figur als Hekate[2]). Schon die Flügel sprechen gegen diese. Visconti (Mus. Piocl. V p. 42) hat für diese Figur sowol als für die auf andern Sarkophagen erscheinende Wagenlenkerin die Bezeichnung Hore in Vorschlag gebracht, was deshalb nicht angeht, weil auf manchen Sarkophagen, z. B. auf dem barberinischen (§ 32 N. 2), beide Figuren zusammen vorkommen und doch in ihrer Erscheinung, besonders in der Grösse, beträchtlich von einander abweichen. Und da die Bezeichnung Hore für die Wagenlenkerin, wie wir sehen werden, recht eigentlich passend ist, wird für die hier erscheinende Begleiterin ein andrer Name gefunden werden müssen, und zwar ein solcher, welcher der Figur nach Bedentung wie nach Erscheinungsform entspricht. Dies ist Iris[3]), welche zwar zu Demeter in keinem engeren Verhältnis steht, wol aber in der nachhomerischen Dichtung und Kunst den Göttinnen, wie Hermes den Göttern, als Begleiterin und Dienerin beigesellt erscheint[4]): wie Hermes auf den Sarkophagen dem Pluton beim Raube als Knappe dient, so Iris als Begleiterin der Demeter, als diese die Tochter suchen geht. Ebenso entspricht die Erscheinungsform: der wie ein Bogen über dem Kopfe ausgespannte Peplos ist ein sprechendes Symbol der Thaumantis, *quae arquato coelum curvamine signat*[5]) (Ovid Met. XI, 590).

---

1) Unrichtig lässt Gerhard Abh. d. Berl. Akad. 1863, 549 u. 555 die auf den Sarkophagen der anderen Gattung erscheinende Wagenlenkerin der Demeter von Stephani Aura genannt werden.

2) Müller-Wieseler D. A. K. II, 108 S. 10.

3) Für Iris erklärte diese Figur Zoega (Bass. II p. 232 u. Zschr. S. 45), nach ihm Welcker (Zschr. S. 83) und Gerhard (l. l. S. 397 u. oft). S. Ann. 1873 p. 80.

4) Vergl. Welcker Gr. Gött. III, 43.

5) Vergl. Claud. III, 1 *cinctam Thaumantida nimbis*.

9. 2. In der Wahl der Figuren durchaus, in den Motiven fast ganz stimmt mit dieser überein eine Platte, publicirt von Mariangelus Accursius als Titelblatt seiner 1521 geschriebnen, 1524 in Rom gedruckten diatribae in Ausonium, Solinum, Ovidium[1]), „*cuius tempore integrum fuisse existimari potest*", aber ohne jegliche nähere Angabe, danach von Hieronymus Aleander[2]) in seiner expositio, welcher dieselbe sah „*in quibusdam Hispanorum aedibus e regione templi D. Ludovici*"; aber bemerkt, dass dieselbe schon „*aliqua in parte vetustatis vim passus est*", wiederholt, wenn auch nicht völlig genau, in Graev. thes. V, 758, bei Welcker S. 61 N. 28, bei Gerhard S. 401 N. 19. Dass diese jetzt verschollene Splatte weder mit einer der giustinianischen, wie Foggini Mus. Cap. IV p. 256 vermutete, noch mit einem Teil der Rospigliosischen (Welcker S. 62) identisch sei, lehrt der Augenschein, aber auch zwischen ihr und der barberinischen sind zu erhebliche Differenzen[3]), als dass sie für eine und dieselbe gehalten werden könnten.

Dasselbe gilt von der ebenfalls verschollnen

10. 3. Splatte, welche Aleander (l. l. p. 761) erwähnt *in fronte positum pulcherrimae porticus hortorum Quirinalium Ducis ab Altaems* (bei Welcker N. 28 S. 62, bei Gerhard N. 20 S. 401), wenn anders seine Angabe genau ist: *nihil distat ab eo quod delineatum proxime exhibuimus* (d. h. von N. 2), *nisi quod puer currum Plutonis supervolitans alatus est*. Letzterer Umstand würde zur barberinischen Platte stimmen, aber der Differenzen bleiben doch noch zu viele. Die weitere Bemerkung Aleanders: *sed et tres puellae inter Cererem Pallademque sitae alatae omnes videntur*, welche ihn vermutlich veranlasste, diese drei Göttinnen für Parzen oder Horen zu erklären, beruht auf ungenauer Beobachtung resp. falscher Uebertragung der Flügel der Iris auf die beiden andern.

---

1) Vergl. S. 15 A. 7).

2) Der von Mar. Acc. p. 63 citirte Hieronymus Aeander, welcher ihm Hdrr. vergilischer Gedichte zeigte, ist der Aeltere, der Cardinal-Bibliothekar der Vaticana († 1542).

3) Gaia hat hier im linken Arm ein Füllhorn und kein Bauschgewand; die Stellung des Eros, der hier keine Fackel, sondern eine Binde trägt und ungeflügelt ist, die Haltung und Bekleidung der Demeter, Artemis und der Aphrodite ist eine andre. Der Altar fehlt hier. Das Schwert in der Rechten der Pallas wird Zutat des Zeichners sein.

Dieselben Figuren — nur von dem Eros über den Rossen ist nichts zu bemerken — enthält auch

4. die Splatte Pamfili in Rom, hoch eingemauert in die dem Blumengarten zugewendete Seite des Casino dieser Villa, nach Zoega App. p. 259 bei Welker S. 48 N. 14, bei Gerhard S. 399 N. 14. Gaia hat hier, wie an N. 2, ein Füllhorn in der Linken, während sie die Rechte erhebt, als wolle sie sagen, die Rosse möchten ihrer und Pluton möchte der Persephone schonen. Sichre Auskunft über manche Einzelheiten dieser „nicht schlecht gearbeiteten" (Zoega), im ganzen gut erhaltnen, bisher meines Wissens noch nicht gezeichneten Platte machen weniger die kleinen Dimensionen, als die Höhe des Standortes unmöglich.

5. Dieselben Figuren sammt dem Ἔρως δᾳδοῦχος und dieselbe Haltung der Gaia wie N. 4 zeigt die Vorderseite des ehemals Mazarinschen, jetzt Rospigliosischen Sarkophags, eingemauert in die Eingangswand des Casino der Villa Rospigliosi in Rom (erwähnt in der Beschr. d. St. R. III, 2, 400, bei Welcker N. 8 S. 33, bei Gerhard N. 15 S. 399), zuerst, aber ungenügend, publicirt in den Admir. Rom. ant. a Petro Sancti Bartolo delin. notis I. P. Bellorii illustr. t. 59 u. 60 (t. 53 u. 54 ed. Rom. 1693), wiederholt von Montfaucon Ant. expl. I, XXXIX, verkleinert in Müller-Wieseler D. A. K. II, 9, 108, die Kurzseiten allein bei Hirt, Mythol. Bilderb. IX, 6, danach bei Millin gal. myth. LXXXVII, 341, Creuzer Symbol. IV, 2, T. III, N. 8 S. 463, Guigniaut rel. de l'ant. pl. 147 n. 553, nach einer neuen genauen Zeichnung vollständig publicirt von mir Ann. d. I. 1873 t. EF, II p. 80—87[1]). Andeutung der Ueberraschung bei der Anthologie ist hier nicht nur ein hinter Aphrodite liegendes umgestürztes Füllhorn, sondern auch ein unter den Pferden liegender Korb mit Blumen und Früchten. — Ausserhalb des Rahmens der Darstellung des Raubes stehen die beiden weiblichen Figuren, welche die Vorderseite auf beiden Seiten einschliessen: zwei Horen, hier nicht, wie anderwärts, geflügelt, in dem Bausche des vor den Schooss gehaltnen Chiton, der den ganzen linken Schenkel blos lässt (φαινομηρίδες), Früchte tragend. Vermöge ihrer Bedeutung an sich ein passender

---

[1]) Dort ist auch über die sehr geringfügigen Ergänzungen, desgl. über das in der Mitte (hinter der Gruppe der drei Göttinnen) ausgespannte Stück Vorhang, das jedoch vielleicht nur zur Abhebung der Gruppe dient, gesprochen.

Schmuck eines Sarkophags werden sie um so passender als Eckfiguren eines Sarkophags[1]), der den Mythus vom Raube darstellt, mit dessen zwei Hauptfiguren, Demeter und Persephone, sie in innerer Gemeinschaft stehen[2]). Auf einer Verkennung dieses ornamentalen Charakters der beiden Horen beruht die irrige Ansicht derer[3]), welche die eine derselben mit der Darstellung der rechten Kurzseite, nämlich mit der Zurückholung der Persephone von Pluton durch Hermes, in Verbindung bringen, dergestalt dass sie sagen, diese Zurückholung erfolge in Gegenwart und auf Bedeuten der Hore: eine Annahme, welche sich selbst mit dem Mythus nicht verträgt, insofern dieser die Horen nur als Gespielinnen der zurückgekehrten Persephone kennt[4]). Ueber den Sinn der Darstellung dieser Kurzseite selbst kann freilich kein Zweifel obwalten[5]): Hermes hat bereits seine Linke auf die rechte Schulter der neben Pluton stehenden Persephone gelegt, nachdem dieser mit der ausgestreckten Rechten, wenn auch ἑκὼν ἀέκοντί γε θυμῷ seine Zustimmung zu ihrer Wegführung gegeben hat[6]).

Grössere Schwierigkeiten bietet der Erklärung die Darstellung der linken Kurzseite sowohl an sich, als auch besonders deshalb, weil sie völlig isolirt dasteht: ein sitzender Flussgott und zwei stehende Nymphen. Ganz sinnlos und unverständlich ist Belloris Gedanke[7]) an einen *Naiadum chorus ad Apanum* (sollte wol heissen *Anapum*) *fluvium confugiens*, der tatsächlichen Erscheinung völlig

---

1) Vergl. A. d. I. 1873, 83.
2) Vergl. A. d. I. 1873, 90 sq.
3) Hirt Mythol. Bilderb. S. 73. Millin z. Gal. myth. l. l. Preller Dem. u. Pers. S. 127. O. Müller Handb. § 358, 3 u. Welcker in d. Anm. z. d. St., welcher diese Ansicht früher (Zschr. S. 88 A. 109) nicht gebilligt hatte, Brunn Rh. M. N. F. IV, 473, dem freilich nur Müllins Abbildung vorlag.
4) Vergl. S. 46 A. 5).
5) Dass nicht mit Montfaucon l. l. p. 78 an eine blosse Tröstung der Persephone durch Hermes, noch viel weniger mit Bellori an eine Unterredung des Pluton mit Hermes in Gegenwart der Lachesis zu denken sei, dass die 3 Figuren auch nicht mit Welcker Zschr. S. 88 einfach als Bild der Unterwelt zu fassen seien, habe ich Anm. l. l. S. 84 gezeigt.
6) Dass an dieser Platte vielleicht ein Schatten an Stelle der Persephone getreten sei, ist eine Vermutung, deren weitere Begründung ich I. l. S. 84 versucht habe.
7) Wiederkehrt derselbe im Text zu den Monum. Matth. III, 5, welcher überhaupt Belloris Erklärungen zu den Admiranda stark ausgenützt hat.

widersprechend Montfaucons Gedanke an *Proserpinae sociae, quae cum illa decerpebant flores*, unhaltbar endlich der einst von Welcker Ztschr. S. 88 ausgesprochne Gedanke „an das heitre Leben unter dem Bilde der alles belebenden Wassergottheiten gegenüber dem Bilde des Todes". Viel mehr innere Wahrscheinlichkeit hat die Vermutung Wieseler's (zu D. A. K. II S. 11), es möchten die Flüsse der Unterwelt, Kokytos, Styx und Lethe, dargestellt sein. Und vielleicht liesse die tatsächliche Erscheinung, dass der Flussgott (welcher Acheron zu nennen wäre) sich auf zwei Urnen stützt, welche auf einem Felsen liegen, über den aus einer derselben das Wasser herabfliesst, und dass die zwei Nymphen eine dritte Urne halten, in Verbindung gebracht mit der Schilderung der Unterweltsflüsse bei Homer Od. κ, 513 sq.

ἔνθα μὲν εἰς Ἀχέροντα Πυριφλεγέθων τε ῥέουσιν
Κώκυτός θ', ὃς δὴ Στυγὸς ὕδατός ἐστιν ἀπορρώξ,
πέτρη τε ξύνεσίς τε δύω ποταμῶν ἐριδούπων,

diese Vermutung noch annehmbarer erscheinen. Aber diese Darstellung wäre ohne innere Beziehung zu der des Raubes, was um so auffallender wäre, je unverkennbarer diese Beziehung bei der andern Kurzseite hervortritt. Eine solche Beziehung würde freilich gewonnen, wenn man in dem Flussgotte Acheron, in den weiblichen Figuren, welche die Urne halten, zwei Danaiden erkennen wollte. Denn dann könnte an den Moment der Einfahrt des Pluton mit seiner Braut in die Unterwelt gedacht werden, in welchem alle Büsser der Unterwelt Ruhe fanden und des Acheron Quellen *lacte novo tumuisse ferunt* (Claud. r. P. II, 352. Vgl. 325 sq.). Aber auch gegen diese Annahme erhebt sich der Einwand, dass es an jeglicher specieller Charakteristik der Unterwelt, wie im besondern der Danaiden, fehlt. Die Figuren sind einfach als Wassergottheiten charakterisirt. Dieser Umstand, wie die Richtung der Augen an allen drei Figuren nach demselben Punkte und der wenigstens in dem Gott sichtbare Ausdruck von Traurigkeit hat mich veranlasst (l. l. p. 86) in demselben lieber Lokalgottheiten zu erkennen, welche an dem Ereignis des Raubes selbst resp. an dem Schicksal der Demeter schmerzvollen Anteil nehmen, und zwar den See Pergus mit zwei Nymphen, in dessen Nähe die Sarkophagreliefs, der alexandrinisch-römischen Poesie folgend, den Raub vor sich gehen lassen. In den Sarkophagen der zweiten Gattung findet sich derselbe unter dem Gespann des Pluton ausgestreckt. Zeugen des Raubes aber sind als Nebenpersonen besonders passend auf Nebenseiten: so häufig erschreckte Gefährtinnen, oder Triptolemos auf dem Sarkophage von Barcelona (§ 39 N. 1). Mit nur unerheblichen Modificationen erscheint die Darstellung der Vorderseite, wie wir sie bisher kennen gelernt haben, an einer

13.   6. Splatte von Amalfi, eingemauert in der Kathedrale S. Andrea daselbst (in der Wand in der Nähe des Eingangs aus dem zweiten ins dritte Seitenschiff, erwähnt bei Welcker N. 25 S. 60 nach einer Mitteilung des Grafen Münster an Zoega, bei Gerhard N. 38 S. 410, meines Wissens noch nicht gezeichnet, mir näher bekannt durch Mitteilungen von Matz und Heydemann, welche die Arbeit eine ziemlich gute nennen[1]). Ausser den Eckhoren und dem Eros enthält dieselbe alle Figuren in derselben Weise wie die Vorderseite Rospigliosi; nur hat der Verfertiger derselben nicht unpassend Gaia hier nicht unter die Rosse des Pluton, sondern unter die Schlangen der Demeter gelegt und ihr statt des Füllhorns einen Zweig in die Linke gegeben. Dagegen ist die Darstellung der ἁρπαγή im Vergleich zu den bisherigen bereichert durch eine hier zum ersten Mal erscheinende hinter Aphrodite nach links, also nach Iris zu, eilende weibliche Figur ohne weitere Attribute, in welcher eine erschreckte Gefährtin der Persephone, eine der *nymphae diffugientes* (Claud. II, 204) zu erkennen sein wird.

14.   7. Alle bisher auf Sarkophagen dieser Gattung kennen gelernten Figuren zeigt der figurenreichste unter diesen, der Sarkophag der Uffizien in Florenz, bei Welcker N. 10 S. 37 nach Notizen aus Zoega's Reisetagebuch, bei Gerhard N. 24 S. 403. Derselbe stammt aus Rom, wo er sich noch im Anfange des 16. Jahrhunderts befand, wie alle Antiken in der Coburger Sammlung von Zeichnungen[2]). Eine Angabe des Standortes ist bei dieser Zeichnung (171 N. 140 S. 488), wie leider meistens, nicht gemacht. Von Rom kam er nach Florenz, wo er von Gori *in aedibus Nobb. Michelotiorum* gesehen und in den Inscriptionum

---

[1]) Auch die Erhaltung der Platte ist eine ziemlich gute; als fehlend wird nur bemerkt an Iris der rechte Arm, an Hermes beide Arme. In Bezug auf die Gruppe der 3 Göttinnen wird nur bemerkt, dass dieselbe der des S. Rospigliosi gleiche.

[2]) Matz Ber. d. Akad. d. Wiss. zu Berlin 1871, 447.

ant. graec. et rom. quae in Etrur. urbb. extant P. III t. XXV Florentiae 1743 schlecht, aber wenigstens ohne Restaurationen, in dem Zustande, in welchem er bereits vom Zeichner der Coburger Samml. gesehen worden war[1]), publicirt wurde. Nach seiner wahrscheinlich bei Gelegenheit seiner Versetzung in die Galleria degli Uffizi vorgenommenen Restauration[2]) wurde er von neuem etwas besser publicirt in der Reale Galleria di Firenze illustr. da Zannoni (1824) vol. III t. 152 u. 153 p. 197—240, doch ist auch diese Abbildung, wie die mir vorliegende treffliche Photographie von Ad. Braun zeigt, der guten Arbeit des Sarkophags, besonders dem significanten Typus des Pluton und der Schönheit der Gewänder der weiblichen Figuren, vorzüglich der Persephone, nicht gerecht geworden. — Hier sind an der Vorderseite ausser den regelmässig wiederkehrenden Figuren nicht nur die beiden (geflügelten) Eckhoren, der fackeltragende Eros, der hier auch ein Gewandstück, wahrscheinlich das flammeum (Claud. II, 326) hält, die (plump geratne) erschreckte Gefährtin[3]), ein Altar (mit Flamme) zwischen Aphrodite und Pallas, Gaia mit Füllhorn unter den Rossen zu sehen, sondern letztere Figur kehrt auch, wie an der Platte von Amalfi (N. 6), vor den Schlangen der Demeter wieder, nur ist sie anders als dort gebildet. Mit entblösstem Oberkörper, den linken Arm auf einen niedrigen Gegenstand (umgestürzte Cista oder Körbchen σιπύα oder σίφνον? Hesych s. v. Arist. Plut. 806)[4]) gestützt, erhebt sie ihr Gesicht wie

---

1) Dies gründet sich auf eine von C. Aldenhoven freundlichst für mich angestellte Vergleichung der Coburger Zeichnung mit dem Gorischen Stiche.

2) Die Restaurationen sind folgende: an Aphrodite und der Gaia unter den Pferden der Kopf, an letzterer auch der Daumen und die Wurzel der Rechten; an Pallas der grösste Teil des rechten Unterarmes mit der Hand, an Persephone fast der ganze linke Arm, an Eros beide Arme mit der Fackel, von der jedoch oben ein Ansatz der Flamme erhalten ist, an Hermes beide Unterarme nebst Zügel in der Rechten und Schlangenstab, endlich das vordere Rad des Wagens. Mit Unrecht erscheinen die entblössten Schenkel der Horen in dem Stiche Goris, welcher sie als Gefährtinnen der Persephone misverstanden hat, zum grössern Teil vom Chiton bedeckt; desgleichen ist hier der Rest des vorgestreckten rechten Armes der Iris übersehen; nur durfte Welcker nicht behaupten, dass diese, grösstenteils durch die Schlangen und durch die Fackel der Demeter bedeckte, Figur im Stiche ganz fehle. Die Höhe des Sarkophags beträgt 0,625, die Länge mehr als 2,5 M. Die Erhebung des Reliefs ist eine sehr starke.

3) Diese Gefährtin ist von Gerhard als Kyane misverstanden worden.

4) Vgl. den Sarkophag von Pisa § 38 N. 4 und die Platte des Louvre S. 151.

ihre Rechte zur Demeter auf, Anteil nehmend an ihrem Schmerz und Hilfe flehend zugleich [1]), daher ohne jegliches Symbol der Fruchtbarkeit [2]).

Die Kurzseiten, darstellend die Einführung der Alkestis in die Unterwelt durch Hermes und ihre Herausführung durch Herakles, stehen mit der Darstellung der Vorderseite in keinem Zusammenhang, ausser dass sie denselben Gedanken versinnlichen, wie der Raub und die Heraufholung der Persephone, insofern Alkestis wie Persephone ein Bild der menschlichen Seele ist [3]).

8. Unmittelbar mit diesem zu verbinden, wenn nicht gar identisch, ist der Sarkophag, bei Welcker Nr. 27 S. 61, bei Gerhard S. 401, N. 18, welcher von Georg Fabricius (Roma p. 204 ed. Bas. 1560) in Rom in S. Silvestro prope arcum Domitiani (d. i. in S. Silvestro in capite in der Nähe des Bogens des Marc Aurel) [4]) gesehen und folgendermassen beschrieben wurde: *Pluto quadrigis vectus raptam Proserpinam amplexu tenet exanimi similem, supra quam volitat alatus Cupido, currum praecedit Mercurius alato pileo et caduceo. In altera parte Ceres bigis invehitur tractis a serpentibus pinea taeda quam sinistra gestat investigans amissam filiam. Inter haec ab utraque parte comites*[5]*) Proserpinae flores collectos gestant veste ultra pubem sublata. A lateribus Hercules est leonis exuvio indutus dextra tenens clavam, sinistra anum quandam invadens cui verbera minitatur.* Dass letztere Alkestis ist, wird niemand bestreiten wollen. Die Vermutung über etwaige Identität dieses mit dem Florentiner, ehemals in Rom befindlichen Sarkophage könnte nur dann mit Sicherheit ausgesprochen werden, wenn die Beschreibung des Fabricius genauer und vollständiger wäre; bei dem Zustande, in welchem sie uns jetzt vorliegt, wo der Göttinnen, des

---

1) Vergl. Ov. Met. V, 475 sq.

2) Unrichtig, weil zu eng, ist Zannonis p. 238 Benennung dieser Figur als Henna. Gerade für die Irren der Demeter ist Henna bedeutungslos.

3) Vergl. E. Curtius Arch. Zeit. 1869, 15. Friedländer Darst. aus d. Sittengeschichte Roms III, 628.

4) Vergl. Becker Topographie der Stadt Rom S. 598 A. 63). Jordan Top. II, 415 sq.

5) Dies können nicht, wie Gerhard meinte, die drei Göttinnen, sondern nur die Eck-Horen sein.

Altars, der Gaia gar nicht gedacht ist[1]), lässt sich die Identität beider Sarkophage nicht mit Sicherheit aussprechen.

Auf allen andern Sarkophagen dieser Gattung fehlt die eine oder andre der Figuren, welche der Florentiner darbietet: so Gaia vor dem Gespann der Demeter und unter den Rossen des Pluton, desgleichen Hermes vor den letzteren auf dem

9. Sarkophage im Museum der Eremitage zu St. Petersburg 16 (Guédéonoff Sculp. ant. de l'Erémitage Imp. 260, publicirt von Stephani Parerg. archaeol. XXVI (Bull. de l'Acad. des Sciences de St. Petersbourg XII (1868) p. 276 T. 2—4) = Mél. gr. rom. III n. 1 t. 2—4)[2]). Die πλάνη umfasst hier, wie gewöhnlich, die Figuren der Demeter und der bis auf geringe Reste verlorenen Iris, die ἁρπαγή von links nach rechts: die erschreckt nach dem Raube hinblickende Gefährtin, die Gruppe der drei Göttinnen, Pluton und Persephone auf und Eros δᾳδοῦχος über dem Gespann von vier Pferden, welche sämmtlich mit ihren Hinterfüssen im Boden eingesunken mit den Vorderfüssen[3]) über Felsen — diese nehmen den Platz der Gaia ein — wegsetzen und von denen das dritte (von vorn) sich umsieht.

Die Kurzseiten zeigen in bedeutend grösseren Dimensionen die sitzende Sphinx, die Wächterin für die Ruhe der Verstorbnen.

In der Darstellung der ἁρπαγή stimmt mit dem vorigen Sarkophage vollständig überein die

10. Splatte des Louvre (Welcker N. 13 S. 45, Gerhard N. 29 17. S. 405), bei Froehner notice de la sculpture antique du Louvre I N. 64 p. 89. Dieselbe befand sich zur Zeit des Pighius (Cod. Pighian. f. 327)[4]), in Rom *aprezzo Campo fiore, in casa dov' è l*

---

1) Möglich ist jedoch, dass zwischen den Worten *inter haec* und *ab utraque parte* die Beschreibung der Göttinnen ausgefallen ist.

2) Fundort und Herkunft des Sarkophages, der 1,24 M. lang und 0,36 M. breit ist, sind, wie mir Stephani mittheilt, unbekannt.

3) Es ist also nicht die κάθοδος selbst dargestellt, und daher ebensowenig an die Höhle von Nysa mit Wieseler (D. A. K. II, 103 S. 10) als an die Schlucht von Erineos mit Froehner (notice de la sculpt. du Louvre I p. 90) zu denken, wol aber möge erinnert werden an die Felsen bei Henna, dem Lokal des Raubes auf den Sarkophagen, wie sie Claudian schildert II, 170:

*prohibebant undique rupes
Oppositae duraque deum compage tenebant.*

4) Jahn, Ber. der sächs. Ges. d. W. 1868, 217 N. 181.

Baccho del Michael Angelo, kam dann nach villa Borghese, wo sie Zoega an einer an die Hauptseite des Casino stossenden Wand sah, aus dieser in die Sammlung des Louvre, publicirt von Bouillon Mus. Napol. III pl. 35, Clarac mus. royal du Louvre pl. 214, 33 n. 366 und nach diesem von Müller-Wieseler D. A. K. II, 9, 103. In der Zeichnung der Coburger Sammlung (169 N. 37 bei Matz l. l. S. 487) und ihrer Copie[1]) im cod. Pighianus, über deren Wichtigkeit für die richtige Deutung der Gruppe der drei Göttinnen bereits S. 138 sq. gesprochen worden, ist noch vieles erhalten, was Zoega bereits nicht mehr sah, aber es fehlen auch hier schon beide Enden der Platte[2]). Die erwähnte völlige Uebereinstimmung der Darstellung der ἁρπαγή mit der des Petersburger Sarkophages ist besonders entscheidend für die Deutung der links hinter Aphrodite stehenden nach dem Raube blickenden Figur als einer erschreckten Gefährtin der Persephone und somit entscheidend gegen die Abtrennung dieser Figur von der ἁρπαγή und gegen ihre Verbindung mit der Gruppe, welche hier die Stelle der πλάνη Δήμητρος einnimmt, für welche sich Zoega, Gerhard, Wieseler und Froehner ausgesprochen haben, indem sie die Figur (die beiden ersten als Iris, die beiden letzten als Hekate-Selene) mit der hier links sitzenden Demeter verbanden, obwol doch die Figur von dieser vollständig ab und nach der entgegengesetzten Seite gekehrt ist. Die Nachbarschaft dieser Figur mit Demeter ist hier ebenso zufällig und bedeutungslos, wie auf allen andern Sarkophagen dieser Gattung. Dass aber, um nun zu der Gruppe links zu gehen, in der auf einem Stein sitzenden, nur hier vorkommenden Figur Demeter zu erkennen sei, hat niemand bezweifelt, fraglich ist nur, in welcher Situation sie und die neben ihr stehende weibliche Figur zu denken sei. Einfach mit Wieseler zu sagen, Demeter sitze vom

---

1) Vergl. Matz l. l. S. 450.

2) Jetzt beträgt die Länge der Platte nach Clarac 1,446, die Höhe 0,44 M. Die Arbeit nennt Froehner *très mauvais*, ihre Schönheit in den Zeichnungen, von denen ich nur die des Pighius selbst gesehen habe, kommt also auf Rechnung des Cinquecentisten. Erhalten ist in dieser Zeichnung ausser den schon oben (S. 138 sq.) und hier im Text erwähnten Teilen das vierte Pferd (bis auf die Vorderseite), die Fackel des Eros, der bei Clarac fälschlich einen Zügel hält, die Köpfe des Pluton, der Persephone und der Pallas, die Schlange am Kasten des plutonischen Wagens. Die Restaurationen hat Froehner l. l. verzeichnet.

Orte der Entführung entfernt, ohne etwas zu merken, hilft über gewisse gleich zu berührende Schwierigkeiten nicht hinweg und hiesse dem Künstler eine völlig uninteressante Situation zumuten. Die andern Ausleger haben nach Zoega's Vorgange in ihr die auf der πέτρα ἀγέλαστος sitzende Demeter, in ihrer Nachbarin eine eleusinische Brunnennymphe oder eine Tochter des Keleos (Wieseler) oder Metaneira (Gerhard) finden wollen. Allein diese Situation ist ebenso wie die erste weit entfernt davon, eine für den Fortschritt des Dramas bedeutsame und somit der plastischen Darstellung, noch dazu an so hervorragender Stelle, würdige zu sein; zudem fehlt es an einer Hauptsache, an dem Ausdruck der Traurigkeit, endlich vertragen sich nicht mit dieser Annahme die in der Zeichnung des Cinquecentisten erhaltnen Einzelheiten. Demeter mit dem linken Unterarm auf den Kalathos oder die σιπύα Δημητριακή (Hesych s. v. σίφνον)[1] gestützt, hält eine brennende Fackel aufwärts und blickt nach links, wo eine sich vor ihr aufbäumende Schlange erhalten ist. All dieser Apparat würde, selbst mit Rücksicht auf die Gesetze der bildenden Kunst, zur Demeter, welche auf der πέτρα ἀγέλαστος nicht als Göttin, sondern als γραῦς γυνή (h. Hom. in Cer. 105. Paus. I, 39, 1) sitzt, schlecht passen: Ebenso schlecht würde das Kopftuch und die in der Rechten erhaltne gesenkte Fackel bei der Nachbarin zu irgend einer der obigen Benennungen dieser Figur stimmen. Alle diese Einwürfe erledigen sich bei folgender Deutung. Die sich bäumende Schlange gleicht ganz und gar denen, welche vor den Wagen der Demeter gespannt erscheinen; ausserdem scheint hinter ihrem Kopfe noch der Rest eines Joches (wenn nicht ein Ring) erhalten, und so liegt die Vermutung nahe, dass mit der andern Schlange der Wagen der Demeter zu Grunde gegangen ist, welcher hier jedoch nicht die Göttin selbst, wol aber ihren Schützling Triptolemos getragen haben wird, dass somit hier die Aussendung des Triptolemos durch Demeter dargestellt war. Dass dieser bedeutsame Schlussakt in dem Drama des Raubes ein der bildenden Kunst ganz geläufiger Gegenstand war, ist bekannt; dass er auch als Vorwurf für den Schmuck eines Sarkophages diente, zeigt der berühmte Sarkophag von Wiltonhouse, den wir § 51 genauer zu besprechen haben. Ja dieser zeigt in der Art, wie Demeter auf einem Stein sitzt,

---

[1] Vergl. S. 147.

unverkennbare Aehnlichkeit mit dieser Darstellung[1]). Die neben Demeter stehende Figur mit Kopftuch und Fackel wird nun keine andre sein, als ihre Dienerin Hekate, welche auch auf andern analogen Denkmälern[2]), zum Teil inschriftlich gesichert, in ähnlicher Stellung begegnet. Als Dank der Mutter für Auffindung der Tochter war die Aussendung des Triptolemos in der Tat ein passendes Seitenstück zum Raube.

Mehr abgekürzt als an den beiden zuletzt betrachteten Sarkophagen, im übrigen nur wenig modificirt, erscheinen beide Scenen, welche die Vorderseite der Sarkophage dieser Gattung schmücken, an der

11. Sarkophagplatte Massimi, im Casino der Villa Massimi (ehemals Giustiniani) beim Lateran eingemauert, von mittelmässiger Arbeit und schlechter Erhaltung, bei Welcker N. 3 S. 28 nach Zoega App. p. 290, bei Gerhard N. 8 S. 397, publicirt in d. Gall. Giustin. II, 106, danach bei Montfaucon Ant. expl. I, XL, 1; die letzte Gruppe rechts auch bei Barbault recueil de mon. (1770) pl. 94 n. 3. Die πλάνη ist hier allein durch Demeter repräsentirt, die ἁρπαγή durch Pluton mit Persephone, Eros, Hermes, Gaia, Pallas, Artemis und die erschreckte Gefährtin. Abweichend von den bisherigen Darstellungen ist hier Gaia gebildet nur mit dem Oberleibe aus der Erde emporragend, Gesicht und rechte Hand zu Pluton aufhebend und die Linke auf die Brust legend, wie um ihn zu beschwören, sie selbst und Persephone zu schonen[3]). Der Wegfall der Aphrodite hat auch eine kleine Aenderung in der Haltung der Artemis und wol auch in der ein wenig ins linke Knie gefallnen Gefährtin zur Folge gehabt, doch ist nicht zu übersehen, dass an ersterer der rechte Unterarm, nach Zoega auch die linke Hand, an letzterer der Kopf und die Arme — Zoega nennt nur

---

[1]) Bei der Bildung der Demeter mit entblösstem Oberleibe — der Mantel, auf welchem sie zum Teil sitzt und der hinten hinaufgezogen ist, kommt nur auf der linken Schulter zum Vorschein — an unserm Sarkophag war gewis mehr der Gedanke an ihre Verwandtschaft mit Gaia als an ein Liebesverhältnis zu Triptolemos massgebend.

[2] Vergl. z. B. die Nolaner Vase Mon. d. I. I, 4 = Müller-Wieseler D. A. K. II, 9, 110, die Poniatowski-Vase Millin vas. II, 31. Gall. mythol. LII, 219 und andre welche Gerhard Abh. d. Berl. Akad. 1863, 388 sq verzeichnet.

[3]) Der über dem Kopf wallende Peplos, die Andeutung der Hast, mit welcher die Handlung vor sich geht, findet sich ebenso an der barberin. Platte (§ 36 N. 1).

die linke Hand — modern sind. Ausser dem Altar (mit Früchten), welchen wir schon S. 140 besprochen haben, erscheinen hier im Hintergrunde zwei Bäume, welche, wenn sie antik sind [1]), wie jener als Andeutung des nemus Hennense (Claudian II, 105 sq. Cic. in Verr. IV, 48, 107) zu fassen sind.

Alle übrigen zu dieser Gattung gehörigen Darstellungen sind mehr oder weniger vollständige Fragmente, Sarkophagen angehörig, welche mit den bisher betrachteten Typen im ganzen übereinstimmen.

So enthält die Figuren von der linken Eckhore bis zur Pallas des Sarkophages Rospigliosi (N. 5) die

12. fragmentirte Sarkophagplatte ziemlich guter Arbeit, welche [19.] ebenfalls im Casino der villa Massimi hoch oben eingemauert ist, bei Welcker N. 5 S. 30 nach Zoega App. p. 289, bei Gerhard N. 10 S. 398, publicirt in der Gall. Giust. II, 79 und danach in Welcker's Zeitschr. Taf. II, 4. Nur ist die Eckhore hier geflügelt und trägt nicht Blumen und Früchte im aufgehobnen Gewandschurz, sondern hält mit beiden Händen ein Feston von Blumen, am Boden liegen zwei umgeworfne Blumenkörbe und im Hintergrunde ragt zwischen Artemis und Pallas eine Cypresse hervor, welche, vermöge ihrer Bedeutung [2]) an einem Sarkophag an sich passend, zugleich als Andeutung des an Cypressen reichen Haines von Henna (Claud. II, 108) aufgefasst werden kann.

Diejenigen Figuren, welche diesem Fragment fehlen, um es zu einer vollständigen, hieher gehörigen Platte zu machen, also die rechte Seite derselben, weist auf

13. ein Fragment in der Galleria delle Statue des [20.] Vatikans, an der Wand links vom Eingange aus dem Saal der Thiere N. 61 (Beschr. d. St. R. II, 2, 183), bei Welcker N. 15 S. 48, bei Gerhard N. 3 S. 396; denn dieses enthält die übrigen Figuren des Sarkophages Rospigliosi, nämlich Pluton mit Persephone auf dem Viergespann, Hermes und die rechte Eckhore (und zwar wie an N. 12 mit Feston), nur Eros fehlt, und die Haltung der Gaia und der Pferde ist eine andre: und zwar erstere ähnlich

---

1) Völlige Sicherheit lässt sich darüber bei dem hohen Standort des Reliefs nicht gewinnen. Zoega hat keinen, Matz einen leisen Zweifel an ihrem antiken Ursprung.

2) Serv. z. Aen. III, 681. Bötticher Baumkultus S. 486.

wie an der Platte Massimi Nr. 11, nur dass sie nach rechts gewandt ist, letztere wie an den Sarkophagen des Louvre und der Eremitage. Natürlich aber kann dieser Umstand, wie die Tatsache, dass ein beträchtlicher Teil der giustinianischen Sammlung in den Vatikan übergegangen ist, noch nicht die Vermutung begründen, dass beide Fragmente zu Einer Platte gehören. Dazu wäre vor allen Dingen eine Messung nötig, welche durch den gegenwärtigen Standort des erstern Fragment unmöglich gemacht wird. Die Art der Arbeit dürfte vielleicht stimmen.

Dem obengenannten ganz ähnlich, wenn auch sicher nicht zu N. 12 gehörig, ist

14. ein zweites jetzt im Vatikan und zwar im Museo Chiaramonti N. 323 (Beschr. d. St. R. II, 2, 60 n. 321) befindliches Fragment, bei Gerhard N. 4 S. 396, bei Welcker fehlend, enthaltend nur die vier Rosse, Hermes, die rechte Eckhore (jedoch schon ohne Kopf und einen Teil der linken Seite) mit Früchten im Schurz. Am Wagenkasten ist, wie an der Platte des Louvre, eine Schlange, am Rade, wie oft, ein Löwenkopf gebildet.

15. Etwas mehr ist erhalten an einem Fragment von sehr guter Arbeit, welches mit einem zweiten zu demselben Sarkophage gehörigen, bis jetzt aber nicht näher bekannten Fragment im Jahre 1865 in Ostia ausgegraben und von C. L. Visconti Ann. d. I. 1866 t. S. 2 p. 325 publicirt worden ist. Auch hier ist die Haltung der Pferde wie an den Sarkophagen der Eremitage und des Louvre, aber hier ist noch Hermes (ohne Hut) beigegeben, mit beiden Beinen im Boden stehend und sich nach den Pferden umsehend, deren vorderstes er am Zügel fasst. Die (flügellose) Eckhore mit erhobnem Schurz, in welchem aber nichts ausgearbeitet ist, steht auf den Zehen und nicht ganz en face, sondern etwas nach rechts gewandt. Von Persephone ist nur der Kopf, der Unterarm nebst Hand und der linke Fuss, von Pluton nur der linke Schenkel, über welchen Persephone geworfen war, erhalten.

Von der Mittelgruppe sind, allerdings auch nur fragmentarisch, erhalten Pluton, Persephone, Pallas und Artemis an einem Fragment der Sammlung Ince-Blundell-Hall in England, dessen Zeichnung ich Matz verdanke. Ergänzt sind sämmtliche Köpfe, an Pallas jedoch nur das Gesicht, ausserdem an ihr der rechte Unterarm, an Artemis rechte Arm und Bein, die linke Hand, an Pluton die Brust und die linke Hand, an Persephone der Oberleib und beide Arme. Die erhaltnen Teile sind von guter Arbeit.

Noch unbedeutender sind folgende Fragmente, auf welche mich ebenfalls Matz aufmerksam gemacht hat:

16. zwei kleine Fragmente, auf dem Palatin gefunden, sind möglicherweise Stücke der ἁρπαγή: Oberleib der Gaia (mit Aehren bekränzt), nach rechts aufblickend, also wie am vatikanischen Fragment N. 13, und der Kopf des Hermes (mit Petasos) samt der Rechten, welche erhoben ist, um nach den Zügeln zu greifen, wie am Fragment von Ostia N. 15. Oben ist ein Stück des Randes erhalten; der Leib der Gaia ist ringsum gebrochen.

17. Die dieser Gattung eigentümliche Gruppe der drei Göttinnen Aphrodite, Artemis und Pallas enthält ein Fragment im Pal. Castellani in Rom.

18. Geringe Reste der ἁρπαγή und der πλάνη enthält ein Fragment (ringsum gebrochen) des P. Corsetti in Rom, nämlich Kopf und Brust der erschreckten Gefährtin, welche nach rechts blickt und welcher, wie am Sarkophag des Louvre, das Gewand von der linken Schulter gleitet; hinter dieser die etwas kleinere Iris, die mit beiden Händen ihren Peplos vor sich hält und vor dieser Kopf und Hals der einen Schlange des Demetergespannes.

19. Schliesslich ist hier noch eines Reliefs zu gedenken, welches die linke Kurzseite eines zu dieser Gattung gehörigen Sarkophages bildete, welches sich jetzt im Museum der Akademie zu Mantua befindet, publicirt im Museo di Mantova I, 3 und danach von Wieseler D. A. K. II, LXVIII, 857. Dass es die linke Kurzseite bildete, wird dadurch bewiesen, dass vom Relief der Vorderseite an der linken Seite noch der Rest einer Schlange erhalten ist, welche, wie schon Conze Arch. Anz. 1867, 103* vermutet hat, zum Gespann der Demeter gehört. Dass der Inhalt der Darstellung die Abholung der Persephone [1]) von Pluton durch Hermes ist, hat schon Mainardi in der Beschreibung dieses Reliefs (descrizione di un bassorilievo di Mantova, M. 1832) erkannt, nachdem dieselbe im Museo della Reale accad. di Mantova 1790 p. 35 und danach in dem von Carlo d'Arco und den fratelli Negretti 1830 herausgegebnen I. Bande des Museo d. R. A. d. M. p. 12 auf Orpheus in

---

1) Auch von dieser gilt die von mir Ann. d. I. 1873 S. 84 und oben S. 144 A. 6) ausgesprochne Vermutung.

der Unterwelt bezogen worden war. In den Figuren des Hermes, der Persephone, des Pluton und des Kerberos stimmt dieselbe bis auf geringe Einzelheiten mit der des Sarkophages Rospigliosi überein, nur dass diese die rechte Kurzseite einnimmt. Nur ist die Scenerie hier reicher — zwei Eichenstämme, an deren einem (links) sich eine Schlange heraufwindet, überdachen und rahmen zugleich das Ganze ein, was um so auffallender ist, als neben dem Throne, auf dem Pluton und Persephone sitzen, in der Ecke ein Vorhang aufgespannt ist, hinter welchem Kopf und Brust einer weiblichen Figur sichtbar wird, über deren Bedeutung um so schwerer ins klare zu kommen sein wird, als sie sich nur hier findet. Brunn[1]) freilich hat unter Zustimmung Welcker's (zu Müller Handb. § 358, 3) diese Figur ohne weiteres für dieselbe Hore erklärt, welche am Sarkophag Rospigliosi „in ihrem Gewande Früchte trägt" und sie wie dort und am Ehesarkophag von S. Lorenzo mit der Abholung der Persephone in Verbindung gebracht, „um zu sagen, dass die Zeit der Trennung gekommen sei". Allein erstens ist die tatsächliche Erscheinung beider Figuren eine verschiedne, was Brunn nicht entgangen wäre, wenn er das Original oder eine getreue Abbildung des Sarkophags Rospigliosi vor Augen gehabt hätte, und zweitens hat die Hore des Sarkophags Rospigliosi sicher nichts mit der Kurzseite zu schaffen, sondern ist ornamentale Eckfigur der Vorderseite. Endlich weiss der Mythus, wie schon oben bemerkt, ebensowenig etwas von einer Hore, *che viene richiedere il ritorno di Pros.*[2]) wie von einer „mit Persephone herabgestiegnen Herbsthore"[3]). Selbst aber diese Möglichkeit zugegeben, diese vollständig abgewandte und nach der entgegengesetzten Seite blickende Figur nimmt schlechterdings keinen Anteil an der Abholung der Persephone, wie überhaupt nicht an der dargestellten Handlung. Wieseler fasste dieselbe daher einfach als eine der Unterweltsnymphen, wie er sie in den Flussnymphen der linken Kurzseite des Sarkophages Rospigliosi vermutet hatte; allein mit einer solchen ist hier nicht mehr anzufangen, als mit einer der Danaiden, an welche im Museo di M. I p. 13 gedacht worden ist. Ich glaube[4]), dass diese Figur eben-

---

1) Rh. M. N. IV, 473. Vergl. A. d. I. 1844, 197.
2) Brunn Ann. l. l.
3) Rossbach, Röm. Hochz. u. Ehedenkm. S. 89.
4) Vergl. Ann. d. I. 1873, 83.

sowie die oben beschriebne Scenerie specielle Zutat des Arbeiters dieses Sarkophags ist, zur Hälfte hervorgegangen aus Misverständnis und zwar aus Misverständnis eben jener Eckhore, auf welche Brunn hingewiesen hat. Er bedurfte zur Ausfüllung der hier ungewöhnlich langen Kurzseite noch einer oder mehrerer Figuren und wählte dazu ausser dem Baumschlag noch die erste sich darbietende Figur der Vorderseite, nahm aber an ihr ihm dienlich scheinende Veränderungen vor, namentlich die des aufgehobnen Gewandschurzes mit Früchten in einen Vorhang und Schale[1]: ein an sich nicht auffallendes Verfahren, das dem Arbeiter dieser Platte um so eher zugemutet werden darf, als er auch dem Hermes misverständlich statt des Caduceus einen Hirtenstab gegeben hat.

Dies sind die Denkmäler, welche zu dieser ersten Gattung von Sarkophagreliefs gehören. Das nach einer Zeichnung Millins von Raoul Rochette Mon. ined. pl. LXXVII n. 1 p. 406 publicirte Relief unbekannter Herkunft und ungewisser Existenz enthält in seiner rechten Seite nicht sowol eine Darstellung des Persephoneraubes, als die Entführung einer Sterblichen (deren Schicksale, Geburt, Unterweisung, Tod den Inhalt der vorangehenden Scenen bilden) unter dem Bilde des Persephoneraubes[2] und zwar mit geringen Modificationen nach dem Muster eines Sarkophages dieser Gattung, wie die Haltung des Pluton, Eros δᾳδοῦχος, Hermes (von Rochette, der die Darstellung nicht erkannt hat, als Dioskur misverstanden) und der Gaia beweist: nur die Haltung der Verstorbnen, welche sich nicht wie Persephone sträuben kann, ist eine andre.

Wir kommen jetzt zu den Sarkophagen der zweiten Gattung.

II. Gattung.

Denselben ist mit denen der ersten Gattung gemeinsam die Richtung der Gespanne der irrenden Demeter und des Pluton nach rechts und eine gegen den Raub feindliche Haltung der Pallas und der Artemis; eigentümlich ist ihnen noch eine dritte zwischen die πλάνη und ἁρπαγή gelegte Scene, nämlich die Ueberraschung der Persephone bei der Blumenlese und zwar so dargestellt, dass Pluton mit einem Mantel, der die Brust frei lässt, bekleidet, ein

---

[1] Eine Schale (keine Muschel oder Fruchtschurz) gibt die Abbildung und der Text zu beiden Ausgaben des Museo di Mantova.

[2] Gleiches gilt von dem Gemälde der *abreptio Vibies* § 43.

Scepter in der Linken haltend, von hinten an Persephone herantritt, welche neben einem Blumenkorb knieend nach der Seite, von welcher Pluton naht, blickt. Eigentümlich ist ihnen ferner mit seltnen Abweichungen die Haltung der Persephone auf dem Viergespann in der Entführungsscene: der Oberkörper nach hinten (links) gebogen, der linke Arm über den Kopf genommen, der rechte Arm nach unten ausgestreckt; Pluton hält sie nur mit einem Arm; ferner ausser Hermes, dem Führer des Gespanns, Eros über, Enkelados unter den Rossen, an Stelle der Gaia der Gott des Lokals, an dem der Raub erfolgte, der See Pergus. Eine Scheidung dieser Gattung aber zunächst in zwei Species bringt die Haltung des Pluton in der ἁρπαγή mit sich: zu der einen gehören diejenigen, in welchen er, wie in der ersten Gattung, von vorn, zu der andern diejenigen, in welchen er von hinten gesehen wird. In letzterm Falle hält er Persephone mit der Linken, in der Rechten die Zügel und blickt in Aufregung nach der Verfolgerin Pallas um, welche seinen linken Arm von der Persephone wegzustossen sucht; im erstern Falle hält er Persephone mit der Rechten, während die Linke die Zügel, zuweilen zugleich ein Scepter hält. Letzterer Unterschied steht wieder mit andern Verschiedenheiten im Zusammenhang und ruft wieder eine Scheidung der ersten Species in zwei Typen hervor. Im ersteren Typus, in welchem Pluton allein die Zügel hält, wird der Wagen der Demeter von zwei geflügelten Schlangen gezogen, Iris fehlt; im zweiten tritt Eros als Lenker des plutonischen Gespannes auf, und der Wagen der Demeter wird von zwei Pferden gezogen und von Iris begleitet, als Zuschauer in der Ueberraschungsscene erscheint Zeus in kleiner Figur in der Höhe. Die Kurzseiten dieser zweiten Gattung enthalten meistens die Abholung der Persephone durch Hermes, wenig verschieden von der Darstellung der ersten Gattung, und Gefährtinnen der Persephone in erschreckter Haltung bei der Blumenlese.

Nach dieser zur Orientirung notwendigen Uebersicht wenden wir uns zu den Sarkophagen der

1. Species,

also zu den Sarkophagen mit rechtsläufiger, in drei Scenen sich abspielender Handlung, in deren dritter (ἁρπαγή) Pluton von vorn gesehen wird, und zwar zunächst zu denen des

1. Typus,

in welchem Pluton allein mit der Linken seine Rosse zügelt und §:
Demeter ohne Iris auf einem von zwei geflügelten Schlangen gezognen Wagen fährt.
Verhältnismässig das beste Abbild dieses Typus, daher von uns zur Grundlage zu nehmen ist der

1. Capitolinische Sarkophag, bei Welcker N. 2 S. 25, bei 28. Gerhard N. 1 S. 395, im Corridor des 1. Stockwerks des capitolin. Museum (Beschr. d. St. R. III, 1, 165), gekauft und ins Museum gebracht von Papst Clemens XII.[1]), publicirt im Mus. Capit. IV, T. 55, die Kurzseiten S. 257 (281), mit Text S. 257—264 (281 bis 290) von Foggini; die Vorderseite, aber nicht nur unvollständig, sondern auch sehr fehlerhaft, in Hirt's Bilderb. Heft 1 Taf. IX, 5; das dort fehlende, aber wieder nicht vollständig, in Welcker's Ztschr. T. II, 6 und die linke Kurzseite ebendaselbst T. I, 7. Der Sarkophag ist von schlechter Arbeit, wol, wie schon Zoega bemerkt hat, dem dritten Jahrhundert angehörig.

I. Die πλάνη wird gebildet durch Demeter, welche mit allen Zeichen selbstvergessnen Schmerzes[2]), aufgelöstem Haar, entblösster rechter Brust und Schulter, wild über dem Kopf flatterndem Mantel, auf dem von zwei Schlangen gezognen Wagen steht, in der erhobnen Rechten und wol auch in der gesenkten Linken eine Fackel[3]) haltend und rückwärts blickend[4]). Vor dem Wagen liegt nach rechts Gaia — mit Unrecht von Foggini Sicilia genannt, da Demeter die ganze Erde durchirrt — mit Laub und Aehren bekränzt und ein Blumenfüllhorn haltend, um welches sich ein Eros — unrichtig von Foggini Frühlingshore genannt — zu schaffen macht.

II. Die ἀνθολογία wird durch fünf Figuren gebildet: durch Pluton, welcher die am Oberkörper entblösste Persephone bereits

---

1) Bellori pict. ant. crypt. et sepulcr. Nason. p. 132.
2) Vergl. Hom. h. in Cer. 40. Ovid Met. V, 472 und 513. Claudian III, 381 u. 406.
3) Der obere und unterste Teil des Scepters, welches sie jetzt in der Linken hält, ist neu.
4) Die Hore, welche sich als Lenkerin ihres Wagens in Hirts Abbildung findet, ist ebenso wie die Demeter nicht die des capitolinischen Sarkophags, sondern die der vatikanischen Platte (§ 40 N. 3).

mit seinem rechten Arm umfasst, durch einen am Boden knieenden Eros, welcher sich, ähnlich wie am Sarkophage von Tarragona (§ 37 N. 3) und am Wiener Sarkophage (§ 40 N. 1), bereits mit ihrem Gewande befasst, Aphrodite (mit Stephane, Schleiergewand und Scepter), welche von hinten ihr Gesicht der Persephone zuneigt, um ihr gut zuzusprechen, und durch Artemis, welche die entgegengesetzte Haltung beobachtend, einen Pfeil aus dem Köcher zieht und ihren Bogen zurechtmacht, um Pluton an seinem Vorhaben zu hindern.

III. Wie immer am figurenreichsten ist die ἁρπαγή. Pluton nach vorn gebeugt lenkt mit der Linken sein Gespann[1]), mit der Rechten umfasst er Persephone, welche hier insofern von den übrigen Darstellungen dieser Gattung abweicht, als sie ihren Oberkörper nicht so sehr zurückwirft und sich überhaupt nicht so sehr sträubt, sei es, dass dies für die Verstorbne, denn Persephone hat hier Portraitkopf, nicht passend schien, sei es, um die Wirkung des hinter ihr stehenden und sie schiebenden Eros, ein höchst anmutiges Motiv, noch mehr hervortreten zu lassen. Die entgegengesetzte Rolle wie dieser Eros spielt Pallas, welche mit ihrem rechten Arm den rechten Arm der Persephone von der Umarmung des Pluton loszumachen sucht. Ausser Hermes, dem Führer des Gespanns, erscheint hier auch wieder Eros[2]) δᾳδοῦχος über demselben fliegend und nach Persephone sich umsehend, offenbar, um sie aufzuheitern; unter den Pferden befinden sich als Vertreter der drei Welten, welche das Gespann Plutons berührt, der Ober-, einer Zwischen- und der Unterwelt, drei Figuren in folgender natürlicher Reihenfolge (von links nach rechts):

1) ein bärtiger Wassergott, in der Linken einen Schilfstengel haltend, das Gesicht und die Rechte erhebend, wie Gaia an den Sarkophagen der ersten Gattung, den Pluton um Erbarmen mit Persephone flehend. Wenn wir schon oben für Gaia in dieser Situation die Bezeichnung Sicilia vorschlugen, so müssen wir in diesem einen sicilischen Wassergott erkennen, also nach der gang-

---

1) Ovid Met. V, 402 sq.:
raptor agit currus, et nomine quemque vocando
exhortatur equos: quorum per colla iubasque
excutit obscura tinctas ferrugine habenas.

2) Für Hymenaeus, wie Foggini will, ist er zu klein; bei Hirt fehlt er ganz.

barsten Tradition den Pergus, in dessen Nähe sich Demeters Haus befand, der daher am Schicksale der Persephone den lebhaftesten Anteil nehmen musste. Für Sicilien als Lokal des Raubes spricht mit unabweisbarer Notwendigkeit die folgende Figur, Enkelados, der Riese, auf welchem Sicilien

$τριγλώχιν\ ὁλοῷ\ νῆσος\ ἐπ'\ Ἐγκελάδῳ$

(Callim. fr. 24 [382] Bergk. p. 572 Schneider) ruhte. Damit fallen alle diejenigen Benennungen, welche von andern versucht worden sind[1]: Okeanos (Zoega, Welcker Ztschr. S. 69, Gerhard, Abh. d. Berl. Akad. 1863, 554 A. 298), Apanus — soll wol heissen Anapus — (Amaduzzi u. Venuti zu Mon. Matth. III, 5 nach Bellori zu Admir. t. 59), Kephisos (Wieseler), Kokytos (Carmelo la Farina), Acheron (Rosini lettere pittoriche sul Campo Santo di Pisa, Pisa 1810) — gegen die beiden Unterweltsströme spricht die Reihenfolge der drei Figuren — endlich auch Chrysas (Zannoni gall. di Fir. III p. 234), denn dieser Fluss gehört nicht zum Gebiete von Henna, sondern zu dem der Assoriner (Cic. in Verr. IV, 44, 96) und steht mit dem Raube in gar keiner Beziehung. Zu diesem Pergus wird auch das schlangenartige Thier (Wasserschlange) gehören, welches sich hinter ihm unter dem Bauch des vordersten Pferdes hervorwindet, in welchem Zannoni Gall. di Fir. vol. III p. 236 höchst sonderbarer Weise den in einen Drachen verwandelten Zeus erkennen wollte, welcher sich seinem Nebenbuhler Pluton widersetze.

Ebensowenig bedarf jetzt noch eines Beweises, dass die zweite Figur, der bärtige in Schlangen ausgehende, nur mit dem Oberleib aus dem Boden hervorragende, beide Arme zur Abwehr gegen die Rosshufen und Wagenräder ausstreckende [2] Alte nicht Tartaros (Zoega) oder Typhoeus (Visconti Mus. Piocl. V p. 43 und Hirt), sondern Enkelados zu nennen sei.

Ganz singulär ist an diesem Sarkophag die dritte, ebenfalls nur mit dem Okerkörper aus der Erde emporragende Figur,

---

[1] Keiner Widerlegung bedarf die Ansicht Fogginis, welcher auch in dieser Figur den Enkelados erkennt.

[2] Vergl. Claudian II, 156 sq.:

pressaque gigas cervice laborat
Sicaniam cum Dite ferens tentatque moveri
debilis et fessis serpentibus impedit axem.

welche den Zeigefinger der rechten Hand auf ihre Lippen legt. Mit Foggini in ihr Tantalos zu erkennen, verbietet das knabenhafte Aussehen; ebendasselbe, noch mehr aber der Platz und die Richtung derselben spricht gegen Kyane, an welche Visconti l. l. gedacht hat. Beides, Platz und Richtung, weist auf eine der Unterwelt angehörige Figur hin, das knabenhafte Aussehen aber und der Gestus der rechten Hand passt auf niemand anders als auf Askalaphos — so schon Zoega —, den Sohn des Acheron, der durch seine Zunge die vollständige Rückkehr der Persephone verhinderte und dadurch hier passend auf die Darstellung der anstossenden — rechten — Kurzseite hinweist, andrerseits aber auch Strafe auf sein eignes Haupt herabzog und daher auch passend durch jenen Gestus zur Schweigsamkeit auffordert.

Ebenfalls völlig singulär, aber wol nur der Phantasie des Arbeiters dieser Platte entsprungen, und an der Original-Composition nicht vorhanden, sind die folgenden zwei wieder in normaler Grösse gebildeten Figuren einer Nike und des Herakles, zwischen dessen Beinen ein gewaltiger Hundekopf zum Vorschein kommt. Oder lässt sich wirklich die erstere, welche ihrer Stellung wegen nicht für eine blos ornamentale Figur, wie die Eckhoren der ersten Gattung, gehalten werden kann, so in den Rahmen der Composition hineinziehen, dass sie dem Pluton, ähnlich wie Pallas auf den Sarkophagen der zweiten Klasse, für den glücklich vollbrachten Raub einen Kranz reichte?[1]) Ist dieser Gedanke schön und eines Künstlers würdig zu finden? Bei der Pallas liegt die Sache anders: diese erscheint in dem jenen Sarkophagen zu Grunde liegenden Mythus (orphische Poesie), wie Aphrodite für den Raub eingenommen. Ist dieser Raub der wehrlosen Persephone aber ein Sieg, für welchen Nike dem Pluton den Lorbeer reichen müsste? Vollständig mislungen aber sind die Versuche, den Herakles mit der Darstellung des Raubes in Verbindung zu bringen[2]). Ganz ungereimt ist der Gedanke Fogginis, Herakles halte den Kerberos zurück, damit er sich nicht der Persephone widersetze, desgleichen die Meinung Zannonis (Gall. di Fir. III p. 227), es möge irgend ein

---

1) Ueber die angebliche Nike des Sarkophags von Salerno s. § 38 N. 3.
2) Mit der tatsächlichen Erscheinung steht Gerhards Meinung (Abh. d. Berl. Akad. 1863, 508 u. 553 A. 295), dass Herakles die Rosse des Pluton leite, in Widerspruch.

Dichter gesungen haben, Herakles habe den Kerberos aus der Unterwelt gebracht, als Pluton die Persephone in diese herabführte. Auch die Ansicht Viscontis l. l., Herakles sei als Andeutung des Ortes des Raubes aufzufassen, beruht nur auf einem Misverständnis der Worte des Diodor V, 4, welche gar nicht besagen, dass Herakles bei Syrakus die Opfer zur Erinnerung an den Raub der Persephone eingesetzt habe, sondern nur, dass er Urheber des staatlichen Opfers ($\tau\alpha\acute{\upsilon}\varrho\upsilon\varsigma\ \beta\upsilon\vartheta\acute{\iota}\zeta\varepsilon\iota\nu\ \dot{\varepsilon}\nu\ \tau\tilde{\eta}\ \lambda\acute{\iota}\mu\nu\eta$) in Syrakus geworden sei. Herakles ist ebensowenig ein Vertreter der Unterwelt als er am Raube der Persephone irgendwie beteiligt ist. Beide Figuren verdanken vielmehr wahrscheinlich ihr Dasein dem Streben, welchem wir so oft bei den Relief-Darstellungen der Sarkophage begegnen, das Schicksal des Verstorbnen als ein glückliches zu kennzeichnen und die Hoffnung auf eine Wiedervereinigung mit den Ueberlebenden zu versinnbildlichen. Diesem Streben dient die Figur des Herakles, welcher aus der Unterwelt wieder emporstieg, sei es, als er den Kerberos, sei es, als er, wie er an der rechten Kurzseite des Florentiner Sarkophages (§ 36 N. 7) dargestellt ist, Alkestis heraufholte; und demselben Streben dient die Nike, deren Kranz nun nicht dem Pluton, sondern der Verstorbnen — wirklich ist hier Persephone Portrait — gilt. Der zwischen den Beinen des Herakles zum Vorschein kommende Hundekopf wird dem Kerberos gehören, also wie Askalaphos als Andeutung der Unterwelt zu fassen sein.

Die rechte Kurzseite enthält dieselbe Darstellung wie die des Sarkophags Rospigliosi und der Mantuanischen Platte (§ 36 N. 5 u. 19), nämlich die Abholung der Persephone von Pluton durch Hermes, nur sind die drei Figuren anders gestellt als dort: Persephone sitzt hier nicht mehr neben Pluton, sondern steht bereits dem Pluton gegenüber, welcher ihr die Hand zum Abschied hinstreckt, und Hermes spricht nicht erst seinen Auftrag aus, sondern hat die Persephone schon mit der Rechten gefasst, um sie wegzuführen, teilnamsvoll sich zu ihr vorbeugend und ihr ins Gesicht sehend, vielleicht auch, um so zugleich an ihren verhängnisvollen Genuss des Granatkerns zu erinnern. Diese Erklärung scheint mir natürlicher, als die Annahme der Situation, dass Hermes die Persephone oder einen Schatten — Foggini und Zoega — dem Pluton zuführe, eine Annahme, welcher ich selbst noch Ann. d. I. 1873, 92 gefolgt bin. Die Herabführung der Seele ist unter dem Bilde des Persephoneraubes selbst auf der Vorderseite dargestellt, und würde zu ihr Ausdruck und Haltung sowol des Hermes als des Pluton schlecht passen, ganz abgesehen davon, dass es im höchsten Grade auffallend wäre, wenn die Darstellung wol der linken Kurzseite, nicht aber die der rechten mit dem Raube in Zusammenhang stünde. Die Herabführung der Persephone aber durch Hermes ist eine Situation, welche sowol dem Mythus als der Kunst vollständig fremd geblieben ist.

Die linke Kurzseite darf als zur ἀνθολογία gehörig betrachtet werden, insofern sie zwei Gefährtinnen der Persephone zeigt, welche in ihrer Beschäftigung, Früchte (oder Blumen) in ein Gefäss zu sammeln, durch das plötzliche Geräusch und das Geschrei ihrer Herrin aufgestört, sich nach dem Ort und Gegenstand desselben umblicken.

Nächst dem capitolinischen Sarkophag ist für diesen Typus am wichtigsten

2. die Berliner Platte (im Saal der Büsten, Bötticher Nachtrag z. Verzeichnis der Bildhauerwerke des alten Mus. 1867 S. 6 N. 872), ehemals zu Neapel im Hofe des Pal. Caraffa Colobrano, wo sie zuerst von Winckelmann (Mon. ined. II n. 12 p. 124) beachtet wurde[1]), im Jahre 1864 bei dem Kunsthändler Nasti daselbst für das Berliner Museum gekauft (Helbig Bull. d. I. 1864, 255), bei Welcker N. 21 S. 57 nach einer ungenauen brieflichen Mitteilung Schows an Zoega, bei Gerhard N. 21 S. 401 und N. 33* S. 408, der die Identität der Neapolitaner und Berliner Platte nicht erkannt hat, 2,07 M. lang, 0,76 breit, von fast roher Arbeit und schlechter Erhaltung[2]).

I. Die πλάνη zeigt nur Demeter mit einer Fackel in der gerade ausgestreckten Linken auf dem Schlangenwagen. Ein besondres Interesse bietet

II. die ἀνθολογία. Links von Persephone, welche mit der Linken ihr Gewand haltend, die Rechte auf einen Blumenkorb legend und nach rechts, von wo Pluton an sie herantritt, blickend

---

1) Die Demeter hielt er für Medea.
2) Sämmtliche Gesichter sind verstossen. Zwischen der knieenden Persephone und der Aphrodite geht durch den rechten Arm der ersteren ein Bruch von oben nach unten. Es fehlt jetzt der Kopf und der rechte Arm der Demeter.

am Boden kniet, steht wieder zunächst Aphrodite[1]), wie gewöhnlich mit Scepter und Schleiergewand und gebietet ihr, indem sie die Rechte an den Mund legt, Schweigen und Ergebung in ihr Schicksal; die entgegengesetzte Rolle spielt hier nicht, wie am Capitolinischen Sarkophage, Artemis, sondern Pallas[2]) (mit Schild und Lanze, deren Vorhandensein Schow mit Unrecht geläugnet hat), welche mit fliegendem Mantel von hinten (von links) der Persephone zu Hilfe eilt. *(Gorgonos ora revelat* Claud. II, 205.) Dafür ist Artemis ganz und gar an die Stelle der Pallas getreten in der

III. ἁρπαγή. Unverkennbar wegen des kurzen geschürzten Chiton und des Köchers auf dem Rücken[3]), fasst sie die von Pluton auf seinem Wagen — aus Versehen sind nur zwei Pferde vor demselben — gehaltne Persephone mit beiden Armen an. Hermes steht hier hinter den Pferden, vor denselben befinden sich Felsen[4]), weshalb auch, wie an den Sarkophagen der Eremitage und des Louvre, hier keine Figur, sondern nur ein umgestürzter Blumenkorb sich unter den Pferden befindet.

Diese Platte verbreitet Licht über die Darstellung des in allem wesentlichen mit ihr übereinstimmenden, aber in miserablem Zustande erhaltnen

3. Sarkophag von Tarragona, ebendaselbst gefunden nach Hübner (die ant. Bildwerke in Madrid S. 283 N. 678), jetzt im Klosterhof der Kathedrale, publicirt von Laborde voyage pittoresque en Espagne I t. 59 p. 35 und von Albiñana, Tarragona monumental (Tarragona 1849) t. 16, bei Welcker N. 23 S. 60, bei Gerhard N. 32 S. 407, beschrieben von Hübner Bull. d. I. 1860, 169 und l. l. Die Arbeit scheint noch roher, als die des Berliner.

I. Die πλάνη zeigt ausser Demeter noch eine kleine wagen-

---

1) Dieselbe wurde misverstanden als Hestia oder Dea Terra von Schow, als Artemis von Gerhard, als Lokalgöttin von Helbig.

2) Die ganz zufällige Nachbarschaft der Demeter hat hier bei Schow und Helbig das Misverständnis hervorgerufen, dass Pallas zu Demeter gehöre und „auf Persephone weise, als wollte sie zu jener sagen, dass diese gefunden sei."

3) Der nach hinten flatternde Mantel, fälschlich als Flügel genommen, ist für Schow der Grund des Irrtums geworden, die Figur Nike, und danach für Welcker, sie Pallas zu nennen.

4) Vergl. S. 149 A. 3).

lenkende Figur: in der Abbildung Labordes erscheint diese nackt, und Hübner, dessen zweite von der ersten erheblich abweichende Beschreibung teilweis auf Labordes Publication zu beruhen scheint — in der ersten Beschreibung ist die Figur ganz ausgelassen — nennt sie Eros. Wenn nicht die mangelhafte Erhaltung der Figur auf diese Abbildung und Benennung Einfluss gehabt hat und die Figur, was ich nicht glauben möchte, wirklich männlich ist, werden wir sie besser Himeros oder nach platonischer[1]) Definition noch besser Pothos als Eros nennen: es wäre dann dieser personificirte Ausdruck der Sehnsucht der Mutter nach der Tochter, welcher wir auf den Sarkophagen der zweiten Species über dem Wagen der Demeter fliegend begegnen werden, hier als Wagenlenker an Stelle der gewöhnlichen Wagenlenkerin, deren Benennung als Hore wir S. 168 sq. begründen werden, getreten. Aber es ist notwendig darauf hinzuweisen, dass auch an der Platte Giustiniani (S. 167), welche zu demselben Typus gehört, die Hore den gewohnten Platz als Wagenlenkerin einnimmt.

II. Die ἀνθολογία zeigt Pluton, Persephone und Pallas in derselben Situation wie die Berliner: nur an Stelle der Aphrodite sind zwei — freilich jetzt arg verstümmelte — Eroten getreten, deren einer (der linke) sich mit dem Blumenkorb, der andre sich, wie am Capitolinischen Sarkophag, mit dem Gewande der Persephone zu schaffen macht. Diese Uebereinstimmung und die noch wahrnehmbare Schürzung des Chiton lässt daher auch in der Göttin, welche in der

III. ἁρπαγή die Persephone dem Pluton zu entreissen sucht, Artemis, nicht Pallas (Welcker und Gerhard) erkennen: was über ihrem Arm sichtbar ist, wird der Rest des Bogens sein. Auch hier ist ausser diesen drei Figuren und dem Wagenführer Hermes, welcher jedoch seinen Platz bereits auf der rechten Kurzseite gefunden hat, weiter keine Figur, unter den Pferden[2]) wieder nur ein umgestürzter Blumenkorb sichtbar.

Die linke Kurzseite zeigt nur eine kniende Gefährtin, welche in der Rechten einen Blumenkorb hält und die Linke entsetzt erhebt.

Hier möge sogleich seine Stelle finden ein Fragment, welches

---

1) Plat. Cratyl. p. 420 A. S. Ann. d. I. 1873, 90.
2) Hübner gibt deren vier an, bei Laborde erscheint nur eines.

durch seine Uebereinstimmung mit den entsprechenden Teilen der beiden eben behandelten Sarkophage sich als zu einem Sarkophag desselben Typus gehörig erweist. Dies ist das ehemals in Winckelmanns[1]) Besitz befindliche

4. Fragment des Louvre, publicirt von Winckelmann Mon. ined. n. 141 p. 188, Clarac pl. 117, 246, Bouillon t. III basr. pl. 23, (bei Gerhard N. 30 S. 406) 0,478 M. hoch, 0,487 M. breit. Zwar ist die ganze untere Partie, desgleichen der Kopf des Pluton und der Persephone ergänzt, aber die erhaltnen Teile genügen, um die von Winckelmann aufgestellte, von Clarac II, 1 p. 672 befolgte Deutung auf Aias und Kassandra zurückzuweisen und die hier vorgeschlagne Deutung zu rechtfertigen. Der Oberkörper und rechte Oberarm der Pallas ist viel zu bewegt, als dass er einem Idol angehören könnte, und die Haltung der angeblichen Kassandra ist von der Art, dass sie unmöglich die Pallas umfassen konnte. Andrerseits stimmen die erhaltnen Teile mit denen der Pallas, Persephone und des Pluton in der Ueberraschungsscene der beiden eben behandelten Sarkophage derartig überein, dass ich kein Bedenken trage, sie einem zu demselben Typus gehörigen Sarkophage zuzuweisen. Die Entblössung des Oberkörpers der Persephone findet sich ebenso deutlich an dem Capitolinischen Sarkophage. Em. Braun, welcher zuerst (Ant. Marmorwerke S. 21) den Gedanken an den Raub der Persephone aussprach, irrte nur darin, dass er auch Pallas als Bedrängerin der Persephone auffasste, aber die Deutung, welche Gerhard angeblich als die Brauns aussprach, dass „Persephone hier dargestellt sei von streitenden Gefühlen für ihre Mutter und für ihren Entführer geängstigt," entbehrt aller inneren und äusseren Wahrscheinlichkeit.

In der Mehrzahl der Figuren und Motive mit dem capitolin. Sarkophage übereinstimmend, in Einzelheiten aber abweichend ist die wol derselben Zeit (der zweiten Hälfte des dritten Jahrhunderts) angehörige, schlecht erhaltne

5. Sarkophagplatte Giustiniani, in der rechten Wand (vom Eingange) des Hofes des Pal. Giustiniani in Rom (Beschr. d. St. R. III, 3, 368), bei Welcker N. 4 S. 29 nach Zoega App. p. 333, bei Gerhard N. 9 S. 397, publicirt noch ohne die späteren Stuck-

---

1) Vergl. Justi W. II, 2, 323 u. 360.

figuren¹) in d. Gall. Giust. II pl. 118, die erste Gruppe rechts auch bei Barbault recueil de div. monum. ant. pl. 94 n. 1²).

I. Die πλάνη enthält hier ausser Demeter und der nach rechts liegenden Gaia mit einem Füllhorn in der Linken noch eine weibliche³) gewandete und geflügelte Figur als Lenkerin des Wagens, deren Benennung unabhängig vom Mythus, der eine solche Figur nicht kennt, gefunden werden muss. Denn wenn Hekate im homerischen Hymnus auf Demeter Vers 59 als Begleiterin der Demeter erscheint, so bezieht sich dies nur auf den gemeinschaftlich zu Helios gemachten Weg, nicht auf die Irrfahrten. Ueberdies verbieten die Flügel, an diese, als Dienerin der Demeter⁴), zu denken⁵). Eine Nike, welche ältere Archäologen, wie Piranesi (Bassiril. di Roma II, 234), und Gerhard (Abh. d. Berl. Akad. 1863, 506. 509. 549. A. 271) und 1864, 404) in Vorschlag gebracht haben, entspricht nicht der Situation⁶); völlig ungehörig wäre Kyane, auf welche Millin (Gal. mythol. LXXXVI, 339 S. 68) gearlten hat. Iris, wie Zoega (Bassir. II, 232 u. in Welckers Ztschr. S. 45) die Figur nannte, hat, wie wir S. 141 gesehen haben, ihren Platz nicht auf, sondern neben dem Wagen der Demeter. Ich zweifle nicht, dass dieselbe für eine der schnellen⁷) — daher die Flügel — rosse- und wagenkundigen⁸) Dienerinnen der Demeter (ὡρηφόρος h. in Cer. 54. 192. 492), für eine der Horen zu halten ist, welche auch mit der in die Oberwelt zurückgekehrten Per-

---

1) Eine in ihren Dimensionen viel zu grosse Fackelträgerin vor dem Gespann des Pluton in der rechten Ecke und die entsprechende Eckfigur links.

2) Eine „sicher nicht genaue grosse Zeichnung der Platte" findet sich, wie mir Matz mitteilt, in der Sammlung von Zeichnungen des Commendatore dal Pozzo in Windsor-Castle (Nachr. d. Gött. Ges. d. W. 1872 N. 4. Arch. Zeit. 1873, 13).

3) Damit fällt der Gedanke Böttigers (Vasengem. St. 2 S. 211) an Triptolemos.

4) Euripides bei Philodem περὶ εὐσεβείας J. J. 1865, 524.

5) So Käntzeler Jahrbb. d. Ver. v. Altert. d. Rheinl. XXIX. XXX S. 201. Vergl. auch Wieseler D. A. K. II, 9, 108.

6) Die Nike in der rechten Hand der Demeterstatue zu Henna (Cic. in Verr. IV § 110, 112 u. 113) hat keine andre Bedeutung als die an den Zeusstatuen in Olympia und im Piräus (Paus. I, 1, 3) und an der Athena Parthenos, nämlich die Gottheit als νικηφόρος zu bezeichnen.

7) Theocr. id. XV, 103. Ovid Met. II, 118. Schiller:
„*Und die leichtgeschürzten Stunden*
Fliegen ans Geschäft gewandt."

8) Il ϑ, 433. Ovid. l. l.

sephone spielen[1]); will man von diesen eine bestimmte auswählen, so dürfte sich mit Rücksicht auf die agrarische Bedeutung des Umherirrens der Demeter die Hore des Spätherbstes oder des Winters (ἡ φθινόπωρον ἢ χεῖμα φέροισα Callim. h. in Cer. 124) empfehlen[2]).

II. Die ἀνθολογία stimmt mit der des Capitolinischen Sarkophags in der Gruppe des Pluton und der Persephone überein, enthält auch die an Scepter, Stephane und Schleiergewand kenntliche Aphrodite, doch steht dieselbe hier an dem Platze, welchen dort Artemis einnimmt, d. h. hinter Pluton, von diesem durch einen fliegenden Eros getrennt, welcher auf Persephone herableuchtet, wenn anders die Fackel in seiner Linken nicht neu ist. Dieser Aphrodite und dem Eros entspricht auf der andern Seite eine weibliche Figur, ebenfalls mit Scepter und Stephane, und ein neben ihr fliegender Eros. Ihrer Erscheinung nach müsste auch diese — von Zoega und Gerhard unbenannt gelassne — Göttin Aphrodite genannt werden, und ich zweifle nicht, dass der Arbeiter des Sarkophags diese darstellen wollte, aber ich zweifle auch nicht, dass dies nur aus einem Misverständnis geschehen ist. Vielleicht in der Meinung, dass jene mit Schleiergewand bekleidete Aphrodite eine Hera sei, glaubte er die Aphrodite, deren Anteil an dem Raube er kannte, erst schaffen zu müssen und setzte diese an Stelle der Artemis des Originals, welcher er erst in der eigentlichen Entführungsscene einen Platz anwies, oder auch an Stelle der Pallas, und brachte auch neben ihr noch einen Eros an. Die andre Figur für Hera zu erklären, geht deshalb nicht an, weil Hera in keiner Weise an dem Raube beteiligt ist und höchstens, wie am Halsbande von Koul-Oba[3]), neben Zeus in kleinen Dimensionen als Zuschauerin sitzend gedacht werden könnte.

III. Die ἁρπαγή stimmt mit der des capitolinischen Sarkophags vollständig in Bezug auf die Hauptgruppe Pluton, Persephone und Pallas, in Bezug auf den über den Pferden fliegenden Eros, den

---

[1] Orph. h. XLIII, 9.

[2] Die nähere Begründung dieser zuerst von Visconti Mus. Piocl. V, p. 42 ed Mil., danach von Cavedoni indic. ant. del mus. Estense del Catajo (1842) p. 99 aufgestellten Deutung durch Schriftstellerzeugnisse und Denkmäler habe ich Ann. d. I. 1873, 78 u. 90 gegeben.

[3] Vergl. S. 120.

Pergus, nur dass dieser hier ein Ruder hält, den Enkelados[1]), nur dass dieser hier nicht rechts, sondern links zu den Füssen des Pergus zum Vorschein kommt, endlich wird auch die Figur des Hermes, vielleicht auch mit dieser Kerberos oder Askalaphos nur durch den Verlust des rechten Endes der Platte zu Grunde gegangen sein, — aber ganz singulär, wenn auch durchaus angemessen und lebensvoll, ist die Stellung der Artemis vor den Leibern der Rosse. Angetan mit ärmellosem Chiton, Bogen (in der Linken) und Köcher[2]), fällt sie den Pferden in die Zügel, während sie sich umblickt, ob auch der Pallas das Werk der Befreiung gelinge: eine Situation nicht unähnlich der, in welcher die letztere bei Claudian II, 224 erscheint:

cornipedes umbone ferit clipeique retardat obice.

Denselben Typus, jedoch mit allerlei Modificationen, repräsentirt auch

33. 6. der Sarkophag von Mazzara, in der Kathedrale daselbst befindlich, erwähnt von Münter Nachrichten S. 244, Welcker Ann. d. I. V, 146 n. 1), Dennis in Murrays handbook for travellers in Sicily p. 184, Hübner Bull. d. I. 1857, 55, beschrieben von Schubring Nachr. d. Gött. Ges. d. Wiss. 1865, 440, bei Gerhard N. 23 S. 402, publicirt von Houel voyage pittoresque des îles de Sicile I pl. 14 (Paris 1782) und danach bei Müller-Wieseler D. A. K. II, 9, 102 und Creuzer Abbild. z. Symb. IV, 2, Taf. V S. 465. Wenn auch Hirts Vorwurf, (bei Welcker und Wieseler l. l.), in der Abbildung Houels sei Pluton beidemal als weibliche Figur verzeichnet, nicht zutrifft, so wäre doch eine neue Publikation resp. photographische Aufnahme, wie sie Cavallari für den zweiten Band der „Raccolta dei Monumenti della Sicilia" beabsichtigt, höchst wünschenswert. Dass ich schon jetzt über den tatsächlichen Bestand des Sarkophags, den ich nicht selbst gesehen habe, besser unterrichtet bin, verdanke ich Herrn Professor Benndorf, welcher mir seine von demselben genommenen Aufzeichnungen freundlichst mitgeteilt hat. Nach diesem ist der Sarkophag 1,98 M. lang, 0,54 hoch, das Relief flach, die Erhaltung der Oberfläche eine schlechte, die Arbeit „Mittelarbeit des 2. Jahrhunderts".

---

1) Ueber die Benennung selbst kann bei dem Motiv der erhobnen Arme trotz der sonstigen schlechten Erhaltung kein Zweifel sein.

2) Bogen und Köcher sind zwar jetzt nicht mehr zu sehen, auch nicht in der Gall. Giust. abgebildet, aber von Zoega bezeugt.

I. Die πλάνη umfasst, wie am Berliner S., nur Demeter[1], welche in der vorgestreckten Linken eine Fackel hielt. Die Brüstung ihres Wagens ist mit dem Relief eines Kriegers geschmückt, welcher nach rechts ausschreitend Helm und Schild trägt.

II. Die Gruppe des Pluto und der Persephone in der Ueberraschungsscene ist dieselbe wie bisher: nur soll Pluton hier unbärtig erscheinen (?), und Persephone legt ihre Linke vor die Brust, die Rechte auf den Korb, welchem sich von links ein Eros nähert. Neben Pluton und hinter Persephone ragt „der Oberteil einer Figur" hervor; wenn diese, wie bei Houel männlich und unbekleidet ist, kann an keinen andern als an Hermes gedacht werden, welcher als Knappe des Pluton an dieser Stelle an Sarkophagen des zweiten Typus (§ 38 N. 2—4), in ähnlicher Haltung auch an solchen der zweiten Species (§ 39 N. 1 u. 2) vorkommt. Sollte dies jedoch auf einem Irrtum des Zeichners beruhen, könnte die Figur nach Analogie der andern Sarkophage dieses Typus für eine der Göttinnen erklärt werden, welche der Persephone zu Hilfe eilen, vielleicht wie am capitolinischen Sarkophag, der auch im übrigen die meiste Aehnlichkeit bietet, für Artemis, welche sonst an der Platte keinen Platz hat. Pallas und Aphrodite nämlich sind in den beiden Göttinnen zu erkennen, welche in der

III. ἁρπαγή vorkommen und zwar Pallas[2] in derjenigen, welche in der gewöhnlichen Weise mit dem rechten Arm den rechten Arm der Persephone anfasst, um sie dem Pluton zu entreissen, der sie im rechten Arm hält, während er mit der Linken die Rosse zügelt; Aphrodite in der zweiten, durch das Scepter charakterisirten Figur, welche gerade so wie am capitol. Sarkophag in der Ueberraschungsscene, die Rechte erhebt und nach Persephone blickt, um sie zu beschwichtigen. Die Nebenfiguren sind die bekannten: Eros über den Rossen fliegend — eine Fackel ist nicht zu sehen; der Kranz, den er hält, ist wol Zutat der Houelschen Zeichnung —, Pergus mit Schilfrohr unter und Hermes, wie am Berliner Sarkophag, hinter denselben.

Ganz singulär aber sind wieder zwei in kleineren Dimensionen

---

[1] Das Scepter in ihrer Rechten scheint nur Zutat der Houelschen Abbildung zu sein.

[2] So benennt diese Figur auch Benndorf; für eine „befreundete Nymphe" (Wieseler) ist hier kein Platz.

gearbeitete Figuren, welche sich links von der πλάνη befinden und eine mit dieser in Zusammenhang stehende vierte Scene bilden. Hinter Demeter nämlich ist die Fläche in der Mitte durch einen hängenden Boden geteilt; über demselben ackert ein Mann mit zwei Stieren, unter demselben streut ein zweiter aus seinem Gewandschurz Samen aus. „Links oben ist noch der Ueberrest der Blätterkrone eines Baumes oder dergleichen." Völlig verkehrt wäre es, die beiden Figuren als blosse Staffagefiguren der πλάνη zu fassen; dass der Ackerbau dem Menschengeschlecht erst in Folge jener πλάνη und gastlichen Aufnahme der Demeter in Attika verliehen worden sei [1]), war zu bekannt, als dass ein Künstler sich einen solchen Anachronismus hätte erlauben können. Es sollte daher durch diese beiden Figuren die wohltätige Folge jener πλάνη und somit des Raubes dargestellt werden. Insofern tritt diese Scene in Parallele zu der Aussendung des Triptolemos durch Demeter, wie sie statt der πλάνη auf der Sarkophagplatte des Louvre (§ 36 N. 10) dargestellt war, und es ist wenigstens die Möglichkeit nicht ausgeschlossen, dass auch in diesen beiden Figuren nicht gewöhnliche Ackersleute, sondern der ἥρως ἐπώνυμος derselben, Triptolemos oder wenn man auf Grund speciellerer Ueberlieferung [2]) eine Scheidung vornehmen will, in dem Sämann Triptolemos, in dem Pflüger sein Vater Keleos, welchem Demeter die Ackergeräte geschenkt hatte, dargestellt werden sollten. Freilich blieb die Ausführung hinter dem Willen des Arbeiters sehr erheblich zurück; dass derselbe die Verherrlichung des Ursprungs der demetreischen Woltat in dieser Weise am Original für die übrige Darstellung sollte vorgefunden haben, ist mir schwer denkbar.

Der nach vorn stehende Greif der Kurzseite steht mit der Darstellung der Vorderseite in keinem Zusammenhang, sondern hat eine ähnliche Bedeutung wie die Sphinx des Petersburger (§ 36 N. 9) und Wiener Sarkophags (§ 40 N. 1).

34. 7. Hieher gehört auch der kleine Sarkophag, von dem ein Fragment der ἁρπαγή „von trockner Manier" von Zoega im Kloster

---

1) Bei Hom. h. in Cer. 305. Eur. Hel. 1327 sq. u. Ovid Met. V, 477 sq., wo dies nicht angenommen ist, macht Demeter wenigstens Saaten und Ackergeräte zu Schanden.

2) S. die S. 89 A. 4) zusammengestellten Zeugnisse.

S. Paolo fuori le mura in Rom gesehen wurde (bei Welcker N. 16 S. 50, bei Gerhard N. 16 S. 400), welches von Matz und mir vergebens gesucht worden ist[1]).

Das Fragment ist hieher zu ziehen, da Pluton die Persephone mit der Rechten, die Zügel des nach rechts gehenden Viergespanns, über welchem Eros fliegt, mit der Linken hält, und Persephone mit zurückgeworfnem Oberkörper, den linken Arm gegen Plutons Schulter stemmt und sich mit der Rechten die Haare rauft.

8. Endlich geht auf diesen Typus, wenn auch mit starken Modifikationen in der Darstellung der Anthologie, zurück der Sarkophag im Dom zu Aachen, angeblich dorthin von Ravenna[2]), wohin er wieder erst von Rom aus, vielleicht unter Constans II, verpflanzt sein könnte, unter Carl d. Gr. versetzt, bestimmt dessen Fussschemel nach seinem Tode zu bilden, wie er in Alfred Rethels Bilde, Otto III. in die Gruft Carls d. Gr. tretend, dargestellt ist. Durch Napoleon I. nach Paris[3]) versetzt (Millin voyage au midi de la France III p. 158) wurde er nach dem Wiener Frieden zurückgegeben und zur Zeit des Congresses auf einem fliegenden Blatte vom Archivar Krämer publicirt, bald darauf von Quix, histor. Beschreibung der Münsterkirche in Aachen 1825, nach einer neuen, aber schlechten Zeichnung von Urlichs Jahrbb. d. V. v. A. i. Rheinlande V, T. IX u. X, 1 u. 2 S. 373—376, dessen Erklärung durch Brauns Deutung des Sarkophages von Cattajo beeinflusst ist; blos die Vorderseite ist wenigstens in Einzelheiten genauer abgebildet in der Illustrirten Zeitung 1853, 10. Sept. S. 164. Ich selbst habe den Sarkophag nicht gesehen, habe aber über alle Punkte, in welchen die Abbildungen oder Beschreibungen

---

1) Sollte dasselbe etwa mit dem Fragment in Tegel (S. 124) identisch sein? In den von Zoega beschriebnen Teilen stimmt es mit diesem, doch ist an dem Tegeler noch der rechte Unterarm des Hermes, von welchem Zoega hier nichts bemerkt, erhalten.

2) Diese Herkunft bestreitet, weil in keiner Chronik erwähnt, Käntzeler Jahrbb. d. V. v. A. i. Rheinl. XXIX. XXX S. 193 sq., welcher meint, der Sarkopbag könne unter Otto III. gebraucht worden sein, um Carls Körper hineinzulegen. Vergl. Bock Jahrbb. l. l. V, 13. Fr. Hagen Carls des Grossen letzte Tage und Grab, Programm der Realschule zu Aachen 1866. Th. Lindner Preuss. Jahrbb. 1873, 431—440.

3) Irrtümlich hatte Welcker Zschr. S. 62 N. 29 u. 30 Marseille und als vorherigen Aufenthaltsort Köln angegeben. Vergl. Gerhard l. l. S. 410, 39*.

Zweifel liessen, von Herrn Professor Savelsberg, welcher die Güte hatte, mit Professor Kinkel den Sarkophag für mich von neuem zu untersuchen und auch eine neue Publikation desselben in Aussicht stellt, befriedigende Auskunft erhalten. Den Marmor nennt Urlichs carrarisch, Käntzeler, welcher den Sarkophag einer neuen Erörterung[1]) unterworfen hat (Jahrbb. XXIX. XXX S. 193 bis 204), weiss und sehr fest; die Länge gibt letzterer auf etwa 7′, die Breite und Höhe auf etwa 2′ an: der Arbeit nach, wenn diese auch nicht so roh sein soll wie es die Abbildung von Urlichs vermuten lässt, gehört er doch zu den schlechtesten.

I. Abweichend von den bisher betrachteten Exemplaren dieses Typus enthält die $\pi\lambda\acute{\alpha}\nu\eta$ ausser Demeter, welche in beiden Händen eine Fackel hält, nicht nur die wagenlenkende Hore, deren Flügel am Original grösstenteils abgebrochen sind und in den Zeichnungen ganz fehlen, sondern auch Iris mit dem bogenförmigen Peplos und einem Chiton, der, wie an den Sarkophagen der 2. Species, die rechte Brust bloss lässt, abweichend von diesen aber schwebt sie hier ganz vor den Schlangen und beugt ihren Oberkörper ungeschickter Weise auffallend weit nach vorn, so dass es scheint, als müsse sie hinfallen. Den Wagenkasten der Demeter ziert eine Ranke (nicht eine Schlange, wie in der Zeichnung der Jahrbb.).

II. Auch in den ungleich stärkeren Abweichungen von den andern Exemplaren dieses Typus, welche die Anthologie darbietet, stellt sich eine Analogie zu gewissen Sarkophagen sowol des zweiten Typus (Soane § 38 N. 6), als auch der zweiten Species (Albani und Landsdown § 39 N. 4 u. 5) heraus, insofern Pluton nicht von rechts, sondern von links herantretend zu denken ist, — denn zu sehen ist er hier ebensowenig wie auf den Platten Albani und Landsdown — und dass Persephone demgemäss nicht nach rechts, sondern nach links gewandt ist. Wie an der letztern Platte erhebt sie hier, offenbar abwehrend, ihre Rechte, während die Linke noch

---

1) In der Deutung der meisten Figuren hat er geirrt: so nannte er die Hore Hekate, in der Iris sah er eine Aphrodite, welche „schuldbewusst flieht," in Persephone und Artemis zwei Nymphen, in der Gaia die Kyane, in der hinter dieser befindlichen Schlange gar die Bezeichnung des *venenum*, durch welches Kyane verwundet wurde (Claudian III, 250), in Enkelados den Phlegethon. Die Widerlegung seines Irrtums, dass Claudian das Hauptvorbild für den Künstler des Sarkophages gewesen sei, siehe S. 95 A. 2) und § 42.

auf dem umfallenden Blumenkorbe ruht. Hinter ihrer linken Schulter ragt ein Eros (jetzt ohne Kopf) hervor, der dem Pluton als Wegweiser gedient zu haben scheint. Rechts von ihr kniet in derselben Haltung und Richtung Artemis (mit Stephane, wie Persephone[1]), kurzem Chiton, der von der linken Schulter gleitet, und Stiefeln, aus denen die nackten Zehen hervorragen). Während diese am capitol. Sarkophage bereits mit ihren Waffen zur Abwehr Plutons heraneilt, ist sie hier noch als $ἀνϑολογοῦσα$ dargestellt, wie sie Claudian II, 148 sq. schildert

> nec, quae Parthenium canibus scrutatur odorem
> aspernata choros libertatemque comarum
> iniecta tantum voluit frenare corona.

Betroffen richtet sie Blick und rechte Hand nach 'der Seite, von welcher das plötzliche Getöse und im nächsten Augenblicke der Räuber erscheint[2]): Claud. l. l. v. 151 sq.

> Talia virgineo passim dum more geruntur,
> ecce repens mugire fragor, confligere turres,
> Pronaque vibratis radicibus oppida verti.
> Causa latet. Dubios agnovit sola tumultus
> Diva Paphi.

III. Dagegen stimmt die $ἁρπαγή$ wieder bis auf Kleinigkeiten mit der Darstellung der übrigen Exemplare dieses Typus überein, ganz besonders mit der des capitol. Sarkophages. Hier wie dort sieht man und zwar in gleicher Haltung Pallas (am linken Arm den Schild), welche freilich hier sehr ungeschickt ausgefallen ist[3]), Persephone, Pluton, welche ebenfalls arg misraten sind, über den Pferden Eros, mit beiden Händen die Fackel haltend, vor ihnen Hermes, dessen caduceus auf die rechte Kurzseite übergreift, unter diesem Kerberos, darauf Enkelados. Nur statt des Pergus

---

1) Dass auch Persephone die Stephane hat, welche in den Abbildungen fehlt, bemerkt Savelsberg. Gegen die tatsächliche Erscheinung nannte Urlichs und nach ihm Gerhard die Göttin zur Linken Artemis, die zur Rechten Aphrodite.

2) Daran, dass sie „die verfolgende Demeter zurückwinke" (Urlichs) ist nicht zu denken.

3) Der Umstand, dass der rechte Arm der Pallas hier einfach vor der Brust der Persephone und über dem rechten Arm Plutons erscheint, hat Käntzeler zu dem Irrtum verleitet, Pallas scheine die Persephone nur zu bedauern. Aber davon, dass Pallas die Persephone „dem Pluton in die Arme drücke" (Urlichs) ist gar nichts zu sehen. Schon die Haltung des Eros hinter Pallas spricht dagegen.

findet sich Gaia, — dies bestätigt mir Savelsberg ausdrücklich — nach links liegend und die Rechte erhebend; neben ihr schiesst unter den Pferden eine Schlange nach rechts; auch die Stellung des Eros ist eine andre geworden: derselbe schiebt hier nicht die Persephone, wie am capitol. Sarkophage, sondern hinter Pallas schwebend sucht er diese von ihrem Widerstande gegen den Raub zurückzuhalten. Mit gleichem Humor ist ein zweiter Eros zwischen den Beinen des Pluton hinten auf dem Wagentritt sitzend angebracht.

Die linke Kurzseite, welche bisher allein (bei Urlichs) publicirt ist, zeigt zunächst, wie die entsprechende des capitol. Sarkophages zwei gescheuchte Gefährtinnen der Persephone, nach links fliehend, die eine aufspringend, die rechte Hand noch auf einen Blumenkorb legend, einen zweiten im linken Arm haltend und rückwärts, d. h. nach der Scene des Raubes blickend, aber nicht „vor den Göttinnen zurückweichend" (Urlichs), die andre ihr nacheilend und wie es scheint, sie am Gewand fassend.

Ausser Zusammenhang mit diesen steht eine, von Urlichs gar nicht beachtete nackte Knaben- oder Jünglings-Gestalt — sie ist an Grösse den Gefährtinnen gleich, — welche am Ende dieser Kurzseite en face stehend einen Fruchtkorb mit beiden Armen vor die Brust hält. Was Käntzeler behauptet, dass sie „die Zunge halb zum Munde herausstrecke und ein ziemlich fratzenhaftes Bild gebe," bestreitet Savelsberg, und wird jener Eindruck nur auf Rechnung der rohen Arbeit zu setzen sein.

Ueber die Darstellung der rechten, erst seit einem Jahre sichtbar gewordenen Kurzseite — vorher war der S. in einen Schrank eingelassen — kann ich nur nach einer von Savelsberg freundlichst für mich gemachten Skizze urteilen [1]). Dieselbe enthält ausser dem schon erwähnten Caduceus des Hermes drei männliche Figuren. Die erste, an der nur der Unterkörper durch ein Gewandstück verhüllt ist, trägt, nach rechts schreitend, in der Rechten „eine Art krummen Säbel, der oben abgebrochen ist," (Savelsberg), das ist wahrscheinlich eine Sichel; die zweite Figur, welche die erste ansieht, trägt im Bausch der Chlamys Körner und streut solche auch mit der Rechten aus. Die dritte, am

---

1) Den Zweifel, welchen ich Ann. d. I. 1873, 87 A. 3) an dem antiken Ursprung der Darstellung aussprach, wage ich nicht mehr aufrecht zu halten.

meisten jugendlich, en face stehend, auch nur mit der Chlamys bekleidet, hält in der Linken einen Stab und zwar, wie es scheint, einen Thyrsosstab, während die rechte Hand an die rechte Backe fasst. Somit ergibt sich im Inhalt der Darstellung eine gewisse Verwandtschaft mit dem linken Ende der Vorderseite des Sarkophages von Mazzara (S. 172): auch hier scheint dargestellt der an den Raub der Persephone geknüpfte Ursprung der demetreischen Gabe des Ackerbaus. Die mittlere Figur werden wir Triptolemos nennen, dies um so mehr als dieselbe, worauf mich Matz mit vollem Recht aufmerksam macht, dem Triptolemos des Sarkophages von Wiltonhouse (§ 51) vollständig gleicht; den Träger der Sichel vielleicht Keleos resp. Dysaules und den Träger des Stabes vielleicht Eubuleus, wenn wir nicht, wie für jenen Knaben oder Jüngling der linken Kurzseite, welcher einen Korb mit Früchten trägt, auf bestimmte Namen verzichten und in ihnen nur Repräsentanten der verschiedenen Erntebeschäftigungen erkennen.

Wir kommen zu den Sarkophagen des § 38.

2. Typus,

in welchem Demeter auf einem Zwiegespann von Rossen fährt, welches die Hore lenkt und neben welchem Iris fliegt, Zeus als Zuschauer der Ueberraschung, Eros als Lenker des plutonischen Wagens erscheint.

Zwar nicht das vollständigste, aber doch hinsichtlich der Bedeutung der einzelnen Figuren das zweifelloseste Abbild dieses Typus bietet die

1. Sarkophagplatte von Messina, in der Kirche S. Francesco 36. d'Assisi in der Wand hinter dem Hochaltar, unter dem Grabe Friedrichs III., des Einfältigen (1355—1377) (Murray p. 492), dort entdeckt im Jahre 1812 nach Carmelo la Farina, welcher dieselbe beschrieben und publicirt hat in einem Schriftchen su di uno antico sarcofago nella chiesa de' PP. conventuali di Messina, Messina 1822[1]), dessen Benützung ich Salinas verdanke, allerdings mit vielen Irrtümern in der Deutung[2]), welche nur teilweis von Zannoni Gall.

---

[1]) Etwas später mag der Abguss genommen worden sein, von dem sich Stücke im Museum der Universität Messina befinden.

[2]) In der Demeter wollte er Artemis, in der Iris die Eos, in der Hore die

di Fir. III, 229 und Antol. di Fir. vol. XIII (1824) p. 24 berichtigt worden sind, und mit vielen Ungenauigkeiten der Zeichnung, wovon ich mich bei einer Untersuchung der Platte im Oktober des Jahres 1869 überzeugen konnte, erwähnt bei Welcker Ann. d. I. V, 146 n. 2 u. Gerhard N. 22 S. 402. Die Platte misst nach Carm. 8 Palmen in die Länge, 3 Palmen in die Höhe. Die Arbeit ist schlecht, sämmtliche Gesichter verstossen, und vieles abgeschlagen[1]).

I. Zur πλάνη gehören hier Demeter, die in der Linken die Fackel gehalten haben muss, die Hore und Iris, welche auf den Sarkophagen dieses Typus nicht vorwärts, sondern rückwärts, nach ihrer Herrin, blickt. Gaia ist nicht da, und die an ihrer Stelle sichtbare Gruppe der zwei Eroten, welche sich an dem Anblick der schönen in dem Korbe gesammelten Blumen weiden und sie herausnehmen, ähnlich der, welche wir am Sarkophag Rucellai (§ 40 N. 4) kennen lernen werden, gehört wol nicht mehr zu dieser, sondern zu der folgenden Scene der

II. ἀνθολογία. Diese besteht aus Pluton, in dessen Linken noch der Rest eines Scepters erhalten ist, der neben einem umgestürzten Blumenkorbe knieenden Persephone (mit Portraitzügen), dem über die linke Schulter des Pluton guckenden Eros und der hinter Persephone stehenden und zu ihr sich wieder etwas herabneigenden, also sie beruhigenden Aphrodite (mit Stephane und Schleiergewand). Ebenso klar und einfach ist die Darstellung der

III. ἁρπαγή. Pluton hält Persephone in seinem rechten Arm, mit der Linken den einen Zügel, Pallas (mit Schild in der Linken) sucht diese dem Arme des Pluton zu entwinden, ein Eros,

---

Schnelligkeit, in der knieenden Persephone die Demeter, in dem wagenlenkenden Eros des Pluton die Lachesis, im Pergus den Acheron, im Enkelados den Kokytos und die Styx erkennen.

3) Die fehlenden Teile sind: der Kopf der Hore, die Hände und Fackel der Demeter, das Rad und die Hinterbeine des vordersten Pferdes am Wagen der Demeter; die Beine des Eros links vom Blumenkorbe, der rechte Unterarm der Persephone, der rechte Arm der Aphrodite, der eine Flügel und Kopf des Eros hinter Pluton, der linke Fuss und grösste Teil des Scepters des Pluton, der linke Unterschenkel der Pallas, die Hälfte des Rades am plutonischen Wagen, der grösste Teil des über dem Wagen fliegenden Eros, der Kopf des wagenlenkenden Eros, der Kopf und linke Arm des Hermes, der grösste Teil der Arme des Enkelados, der obere Teil des Hornes oder Zweiges des Pergus.

vor Pluton auf dem Wagenrande stehend, hält den andern Zügel, ein zweiter, über den Pferden fliegend, hielt wahrscheinlich eine Fackel, die Pferde führt Hermes, unter diesen liegt nach links Pergus, die Rechte, wie gewöhnlich, erhebend, in der Linken einen unten spitzen, oben breiteren Gegenstand haltend, dessen oberer Teil jedoch abgebrochen ist, in welchem ich eher den Rest eines Füllhornes [1]) als eines Zweiges von Schilfrohr oder eines Ruders zu erkennen glaubte. Neben ihm windet sich unter dem Bauche der Pferde ebenso wie am capitolinischen Sarkophage eine Wasserschlange; hinter ihm, zwischen den Beinen des Hermes, ragt Enkelados hervor, seine Arme, deren Richtung noch vollkommen deutlich ist, nach den Hufen der Rosse erhebend.

Nächst diesem ist für die Erkenntnis dieses Typus am wichtigsten

2. die Sarkophagplatte Cavaceppi „über der Hausthür des 37. Bildhauer Cavaceppi", jetzt (nach Matz) via del Babuino N. 155 in Rom, eingemauert, bei Welcker N. 9 S. 35 nach Zoega App. p. 251, bei Gerhard N. 17 S. 400, der die Platte unrichtig als verschwunden bezeichnet hat, publicirt in Cavaceppis Raccolta d'antiche statue etc. III, 38, 2. Die Platte war zur Zeit Zoegas, welcher die Arbeit eine schlechte nennt, noch ziemlich gut erhalten. Ich selbst habe sie nicht gesehen. Im ganzen ist die Darstellung zu bezeichnen als eine in Einzelheiten modificirte Bereicherung der eben besprochnen. So enthält

I. Die πλάνη ausser Demeter, welche rückwärts schaut und in der Linken eine Fackel hält, der Iris und der Hore noch Gaia mit Füllhorn in der Linken unter den Pferden nach rechts liegend, also dem Beschauer den Rücken kehrend, wie gewöhnlich die Rechte teilnamsvoll zu Demeter erhebend.

II. Verhältnismässig am meisten modificirt und bereichert ist die ἀνθολογία. Nur die Gruppe des Pluton und der Persephone ist dieselbe. Dagegen fehlt Aphrodite mit den Eroten. An ihre Stelle sind getreten: 1) Hermes, welcher von hinten und zwar von rechts an Persephone herantritt und mit seinem rechten Arm nach ihr fasst, um seinem Herrn zu helfen, dabei sich aber rückwärts

---

1) So auch Herr Julius Klostermann in Messina, welcher die Güte hatte, in diesem Jahre für mich den Sarkophag von neuem anzusehen. Ein Füllhorn hat auch der Pergus der Platte Albani (§ 39 N. 4). Vergl. O. Müller Handb. § 403, 1.

umsieht, offenbar nach den Göttinnen, welche der Persephone zu Hilfe eilend zu denken sind, wie Artemis an der Platte von Salerno (N. 3) und am Sarkophag von Pisa (N. 4) wirklich sichtbar ist; 2) eine Gefährtin der letzteren rechts von ihr kniend und die Rechte auf einen Blumenkorb legend, in erschreckter Haltung[1]) und im Begriff aufzuspringen; 3) Zeus in Halbfigur als Zuschauer sitzend, den rechten Arm über Pluton ausstreckend, vielleicht den Donnerkeil, mit dem er sich nachmals als *socer* bekannte, in der Linken wahrscheinlich das Scepter haltend[2]). Die rechts von der Gefährtin befindliche Artemis gehört wol, wie ihre Bewegung nach rechts zeigt, bereits zur dritten Scene, der ἁρπαγή.

III. In dieser ist die Gruppe der Pallas, Persephone und des Pluton fast ganz so wie an der Pl. von Messina, nur streckt der letztere hier nicht seinen linken Arm aus, sondern hält ihn an den Körper, um so dem Scepter grösseren Halt zu geben, da die linke Hand nicht nur dieses, sondern auch die Zügel des Gespanns zu halten hat. Ein Eros als Wagenlenker ist nämlich hier nicht vorhanden: wol aber nicht nur der, wie gewöhnlich, über den Pferden fliegende, Eros δᾳδοῦχος, mit beiden Armen eine Fackel haltend, sondern noch ein zweiter, welcher hinter Pallas[3]) stehend diese von ihrem Widerstande gegen den Raub zurückzuhalten sucht. Zu diesem Widerstande eilt auch Artemis von links herbei mit zornigem Blick („*volto di sdegno*", Zoega), wie Claudian II, 206 sq. singt:

(Pallas) et intento festinat Delia cornu:
nec patruo cedunt. Stimulat communis in arma
virginitas crimenque feri raptoris acerbat.

Schon will sie mit der Rechten den Pfeil auf den Bogen legen, welchen sie in der Linken hielt, da, scheint es, wird sie durch den Blitzstrahl des Zeus, welcher

αὐγάζων ἐξ οὐρανίων
ἄλλαν μοῖραν ἔκραινε
(Eur. Hel. 1319)

---

1) Dies spricht gegen Gerhards Benennung dieser Figur als Aphrodite.

2) Eine gewisse Aehnlichkeit der Haltung mit dem Iupiter pluvius der Antoninssäule (Welcker Zschr. T. I, 5) darf uns nicht bestimmen mit Zoega und Welcker (Zschr. S. 75) in ihm speziell den Ζεὺς ὑέτιος, der hier ganz unpassend wäre, zu erkennen.

3) Entschieden mit Unrecht hat Gerhard diese zur zweiten Scene gezogen.

in ihrem Vorhaben gehemmt: daher die halb rückwärts gewandte Richtung ihres Gesichtes. Daher aber auch das triumphirende Lächeln der Aphrodite[1]), welche hier mit ihrer Brust, von welcher das Gewand herabgestreift ist, wie am Wiener Sarkophag (§ 40 N. 1) hinter den Rossen neben Pluton erscheint, zugleich diesen beglückwünschend und sich an der Angst der Persephone weidend. Die übrigen Figuren sind die bekannten: Hermes mit Kerykeion in der Linken — der Unterarm ist abgebrochen — als Führer der Rosse, unter diesen Pergus, der hier in der erhobnen Rechten ein jetzt verlornes Attribut, vielleicht nach Analogie der Platte Mattei (N. 5) ein Ruder, — Zoega vermutet Schilfrohr — hielt und mit Auslassung des Enkelados der dreiköpfige Kerberos.

Sämmtliche Figuren, mit Ausnahme des Zeus, des Eros, welcher Pallas zurückzieht und des Kerberos teilt mit dieser

3. die Sarkophagplatte von Salerno, welche das Grabmal des Erzbischofs Carafa im Vorhof der Cathedrale S. Matteo daselbst schmückt (v. d. Hagen Briefe in die Heimat III S. 222) und aus Paestum stammen soll[2]). Dieselbe war bisher nur durch die ungenügende Beschreibung Gerhards l. l. S. 402 N. 21* bekannt. Dieser benützte den von Kekulé für ihn gemachten Lucido einer Zeichnung, welche dem Apparat des Archäologischen Instituts gehörte, jetzt aber in diesem nicht zu finden ist. Ich verdanke ein genaueres Urteil über die Platte jener Durchzeichnung, welche aus Gerhards Nachlass an Jahn, nach dessen Tode an Matz gelangt und mir von diesem zur Benützung überlassen worden ist. Nach dieser zu schliessen, ist die Platte von ziemlicher Arbeit und Erhaltung[3]).

---

1) Sollte freilich was in dem cavaceppischen Stiche über der rechten Schulter der Figur erscheint ein Flügel sein, würde auf sie dieselbe Benennung anzuwenden sein, wie auf die entsprechende Figur der Platte von Salerno N. 3.

2) Unter den *urnae e Paestana urbe Salernum translatae quae deteriori opificio insculptae neque commentatione indigent neque publicum merentur exspectare iudicium*, (Paoli Paestanae dissertt. VI p. 160 Rom 1780) findet sich dieser Sarkophag nicht.

3) Von den fehlenden Teilen sind die wichtigsten: an Demeter der rechte Unterarm, an der Hore der Kopf, an Iris die rechte Hand, an Pothos Arme und Füsse, an dem Eros unter den Vorderhufen der Rosse der Kopf, an dem andern die Arme, an Hermes der rechte Unterarm, desgleichen an Aphrodite und Pallas — doch ist die rechte Hand selbst von dieser an der Brust der Persephone erhalten, — an dem

I. Die πλάνη enthält hier ausser Demeter, welche in der (jetzt verlorenen) Rechten die Fackel hält, der Hore, der Iris, der nach rechts gelagerten Gaia noch einen vor Iris fliegenden sich nach Demeter umblickenden Flügelknaben, welchen wir Pothos nennen werden¹).

II. Die ἀνθολογία weicht von den bisherigen Darstellungen zunächst darin ab, dass Persephone nicht links, sondern rechts kniet, also den Platz mit ihrer Gefährtin vertauscht hat. Zur Linken einer jeden von beiden steht ein Eros, der eine mit einem Gefäss, der andre mit dem Gewand der Persephone beschäftigt. Hermes steht hier hinter Persephone und blickt nach links, von welcher Seite Pallas zu Hilfe eilend zu denken ist, während Artemis (mit Köcher und Bogen) hier wirklich bereits auf Pluton, der schon seine Rechte nach Persephone ausstreckt, losgeht und sich nach ihrer Genossin Pallas umsieht.

III. Die ἁρπαγή stimmt mit der Platte Cavaceppi überein in den Figuren der Pallas, der Persephone, des Pluton, nur dass dieser hier rückwärts auf die Verfolgerin blickt, des Hermes und des Pergus. Auch Eros schwebt hier über den Rossen, hält aber nicht eine Fackel, sondern ein Gewandstück, wahrscheinlich das flammeum, welches Persephone in der Unterwelt schmücken soll²). Der Eros hinter Pallas, Aphrodite neben Pluton und Kerberos unter den Hufen der Rosse fehlen. An Stelle des ersteren befindet sich hier Aphrodite, kenntlich an der Stephane³) und dem von der rechten Schulter gestreiften Chiton, offenbar wieder in der Absicht, Pallas an ihrem Widerstande zu hindern. Die Stelle der Aphrodite der Platte Cavaceppi nimmt hier eine auf den Sarkophagen ganz singuläre weibliche Flügelfigur ein, in Stellung und Haltung der Iris gleich. Was sie in der vorgestreckten Rechten hielt, ist nicht zu sagen, da dieselbe durch Eros verdeckt wird. Gerhard⁴)

Eros über den Rossen des Pluton und an Hermes der Kopf, an letzterem auch das linke Bein, an Pergus die rechte Hand. Ausserdem scheint vieles verstossen.

1) Vgl. S. 166 A. 1). Dass derselbe zur πλάνη, nicht, wie Gerhard meinte, zur ἀνθολογία gehört, zeigt besonders die Richtung seines Blickes.

2) Vergl. Claud. II, 325 *flammea sollicitum praevelatura pudorem*.

3) Die von Gerhard für Aphrodite erklärte knieende Gefährtin hat keine Stephane.

4) Vergl. Abh. d. Berl. Akad. 1863, 553 A. 297).

nennt dieselbe Nike, eine Benennung, gegen welche ich bereits oben (S. 129 u. 162) meine Bedenken ausgesprochen habe. Gerade die Uebereinstimmung mit Iris, welche als Dienerin der Demeter erscheint, lässt mich auch in ihr eine Dienerin des Pluton, wahrscheinlich Alekto erkennen, welcher wir, wie hier beflügelt, schon auf den etruscischen Urnen, desgleichen (ungeflügelt) am Halsbande von Koul-Oba (S. 119) begegnet sind und an unteritalischen Vasenbildern[1]) noch begegnen werden.

Erst auf Grund dieser beiden Platten ist eine Deutung der Mehrzahl der Figuren möglich an einem Sarkophag, der zu den am allerschlechtesten erhaltenen gehört. Dies ist

4. der Sarkophag von Pisa, im Campo Santo daselbst, bei Welcker N. 24 S. 60, der später (Ann. d. I. V, 144) mit Unrecht[2]) seine Existenz läugnete, bei Gerhard N. 26 S. 404, publicirt in einem von Carlo Lasinio gemachten Stiche in den Lettere pittoriche sul campo santo di Pisa, P. 1810 mit Erläuterungen, aber zahlreichen Misverständnissen[3]) von Giovanni Rosini p. 59—63, jedoch ohne die Kurzseiten, von neuem und vollständig in Lasinios Raccolta di statue, urne etc. t. 129 u. 130. Aber auch die letztere Abbildung, nach welcher Gerhards Beschreibung gemacht ist, lässt über die Bedeutung vieler Figuren kein Urteil zu: viele unscheinbare, aber für die Deutung wichtige Reste sind dort weggelassen. Der folgenden Beschreibung liegen die von Brunn in das Instituts-Exemplar von Lasinios Raccolta eingetragnen Correcturen und die von mir im Jahre 1870 vorgenommene Untersuchung des Originals zu Grunde.

Der Sarkophag gehört zu den grössern: seine Höhe beträgt 0,68 M. Ein Urteil über die Arbeit der Vorderseite ist sehr schwer, weil dieselbe furchtbar gelitten hat: die Oberfläche sämmtlicher Figuren ist bestossen, von den Gesichtern ist auch nicht mehr eines erhalten. Die Arbeit der besser erhaltnen Kurzseiten ist eine schlechte, und besser als diese scheint allerdings die der Vorderseite gewesen zu sein.

I. Die πλάνη zeigt Demeter, in der Rechten den Rest einer

---

1) Vergl. § 44 N. 4 u. 8.
2) Vergl. oben S. 132 A. 6).
3) Die Gaia fasste Rosini als Lokalgott, die Gefährtin und Pallas als Kyane, Aphrodite als Herakles, den Pergus als Acheron.

Fackel haltend, neben ihr Iris, deren Chiton ebenso wie an den Platten von Messina und Salerno die rechte Brust freilässt. Der grössre Teil ihres bogenförmigen Peplos, vielleicht auch der Pothos, ist durch die später eingemeisselte Grab-Inschrift hinweggenommen. Auch die Rosselenkerin Hore ist bis auf ganz geringe Reste verloren. Die Zahl der Rosse beträgt hier vier. Dieselbe Zahl zeigen zwar auch die Münzen von Temenothyrae, welche unter Trebonianus Gallus geprägt sind (§ 46), wonach das auf S. 120 Gesagte zu modificiren ist, trotzdem halte ich es nicht für unwahrscheinlich, dass, wenn die zwei letzten nicht erst später hinzugefügt sind, die Vierzahl hier nur auf einem misverständlichen Streben nach Symmetrie (mit den Rossen des Pluton) beruht. Unter den Rossen liegt nach links Gaia[1]), wie gewöhnlich die Rechte erhebend, mit der Linken sich auf ein nicht mehr recht erkennbares, länglich viereckiges Attribut[2]) (Körbchen oder Cista?), stützend. Neben ihr, ebenfalls unter den Pferden, befindet sich Eros.

II. Auch die $\dot{\alpha}\nu\vartheta o\lambda o\gamma\iota\alpha$ stimmt im wesentlichen mit der Platte von Salerno, enthält aber auch noch einige Figuren der Platte Cavaceppi. Zunächst ist die Anordnung der drei Figuren, des Pluton, der Persephone und der Gefährtin dieselbe wie an der Platte von Salerno, nur sieht hier auch die letztere nach der Seite, von welcher Pluton naht. Hermes dagegen bückt sich hier, wie an der Platte Cavaceppi, zu Persephone herab, nur sieht auch er nach rechts. Hinter ihm ragt neben einem Baum Zeus in Halbfigur hervor, ebenfalls wie an dieser Platte. Rechts von ihm wird mit dem Oberleibe Artemis sichtbar (kenntlich am Köcher)', von rechts der Persephone zu Hilfe eilend. Ihr steht gegenüber eine weibliche Figur mit Scepter[3]) in der Linken und Rest einer Stephane, welche mit erhobner Rechten die Artemis von ihrem Widerstande abmahnt, also Aphrodite.

III. Entsprechend ist die Composition der $\dot{\alpha}\varrho\pi\alpha\gamma\eta$. Sie enthält die Gruppe Pluton, Persephone und Pallas, zu deren Füssen ein umgestürzter Korb liegt, übereinstimmend mit der Platte Ca-

---

1) Als männlich verzeichnet in den Lettere pittoriche.
2) Aehnlichkeit hat das Körbchen am Florentiner Sarkophag (S. 147), dessen Gaia auch sonst mit dieser Aehnlichkeit hat.
3) Rosini, welcher dies Scepter für eine Keule ansah, misverstand die Figur als Herakles.

vaceppi, wenn auch vom Scepter des Pluton jetzt nichts mehr zu bemerken ist; desgleichen den Hermes und den Pergus. Neben dem letzteren erscheint hier zum ersten Male, wie am Sarkophag von Barcelona (§ 39 N. 1) ein unter den Pferden mit gespreizten Armen und Beinen fliegender Eros[1]). Ein zweiter fliegt über den Pferden, ein Gewandstück haltend, welches mit den Flügeln in Lasinios Raccolta als Fisch misverstanden worden ist; ein dritter steht hier vorn auf dem Tritt des Wagens und beugt sich zu den Pferden vor, welche er lenkt.

Dagegen ist hier die Darstellung beider Schmalseiten eine abgekürzte zu nennen. Die rechte zeigt nämlich nur eine der erschreckten Gefährtin der Vorderseite völlig analoge, nur nach links gewandte Figur, und die linke zeigt eine abgekürzte Darstellung der Abholung der Persephone. Hermes fehlt hier ganz; im übrigen ist die Gruppirung des Pluton und der Persephone der des capitolinischen Sarkophags analog; nur sitzt hier Pluton auf der linken, Persephone steht ihm gegenüber auf der rechten Seite und scheint die Erlaubnis zu ihrer zeitweiligen Rückkehr aus seinem Munde zu vernehmen.

Zu diesem Typus gehört auch und empfängt von den bisher betrachteten Exemplaren Licht

5. die Platte Mattei, im Hofe des Palastes Mattei in Rom eingemauert (Beschr. d. St. R. III, 3, 527), bei Welcker N. 6 S. 31 nach Zoega App. p. 273, bei Gerhard N. 11 S. 398, der irrtümlich dieses Relief mit dem von Aleander (Graev. thes. V, 762) im Hause *Hasdrubalis Matthaei Marchionis Jovii* erwähnten[2]) identificirt, publicirt in den Monum. Matth. III, 5 Rom 1779 mit Text von Venuti und Amaduzzi, welcher ausser Bellori den Montfaucon stark ausnützt. Ziemlich gearbeitet, ist die Platte sehr schlecht erhalten: sämmtliche Köpfe ausser dem der Aphrodite sind neu.

I. Die πλάνη zeigt die bekannten Figuren: Demeter mit Fackel in der Linken — ihre Rechte ist neu —, Iris, welche in den Mon. Matth. als Lachesis misverstanden ist, die Hore und unter den Pferden nach links liegend Gaia, als κουροτρόφος ein Kind säugend. Ihr rechter Arm, welcher hier nicht gehoben, ist neu.

---

1) Dieser fehlt in beiden Abbildungen.
2) Vergl. § 39 N. 3.

Bis zur Unverständlichkeit ist die zweite Scene abgekürzt. Sie enthält nur Persephone kniend und nach rechts blickend, von wo Pluton nahend zu denken ist. Diesem wird sie von Eros gezeigt, welcher hinter ihr schwebend ihren bauschenden Peplos anfasst. Ein zweiter Eros steht links von ihr (noch unter den Vorderhufen des vordersten Pferdes) Blumen aus dem Korb nehmend. In der Höhe sitzt wieder als Zuschauer Zeus mit nacktem Oberkörper, den Mantel um die Beine geschlagen. Von dem Donnerkeil in der Linken und dem Adler zur Linken, welche die Zeichnung gibt, ist jetzt am Original nichts zu sehen, aber an der Bedeutung der Figur kann mit Bezug auf die obigen Analogien nicht gezweifelt werden[1]). Die beiden links von ihm und Persephone befindlichen Göttinnen, Aphrodite und Artemis, gehören, wie ihre Richtung beweist, zur dritten Scene.

III. Diese enthält dieselben Figuren wie die Platte Cavaceppi, nur mit geringerm Verständnis und weniger übersichtlich gruppirt. Uebereinstimmend, nur enger zusammengerückt sind die Figuren der Hauptgruppe: Pallas, Persephone und Pluton. Ob der letztere auch ein Scepter hielt, ist, da der rechte Unterarm neu ist, zweifelhaft. Wie dort, nur wiederum näher gerückt, erscheint Artemis, kenntlich an der Gürtung und am Köcher, dessen Spuren Zoega bemerkt hat, hinter Pallas, in gleicher Absicht wie diese, wahrscheinlich in der jetzt ergänzten Rechten den Bogen haltend. Aphrodite endlich hat hier ihren Platz nicht, wie dort, neben Pluton, sondern hinter Artemis erhalten, jedoch so, dass sie nur mit dem Kopf (mit Stephane) hinter dieser hervorragt, offenbar mit ähnlicher Absicht, wie auf der Platte von Salerno, ihre beiden streitbaren Schwestern von dem Widerstande gegen den Raub abzumahnen. Auch die Nebenfiguren, der über den Pferden fliegende Eros, welcher hier jedoch ein höchst ungraziöses Aussehen hat, Hermes, Kerberos[2]), Pergus, welcher hier in der Rechten ein Ruder hält, stimmen mit der Platte Cav. überein; nur der die Pallas zurückhaltende Eros fehlt hier. Dagegen findet sich hier, wie am Sarkophag von Pisa, eine kleine Figur vorn auf dem Tritt

---

1) Gegen den Aetna, dessen Genius Zoega in dieser Figur erkennen wollte, der sich jedoch auf keinem Denkmale als Lokal des Raubes findet, spricht die Anwesenheit des Pergus.

2) Dieser ist im Stich der Mon. ausgelassen.

des Wagens stehend und nach den Pferden vorgebeugt, nur ist diese Figur hier nicht Eros, sondern weiblich und mit gegürtetem flatternden Chiton bekleidet. Gegen Nike spricht hier ausser den oben (Vgl. S. 183) erörterten Gründen die Abwesenheit von Flügeln. Aber auch die Benennung der Figur als Alekto, welche ich oben an Stelle der Nike gesetzt habe, scheint mir hier wegen der kleinen Dimensionen des Figürchens nicht ganz unbedenklich. Ist es vielleicht bei dem Zustande der Composition dieser Platte geratner anzunehmen, der Arbeiter habe sich nur durch den Hinblick auf die Hore des Demeterwagens verleiten lassen, hier eine entsprechende weibliche Figur anzubringen?

Den Sarkophagen dieses zweiten Typus ist endlich anzureihen eine Platte, welche zu diesen in analogem Verhältnis steht, wie der Sarkophag von Aachen (§ 37 N. 8) zu denen des ersten Typus und wie die Platten Albani und Landsdown (§ 39 N. 4 u. 5) zu denen der zweiten Species. Dies ist

6. die Sarkophagplatte des Soane-Museum in London [41]. (Soane, description of the house and museum of Sir J. Soane p. 43 nach Welcker z. Müller Handb. § 358, 2, Waagen Künstler und Kunstwerke in England I, 451), bei Gerhard N. 34 S. 408 nach Klügmanns Beschreibung; aus Rom stammend, wo sie teilweis noch vollständiger von Pighius *in aedibus Card. S. Florae* gesehen wurde; gezeichnet in der Coburger Sammlung 170 N. 43 (Matz Ber. d. Berl. Akad. 1871, 488), im cod. Pighianus f. 328 (Jahn Ber. d. sächs. Ges. d. Wiss. 1868 N. 182 S. 218), mechanisch nach der ersteren copirt (nach Matz) in der del Pozzo'schen Sammlung, neu gezeichnet in diesem Jahre für das Corpus der römischen Sarkophage. Die Benützung dieser Zeichnung, desgleichen eine Durchzeichnung der Coburger verdanke ich Matz, die pighianische habe ich selbst mit letzterer verglichen. Die Platte ist von reicher und doch sehr übersichtlicher Composition [1]) und scheint von ziemlich guter Arbeit.

I. Die πλάνη weicht nur in Kleinigkeiten von der Darstellung der cavaceppischen Platte ab. Demeter hält in beiden Händen Fackeln, von deren einer nur noch der Stiel, von der andern nur

---

1) Waagens Urteil, die Darstellung sei „von höchst geistreicher Composition" ist etwas überschwänglich.

noch die Flamme erhalten ist; sie blickt etwas vorgebeugt gerade aus; Iris ist wie dort gebildet[1]); desgleichen Gaia, welche mit entblösstem Oberleibe, auf den linken Arm gestützt und in der Linken ein Füllhorn haltend, ihre Rechte nach den Rossen erhebt. Neben ihrem Unterkörper wachsen auf der Coburger und Pighianischen Zeichnung Pflanzenstengel hervor, von denen indes, wie Matz bemerkt, am Original keine Spur zu bemerken ist. Nur die Hore fehlt, daher werden die Zügel von niemandem gehalten; wahrscheinlich waren dieselben am Wagenrande befestigt. Der über den Pferden fliegende, sich nach Demeter umsehende Pothos kann sie nicht gehalten haben; sein rechter Arm, welcher wie der linke Arm und das rechte Bein schon in den Zeichnungen fehlt[2]), wäre zu kurz.

II. Die ἀνθολογία rechtfertigt unsre obige Zusammenstellung dieser Platte mit denen von Aachen, Albani und Landsdown, insofern hier Pluton[3]) wirklich von links an Persephone herantritt, wie er auf jenen zu denken ist. In Folge dessen blickt Persephone (mit Stephane) hier nach links und kniet mit dem rechten Beine, während der linke Arm den bauschenden Peplos hält und der rechte noch auf dem Blumenkorbe liegt, wie Claudian II, 138 sagt

vimine texto
ridentes calathos spoliis agrestibus implet[4]).

Pluton, der bis auf eine kurze auf der rechten Schulter geheftete Chlamys ganz nackt, in der Rechten das Scepter, dessen Rest noch bemerkbar ist, hielt, fasst hier Persephone noch nicht an, sondern streckt eben erst seine Arme nach ihr aus[5]).

Wie auf der cavaceppischen Platte, so kniet auch hier noch eine weibliche Figur neben d. h. links von Persephone und Pluton, mit beiden Händen — die rechte fehlt schon in den Zeichnungen — ihren bauschenden Peplos haltend, sonst aber ohne alle Zeichen

---

1) Was Klügmann über ihrem linken Flügel bemerkt, ist der Peplos.
2) Am Original sind nur Reste der Flügel erhalten.
3) Der Kopf des Pluton ist am Original hier und in der ἁρπαγή aufgesetzt, jedoch alt, wie Matz bemerkt.
4) Vergl. Ovid Met. V, 391.
5) Vergl. Ovid Met. V, 395.
paene simul visa est dilectaque raptaque Diti.

der Ueberraschung, ja sogar, wie es scheint, absichtlich von der Gruppe des Pluton und der Persephone etwas weg, also nach links blickend. Schon dieser Ausdruck, noch mehr aber die Stephane, lassen in ihr keine Gefährtin, sondern eine Göttin erkennen. Etwa Artemis, wie am Aachner Sarkophage? Gegen diese spricht Ausdruck und Kostüm, da sich dieselbe in vollem Jagdkostüm unmittelbar rechts von Persephone in der Scene der ἁρπαγή findet. Es kann nur Aphrodite sein, welcher wir, nur in andrer Haltung, in dieser Scene auf den Platten von Messina (N. 1) und Pisa (N. 4) begegnet sind. Hier ist nicht Aphrodite, wie an der letzteren, die Artemis vom Widerstande abmahnend, auch nicht, wie an der erstern, die Aphrodite Peitho oder παρήγορος (*Venus Suada* Serv. z. Aen. I, 720. *Suadela Venusque* Hor. ep. I, 6, 38) dargestellt, sondern gleichsam eine Aphrodite παρακύπτουσα, die

Diva Paphi, (quae)
  dubios agnovit sola tumultus
  mixtoque metu perterrita gaudet.

(Claudian II, 155), Aphrodite, welche aus Furcht und Freude über den von ihr mit veranlassten Ueberfall nur verstohlen oder gar nicht nach der Stelle und dem Ausgang desselben zu sehen wagt. Neben ihr steht (jetzt grösstenteils zerstört) Eros, der Repräsentant des *properatus amor* (Ov. Met. V, 396), seine linke Hand auf einen Blumenkorb legend [1]).

III. Entsprechend ist die Veränderung der Gruppe des Pluton und der Persephone in der ἁρπαγή. Allerdings hält auch hier Pluton mit seinem rechten Arm die Persephone, und mit dem vorgestreckten linken die Zügel, aber er blickt nicht vorwärts, sondern halbrückwärts nach der Verfolgerin Pallas, welche ihren (vollständig erhaltenen) rechten Arm nach Persephone ausstreckt. Diese aber liegt hier in entgegengesetzter Richtung wie sonst, nämlich nach rechts, so dass ihr gesenkter Kopf und der über den Kopf genommene rechte Arm — die Hand ist auf den Zeichnungen noch sichtbar — auf den Rücken des vordersten Pferdes [2]) kommt, und dass der linke Arm, wie leblos, über die Wagenbrüstung nach hinten herabhängt. Also nicht sowol sich sträubend ist

---

1) Dies Motiv spricht dafür, ihn zur Anthologie, nicht (mit Klügmann) zur Gaia der πλάνη zu ziehen.
2) Wie an der Berliner Platte (S. 165) sind deren hier aus Versehen nur zwei.

Persephone hier dargestellt als ‚exanimi similis' oder höchstens *quae questus ad nubila rumpit inanes* (Claud. II, 249). Ganz ähnlich, wie an der cavaceppischen Platte kommt hier auch Artemis hinter einem Lorbeerbaum (*venturi praescia laurus* Claud. II, 109) hervor, um ihren Widerstand mit dem der vor ihr eilenden Pallas zu verbinden; beide Hände fehlen schon in den Zeichnungen: vermutlich hielt die erhobne Rechte den Bogen.

Ueber den Rossen fliegt auch hier Eros, sich zu Persephone neigend und ein Gewandstück, vermutlich das flammeum, haltend — beide Unterarme, wie das rechte Bein fehlen schon in der Zeichnung. Halb vor denselben, halb im Hintergrunde steht Hermes in der Haltung eines ἀποσκοπῶν, also der Aphrodite παρακύπτουσα entsprechend, ausschauend, wie sein Herr und Gebieter mit den streitbaren Göttinnen fertig werden wird, ganz so wie an der Matteischen Platte (§ 39 N. 3), die rechte Hand an die Stirn und den Petasos legend, in der linken das Kerykeion haltend, also nicht, wie sonst, blosser Führer der Rosse. Sein linkes Bein fehlt schon in den Zeichnungen, jetzt ist es ergänzt. Zu seinen Füssen ragt aus dem Boden Kerberos[1] hervor. Links von ihm liegt Pergus und zwar, der Persephone entsprechend, wie an der Platte Albani (§ 39 N. 4), nach rechts liegend, auf den rechten Arm gestützt, mit entblösstem Oberkörper. Was Klügmann an diesem für einen Kranz angesehen hat, wird nichts als der Bausch des Mantels am Unterleibe sein. Die linke abgebrochne Hand hielt vielleicht wie an jener Platte ein Füllhorn.

Zu einem der beiden Typen dieser ersten Species gehörten endlich auch die zwei Sarkophage, von welchen nur Fragmente der ἁρπαγή erhalten sind:

42. 1. ein Fragment im Pal. Castellani in Rom: Pluton, nach rechts gewandt, in der Linken das Scepter haltend, umfasst mit der Rechten die sich zurückwerfende Persephone.

Schlechter erhalten ist

43. 2. das Fragment in S. Lorenzo fuori le mura in Rom: Pluton (ohne Kopf und obern Theil der Brust, auch ohne Scepter), nach rechts gewandt, umfasst mit der Rechten Persephone.

Beide Fragmente stimmen mit den betreffenden Teilen sowol

---

1) Dies ist der von Klügmann nicht erkannte Gegenstand. Von Steinen, welche derselbe neben demselben erwähnt, ist in den Zeichnungen nichts zu sehen.

der Platte Giustiniani (§ 37 N. 5), einer Vertreterin des ersten Typus, als der Platte Cavaceppi (§ 38 N. 2), welche dem zweiten Typus angehört.

Den Sarkophag von Raffadali (S. 136 N. 3) werden wir in den **Nachträgen** besprechen.

Andre Fragmente, von denen es zweifelhaft bleibt, ob sie zu der bisher betrachteten ersten oder zweiten Species gehören, werden wir erst nach Betrachtung der Sarkophage der zweiten Species, zu welcher wir uns jetzt wenden, aufzählen.

2. Species.

Die charakteristischen Kennzeichen derselben sind, wie oben angegeben, dass Pluton in der $\dot{\alpha}\rho\pi\alpha\gamma\dot{\eta}$ von hinten gesehen wird, den Wagen mit dem rechten Fuss besteigt, während der linke noch am Boden steht, mit der Rechten die Zügel, mit der Linken Persephone umfasst und sich in Aufregung nach der Verfolgerin Pallas umsieht, welche seinen linken Arm von dem rechten Arm der Persephone wegzustossen sucht.

Der significanteste Vertreter dieses Typus ist

1. der Sarkophag von **Barcelona**, bei Welcker N. 22 S. 58, bei Gerhard N. 31 S. 406, daselbst gefunden[1]), früher im Hause eines Kaufmanns in der Strasse S. Pedro Baxa[2]), jetzt im Museum daselbst (im Erdgeschoss der öffentlichen Bibliothek), nach Hübner, Antiken von Madrid S. 279 sq. N. 667 und Bull. d. I. 1860, 155, publicirt in Labordes voyage pittoresque de l'Espagne I pl. 11, 1, mit einer an Irrtümern und Verwechslungen der Götternamen reichen, im übrigen unvollständigen Erläuterung p. 9 sq., wiederholt in denselben Dimensionen, aber mit schärfer ausgeprägten Gesichtern als dort, in Welckers Zeitschr. T. I, 1—3. Der Sarkophag zeichnet sich in gleicher Weise durch Uebersichtlichkeit der Composition, Güte der Arbeit und befriedigende Erhaltung aus. Symmetrie der Gruppen ist an ihm so wie an wenigen augenfällig.

I. Die $\pi\lambda\acute{\alpha}\nu\eta$ zeigt Demeter en face, etwas rückwärts blickend, in jeder Hand eine Fackel haltend, mit dem linken Fuss schon auf dem Wagen, mit dem rechten noch auf dem Boden stehend, hinter den Pferden Iris, ebenfalls rückwärts blickend, unter den-

---

1) Laborde l. l. p. 35.
2) Laborde p. 9.

selben Gaia[1]) mit entblösstem Oberkörper nach rechts liegend, sich auf den linken Arm stützend, den Blick und wol auch den jetzt gebrochnen rechten Arm in gewohnter Weise anfhebend. Die wagenlenkende Hore und der fliegende Pothos fehlen hier; die Zügel der Pferde scheinen auch hier angebunden. Dagegen erscheinen hinter Demeter, allerdings jetzt sehr verstossen, die Reste einer sitzenden Figur in kleinen Dimensionen. Sollte in derselben nach Analogie der Sarkophage des zweiten Typus Zeus als Zuschauer zu erkennen sein, so hätte derselbe wol nur durch Misverständnis seinen Platz hier, anstatt an der linken Seite der ἀνθολογία, erhalten. Denn schwerlich war hier die Darstellung einer Situation beabsichtigt, wie sie Claudian III, 326 schildert

*Impius errantem videat per rura, per urbes
Iupiter etc.?*

Diese zweite Scene besteht zunächst aus folgenden sechs durchaus symmetrisch gruppirten Figuren. In der Mitte befindet sich vorn Pluton, mit Mantel bekleidet, in der Linken das Scepter haltend, von rechts herantretend und die Rechte nach der Brust der Persephone ausstreckend; hinter ihm ragt Hermes mit dem Kopfe hervor. Persephone mit dem linken Beine kniend und mit beiden Händen ihren flatternden Peplos haltend, blickt sich angstvoll nach Pluton um. Ihr gegenüber, nur durch einen umgestürzten Blumenkorb getrennt, kniet eine Gefährtin[2]), ebenfalls entsetzt zu Pluton aufblickend und mit dem aufgehobnen linken Arm einen Blumenkorb haltend. Pallas und Artemis[3]) eilen von beiden Seiten der Bedrängten zu Hilfe, Pallas, hinter Persephone stehend, von links, Artemis, hinter der Gefährtin stehend, von rechts. Endlich gehört zu dieser Ueberraschungsscene auch der Eros, welcher sich, wie sehr oft, neben Persephone befindet. Wenn dieser den Pferden der Demeter so nahe steht, dass seine linke Hand an die Vorderpfoten des ersten kommt, so ist dies die bedeutungslose Folge des Mangels an Raum und nichts weniger als der Ausdruck davon, dass er „den Lauf der Pferde der Demeter hemmen wolle, bis die Liebe gesiegt habe" (Welcker). Die Annahme eines der-

---

1) Hübner nennt sie mit Unrecht eine Nymphe.
2) Ihre Haltung spricht gegen Aphrodite, wie Gerhard die Figur nannte. Noch weniger hat Hekate, welche Welcker vorschlug, hier ihren Platz.
3) Mit Unrecht hat Welcker diese zur dritten Scene gezogen.

artigen Uebergreifens von Figuren der ersten in die zweite Scene haben wir schon oben (S. 134) zurückgewiesen. Für seine Zugehörigkeit zur Ueberraschungsscene spricht deutlich die Richtung seines Blickes.

III. Die ἁρπαγή enthält die Hauptgruppe Pluton, Persephone und Pallas in der oben beschriebenen Weise, und erkennt man hier besonders deutlich, dass dem Pluton seine Aufgabe, Persephone gegen den Widerstand der Pallas zu halten und zugleich die vier feurigen Rosse zu lenken, viel zu schaffen macht. Ebenso ist der Blick des Rosseführers Hermes mit gespannter Erwartung des Ausganges nach jener Gruppe gerichtet, und mit dem Gefühl von Angst blicken die beiden Begleiter des Gespannes nach derselben: zwei Eroten, der eine mit Fackel über den Rossen, der andre mit einem Gewandstück (flammeum)[1] unter denselben fliegend. Den Lauf der Rosse zu hemmen, wie Welcker meint, kann schon dem Geiste des Mythus nach nicht Aufgabe der Eroten sein. Die Gestalt des letzteren, welcher wir nur in kleineren Dimensionen bereits am Sarkophag von Pisa (§ 38 N. 4) begegnet sind, hat hier die Auslassung des Pergus zur Folge gehabt: nur Kerberos und Enkelados ragen hier, und zwar in dieser von der natürlichen abweichenden Reihenfolge (von links nach rechts) hervor[2]. Die letztere Behauptung beruht auf der Voraussetzung, dass die drei Hundeköpfe und die menschliche Figur nicht Eins bilden und die letztere nicht weiblich ist, wie Hübner angibt. In diesem Falle wäre die Figur mit Welcker und Gerhard Skylla zu nennen und diese als Repräsentantin Siciliens zu fassen. Doch findet sich dieselbe auf keinem Denkmale des Persephoneraubes, während Kerberos und Enkelados unter den plutonischen Rossen ganz gewöhnlich sind, und es ist nicht zu übersehen, dass die zweite Figur am Original beschädigt ist.

Von besonderm Interesse und völlig singulär ist die linke Kurzseite, welche einen Hirten zeigt, der nach rechts blickend auf seinen Stab gestützt dasteht, vor ihm neben einem Apfelbaum auf einer Anhöhe zwei Ziegen weidend, unten zwei Schafe, und zwischen diesen einen Hund bellend. Gewis ist dieser nicht für eine bedeutungslose Staffagefigur, ‚für einen Hirten des Aetna‘ (Laborde)

---

[1] Vergl. S. 182 A. 2).
[2] Irrtümlich deutet Laborde den Enkelados als Kyane, Hübner als Furie.

zu halten, sondern in den Rahmen der ganzen Composition zu ziehen, als der Augenzeuge und nachmalige Angeber des Raubes, als der Hirt Triptolemos, welchen als solchen die orphische und nach ihrem Vorgange auch die alexandrinische von Claudian und andern befolgte Poesie eingeführt hatte[1]). Ich trage kein Bedenken, diese wol durchdachte und schön angelegte Figur, welche von dem entsprechenden Figürchen des Sarkophags von Mazzara (S. 172) aufs vorteilhafteste absticht, der Originalcomposition zuzuschreiben: wol durchdacht nenne ich sie, insofern sie nicht nur den vierten Akt des Drama, das *indicium natae repertae* (Claud. III, 51) indicirt, sondern auch den Schlussakt vorbereitet, nämlich die Heraufholung der Persephone ($\dot{\alpha}\nu\alpha\zeta\dot{\eta}\tau\eta\sigma\iota\varsigma$ Schol. z. Theokr. II, 12), welche den Inhalt der rechten Kurzseite bildet.

Aehnlich wie am Sarkophag von Pisa (§ 38 N. 4) vernimmt an dieser Persephone stehend von Pluton die Erlaubnis zur zeitweiligen Rückkehr, und Hermes legt bereits seine Rechte auf ihre Schulter. Auch hier blickt er ihr ins Gesicht, wenn auch nicht so vorgebeugt, wie am capitolinischen Sarkophag (§ 37 N. 1).

Der Sarkophag, welchen wir nach diesem zu betrachten haben, bietet, obwohl weniger vollständig als dieser, doch einige Figuren, welche unsre Kenntnis des Originaltypus dieser Species in interessanter Weise bereichern. Dies ist der auch seiner Arbeit nach zu den bessern gehörende

45. 2. Sarkophag des Palazzo Barberini, in demselben Zimmer wie die Platte § 36 N. 1 (Beschr. d. St. Rom III, 2, 431), bei Welcker N. 11 S. 38 nach Zoega App. p. 397, bei Gerhard N. 6 S. 396, publicirt von mir Ann. d. I. 1873 t. GH p. 87—92.

I. Figurenreicher als irgendwo ist hier die $\pi\lambda\acute{\alpha}\nu\eta$ dargestellt. Ausser Demeter, welche, in beiden Händen Fackeln haltend, den Wagen besteigt, erscheint hier vor dem Wagen Iris[2]), als Lenkerin der Rosse die Hore, unter denselben Gaia, wie am Sarkophag von Barcelona, nach rechts liegend und dem Beschauer den entblössten Rücken zeigend, im Haar einen Kranz, neben ihr die Schlange; endlich über den Rossen Pothos[3]), als plastischer Aus-

---

1) Vergl. S. 45 A. 1), S. 94 u. S. 74 A. 4).
2) Hier fälschlich von Zoega Diana genannt.
3) Vergl. Ann. l. l. p. 90 und Eur. Hel. 1306
$\pi\acute{o}\vartheta\wp\ \tau\tilde{\alpha}\varsigma\ \dot{\alpha}\pi\text{o}\iota\chi\text{o}\mu\acute{\varepsilon}\nu\alpha\varsigma$
$\dot{\alpha}\varrho\varrho\acute{\eta}\tau\text{o}\upsilon\ \varkappa\text{o}\acute{\upsilon}\varrho\alpha\varsigma.$

druck der Stimmung, welche Claudian III, 315 und 428 sq. die Demeter selbst in mehr als einer Variation aussprechen lässt.

II. Um so einfacher ist die zweite Scene, bestehend nur aus der knienden Persephone, Pluton, welcher diese hinten am linken Arm fasst, und seinem Knappen Hermes. Zu beiden Seiten der Persephone liegt ein umgestürzter Blumen- oder Fruchtkorb.

III. Dagegen enthält wieder die ἁρπαγή zwei neue Figuren, von denen die zweite hier sogar allein vorkommt. Während nämlich die Gruppe Pallas, Persephone und Pluton der des Sarkophags von Barcelona genau entspricht, ist hier links von Pallas noch eine Göttin (mit Stephane, Doppelchiton und Mantel) zu sehen, in der nur Aphrodite zu erkennen ist, welche der Pallas nacheilt und sie mit dem (hier abgebrochenen) rechten Arme zu fassen sucht, um sie von ihrem Widerstande gegen den Raub abzubringen. Ueber den Pferden fliegt wieder Ἔρως δᾳδοῦχος, um dessen linken Schenkel der Zipfel eines Gewandes flattert, unter demselben liegt Pergus, Führer derselben ist Hermes mit ähnlichem Gesichtsausdruck wie am Sarkophag von Barcelona. Völlig neu aber und einzig ist die letzte Figur rechts: ein Jüngling en face, mit langem Haar und Chlamys, der mit übereinandergesetzten Beinen sich mit dem linken Arm an einen Baumstamm lehnt, die Rechte auf seinen Kopf legt und zu Boden sieht. Visconti (Mus. Piocl. V, p. 45) hat versucht, diese Figur, wie den Herakles des capitolinischen Sarkophags, in den Rahmen der Composition hineinzuziehen, indem er sie, weil er in dem Baume einen Lorbeerbaum zu erkennen meinte, was an sich möglich ist, Apollon nannte und diesen wie als Nebenbuhler des Pluton, so als Augenzeugen und Entdecker des Raubes fasste. Ersteres hat insofern eine gewisse Berechtigung, als Claudian I, 133 sq. den Ares und Apollon als Freier der Persephone vor dem Raube auftreten lässt; letzteres aber nicht. Nicht Apollon, sondern Helios ist Augenzeuge und Entdecker des Raubes, und dies nur im homerischen Hymnus auf Demeter v. 74 sq. und danach in Ovids Fasten (IV, 583), dagegen nicht in der durch die orphische Poesie beeinflussten alexandrinischen Dichtung, welcher diese Sarkophage folgen. Diese kennt den Triptolemos als Augenzeugen des Raubes, als welcher er uns auf dem Sarkophag von Barcelona begegnet ist. An diesen aber ist bei dieser Figur gewis nicht zu denken. Dieselbe ist vielmehr wie die Eckhoren, wie die Nike und der Herakles des capitolinischen

Sarkophags, ausserhalb des Zusammenhanges der Darstellung des Raubes zu fassen und zwar, jenen nicht unähnlich, wie Welcker und Gerhard erkannt haben, als Todesgenius. Die gesenkte Linke hielt vermutlich, wie z. B. die beiden entsprechenden Genien eines vatikanischen Cippus [1]), eine umgekehrte Fackel.

Auf der linken Kurzseite begegnen wir hier, wie schon öfter, der Gruppe erschreckter Gefährtinnen; nur sind es hier drei: eine, die mittlere, neben einem Korb kniend, die zweite nach links, die dritte nach rechts fliehend. Neben der letzten befindet sich ein Baum.

Auf der rechten Seite ist, wie am Sarkophag von Barcelona, die Abholung der Persephone (wenn nicht eines Schattens unter dem Bilde der Persephone) dargestellt: Pluton reicht ihr die Hand zum Abschied, Hermes, der hier den Pluton, seiner Befehle gewärtig, ansieht, fasst sie bereits mit seiner Rechten an.

Die elementarste Darstellung des Raubes nicht nur unter den Sarkophagen dieser Species, sondern überhaupt bietet

46. 3. eine zweite im Hofe des Pal. Mattei befindliche Sarkophagplatte (Beschr. d. St. R. III, 3, 525), erwähnt schon von Aleander (Graev. thes. V, 761) als *nuper affixum parieti ad impluvium vergenti aedium Hasdrubalis Matthaei Marchionis Iovii*, bei Welcker N. 7 S. 32 nach Zoega App. p. 273, bei Gerhard N. 12 S. 398 [2]), publicirt in den Mon. Matth. III, 6. Die Erhaltung des grob gearbeiteten Reliefs ist eine gute. Nur die dritte Scene umfasst drei Figuren, die beiden ersten nur zwei: nämlich die πλάνη: Demeter — von den Erklärern als *Diana pavida casum eminus intuens* misverstanden — und Iris — von denselben nach Bellori *Lachesis exorans quam Iupiter auscultat* genannt —; hinter Demeter ist ein Baum, unter den Pferden ein umgeworfner Blumenkorb.

Die ἀνθολογία enthält nur Pluton, welcher Persephone mit

---

1) Mus. Piocl. VII, 13 u. 13 a. Inghir. Mon. Etr. s. VI. I. 4.

2) Irrtümlich hielt G. das von Al. erwähnte Relief mit dem § 38 N. 5 besprochnen für identisch oder nahm, da dieses nicht völlig mit der Beschreibung jenes übereinstimmt, eine Vermengung beider von Seiten Aleanders an; aber dessen ausführliche Beschreibung passt nur zu dem hier besprochnen: nur fasste er, wie auch die Erklärer der Mon. Matth., den Pluton in der Anthologie als Zeus, die kniende Persephone und die Iris als Gefährtinnen.

seinem rechten Arm von hinten anfasst; als Andeutung des Lokals eine Eiche[1]) oder Pinie; die ἁρπαγή Pluton, Persephone und Hermes, die beiden ersteren übereinstimmend mit den beiden andern Sarkophagen dieser Species. Nur Hermes steht hier nicht vor den Pferden, sondern, wol aus Mangel an Platz, ähnlich wie an der Berliner Platte, hinter dem Rücken derselben, hält dieselben daher auch nicht, wie sonst, mit der Rechten am Zügel, sondern legt diese über die Stirn an seinen Petasos, ausschauend, wie der als bevorstehend zu denkende Kampf zwischen Pluton und Pallas enden wird, vielleicht auch um sein Gesicht gegen die blendende Sonne zu schützen, gewis aber nicht gegen „die sich eröffnenden Schauer der Unterwelt" (Gerhard). Denn als Begleiter des Pluton ist er Ἑρμῆς χθόνιος und als solcher an jene Schauer gewöhnt. Auch ist der Felsen, welcher sich hinter dem letzten Pferde befindet, keine Andeutung der Unterwelt, sondern wie an der Berliner und andern Platten eine der *rupes oppositae* (Claudian II, 170), durch welche die Fahrt geht.

Wie das Verhältnis des Aachener Sarkophags und der Platte des Soane-Museum zu dem 1. resp. 2. Typus der 1. Species, ähnlich ist das Verhältnis zweier Platten zu dieser 2. Species, insofern auf ihnen in der, freilich stark abgekürzten, Anthologie Pluton von links herantretend zu denken ist. Von diesen betrachten wir zuerst die vollständigere

4. Sarkophagplatte Albani, über dem Ausgang der Stanza 47. della colonna in der Gallerie rechts vom Casino der villa Albani (Indic. ant. per la villa Albani n. 119. Beschr. d. St. Rom III, 2, 483), publicirt in li bassirilievi ant. di Roma T. II t. 97 mit Zoegas Erläuterung p. 230—234, danach in Creuzers Abbild. z. Symbol. u. Myth. Taf. XII (2. Aufl.), bei Welcker N. 1 S. 25, bei Gerhard N. 5 S. 396. Die Platte von ziemlich guter Arbeit ist schlecht erhalten [2]).

I. Die πλάνη enthält alle Figuren ausser der Hore: nämlich Demeter, Iris (hier ungeflügelt), Pothos und Gaia, letztere nach

---

1) Vergl. *Quercus amica Iovi* Claud. II, 108.
2) Ergänzt ist an Demeter der Kopf, der grössre Teil des rechten Unterarmes, mit der Hand und der Fackel; an Gaia die Früchte im Schoosse, an Persephone der Kopf und die Hände, an Artemis der Kopf, an Pluton der grösste Teil des rechten Armes, die Fackel des Eros, das Gesicht und die Füsse des Hermes.

links liegend und ihre Augen zu Demeter aufhebend. Der Wagenkasten ist mit dem Relief einer Schlange geschmückt.

II. Die $ἀνθολογία$ enthält nur Persephone und zwar hier mit dem rechten Bein kniend und nach links aufblickend, dergestalt, dass Pluton hier nicht, wie bisher, von rechts, sondern von links herantretend zu denken ist. Allerdings ist der Kopf mit Stephane neu, doch wird niemand deswegen in der Figur nur eine Gefährtin der Persephone erkennen wollen. Eine solche wäre keine genügende Andeutung der Ueberraschung.

III. Die $ἁρπαγή$ stimmt zunächst mit den bisher betrachteten Sarkophagen dieser Species überein in der Gruppe der Pallas [1]), Persephone und Pluton, in dem $Ἔρως\ δᾳδοῦχος$, dem Hermes, nur dass dieser, wie Pluton, von hinten gesehen wird, und seine Chlamys über die linke Schulter und Arm geworfen hat, in dem Pergus, nur dass dieser hier nach rechts liegt und ein Füllhorn in der Linken hält; dagegen ist sie bereichert um die Gruppe der Aphrodite und der Artemis, welche hier ganz ähnlich wie auf den Sarkophagen der ersten Gattung gebildet erscheint. Aphrodite (mit Stephane, Peplos und Chiton, welcher Arme und Nacken blos lässt, aber ohne Scepter, welches Gerhard nennt), fasst, ähnlich wie wir uns die Aphrodite des barberinischen Sarkophags N. 2 (S. 195) ergänzt dachten, mit ihrem rechten Arm an den Schild der Pallas, um sie vom Widerstande zurückzuhalten, während Artemis (in kurzem Chiton, der die rechte Brust blos lässt, und Stiefeln) mit ihrem linken Arm den rechten Arm, mit ihrem nicht sichtbaren rechten Arm wahrscheinlich die linke Hüfte der Aphrodite fasst, um sie zurückzudrängen. Während sie nach rechts, nach Pluton, offenbar erzürnt blickt, wendet Aphrodite hier ihr Gesicht rück- und aufwärts, sei es, dass sie den Blitzstrahl des Zeus bereits wahrgenommen hat, sei es, dass sie in Angst über das Gelingen des Raubes diese seine Intervention erst erwartet [2]).

In allem wesentlichen mit dieser übereinstimmend, in den erhaltnen Teilen nur um wenige Nebenfiguren reicher, übrigens abei unvollständig erhalten ist

48. 5. die Sarkophagplatte des Landsdown-house in London.

---

1) Dass Pallas der Persephone etwas ins Ohr sagen wolle (Zoega) ist nichi annehmbar.

2) Vergl. Claud. II, 155 *mixtoque metu perterrita gaudet.*

im Ballsaal daselbst so hoch eingemauert, dass auf eine Zeichnung zu verzichten ist, kurz beschrieben von O. Müller in Böttigers Amalthea III, 247, danach bei Welcker Ann. d. I. V, 146 n. 5, und von Klügmann bei Gerhard N. 35 S. 409, dessen N. 28* S. 405 mit dieser identisch ist[1]). Genauere Mitteilungen verdanke ich Matz, welcher die Platte in diesem Jahre von neuem untersucht hat: derselbe bezeichnet sie als von ungewöhnlicher Grösse, stark vorspringendem Relief und unangenehm manierirter Arbeit[2]).

I. Die πλάνη zeigt Demeter, welche wahrscheinlich in beiden Händen eine Fackel — die der rechten ist jetzt zerstört — hielt, Iris[3]), Gaia, welche hier mit entblösstem Oberkörper halb sitzend den Kopf und linken Arm nach rechts erhebt, mit dem rechten Ellbogen sich aufstützend und ihr Gewand anfassend. Der Pothos fehlt, vor Demeter aber stand im Wagen die Hore, deren Kopf und Flügel noch erhalten sind.

II. Die ἀνθολογία zeigt neben Persephone, welche, wie Matz bemerkt, nicht ganz fertig geworden scheint, und zwar links neben ihr noch einen Eros, der ein umgekehrtes Füllhorn (wie am Sarkophag Rospigliosi) hält. Persephone erhebt auch hier ihren rechten Arm, die Linke legt sie auf einen Blumenkorb.

III. Die erhaltnen Teile der ἁρπαγή d. h. die Figuren der Aphrodite, Artemis, Pallas, Persephone und Pluton, stimmen mit denen der Platte Albani vollständig überein; nur hat hier Aphrodite[4]) keine Stephane, und vom Unterkörper der Artemis wird wenig sichtbar, jedoch ist das linke Bein, was für die Deutung wichtig ist, entblösst[5]). Von der sehr klein gebildeten Persephone fällt besonders der gerade in die Höh gestreckte linke Arm ins Auge. Von den Rossen sind nur noch Reste der Beine erhalten; alles übrige ist verloren.

---

1) Vergl. oben S. 131 N. 5.

2) Ergänzt ist der Kopf der Demeter und der linke Unterschenkel des Pluton. Ausser dem rechten Ende der Platte fehlt die Fackel in der Rechten der Demeter, der linke Unterarm der Gaia und der rechte Arm des Pluton.

3) Diese Iris hat Gerhard Abh. d. Berl. Akad. 1863, 558 A. 305) als die Amme Electra misverstanden.

4) Diese hat O. Müller als Führerin des Demeterwagens angesehen.

5) Zwischen Artemis und Pallas bemerkt Klügmann einen Baum, welcher sich auch an der Platte des Soane Museum § 38 N. 6 findet.

Einem Sarkophag von derselben Art wie die beiden eben angeführten gehört auch an

49. 6. das Sarkophagfragment des Pal. Mattei an Piazza Paganica in Rom, beschrieben von Zoega App. p. 161, der aber den Gegenstand nicht erkannt hat, vermutlich weil er auffallender Weise die modernen Zutaten nicht von dem antiken Kern geschieden hat, wie mir Matz mitteilt, welchem ich die Kenntnis des Fragments verdanke. Dasselbe ist ein Teil der ἁρπαγή. Erhalten sind Pluton, Persephone und Pallas, sämmtlich nur von oben bis an die Knie, ganz so wie an den beiden angeführten Platten. Die „nackte männliche Figur, welche gleichfalls vom Rücken gesehen von rechts herbeieilt, eine Chlamys über dem rechten Arm, in der rechten Hand ein Schwert trägt", wird in ihrem antiken Kern den Hermes enthalten. Die „an der Erde aufgehäuften Leichname, jedenfalls modern" könnten aus den Resten des Pergus hervorgegangen sein.

Dies sind die Sarkophage der zweiten Species.

Es erübrigt noch einige Fragmente resp. Kurzseiten zu besprechen, welche, ohne wirkliche Besonderheiten zu bieten, der Art ihrer Darstellung nach ebensowol zur ersten als zur zweiten Species gerechnet werden können.

Es sind dies:

50. 1. ein Fragment über dem Studio Canova in Rom, das ein Stück Anthologie enthält: Persephone nach links in halbkniender Stellung; Kopf und Extremitäten sind zerstört; von dem von rechts heranschreitenden Pluton sind nur die beiden Oberschenkel und ein Teil des Unterleibes erhalten.

51. 2. Die linke Kurzseite eines Persephoneraub-Sarkophages, wie sie der ersten und zweiten Species gemeinsam ist, im Pal. Castellani in Rom, enthält zwei erschreckte Gefährtinnen der Persephone kniend: die eine, nach rechts gewandt, ist an einem Blumenkorb beschäftigt, blickt aber erschrocken rückwärts, wie auch die zweite, welche nach links gewandt ist. Singulär ist hier nur der zwischen ihnen stehende Eros, welcher im linken Arm einen Blumenkorb hält, mit der Rechten aber nach oben zeigt, vermutlich nach dem Blitzstrahl, durch welchen Zeus seine Teilname für Pluton bekundete.

52. 3. Nicht nur diese linke, sondern auch die — wenigstens der Grösse nach gewis zugehörige — rechte Kurzseite eines Sarko-

phags, der zur 1. oder 2. Species gehören kann, befinden sich im Hofe des Pal. Rondanini in Rom, wo sie bereits von Zoega (App. p. 427, danach bei Welcker S. 89 A. 111) gesehen wurden. Die Arbeit ist eine nachlässige.

Auf der linken kniet eine Gefährtin vor einem Blumenkorb, die andre eilt mit ausgebreiteten Armen, den Kopf zurückwendend, nach links. Am Rande steht, wie am barberinischen Sarkophag (N. 2), eine Pinie.

Die Darstellung der rechten Kurzseite, die Abholung der Persephone, ist hier ähnlich abgekürzt, wie am Sarkophag von Pisa. Nur fehlt dort Hermes, hier Persephone. Pluton sitzt auf einem Thron unter einem steinernen Bogen nach links gewandt mit entblösstem Oberkörper, die Rechte an das aufgestützte Scepter, die Linke auf das Kissen des Thrones legend. Ihm gegenüber steht nach rechts Hermes, in der Linken das Kerykeion haltend, die rechte (jetzt abgebrochne) Hand dem Pluton entgegenstreckend. In der Composition hat die mantuanische Platte (§ 36 Nr. 19) die grösste Aehnlichkeit, und ist dieser entsprechend Persephone rechts von Pluton thronend, Hermes als Ausrichter der Botschaft an Pluton zu denken.

Wir kommen nunmehr zu den Sarkophagen der

II. Klasse,

deren Merkmal Hauptrichtung der Figuren von rechts nach links und eine dem Raube günstige Haltung der Pallas und Artemis ist. Der Zahl nach ist dieselbe weit geringer als die erste: es gehören ihr nämlich nur ein Sarkophag, drei vollständige und zwei fragmentirte Sarkophagplatten (Vorderseiten) an.

Der beste Vertreter dieser Klasse, daher der Untersuchung derselben[1]) zu Grunde zu legen, ist der durch vortreffliche Erhaltung und klare Disposition gleich ausgezeichnete

1. Sarkophag im Palast des Herzogs von Modena zu Wien. Derselbe stammt aus Rom[2]) und ist von dort in das vom Marchese

---

[1]) Irrtümlich aber glaubte Em. Braun Ant. Marmorw. S. 20 ihn zur Grundlage für die Deutung und Beurteilung aller Sarkophage machen zu dürfen. Urlichs Jahrbb. d. Ver. v. Altertfr. im Rheinl. V, 373 sq. hätte ihm nicht folgen sollen.

[2]) Cavedoni indic. dei princip. monum. ant. del mus. Estense del Catajo (1842) p. 97 n. 1354.

Obizzi gestiftete, später in den Besitz der Herzöge von Modena übergegangne Museum von Cattajo und mit den vorzüglichsten Antiken dieser Sammlung nach der neuen Ordnung der Dinge in Italien vor einigen Jahren nach Wien gebracht worden. In Cattajo wurde er gesehen von Thiersch (Reisen in Italien I, 305), Welcker (Ann. d. I. V, 146) und Braun, welcher ihn zeichnen liess und selbst publicirte (Antike Marmorw. II, 4 S. 20 sq.), dessen Erläuterung Cavedoni l. l. mit Bemerkungen versah und dessen Zeichnung Gerhard (Abh. d. Berl. Akad. 1864 Taf. IV, 4) wiederholte. Der Sarkophag, 8 Palmen lang, 2¼ Palme hoch und ebenso breit, ist, wie Professor Conze, der die Freundlichkeit hatte, denselben für mich noch einmal zu untersuchen, schreibt, „ohne alle Restauration, vielfach noch mit der erdigen Kruste überzogen, mit der er gefunden wurde", und gehört auch hinsichtlich der Ausführung[1]) zu den besten aller Sarkophage mit der Darstellung des Raubes.

Wie alle Sarkophage dieser Classe stellt er die drei Scenen in folgender Reihenfolge von rechts nach links dar: 1) die suchende Demeter, 2) die beim Blumenlesen überraschte Persephone (jedoch ohne Pluton), 3) links die Entführung derselben.

I. Demeter mit allen Zeichen selbstvergessnen Schmerzes, aufgelöstem Haar, entblösster linker Brust, wild über dem Kopf flatternden Mantel, besteigt ihren von zwei geflügelten Drachen gezognen Wagen, in beiden Händen Fackeln, die eine (in der Linken) aufwärts, die andre vorwärts haltend, um alles zu beleuchten. Der Wagen wird von Hore gelenkt.

II. Wenig umfangreicher ist die Anthologie. Persephone wird mit dem linken Beine kniend beim Blumenlesen — noch ruht die Rechte auf einem vollen Korb mit Blumen[2]) — durch das Geräusch des herannahenden Pluton erschreckt; entsetzt und abwehrend zugleich erhebt sie ihre Linke nach der rechten Seite, von welcher er nahend zu denken ist. Sein Nahen wird verkündigt durch Eroten. Der eine — oberste —, ein $\delta\alpha\delta o\tilde{v}\chi o\varsigma\ \gamma\alpha\mu\iota\varkappa\acute{o}\varsigma$,

---

1) Gerhards „vorzüglich" wird auf die richtigen Gränzen zurückgeführt durch Conzes „Arbeit geschickt und sicher, in manchen Einzelheiten, Köpfen, Händen, nicht so gut, wie die Zeichnung sie anzugeben versucht." Im übrigen hält Conze die Zeichnung für genügend; Braun hatte sie für die beste Arbeit seines Zeichners in Cattajo, von dem er freilich sonst wenig befriedigt war, erklärt.

2) Vergl. Ovid. Met. V, 391. Claud. II, 138.

beleuchtet mit seiner Fackel dem Bräutigam die Braut, der andre weist sie ihm mit der Hand, der dritte — stehend — fasst bereits ihr Gewand [1]).

III. Alles übrige — und es ist dies mehr als die Hälfte der ganzen Darstellung — gehört zur dritten Scene, der eigentlichen ἁρπαγή. Pluton mit bauschender Chlamys, von vorn gesehen, hält, auf sein Viergespann mit dem rechten Fusse steigend, die Kopf, Brust und beide Arme rückwärts werfende, nur noch mit schwachen Kräften sich wehrende Persephone in seinem l. Arm, mit der R. einen Zügel, während ein Eros einen zweiten hält. Hinter dem Rücken der Pferde erscheint Aphrodite[2]), in der l. über die Brust gelegten Hand ein Scepter, von dem nur noch ein Rest erhalten ist, in der erhobnen Rechten einen Apfel haltend. Wie Pluton, der wagenlenkende und ein zweiter dicht neben ihr fliegender Eros, blickt auch sie der Persephone ins Gesicht, gleichsam als νυμφεύτρια[3]), wie die Eroten als πάροχοι γάμων[4]). Der erhobne Apfel, hier ein um so sprechenderes Symbol[5]), als sein Genuss Persephone wirklich für immer zur Gattin Plutons machte, soll Persephone beruhigen, dass der Raub zur Ehe führe (ἡ ἁρπαγὴ οὐκ ἐφ' ὕβρει, ἀλλ' ἐπὶ γάμῳ γίγνεται Dion. Hal. II, 30). Führer des Gespanns ist auch hier Hermes. Von besonderm Interesse aber ist die auf ihn folgende, am meisten links befindliche Pallas[6]). Sie hält dem Gespann einen Zweig von Lorbeer oder Olive[7]) entgegen, als Glückwunsch für den am Ziel seiner Wünsche

---

1) Dass die Ueberraschte nicht eine blosse Gefährtin ist, zeigt die Stephane, welche antik ist, jedoch nicht, wie in der Zeichnung, mit Kügeln versehen, sondern gezackt und schräg ansteigend ist. Braun und nach ihm Gerhard hat die Figur Artemis genannt „welche der geängstigten Mutter zurückwinke." Allein diese hatte in diesem Typus, wie der Sarkophag Medici (N. 2) lehrt, ihre Stelle neben Pallas, also auf der entgegengesetzten Seite, und die Beziehung, in welcher die Eroten zu der Figur stehen, spricht ebensosehr gegen Artemis wie für Persephone.

2) Am Original fehlt der Stephane die Blume resp. Arabeske, welche die Zeichnung gibt.

3) Plut. Lyc. c. 15. Hesych s. v.

4) Wie an der Hochzeit des Zeus und der Hera Aristoph. Av. 1737.

5) Vergl. C. F. Hermann Griech. Privatalt. § 31, 29². Welcker Zschr. S. 11. Dilthey de Callim. Cyd. p. 114 sq. Wachsmuth das alte Grld. im neuen S. 83.

6) Sie hat hier den Helm, an andern Sarkophagen dieser Klasse auch den Schild; eine Aegis ist nirgends sichtbar.

7) Cavedoni l. l. p. 100 not. 89).

angelangten Pluton, zugleich als Symbol des Thalamos, welcher die Persephone erwartet [1]). Demnach ist wohl schwerlich zu bezweifeln, dass sie in dieser Darstellung, wie in der orphischen Poesie [2]), dem Raube freundlich gesinnt ist. Unter den Pferden befinden sich von rechts nach links Kerberos, Enkelados, Gaia resp. Sicilien mit Füllhorn; Enkelados, ein bärtiger mit dem Oberkörper aus dem Boden ragender, in eine Schlange ausgehender Mann, der zugleich Sicilien [3]) als Lokal des Raubes anzeigt, erhebt beide Arme, nicht, wie Braun meint, „voll Jubel über die neue Herrscherin der Schatten" — er selbst gehört nicht zum Reich der Schatten —, sondern um sich der Pferdehufen und Wagenräder zu erwehren, wie ihn Claudian II, 156 sq. schildert.

Die sitzende Sphinx, welche sich, wie am Petersburger Sarkophag (§ 36 N. 9), an beiden Kurzseiten befindet, steht nicht in innerm Zusammenhange mit der Darstellung des Raubes „als weitere Andeutung der drohenden Ungetüme der Unterwelt" (Gerhard), sondern ist als Symbol der Wache für die Ruhe der Verstorbnen überhaupt ein häufiger Schmuck der Sarkophage [4]).

Nachdem wir an diesem Sarkophage, als der Grundlage für die Erklärung der andern zu derselben Klasse gehörigen, die Deutung der einzelnen Figuren näher begründet haben, werden wir uns bei den andern kürzer zu fassen und nur auf die etwaigen Abweichungen resp. Bereicherungen besondere Aufmerksamkeit zu verwenden haben.

Am nächsten kommt ihm

2. die Sarkophagplatte Medici, in der Rückseite des Casino der Villa Medici eingelassen und zwar in so beträchtlicher Höhe, dass eine Messung nicht möglich ist, dazu in kleinen Dimensionen ziemlich flach gehalten, arg verstossen, so dass von den einzelnen Contouren an den Köpfen nur wenig zu erkennen ist, endlich viel-

---

1) Plut. Amator. c. 10.
2) Vergl. Excurs V über die Auffassung der Worte Orph. Arg. 1192 ἐξάπαφον συνόμαιμοι κτλ. Em. Brauns Behauptung, dass bei Claudian Pallas und Artemis die Persephone nur begleiteten, ist ebenso unrichtig, wie dass Pallas auf Denkmälern „allzeit dem Pluton günstig sei, nicht der Entführten."
3) Callim. fr. 382 ed. Schneider p. 572. Claud. de r. P. I, 153; II, 160; III, 187. Stat. Theb. XII, 275.
4) Vergl. Stephani C. R. p. 1864 p. 139.

fach ergänzt und stark mit Flechten überwuchert, so dass eine genaue Zeichnung nicht möglich ist [1]). Die Platte, bei Welcker N. 19 [2]), bei Gerhard N. 13, in der ‚Beschreibung der Stadt Rom' nicht erwähnt, enthält wenig Figuren mehr als die eben betrachtete.

I. Die πλάνη umfasst auch hier nur Demeter, welche hier vielleicht nur in der Linken eine Fackel, die Rechte dagegen vor die Stirn hielt, um schärfer zu sehen, und die Hore, bei welcher Flügel nicht mehr bemerkbar sind.

II. Die überraschte Persephone ist hier nicht von drei, sondern von vier Eroten, zwei schwebenden und zwei (rechts und links von ihr) stehenden, umgeben.

III. Die ἁρπαγή zeigt in derselben Gruppirung wie dort Pluton und Persephone, Eros, der auf dem Wagenrande stehend und sich vorbeugend die Hemmzügel hält, Hermes, Aphrodite — es fehlt der Kopf und die linke Schulter; auch von Apfel und Scepter ist nichts mehr zu bemerken —, welche hier auf beiden Seiten von einem Eros umgeben ist, Pallas, deren rechter Unterarm mit dem Zweige jedoch abgebrochen ist, am linken Arm den Schild; unter dem Gespann befinden sich in folgender an sich mehr angemessenen Reihenfolge: Gaia mit Füllhorn, Enkelados, die Arme gegen die Pferdefüsse erhebend, Kerberos, wenn anders der undeutliche, vor den Füssen der Pallas sichtbare Gegenstand Kerberos und nicht, wie an der vatikanischen Platte (N. 3) ein umgestürzter Korb ist. Von besonderm Interesse, weil einzig an dieser Platte vorhanden, ist die Figur der Artemis, welche sich hinter d. h. rechts von Pallas befindet, erkennbar an dem geschürzten Chiton und dem shawlartig um die Hüften geschlungnen Peplos. Leider lässt der verstossene Kopf, der fehlende rechte Arm und linke Hand

---

1) Die von dem Sarkophage gewis schon an seinem jetzigen Standort gemachte Zeichnung der del Pozzo'schen, später Albanischen Sammlung, (Justi, Winckelmann II, 1, 292. Matz Nachr. d. Gött. Ges. d. W. 1872 N. 4. Arch. Zeit. 1873, 13) ist, wie mir Matz mitteilt, nicht verlässlich.

2) Die von Welcker Zschr. S. 52 sq. gemachte Uebers. der Beschreibung Zoegas (Apparat zu den Bassirilievi di Roma p. 373) stimmt mit dem Original, dessen Abschrift ich Matz verdanke, überein; nur die jetzt unverständliche S. 55 Z. 3 ist so zu ändern: „Diese werden geleitet von einem Figürchen, das dem auf dem Wagen Plutons in allem ähnlich ist, welchem aber Kopf und Arme fehlen" u. Z. 8 ist hinter „nackt" einzuschalten: „wie auch die rechte Brust." Zoegas Beschreibung aber habe ich fast in allem als richtig erkannt.

kein sichres Urteil über das Motiv der Figur zu, doch macht die Uebereinstimmung in der Bewegung und Kopfhaltung mit Aphrodite wenigstens wahrscheinlich, dass sie, wie diese, als παράνυμφος oder νυμφεύτρια frohlockend über den gelungnen Raub vor dem Gespann hereilt.

Um einige Figuren (Artemis, Aphrodite, Eroten, Enkelados) ärmer, um eine Figur reicher, sonst nur in Einzelheiten abweichend ist

55.   3. die Sarkophagplatte des Vatikan, in der linken Wand des Durchgangs aus der Sala delle Muse in die Rotonda (Beschr. d. St. R. II, 2, 222), publicirt von Visconti Mus. Piocl. V, 5, danach von Millin gal. mythol. LXXXVI, 339 und Guigniault rel. de l'ant. n. 550, bei Welcker N. 18, bei Gerhard N. 2. Die Platte, unbekannten Fundortes, 2½ Palmen hoch, 9 Palmen lang, von mittelmässiger Arbeit aus parischem Marmor hat durchaus nicht, wie Visconti angibt, unwesentliche, sondern, wenn auch ziemlich geschickt verborgen, die allerstärksten [1]) Restaurationen, welche zum Teil Entstellungen geworden sind [2]), erfahren.

I. Auch hier umfasst die πλάνη nur Demeter, an welcher der Aehrenkranz, die Aehren in der Linken und die Fackel in der Rechten neu sind, und die geflügelte Hore als Lenkerin des Schlangenwagens. Das „höllische Ungeheuer" vor diesem ist mit Ausnahme der Flügel der Phantasie des Restaurators entsprungen. Diese Flügel sind, wie Zoega vermutete, der Rest eines schon zur Mittelscene gehörigen Eros, der wol, wie die Analogie von N. 1 und 2 und der Platz, an welchem die Flügel erscheinen, wahrscheinlich macht, nicht, wie ein zweiter noch erhaltner Eros, über der überraschten Persephone flog, sondern neben ihr stand. Jene „Höllenfigur" hat Visconti und Millin verführt, diese kniende Persephone, deren Kopf und Arme falsch ergänzt sind, Hekate zu nennen, welche an dieser Stelle durchaus ungehörig und selbst in dem von Visconti fälschlich zu Grunde gelegten homerischen Hymnus am Raube selbst unbeteiligt ist. Dass aber auch Zoega (danach die Beschr. d. St. R.) Unrecht hat, in dieser Persephone

---

1) So sind alle Köpfe neu, an der Persephone auf dem Wagen nur das Gesicht.

2) Der Restauration hätte der aus Rom stammende Wiener Sarkophag zu Grunde gelegt werden sollen.

eine blosse Gefährtin zu erkennen, zeigt die Stephane an der entsprechenden Figur des Wiener Sarkophages.

III. Eine solche Gefährtin ist in der eigentlichen Raubscene zu erkennen in der (zwischen Pallas und Kerberos) knienden, dem Beschauer aber den Rücken kehrenden Figur, welche nach der geraubten Persephone blickend ihren linken Arm [1]) auf ein umgestürztes Gefäss mit Blumen und Früchten legt [2]). Höchst wahrscheinlich hatte sie in der Originalvorlage ihren Platz in der Nähe der überraschten Persephone. Die andern Figuren der ἁρπαγή sind dieselben wie in N. 1 und 2: Pluton, Persephone, Hermes, Pallas [3]); nur ist hier kein Eros als Lenker des Gespanns, sondern nur ein über demselben fliegender Eros vorhanden. Unter dem Gespann befindet sich hier nicht Enkelados, sondern nur Gaia und Kerberos, letzterer aus unzweifelhaften Resten ergänzt. Erstere hält Aehren in der Rechten, in der Linken nicht ein Füllhorn, sondern ein rundes Gefäss mit Blumen und Früchten. Neben ihr liegt ein Rind, an welchem ich ebensowenig wie Zoega eine Restauration wahrgenommen habe, so dass dasselbe seinen Ursprung, nicht wie das „höllische Ungetüm", nur einem Misverständnis etwa der Reste des Enkelados von Seiten des Restaurators verdanken kann, sondern als eigne Zutat des Sarkophagarbeiters anzusehen ist [4]).

4. Wir kommen zu der figurenreichsten, in mehrfacher Beziehung höchst interessanten Sarkophagplatte, die zur Zeit Goris (Inscr. ant. graec. et rom. quae in Etrur. urbb. extant P. III, p. CVII, Florentiae 1743) *in aedibus Nobilium Oricellariorum ad Carrariae pontem*, im Palazzo Rucellai bei Ponte alla Carraja in

---

1) Doch ist derselbe ergänzt, was Zoega übersehen hat.

2) Diese Situation und die völlige Attributlosigkeit spricht gegen Artemis oder Aphrodite, an welche Gerhard gedacht hat. Ganz verkehrt nannte Guigniaut die Figur Kyane. Aber auch für die Situation, welche die Beschreibung d. St. R. annimmt, dass „die Gefährtin den Hermes um Gehör bitte" fehlt es an innerer Wahrscheinlichkeit.

3) Pallas, deren nach hinten bauschendes Gewand in der Zeichnung des Museo Piocl. nicht vollständig wiedergegeben ist, hält mit der Linken den Schild an der Handhabe, welche Zoega als Lanze angesehen zu haben scheint; der rechte Arm ist zwar von der Schulter abwärts neu, doch stimmt die Richtung des erhaltnen Teils mit der des Wiener Sarkophags überein und musste die Hand demnach statt des Stabes einen Lorbeerzweig erhalten.

4) Auch an der Schale von Aquileja (S. 118) liegt ein Rind neben Gaia. Die Kuh ist der Demeter heilig nach Liban. ἐγκ. βοός (IV p. 959 R.)

Florenz aufbewahrt und von diesem auf t. XXVI zwar schlecht, aber im ganzen leidlich treu und wesentlich in dem Zustande, in welchem sie sich heut befindet (ohne Restaurationen) publicirt worden ist, unvollständig wiederholt von Barbault Mon. ant. pl. 57, bei Welcker N. 20, bei Gerhard N. 25. Der Pal. Rucellai (das heutige albergo Nuova York) ging in den Besitz der Ricasoli Firidolfi über, und der jetzige Besitzer Alberto R. hat die Platte in seinen in der via Maggio gelegnen Palast versetzt, wo sie sich auf der Treppe eingemauert befindet[1]). Goris überschwängliches Urteil über die Arbeit „*operis elegantia pereximius*" wird durch Piccolominis Mitteilung erheblich herabgestimmt.

I. Die Darstellung der $\pi\lambda\acute{\alpha}\nu\eta$ ist die gewöhnliche; nur hält jetzt Demeter blos eine Fackel in der erhobnen Rechten, in der gesenkten Linken ist kein Ansatz zu bemerken.

II. Neben der knienden Persephone stehen zwei Eroten — der vom Beschauer rechts befindliche, von welchem nur der linke Fuss erhalten, ist von Welcker und Gerhard übersehen worden —, über ihr fliegen zwei — von dem obern sind nur die Flügelansätze erhalten[2]). Neben ihr befindet sich hier aber auch eine erschreckte und angstvoll nach rechts fliehende Gefährtin[3]), offenbar hier an ihrem richtigen Platze, nicht wie an der vatikan. Platte auf eine falsche Seite verschlagen. Besonders glücklich ist der ihr ins Gesicht leuchtende und sich an ihrer Angst weidende Eros gewählt.

---

[1]) Diese Mitteilung, wie nähere Angaben über die erhaltenen Theile verdanke ich meinem Freunde Dr. Piccolomini in Florenz. Fast sämmtliche Gesichter, am wenigsten noch die der Pallas, der Gaia links und der Gefährtin, sind jetzt bis zur Unkenntlichkeit verstossen und verwischt. Ausser den bei Gori angegebenen Stücken fehlen jetzt am Original: am Wagen der Demeter die untere Hälfte des Rades, das Gesicht der Hore, des Eros links von der überraschten Persephone, das rechte Knie des mittleren von den drei über den Rossen schwebenden Eroten, während an dem rechts von ihm sichtbaren der ganze rechte Arm, der auf dem linken Knie des andern ruht, und der linke Arm bis auf die Hand, also mehr als der Gorische Stich gibt, erhalten ist.

[2]) Unrichtig ziehen Welcker und Gerhard den einen derselben zu der suchenden Demeter.

[3]) Welcker hat in ihr Artemis vermutet, allein diese hat, wie der Sarkophag Medici zeigt, in diesem Typus ihren Platz neben Pallas, also auf der entgegengesetzten Seite; auch stimmt zu dieser ebensowenig wie zu Aphrodite, an welche Gerhard dachte, der unverkennbare Ausdruck der Angst und des Schreckens.

III. Auch die ἁρπαγή ist hier besonders reich an Eroten. Zwar fehlt der wagenlenkende Eros: Pluton hielt allein die Zügel in der jetzt abgebrochnen Rechten, wol aber sind nicht weniger als fünf Eroten teils schwebend, teils stehend beschäftigt, die sich untröstlich geberdende Persephone zu trösten und aufzuheitern, ein plastischer Ausdruck dessen, was der Dichter Claudian II, 275—306 den Pluton während der Fahrt zu Persephone sprechen lässt[1]). Ebenso sind hier neben die unter dem Wagen liegende Gaia zwei um einen Fruchtkorb beschäftigte Eroten gekommen. Ausser dem Wagenführer Hermes, der Pallas (mit Schuppenpanzer, Helm und Schild), welche dieselbe Stellung wie auf den übrigen Exemplaren dieser Klasse einnimmt — nur fehlt der rechte Unterarm —, ausser dem unter den Hinterfüssen der Pferde erhaltnen Stück Schlange, in welcher, wenn nicht ein Symbol der daneben befindlichen Gaia, wie am barberinischen Sarkophag (§ 39 N. 2. Ann. d. I. 1873 t. GH), der Rest des Enkelados zu sehen ist, endlich ausser dem zwischen den Beinen des Hermes liegenden Kerberos erscheinen hier zwischen Pallas und Hermes noch zwei Figuren, erstens eine männliche bärtige in der Höhe sitzende und zweitens eine weibliche am Boden liegende. Erstere, der beide Unterarme fehlen, ist, wie auf den Sarkophagen der ersten Klasse als Zeus aufzufassen, der durch seine Anwesenheit den Raub als einen von ihm nicht blos geschehenen, sondern auch gewollten bekundet, wenn er auch hier nicht nötig hat, sich durch den Blitzstrahl der Pallas und Artemis als „Schwiegervater" des Pluton zu bekunden (Claud. III, 230). Die weibliche Figur hat Gori Lethe genannt, offenbar wol nur wegen der Nähe des Kerberos, einer Nähe, welche jedoch zufällig und bedeutungslos ist. Da die Figur liegt und am Oberleib ganz unbekleidet ist, so kann nicht an eine überraschte Gefährtin oder Göttin, sondern nur an Gaia gedacht werden[2]). Zugleich unterliegt es keinem Zweifel, dass diese Figur nur mit Unrecht an diesen Platz gekommen ist und vor den Schlangenwagen der Demeter gehört.

---

1) An eine Beziehung dieser Eroten auf die Planeten, wie früher Welcker, wird jetzt niemand denken. Ebensowenig ist mit diesem in dem über dem Kopf der Pferde befindlichen Eros eine Hore zu erkennen; diese hat beim Raube keinen Platz.

2) Der über dem Kopf bauschende Peplos findet sich auch an der Gaia der barberinischen Platte (§ 36 N. 1).

Dafür spricht die Analogie der Sarkophage von Amalfi (§ 36 N. 6), Pisa, des Soane-Museum (§ 38 N. 4 u. 6) und besonders des andern Florentiner Sarkophags (§ 36 N. 7), welcher eine Gaia mit Füllhorn unter dem plutonischen Wagen, eine zweite, der unsrigen ähnliche, vor den Schlangen der Demeter zeigt. Gerade der traurige Ausdruck und der gesenkte Blick ist passend für diese Gaia, welche der Demeter den Räuber nicht zu nennen vermag und dafür büssen muss. Auch die über ihr befindliche Figur des Zeus gehörte wahrscheinlich, wie an den übrigen Darstellungen, zur Scene der Anthologie, vielleicht rechts von Persephone.

Die vermeintliche unter dem Kasten des plutonischen Wagens befindliche nach unten gekehrte „Maske", in welcher Welcker, noch unter dem Einflusse Creuzer'scher Mythologie, „das abgelegte Gewand des Frühlings und Sommers oder des Leibes", Gori, die imago des Verstorbnen[1]) erkennen wollte, ist, wie mir Piccolomini mitteilt, sicher keine Maske, sondern wahrscheinlich ein Stein.

Schliesslich mögen hier noch zwei Fragmente von Sarkophagen, welche zu dieser Klasse gehören, Erwähnung finden: eines, ein Stück der $\pi\lambda\acute{\alpha}\nu\eta$ $\varDelta\acute{\eta}\mu\eta\tau\varrho o\varsigma$,

57.   5. im Pal. Castellani in Rom, enthält nur noch die zwei angejochten geflügelten Drachen des Demetergespannes nach links gewandt und von der sie zügelnden Hore nur Hand und Vorderarm. Das zweite

58.   6. in Villa Gentili vor porta del popolo in Rom enthält Reste der $\dot{\alpha}\nu\vartheta o\lambda o\gamma\acute{\iota}\alpha$ und $\dot{\alpha}\varrho\pi\alpha\gamma\acute{\eta}$. Von ersterer ist erhalten die überraschte Persephone nach links kniend, nach rechts in die Höh blickend und ihren linken Arm ausstreckend, über ihr ein fliegender Eros; von der zweiten Scene Pluton, die Persephone haltend, deren Kopf, wie Matz, dem ich die Kenntnis beider Fragmente verdanke, bemerkt, Portrait ist mit einer Frisur, welche aufs dritte Jahrhundert weist, und ein voranfliegender, mit Fackel rückwärtsleuchtender Eros. Der Wagen und die Pferde sind von Stuck ergänzt[2]).

---

1) Vergl. Welcker Zschr. S. 461 sq.
2) Der Mangel an jeglicher Angabe über das Fragment der Villa der Mönche von S. Bernardo (S. 136 N. 5) macht eine Vermutung über etwaige Identität mit diesem unerweislich.

Dies ist die Uebersicht über die Sarkophage, welche die Darstellung des Raubes der Persephone verbunden mit der Darstellung der Irre der Demeter (πλάνη) und der Heraufholung der Persephone (ἀναζήτησις) enthalten. Fünf Typen haben sich uns ergeben mit folgendem Schema:

    I. Klasse.
        I. Gattung.   α)
        II. Gattung.
            1. Species.
                1. Typus.   β)
                2. Typus.   γ)
            2. Species.   δ)
    II. Klasse.   ε)

Die Freiheit innerhalb jedes Typus, welche zur Folge hat, dass kein Sarkophag mit dem andern völlig übereinstimmt, besteht in der Verschiedenheit der Stellung, Haltung und der Attribute, weniger in der Wahl gewisser, übrigens immer unbedeutender, Nebenfiguren. Suchen wir nunmehr das Verhältnis dieser fünf Typen zu einander zu ermitteln, so ist die erste Frage, welche sich darbietet, ob denselben ein gemeinsames Original zu Grunde liege, unbedingt zu bejahen. Die Wahl und Zusammenstellung derselben Scenen auf Vorder- (πλάνη und ἁρπαγή) und Nebenseiten (Nebenfiguren der Ueberraschung einerseits, ἀναζήτησις andererseits), die Gemeinsamkeit nicht nur von Haupt-, sondern auch von vielen Neben-Figuren, endlich selbst die Uebereinstimmung in der Bildung vieler dieser Figuren stellen dies über jeden Zweifel. Der weitere Hergang war, dass dieses Original zunächst einer starken Modification resp. Erweiterung unterworfen wurde, und dass später das Original (ἀρχέτυπον oder πρωτότυπον) und dieses μετάτυπον die gemeinsame Grundlage für mannichfache Variationen wurden. Jenes πρωτότυπον nun haben wir zu erkennen im Typus α, der für die Vorderseite nur zwei Scenen darbietet, das μετάτυπον im Typus γ, welcher, wie die drei aus dem πρωτότυπον und μετάτυπον gemeinsam variirten Typen β, δ, ε, zu jenen zwei Scenen noch eine dritte, die ἀνθολογία, hinzubringt. Nur bei dieser Annahme scheinen sich mir alle Besonderheiten aller Typen auf befriedigende Weise zu erklären. Zur Gewähr für dieselbe reconstruiren wir uns aus den Sarkophagen des Typus α jenes Original und verfolgen seine Entwicklung durch das μετάτυπον γ in die drei Variationen β, δ, ε.

1. Der Typus α,
ausgezeichnet durch die schönste dramatische Darstellung der ἁρπαγή, Einfachheit der πλάνη und grösste Klarheit der ἀναζήτησις, enthält auf der Vorderseite, für welche der Florentiner Sarkophag (§ 36 N. 7) der vollständigste Vertreter ist, die beiden für die Entwicklung des Drama wichtigsten und im gesamten Volksbewusstsein bedeutsamsten Scenen, die ἁρπαγὴ Περσεφόνης und die πλάνη Δήμητρος, welchen sich als Schluss der Trilogie auf der rechten Kurzseite die ἀναζήτησις Περσεφόνης passend anschliesst. Die Richtung der Hauptfiguren ist von links nach rechts. Die beiden Scenen setzen sich, wie folgt, zusammen.

I. πλάνη. Demeter steht mit allen Zeichen der grössten Trauer, angetan mit einem über dem Kopf bauschenden Peplos, auf ihrem Wagen, welcher von zwei unten am Leibe geflügelten Schlangen gezogen wird. In der Linken hält sie eine Fackel, die Rechte legt sie vorn an den Ueberfall ihres Chiton. Zügel sind nicht vorhanden. Hinter den Köpfen der Schlangen erscheint Iris in gleicher Richtung mit ihnen fliegend und geradeaus sehend, ihren Peplos bogenförmig vor und über sich haltend. Vor den Schlangen liegt Gaia nach links, die Rechte, wie um Erbarmen flehend, erhebend.

Nur einmal, am Sarkophag des Louvre (§ 36 N. 10), ist nach unsrer Vermutung an Stelle der πλάνη eine spätere Scene des Mythus, die Aussendung des Triptolemos durch Demeter, getreten.

II. ἁρπαγή. Pluton von vorn gesehen mit einem über dem Kopf bauschenden Mantel schwingt sich auf seinen von vier feurigen Rossen gezognen Wagen; seine rechte Fussspitze berührt noch den Boden. Er hält Persephone mit beiden Armen, mit der Rechten unten an ihrem linken Schenkel, mit der Linken unter der linken Schulter und blickt rückwärts der Pallas ins Gesicht. Die straff angezognen Zügel scheinen angebunden zu sein. Persephone liegt schreiend nach rechts, der Kopf ist gesenkt, beide Arme in die Höh gehoben, um den linken flattert ein Stück Gewand. Ihr rechtes Bein ist nach unten ausgestreckt, das linke an den Wagenrand gestemmt. Pallas, mit Schild am linken Arm, fasst mit dem rechten an Plutons rechten Arm, um ihn von Persephone wegzustossen. Ihr ist Aphrodite nachgeeilt und fasst sie, vor Anstrengung sich krümmend, mit der Rechten am Schildrande, um sie am Widerstande gegen den Raub zu hindern, während sie mit der Linken noch das eine Ende ihres Peplos, der von der linken Schulter herabzugleiten droht, zu erhaschen und festzuhalten sucht. Ihr greift wieder unter den rechten Arm mit der Linken Artemis, in der Absicht, diesen vom Schilde der Pallas wegzubringen, während sie mit der erhobnen Rechten auf ein plötzliches Ereignis, vermutlich den Blitzstrahl des Zeus, hinzudeuten scheint. Noch weiter links steht eine erschreckt nach dem Raube hinblickende Gefährtin. Als Andeutung des heiligen Hains von Henna, in welchem der Raub vor sich gehend gedacht ist, erscheint links von Pallas ein Altar und Bäume im Hintergrund; neben dem Wagen umgeworfne Blumen- und Fruchtkörbe. Führer des Gespanns ist Hermes, welcher das vorderste Pferd am Zügel gefasst hält; über dem Gespann fliegt Eros, welcher in jeder Hand eine Fackel oder um die Arme geschlungen ein Gewandstück, vermutlich das flammeum, die Andeutung der bevorstehenden $\vartheta\epsilon o\gamma\acute{a}\mu\iota\alpha$ oder $\dot{\alpha}\nu\alpha\varkappa\alpha\lambda\upsilon\pi\tau\acute{\eta}\varrho\iota\alpha$, trägt. Unter den Leibern der Rosse liegt nach links oder ragt mit dem Oberkörper aus dem Boden empor Gaia; Freiheit eines Copisten brachte an ihre Stelle felsigen Boden, über welchen die Rosse springen. Als Einfassung der Vorderseite erscheinen zwei geflügelte Horen, welche Früchte in ihrem aufgehobnen Gewandschurze oder ein Feston tragen.

Die linke Kurzseite zeigt den Pergus mit zwei Nymphen als Zuschauer des Raubes, die rechte die Bewilligung der $\dot{\alpha}\nu\alpha\gamma\omega\gamma\acute{\eta}$ von Seiten Plutous: Hermes ist im Begriff die Persephone von der Seite ihres Gatten hinwegzuführen.

2. Der Typus γ.

Wol nur von dem Streben für die Vorderseite, welche hier mit den Eckhoren nicht mehr als 14 Figuren enthält, eine reichere Composition zu gewinnen, ging der Versuch einer $\mu\epsilon\tau\alpha\tau\acute{\upsilon}\pi\omega\sigma\iota\varsigma$ dieser verhältnismässig am häufigsten copirten Vorlage aus. Derselbe begnügte sich aber nicht, die beiden Scenen dieser Vorlage durch einige Nebenfiguren zu bereichern, indem er beiden Gespannen besondre Lenker und Lenkerinnen (Eros und Hore) gab, die $\dot{\alpha}\varrho\pi\alpha\gamma\acute{\eta}$ mit mehr Eroten ausstattete (einem hinter Pallas und einem unter den Rossen), an Stelle der Gaia unter dem plutonischen Gespann als Vertreter der drei Welten, welche dasselbe durchfährt, den Pergus, Enkelados und Kerberos setzte, sondern schaltete zwischen beiden Scenen noch eine dritte aus 8 Figuren bestehende Scene ein, die der Ueberraschung bei der Anthologie, und da keine der Figuren des Originals ohne entsprechenden Ersatz weggelassen wurde, ergab sich eine Vorderseite von etwa

25 Figuren und mit Veränderung der Stellung und der Attribute einzelner Figuren des Originals folgende dreigliedrige Composition.

I. πλάνη. Demeter steht auf dem von 2 Rossen gezognen Wagen mit Fackel, wenn nicht in beiden Händen, so sicher in der Linken. Lenkerin der Rosse ist eine Hore. Neben ihnen fliegt wieder, aber hier sich nach ihrer Herrin umsehend, Iris, über ihnen Pothos, welcher mit brennender Fackel der Mutter die Tochter suchen hilft; unter ihnen liegt wieder, aber nach rechts, Gaia mit entblösstem Oberkörper, die Rechte erhebend.

II. Die ἀνθολογία. Pluton mit entblösstem Oberleib, ein Scepter in der Linken, tritt von rechts heran und umfasst mit dem rechten Arm die mit dem linken Bein kniende Persephone, welche sich nach ihm umsieht und die Linke zur Abwehr ausstreckt, während die Rechte noch auf dem neben ihr stehenden Blumenkorbe ruht. Rechts von ihr kniet eine Gefährtin in derselben Haltung einer Erschreckten; links von ihr steht ein Eros; hinter ihr steht Hermes, der sich ebenfalls anschickt, Persephone anzufassen, sich aber zugleich nach links umsieht, von wo Pallas der Bedrängten zu Hülfe eilt, während Artemis auf Pluton losgeht. Zwischen Hermes und Pluton steht Aphrodite, sich ein wenig zu Persephone vor- und herabbeugend, um sie zu überreden und zu beschwichtigen. Rechts von Pluton endlich sitzt in der Höhe in Halbfigur Zeus, unter dessen Augen und auf dessen Anstiften die Ueberlistung der Persephone erfolgt.

III. In der ἁρπαγή ist zunächst die Haltung des Pluton und der Persephone eine andre geworden. Er steht bereits mit beiden Füssen auf seinem Wagen, hält Persephone nur in seinem rechten Arm, in der Linken dagegen ausser dem Scepter die Zügel der Rosse, welche er antreibt. Persephone, hier mehr stehend als liegend, wirft ihren Kopf, Oberkörper und Arme zurück., d. h. nach links. Die schöne Gruppe der drei Göttinnen ist hier aufgelöst. Am wenigsten verändert ist Pallas: nur legt sie hier ihren rechten Arm an die Brust der Persephone, um sie so dem Pluton zu entreissen. Artemis eilt ihr nach, wie es scheint, im Begriff einen Pfeil auf ihren Bogen zu legen. Aphrodite will Pallas zurückhalten oder den Pluton zu kräftiger Anstrengung ermahnen. Die Zahl ihrer Helfer, der Eroten, beträgt nicht weniger als vier: der eine steht als ἡνίοχος vor Pluton auf einem Tritt des Wagens, der zweite fliegt als δᾳδοῦχος über den Rossen, ein dritter mit gespreizten Beinen unter denselben, ein vierter zupft und zieht Pallas von hinten am Gewande, damit sie dem Werke der Liebe sich nicht widersetze. Hinter dem Wagen liegt auch hier ein umgeworfner Blumen- oder Fruchtkorb. Führer des Gespanns ist auch hier Hermes; unter demselben erscheint von links nach rechts 1) Pergus, wie am Archetypon Gaia, nach links liegend und die Rechte erhebend. Neben ihm züngelt unter dem Bauche der Pferde nach rechts eine Schlange. 2) Enkelados aus dem Boden emporragend und nach den Hufen der Pferde greifend, um sie abzuwehren. 3) Kerberos.

An Stelle des Pergus, welcher hier seinen Platz an der Vorderseite gefunden hat, sind auf der linken Kurzseite eine oder mehrere bei der Blumenlese erschreckte Gefährtinnen getreten; die rechte Kurzseite zeigt den Abschied der Persephone von Pluton vor ihrer Rückkehr auf die Oberwelt.

Die Abweichungen, welche die Sarkophagplatte des Soane-Museum bietet, dass Pluton in der Anthologie von links an Persephone herantritt und nur seine Arme nach ihr ausstreckt, und dass Aphrodite als $παρακύπτουσα$ hier neben ihr kniet, und dass in der $ἁρπαγή$ Persephone nach rechts liegt, und Pluton nur halb rückwärts sieht, sind nur Umänderungen innerhalb dieses Typus.

Die drei andern Typen setzen sich fast nur aus den Elementen dieser beiden, des $ἀρχέτυπον$ und des $μετάτυπον$, zusammen, der Einfluss des letzteren aber überwiegt, insofern alle die figurenreichere dreigliedrige Composition der Vorderseite zeigen. Und zwar steht dem $μετάτυπον$ am nächsten

3. Der Typus β.

I. Nur in der $πλάνη$ ist vom $ἀρχέτυπον$ der Schlangenwagen herübergenommen, — doch sitzen die Flügel an den Schlangen nicht, wie dort, unten am Leibe, sondern oben hinter dem Kopfe. — Ob Demeter wie dort nur in der Linken, oder in beiden Händen eine Fackel hält, ist unsicher. Aber schon Iris fehlt, und wie am $μετάτυπον$ liegt Gaia vor dem Gespann nach rechts, und auch die rossekundige Hore ist von diesem als Lenkerin der Schlangen herübergenommen.

II. Die $ἀνθολογία$ stimmt in der Hauptgruppe des Pluton und der Persephone, desgleichen in der Haltung der Aphrodite Peitho vollständig mit dem $μετάτυπον$, weicht auch in den Nebenfiguren nur unwesentlich ab, insofern hier Artemis von rechts naht, einen

Pfeil aus dem Köcher ziehend, und Pallas, welche wir dort rechts von Pluton nur vermuten konnten, von links herbeieilt, um Persephone zu befreien, enthält aber ausser dem Eros keine der anderen dort anwesenden Figuren (Hermes, Gefährtin, Zeus).

III. Auch die ἁρπαγή hat nur eine geringe Einbusse an einigen Nebenfiguren erlitten: es fehlt Aphrodite, der wagenlenkende und der unter dem Wagen fliegende Eros; der Eros, welcher dort Pallas zurückzuhalten sucht, schiebt hier die sich sträubende Persephone etwas vorwärts. Der Askalaphos ist vielleicht, wie Nike und Herakles spezielle Zutat des Arbeiters des capitolinischen Sarkophages.

Auch beide Kurzseiten stimmen mit denen des μετάτυπον überein: links erschreckte Gefährtinnen, rechts Abholung der Persephone von Pluton durch Hermes.

Etwas freier bewegte sich innerhalb dieses Typus der Arbeiter des Aachner Sarkophages, indem er einerseits vom ἀρχέτυπον auch Gaia statt des Pergus, vom μετάτυπον auch Iris entlehnte, andrerseits aber in der Ueberraschungsscene Persephone nach links wendete und neben ihr statt einer Gefährtin Artemis knien liess.

In einem gewissen Gegensatze zu diesem Typus β steht

4. Der Typus δ,

insofern er das ἀρχέτυπον nicht in der πλάνη, sondern nur in der ἁρπαγή benützt, im übrigen sich mit geringen Abweichungen an das μετάτυπον anlehnt. Zu diesen Abweichungen gehört

I. in der πλάνη, dass Demeter, wie Pluton, den Wagen erst besteigt, dass ihre rechte Fussspitze noch den Boden berührt. Im übrigen stimmt sowol sie, welche in beiden Händen eine Fackel hält, als auch die rosselenkende Hore, die rückwärtsblickende Iris, der Pothos, die mit entblösstem Oberkörper nach rechts liegende, Gesicht und rechten Arm erhebende Gaia mit dem μετάτυπον überein.

II. Dasselbe Streben nach rein äusserlicher Symmetrie hat auch einige geringfügige Abänderungen des μετάτυπον in der ἀνθολογία hervorgerufen. Die Hauptgruppe: Pluton und Persephone, neben welcher ein Eros steht, ist dieselbe geblieben; desgleichen die kniende Gefährtin; Hermes aber ist hinter Pluton, Pallas und Artemis sind einander gegenübergestellt, so dass Pallas wie am Typus β von links, Artemis von rechts zu Hülfe eilt. Aphrodite ist nicht sichtbar, und auch die Anwesenheit des Zeus ist nach den unsichern Spuren am Sarkophag von Barcelona zweifelhaft.

III. Andrerseits ist der Urheber dieses Typus mit richtigem Gefühl für Schönheit in der ἁρπαγή ohne weiteres auf das ἀρχέτυπον zurückgegangen in der Gruppe der drei Göttinnen Pallas, Artemis und Aphrodite, in der Figur des Pluton nur insoweit, dass er diesen sich eben erst auf den Wagen schwingen, mit einem, dem linken, Fusse noch den Boden berühren und in zorniger Aufregung auf seine nächste Verfolgerin Pallas blicken lässt. Dagegen stellte er die Figur selbst um, liess ihn also von hinten gesehen werden, Persephone mit der Linken umfassen und in der Rechten die Zügel halten. Ebenso legte er die Figur der Persephone um, so dass ihr Kopf nach links, zwischen Pallas und Pluton, der Unterkörper nach rechts kommt, dass sie mit dem über den Kopf genommenen linken Arme nach dem Schilde der Pallas greift: Aenderungen, durch welche die Gruppe dieser drei Figuren in der Tat nur gewonnen hat. Vom μετάτυπον wurden nur die Nebenfiguren herübergenommen: der rückwärts blickende Ἔρως δᾳδοῦχος und der unter den Pferden mit Gewandstück (flammeum) fliegende Eros, Hermes mit dem hier nur noch sprechenderen Ausdrucke eines ἀποσκοπῶν, Pergus, Enkelados und Kerberos; desgleichen die erschreckten Gefährtinnen der linken Kurzseite, für welche aber, wenigstens auf dem Sarkophage von Barcelona, Triptolemos als Augenzeuge und nachmaliger Angeber des Raubes eingetreten ist. Die Darstellung der rechten Kurzseite ist die gewöhnliche: Hermes fasst Persephone an, nachdem Pluton die Einwilligung zu ihrer zeitweiligen Rückkehr gegeben hat.

Auch hier sind die Veränderungen, welche der Arbeiter der Platte, auf welche die Sarkophage Albani und Landsdown zurückgehen, vornahm, indem er Pluton in der Anthologie von links an Persephone herantreten, in der ἁρπαγή Aphrodite und Hermes gleich dem Pluton von hinten gesehen werden liess und den Pergus nach rechts legte, nur Abweichungen innerhalb dieses Typus.

Stärker mussten die Veränderungen an dem

5. Typus ε

werden, dessen Urheber die Aufgabe verfolgte, alle drei Göttinnen Pallas, Artemis und Aphrodite in einer dem Raube freundlichen Haltung zu zeigen. Doch löste auch er diese Aufgabe, indem er das μετάτυπον für die Hauptfiguren Pluton, Persephone und Demeter seiner Composition zu Grunde legte, aber auch für die drei Göttinnen so gut er konnte benützte und sich nur in Nebenfiguren und Nebensachen an das ἀρχέτυπον anlehnte. Etwas neues hat er nicht hinzugetan. Der Unterschied ist nur dadurch mehr in die Augen fallend, weil er dem Ganzen die umgekehrte Richtung, von rechts nach links, gegeben hat.

I. πλάνη. Wie Pluton hier und am μετάτυπον, so besteigt Demeter erst ihren Wagen — ihr linker Fuss steht noch am Boden —, eine Responsion, welcher wir bereits am Typus δ begegnet sind. Wie am ἀρχέτυπον wird der Wagen von zwei geflügelten Schlangen — die Flügel sitzen jedoch hier wie am Typus β oben — gezogen, doch fehlt Iris, und wird, wie am μετάτυπον, der Wagen von Hore gelenkt und liegt vor demselben Gaia nach rechts, wenn anders unsre Vermutung über die Zugehörigkeit der einen Gaia des Sarkophag Rucellai zur πλάνη richtig ist.

II. Die Darstellung der ἀνθολογία konnte sich nur an das μετάτυπον anlehnen, doch hatte die veränderte Rolle der drei Göttinnen ihren Wegfall in dieser Scene und, entsprechend der Tendenz des Künstlers, den Raub der Persephone als ἁρπαγή ἐπὶ γάμῳ darzustellen, ihre Ersetzung durch eine Menge Eroten zur Folge. Diese hier und in der ἁρπαγή in den mannigfaltigsten und anmutigsten Stellungen angebrachten Eroten sind das Verdienst des Urhebers dieses Typus. Persephone und die kniende Gefährtin (Vatikan.), desgleichen der in Halbfigur sitzende Zeus (Rucellai) sind vom μετάτυπον, die erschreckt fliehende Gefährtin nur mit veränderter Richung des Gesichts vom ἀρχέτυπον entlehnt.

III. Auch die Gruppe des Pluton und der Persephone in der ἁρπαγή ist die des μετάτυπον, nur hält Pluton infolge veränderter Richtung Persephone mit dem linken Arm, die Zügel in der Rechten und blickt dieser ins Gesicht. Ebenso stimmt ausser Hermes der Eros ἡνίοχος, Enkelados und Kerberos; nur statt des Pergus liegt hier die Gaia des ἀρχέτυπον. Ebenso ist Aphrodite, wenn auch mit anderm, übrigens sehr lebensvollen Ausdruck, hinter den Rücken der Pferde zwischen Pluton und den Ἔρως δᾳδοῦχος, das Gesicht auf Persephone gewandt, gestellt; an Pallas ist ausser dem Zweige nichts geändert, sie hat nur einen andern Platz erhalten. Endlich ist auch hier Artemis, wenn auch in andrer durch ihre veränderte Rolle bedingter Haltung, neben Pallas gestellt.

Ueber die Darstellung der Kurzseiten dieses Typus sind wir nicht hinreichend unterrichtet, weil sie nur an Einem, dem Wiener, Sarkophage erhalten, an diesem aber mit dem Raube in keinem Zusammenhang stehen.

Die nächste Frage, die nach der **Entstehungszeit** jenes πρωτότυπον, ist untrennbar von einer Untersuchung der **poetischen Quelle** für dasselbe. Als solche ist für die Persephoneraub-Sarkophage überhaupt der homerische Hymnus auf Demeter angenommen worden stillschweigend von E. Q. Visconti z. Mus. Piocl. V, 5, Wieseler z. D. A. K. II, 9, 103 und Stephani Bull. de l'Acad. Imp. de St. Pétersbourg XII (1868) p. 276, insofern sie denselben ihrer Deutung einzelner Figuren zu Grunde legten, ausdrücklich von O. Müller Handb. d. Arch. § 358, 1. Allein einerseits kommen die von diesem den Sarkophagen vindicirten Figuren: Hekate, Helios, die Nymphe der καλλίχορος πηγή (?), des φρέαρ ἄνθινον (?) resp. Kyane, Styx und Acheron nicht auf diesen vor, und andrerseits fehlen Pallas und Artemis, welche auf den Sarkophagen eine so hervorragende Rolle spielen, in dem Hymnus. V. 426 ist interpolirt. (Vgl. S. 35 A. 3.) Ueberhaupt ist die Verschiedenheit dieser und andrer Personen und des Lokals gegen eine Abhängigkeit der Sarkophage überhaupt und speciell des πρωτότυπον von jenem Hymnus entscheidend. Um nur einiges anzuführen, während der Hymnus V. 27 von Zeus ausdrücklich sagt, dass er dem Raube fern sass, wird dieser hier unter seinen Augen vollzogen und durch seinen Blitzstrahl gutgeheissen, denn dieser scheint, wie bemerkt, auch am πρωτότυπον als das plötzlich eintretende Ereignis zu denken, auf welches Artemis hindeutet. Ebenso erscheint Hermes, welcher im Hymnus nur als Διὸς ἄγγελος mit Pluton in Verkehr tritt, um Persephone zu holen, hier als tätiger Helfershelfer des Pluton beim Raube. Dort macht sich Demeter zu Fuss und allein auf, die Tochter zu suchen, hier stets zu Wagen und in Begleitung. Dort erfährt sie den Raub von Helios, hier von Triptolemos. Dort ist endlich das Gefilde des karischen Nysa, hier der Hain der Demeter am See Pergus bei Henna als Lokal des Raubes vorausgesetzt.

Der Weg zur Beantwortung jener Frage geht nur durch eine Uebersetzung der Bilderschrift jenes πρωτότυπον und durch eine Einreihung der so gewonnenen Schilderung in die im Abschnitt IV dargelegte Entwicklung des Mythus vom Raube in der Poesie. Folgendes ist dieses Bild des Mythus im πρωτότυπον, welchem das μετάτυπον und die späteren Variationen derselben, abgesehen von dem nachher besonders zu betrachtenden Typus ε, nur unwesentliche Züge hinzugefügt haben.

Persephone sucht mit Pallas, Artemis und Aphrodite und einigen ihrer Gespielinnen im Hain der Demeter am Pergus bei Henna Blumen, wird von Pluton überrascht und auf sein Viergespann gehoben: Pallas und Artemis widersetzen sich diesem Beginnen, während Aphrodite sie zurückzuhalten sucht; doch vergebens: sie weichen einer höheren Macht, dem Zeus, der durch seinen Blitzstrahl den Räuber als seinen Schwiegersohn anerkennt. Pluton jagt mit seiner Beute, von Eros geleitet, auf dem von Hermes geführten Viergespann über die Flur am Pergus vorbei, über Enkelados hinweg, in die Unterwelt. Demeter macht sich alsbald mit Fackeln, begleitet von Iris, Hore (Pothos) zu Wagen auf und durchsucht die ganze Erde; nachdem sie die $κάϑοδος$ durch den attischen Hirten Triptolemos erfahren hat, erlangt sie von Zeus die Heraufholung der Persephone durch Hermes wenigstens auf einen Teil des Jahres.

Dieses Bild stimmt in allen wesentlichen Zügen mit der Schilderung Claudians überein, wenigstens soweit diese erhalten ist: die Heraufholung der Persephone findet sich in dieser nicht einmal, wie die Belohnung des Triptolemos, angedeutet. Nur die Eroten, Iris, Hore, Pothos wären auf Rechnung der Gesetze der Plastik zu stellen, und auch Hermes, als Knappe Plutons, könnte für eine solche plastische Staffagefigur gelten, obwol er schon bei Claudian (I, 77 u. 89) als gehorsamer Diener des Pluton erscheint. Trotzdem ist die Meinung Käntzelers (Jahrbb. d. V. v. A. im Rheinl. XXIX. XXX S. 196), dass Claudians Gedicht dem Künstler des Aachener Sarkophags und — so dürfen wir hinzusetzen — aller Sarkophage als Vorbild gedient habe, nicht haltbarer als die entgegengesetzte Prellers (Demeter und Persephone S. 140 A. 30), dass „die Schilderungen in Claudians Gedicht grösstentheils nichts weiter seien als rhetorische Beschreibungen der Sarkophagreliefs und sonstiger Abbildungen". Gegen die erstere sprechen chronologische Verhältnisse: die Entstehung der Sarkophage fällt vor das vierte Jahrhundert; gegen die letztere spricht die innere Unwahrscheinlichkeit einer solchen Meinung an sich; gegen beide die äussere Tatsache, dass keine der auf den Sarkophagen dargestellten Scenen derartig mit den Schilderungen Claudians übereinstimmt, dass an eine Entlehnung gedacht werden könnte. Vielmehr lässt sich die vorhandene Uebereinstimmung in allen wesentlichen Momenten der Handlung nur so erklären, wie wir bereits S. 95

angedeutet haben, dass beide, das πρωτότυπον der Sarkophage und Claudians Schilderung, auf eine gemeinsame poetische Quelle zurückgehen. Und so wäre es möglich, dass einige der oben nur den Sarkophagen vindicirten Figuren, wie Hermes und die Hore, aus dieser poetischen Quelle auf die Sarkophage, nicht aber zugleich in Claudians Gedicht übergegangen sind. Und diese sich als spät alexandrinisch dokumentirende Version haben wir oben dem zweiten Jahrhundert nach Chr, und zwar eher dem Anfange als dem Schlusse desselben zugeschrieben. Dies ist aber gerade das Jahrhundert, in welchem die Sitte, die Sarkophage mit figurenreichen mythologischen Darstellungen zu schmücken, wenn nicht erst aufgekommen, so sicher in ausgedehnterem Masse bestanden zu haben scheint. Diesem Jahrhundert wird daher auch jenes πρωτότυπον, desgleichen des μετάτυπον und die aus beiden combinirten Typen angehören, wofür namentlich die noch verhältnismässig gute Ausführung einzelner Sarkophagplatten spricht. Aus letzterem Grunde möchte ich auch hinsichtlich der innerlich und äusserlich stärksten Umänderung des πρωτότυπον, wie sie in Typus ε vorliegt, wenn ich sie auch für die späteste halte, nicht über das Ende des zweiten Jahrhunderts hinausgehen. Die ihr zu Grunde liegende Version ist im wesentlichen dieselbe wie die oben geschilderte, nur ist sie noch mehr als diese durch die orphische Poesie beeinflusst, insofern sie auch Pallas und Artemis eine dem Raube geneigte Haltung einnehmen lässt. Gerade das Studium der orphischen Poesie aber griff, wie oben bemerkt, im Laufe des zweiten Jahrhunderts mehr und mehr um sich.

Weniger sicher sind die Schritte, welche wir über das so gewonnene Resultat hinaus zur Beantwortung der dritten Frage tun können, ob und welche künstlerische Vorlagen der Meister benützte, welcher jenes πρωτότυπον für den Schmuck eines Sarkophages zurecht machte. Dass er solche benützte, ist nach allem, was wir über den Mangel an Produktivität der Kunst in römischer Kaiserzeit wissen, mehr als wahrscheinlich. Nun hören wir von zwei berühmten Kunstwerken, welche den Raub der Persephone darstellten, der Erzgruppe des Praxiteles und dem Gemälde des Nikomachos. Dass wir dem Gemälde als mutmasslicher Vorlage wenigstens für die ἀρπαγή des πρωτότυπον den Vorzug geben vor der plastischen Gruppe des Praxiteles, hat seinen Grund nicht blos darin, dass sich dasselbe zu Rom, also an dem Orte, an welchem, wenn nicht alles trügt, jenes Prototyp entstanden ist, und zwar an exponirtester Stelle, *in Capitolio in Minervae delubro supra aediculam Iuventatis* (Plin. n. h. 35, 108), befand resp. zur Zeit des Plinius befunden hatte, sondern auch und zwar ganz besonders darin, dass dieses Prototyp samt allen seinen Metatyposen, wie die Mehrzahl der römischen Sarkophagreliefs, durchaus den Eindruck einer malerischen¹) Composition macht. Diese Vermutung, denn mehr als Vermutung ist es nicht, noch einen Schritt weiter zu führen, möge folgende Erwägung dienen. Nikomachos arbeitete, wie Zeit, Ort und Charakter der durch ihn und seinen Sohn und Schüler vertretnen thebanisch-attischen Malerschule wahrscheinlich macht, im Geiste und unter Einfluss der euripideischen Tragödie, wird sich also auch für seine Darstellung der ἁρπαγή die Schilderung zu Nutze gemacht haben, welche Euripides Hel. 1312 sq. von ihr mit folgenden Worten gibt:

τὰν ἁρπασθεῖσαν κυκλίων
χορῶν ἔξω παρθενίων
μέτα κοῦραι ἀελλόποδες,
ἁ μὲν τόξοις "Ἄρτεμις, ἁ δ'
ἔγχει Γοργῶπις πάνοπλος·
αὐγάζων δ' ἐξ οὐρανίων
. . . .
ἄλλαν μοῖραν ἔκραινε.

Möglich also, dass das Gemälde des Nikomachos bereits die meisten Figuren der ἁρπαγή der Sarkophage: ausser Pluton und Persephone, eine erschreckte Gefährtin, Pallas und Artemis als Verfolgerinnen und den Zeus αὐγάζων ἐξ οὐρανίων, welchen das πρωτότυπον andeutet und das μετάτυπον wirklich zeigt, enthielt. Weiter vermögen wir nicht zu gehen. Ueberhaupt, das bemerke ich ausdrücklich, möge die ganze vorhergegangne Untersuchung über die Composition der Sarkophage nur als ein erster Versuch

---

1) Schon diese, noch mehr aber die Verteilung der Scenen, die Auffassung und Behandlung der ganzen Darstellung scheint mir gegen Gerhards Vermutung (Abh. d. Berl. Akad. a. d. J. 1863, 507) zu sprechen, dass das Vorbild für die Sarkophage „in einem auf mehrere Scenen berechneten cerealischen Tempelfriese, wie er im römischen Cerestempel sich voraussetzen lasse," zu suchen sei. Dass der Gegenstand durch die Hand des Malers gegangen sei, vermutete auch Welcker Zschr. S. 86.

betrachtet werden, von einem bestimmten, aber auch beschränkten, Material und Gesichtskreis aus einer der schwierigsten Fragen nahezutreten. Endgiltig wird sich diese Frage erst lösen lassen, wenn uns durch Matz das Corpus der Sarkophage vorliegen wird. Durch die aus einer Uebersicht über sämmtliche römische Sarkophage gewonnenen Anschauungen wird vielleicht manches von dem hier gesagten umgestossen werden. Die hier gegebnen Andeutungen beruhen aber auf dem Streben, mir über unabweisbare Fragen eine Rechenschaft zu geben, nicht auf der Erwartung, das Richtige schon gefunden zu haben.

Das Gemälde des Nikomachos führt uns auf die erhaltnen wirklich malerischen Darstellungen des Raubes, obwohl dieselben, wie schon hier bemerkt sein möge, für die Reconstruction jenes keinen Anhalt bieten.

5. Gemälde mit Darstellung des Raubes.

Dieselben zerfallen von selbst in zwei grosse Klassen: Wand- und Vasen-Gemälde. Zu der ersten rechne ich auch die Stein-Gemälde, die Mosaiken, welche mit den eigentlichen Wandgemälden in Composition, Stil, Zweck der Aufstellung und Alter übereinstimmen.

A. Wandgemälde und Mosaiken.

Im ganzen sind dieselben weit einfacher in ihrer Composition als die Sarkophagreliefs: mit nur einer Ausnahme, welche dieselben drei Scenen wie die Sarkophagreliefs zeigt, enthalten sie nur eine Scene, meist die ἁρπαγή, und diese besteht nur selten aus mehr als drei Figuren. Sämmtliche dienten zum Schmuck von Gräbern und gehören erst der Kaiserzeit an. Sie stammen entweder aus Rom und seiner Umgegend, oder aus Süd-Russland. In Pompeji und Herculaneum ist bis jetzt noch kein Gemälde mit Darstellung des Raubes entdeckt worden.

1. An die Spitze stelle ich nicht so sehr wegen der Einfachheit der Composition, als weil der Moment der Darstellung, nämlich die Ueberraschung bei der Anthologie, der frühste ist, das im Jahre 1865 bei Ostia in einem Grabe an der Strasse nach Laurentum gefundne, jetzt im Lateranensischen Museum befindliche (Benndorf Schoene d. ant. Bildw. d. L. M. N. 591 S. 401) von C. L. Visconti Mon. d. I. VIII t. XXVIII, 2. Ann. d. I. 1866,

309 sq. publicirte Wandgemälde, welches wegen der geringen Güte und Sorgfalt der Ausführung, der schlechten Proportionen und des mangelhaften Colorits eher dem Ende als dem Anfang des zweiten Jahrhunderts nach Christo zuzuschreiben sein wird. Pluton stürzt hinter einem Gebüsch hervor auf Persephone los, welche mit beiden Beinen kniet, indem sie mit der Rechten ihr flatterndes Gewand, nach dem er greift, an sich zieht, mit der Linken seinen rechten Arm abzuwehren sucht. Zwar ist keine von beiden Figuren durch besondere Attribute charakterisirt, trotzdem möchte ich an der schon von Visconti ausgesprochenen, im Catalog des Museums jedoch in Frage gestellten Deutung nicht zweifeln. Der Kopf Plutons, vielleicht der gelungenste Teil des Bildes, mit den trotzig finstern Zügen und dem struppigen, wildflatternden Haar erinnert durchaus an den Herrscher der Unterwelt, den *ferus raptor* (Claud. II, 208), dessen

sublime caput moestissima nubes
asperat et dirae riget inclementia formae

(Claud. I, 81), den ebenderselbe Dichter vergleicht dem Löwen, welcher

stat crassa turpis sanie nodosque iubarum
excutit et viles pastorum despicit iras. (II, 212).

Dazu kommt, dass nicht nur sein und der Persephone flatternder Mantel, sondern die ganze Situation der Darstellung der ἀνθολογία auf Sarkophagen vollständig analog ist. Gewählt ist der Moment, welchen Ovid Fast. IV, 444 schildert

Carpendi studio paulatim longius itur
et dominam casu nulla secuta comes.
Hanc videt et visam patruus velociter aufert.

oder welcher zwischen der Flucht der Gefährtinnen und der Ankunft der Pallas und Artemis (Claud. II, 204 sq.) zu denken ist. Auch die Scenerie, im Hintergrunde ein Haus in einem durch einen Zaun eingeschlossnen Garten, vor diesem eine Wiese, auf welcher die Ueberraschung stattfindet, erinnert an die Lokalität von Henna (*tranquilla domus* Claud. III, 146 u. 202 und *virides saltus* ib. III, 203 und II, 6) in welcher Persephone von ihrer Mutter eingesperrt gehalten und nur durch List herausgelockt worden war. Endlich reden vernehmlich zu Gunsten der Deutung die zwei grossen, demonstrativ an die linke Ecke des Bildes gelegten Früchte, Granatäpfel oder, der länglichen Form der einen mehr entsprechend, ein Granatapfel und ein Mohnkopf: beide bedeutungsvoll im Mythus vom Raube: der erstere verhängnisvoll für Persephone, weil sein Genuss die Jungfrau zur Gattin des Unterweltsgottes machte, der zweite das Mittel, durch welches Demeter ihren Schmerz zu vergessen suchte [1]. So redeten die Früchte zugleich die Sprache des Grabes: die Geraubte gehört dem Hades, ihre Hinterbliebnen mögen ihren Schmerz stillen und vergessen — bis zu der Wiedervereinigung, wie sie zwischen der geraubten Persephone und der verlassnen Demeter eintrat: sie sind ein bildlicher Ausdruck dessen, was in der Grabinschrift die Gestorbne ihrer Mutter zuruft: Parall. epigr. 7 (Jacobs Anthol. gr. XIII, 760)

μῆτερ ἐμή, θρήνων ἀποπαύεο, λῆξον ὀδυρμῶν
καὶ κοπετῶν· ἄΐδης οἶκτον ἀποστρέφεται. [2]

2. Unter den Darstellungen der ἁρπαγή ist am einfachsten eines der Gemälde an der rechten Wand des im Jahre 1675 aufgedeckten Grabes der Nasonen an der via Flaminia, zwei Miglien von Ponte Molle, welches ebenfalls der Kaiserzeit, zweifelhaft ist, ob der Zeit der Antonine [3] oder noch späterer Zeit [4], angehört, publicirt von S. Bartoli le pitture ant. delle grotte di Roma e del sepolcro dei Nasoni t. XII (Pictur. ant. crypt. et sepulcr. in Graev. thes. ant. Rom. XII p. 1050), wiederholt von Montfaucon Ant. expl. I t. 37 n. 4, zuletzt, aber sehr schlecht in der „Gemäldegallerie oder Werke der berühmtesten Maler; Antike Gemälde", Paris und Leipzig 1873 Pl. 92, 2. Pluton hält mit beiden Armen Persephone vor sich, welche mit flatterndem Haar und entblösstem Oberkörper, die Linke erhebt, klagend, und wie es scheint zugleich entsetzt über den Anblick der Unterwelt, welcher sich vor ihr auftut. In letzterem Falle dürfte wol der Eingang zur Unterwelt durch die Felsen, an denen Hermes, — in der Zeichnung vollständig nackt und attributlos — der Führer des Viergespanns, bereits vorüberschreitet, angedeutet sein.

3. Diesem Gemälde in der Darstellung sehr ähnlich, in der Ausführung aber überlegen ist nach Raoul Rochette (Mon. ined. p. 397 not. 4) das Gemälde eines Grabes in Vigna Amendola

---

1) Vergl. S. 62 A. 2) u. 3).
2) Vergl. Friedländer Darst. a. d. Sittengesch. Roms III, 630.
3) Winckelmann Gesch. d. K. I, 4, III. Müller Handb. d. Arch. § 210, 4.
4) de Rossi Bull. d. I. 1853, 92.

(vor porta S. Sebastiano an der rechten Seite der via Appia), aufgedeckt im Jahre 1829 [1]) oder 1831 [2]), aber nur durch obige Erwähnung bekannt.

4. Daran schliesst sich ein Mosaik von weissen und schwarzen Steinen, das den Fussboden eines Columbarium in Ostia schmückt, welches spätestens in die Zeit Hadrians gesetzt wird und in der zweiten Hälfte der fünfziger Jahre dieses Jahrhunderts ausgegraben worden ist: nach C. L. Visconti Ann. d. I. 1857, 293, auf dessen Beschreibung ich angewiesen bin. Persephone wird von Pluton auf dem Viergespann gehalten, dessen Rosse dem Eingang in die Unterwelt zustürzen. Von besonderem Interesse ist die in der Höhe sitzende Figur des Zeus, mit Blitzstrahl in der Rechten. Wie diese Figur einerseits dazu dient die entsprechende, aber weniger deutlich charakterisirte Figur der Sarkophage uud verwandten Reliefs zu benennen, so zeigt sie andrerseits, dass der Künstler dieses Mosaiks derselben spät-alexandrinischen Version folgte, wie der Urheber der Sarkophagrelief-Composition, und die Entstehungszeit dieses Mosaiks ist ein Beweis mehr für die Richtigkeit unsrer obigen Annahme, dass jene poetische Version dem Anfange des zweiten Jahrhunderts n. Chr. angehöre.

5. Besonders zu bedauern ist unsre mangelhafte Kenntnis eines zweiten Mosaiks, welches die ἁρπαγή bereits als καταγωγή zeigt: eines *pavimentum musivum colore candido nigro in villa domini Laurentii Corsini extra Portam S. Pancratii in via Aurelia* (Bartoli gli antichi sepolcri t. 17 u. veterum sepulcra in Gronov. thes. ant. gr. t. XII), wiederholt bei Montfaucon Ant. expl. V, t. 13, 2. Wohin dasselbe nach Zerstörung der villa Corsini gekommen, ob es überhaupt noch erhalten ist, habe ich nicht in Erfahrung bringen können. Im Pal. Corsini befindet es sich nicht. Dass dasselbe aus Palestrina stamme und jetzt im Pal. Barberini sei, ist ein Irrtum Welckers (Zschr. S. 71), der wahrscheinlich auf einer Verwechslung mit dem daselbst befindlichen, in den Ruinen des Fortunatempel zu Präneste entdeckten Mosaik beruht, welches den Raub der Europa darstellt (Beschr. d. St. R. III, 2, 431. Ciampini vet. mon. I, 33 p. 82. Agincourt pitture t. XIII N. 8. Jahn Abhandlungen d. Akad. d. Wiss. zu Wien 1870 T. II,

---

1) Blackie Ann. d. I. 1831, 287.
2) Braun Mus. u. Ruinen Roms S. 131.

S. 7). Deutlich sind an diesem Mosaik, welches, wenn in dieser Beziehung auf Bartolis Stich etwas zu geben ist, auch erst der Kaiserzeit angehört, die Figuren des Pluton und der Persephone: ersterer (mit bauschender Chlamys) hält mit beiden Armen die halb liegende, halb hängende Persephone vor sich auf dem auch hier deutlich abwärts gehenden Viergespann. Schwierigkeit aber macht die Benennung der dritten, hinter den Pferdeköpfen mit dem Oberleibe emporragenden Figur, besonders deshalb, weil über ihr Geschlecht nicht ins Klare zu kommen ist. Schon Zoega, welcher das Mosaik noch sah, bemerkte (Welcker Zschr. S. 71), dass das Geschlecht dieser „vorangehenden jugendlichen Figur, welche mit der Linken den Kopf der Persephone berühre und in der Rechten eine Schale zu halten scheine," unbestimmt sei, und liess sie unbenannt, wie Welcker und alle andern Archäologen ausser Garrucci[1]), welcher in ihr die sich dem Raube widersetzende Kyane (Ovid Met. V, 413 sq.) erkennen wollte. Gegen diese Deutung spricht jedoch die tatsächliche Erscheinung der Figur: Kyane müsste aus dem Boden resp. Wasser nur mit dem Oberleibe hervorragend gebildet sein, wie sie Ovid l. l. schildert[2])

gurgite quae medio summa tenus extitit alvo

und sich mit ausgebreiteten Armen dem Wagen entgegenwerfen, (v. 419

in partes diversas brachia tendens
  obstitit),

nicht neben ihm herlaufen. Es kann nur an eine den Pluton begleitende Figur gedacht werden. Unter diesen aber bleibt, da die Figur für Eros zu gross ist, nur die Wahl zwischen Hermes, Hymenäus und Aphrodite. Gegen ersteren spricht jedoch meines Erachtens die Stellung und Haltung der Figur, abgesehen von der Schale, und dem Gewandstück, welche gar nicht zu ihm passen würden. Hermes erscheint constant als $\dot{\eta}\nu\iota o\chi o\varsigma$, $\dot{\alpha}\gamma\dot{\eta}\tau\omega\varrho$ oder $\dot{\eta}\gamma\varepsilon\mu\dot{\omega}\nu$ des Gespannes, vor oder neben den Köpfen der Pferde und ihre Zügel haltend, während diese Figur, wie Richtung des Gesichts und der Arme zeigt, ihr Interesse nur der Persephone zuwendet. Dies würde sehr wol zu Aphrodite passen, welche die

---

1) Les mystères du syncrétisme Phrygien etc. p. 21.
2) Undenkbar ist, dass das flatternde Gewandstück die Grenze des Wassers bezeichne.

Sarkophage des Typus ε, besonders der am besten erhaltne Wiener (§ 40 N. 1), in analoger Stellung und Haltung einer Πειθώ zeigen. Nur in ihrem Aeussern ist die Figur einer Aphrodite zu wenig ähnlich, und so möchte ich, besonders da die Figur in Bartolis Stiche in der Tat mehr den Eindruck einer männlichen Figur macht, in ihr lieber den Hymenaeus vermuten. Dass derselbe an dieser Stelle passend sei, wird niemand bezweifeln; er entspricht den Eroten, welche auf den Denkmälern aller Gattungen über dem plutonischen Gespann fliegen. Der Gestus der an Persephones Kopf gelegten Linken würde als ermunternd und zuredend aufzufassen sein, denn er ist Vertreter der rechtmässigen Ehe, zu welcher Pluton die Persephone entführt, und somit ein plastischer Ausdruck aller der Versprechungen, welche der Dichter Claudian II, 277—306 den Pluton während der Fahrt der Persephone machen lässt. Die in der erhobnen Rechten gehaltne Schale würde das Symbol der *unda iugalis* sein, welche der παρανυμφίος voranträgt[1]; das um den Leib und jedenfalls wol auch um den linken Arm flatternde Gewandstück würde die Andeutung der *flammea sollicitum praevelatura pudorem* (Claud. II, 325), das Symbol des νυμφοκόμος oder νυμφοστόλος, sein. Schale und Gewandstück hält in gleicher Weise der über dem plutonischen Gespann schwebende Eros an der unterital. Vase, welche wir Seite 237 sq. besprechen werden. Hier wären diese Hochzeitssymbole um so passender, als die Nähe der Unterwelt, in welcher die θεογάμια stattfinden[2], durch das bereits abwärts eilende Viergespann angedeutet ist.

6. Am figurenreichsten ist die Darstellung der ἁρπαγή an einem im Jahre 1867 in Süd-Russland, am Mithridatesberge[3] entdeckten Grabgemälde. Dasselbe schmückt den obern Teil der dem Eingang des Grabes gegenüberliegenden Wand; die an der rechten Seite befindliche Inschrift *ΛΑΚΙΜΟΣ ΗΓΗΣΙΠΟΥ* nennt wahrscheinlich den Namen des Verstorbnen. Bald nach Oeffnung des Grabes stellenweis bis zur Undeutlichkeit beschädigt, verdanken wir eine Publikation in verkleinertem Masstabe Stephani (Compte rendu pour l'année 1868 p. 114). Schon die Buchstabenformen der Inschrift weisen auf die Kaiserzeit hin. Auf einem langen und

---

1) Eur. Iph. A. 1111. Valer. Flacc. Arg. VIII, 245. Vgl. S. 232 A. 3).
2) Vergl. S. 23 A. 4) und S. 238.
3) S. Compte rendu pour l'année 1867 p. VI.

hohen, karrenähnlichen Wagen steht Pluton in kurzem Chiton mit flatternder Chlamys und drückt mit seinem linken Arme die quer liegende und die Arme über dem Kopf zusammenschlagende Persephone an seine Brust, während seine Rechte erhoben und gerade ausgestreckt ist, sei es, um die Rosse und deren Lenker zu grösster Eile anzuspornen (Ovid Met. V, 402), sei es, um selbst einen — jetzt freilich nicht sichtbaren — Zügel zu halten. Der Lenker steht mit einem Fusse auf der Deichsel, mit dem andern auf dem Hinterteil eines Pferdes, in der Linken die Zügel haltend, die Rechte erhebend, um die in sausendem Galopp dahinjagenden Pferde, vor denen ein Reh läuft, anzutreiben. Diesen völlig nackten und attributlosen Lenker müssten wir nach Analogie aller andern Denkmäler Eros nennen; die Flügel könnten vom Zeichner übersehen sein, „wie manche schon undeutlich gewordnen Einzelheiten", doch sind die Dimensionen der Figur für einen solchen, desgleichen für Hymenaeus viel zu gross, und so ist wol anzunehmen, dass Hermes, welcher sonst als Führer der Rosse erscheint, hier Lenker derselben geworden sei. Hinter dem Wagen befinden sich vier Gespielinnen der Persephone, alle mit Chiton und Mantel bekleidet, teils noch mit Blumenpflücken beschäftigt, teils entsetzt auffahrend und dem Räuber nachschreiend. Stephani nannte dieselben Demeter, Artemis, Athena und Aphrodite, aber es fehlt an jeglichem Charakteristikum dieser Göttinnen, und Demeter wird sogar durch den Mythus ausgeschlossen, welcher den Raub stets in ihrer Abwesenheit geschehen und sie nur suchend auftreten lässt. Auch sind Artemis, Pallas und Aphrodite nicht, wie Stephani meint, „die gewöhnlichen Gespielinnen der Kora"; sie fehlen eben so oft auf Denkmälern, wie in der Poesie. Der homerische Hymnus und Ovid in beiden Schilderungen (Met. V, 394, Fast. IV, 425 u. 451) nennen nur Gefährtinnen (Nymphen) als Begleiterinnen der Persephone, wie sie neben den drei Göttinnen auch Claudian erwähnt. Gerade Ovid aber könnte für diese, wie für die zweite in Süd-Russland gefundne malerische Darstellung des Raubes recht wol das Motiv geboten haben.

7. Dieses zweite Gemälde steht insofern den Sarkophagreliefs am nächsten, als es, wie diese, die drei Scenen, nur in folgender natürlicher Reihenfolge $\dot{\alpha}\nu\vartheta o\lambda o\gamma i\alpha$, $\dot{\alpha}\varrho\pi\alpha\gamma\eta$, $\pi\lambda\dot{\alpha}\nu\eta$ neben einander zeigt. Dasselbe schmückt den obern Teil der Wand eines von Aschik bei Kertsch aufgedeckten Grabes, publicirt von ebendem-

selben in dem russisch geschriebnen Werke „Kertscher Altertümer," Odessa 1845 Taf. 5. Ich verdanke eine Durchzeichnung, nach welcher unsre Abbildung auf T. I gemacht ist, und weitere Mitteilungen aus diesem Werke, welches ich in Deutschland nicht erlangen konnte, der bewährten Güte meines Freundes Dr. Korsch in Moskau. Das Gemälde, von grösster Einfachheit der Composition und, wie es scheint, verdienstlos in der Ausführung, ist ebenfalls erst aus der römischen Kaiserzeit, wofür ich mich auf Stephanis freundliche Mitteilung beziehe: „Wenn man auch auf den Stil nicht viel Gewicht legen kann, da dazu die Aschikschen Abbildungen nicht ausreichen, so kann doch der Umstand, dass beide Kammern dieses Grabes ganz symmetrisch angelegt und ausgemalt und daher offenbar gleichzeitig sind, die Gemälde der zweiten Kammer aber fast nur Gladiatorenkämpfe des Amphitheaters vorführen, keine Ungewisheit hierüber lassen." Am untern Teil der Wand ist eine Jagd dargestellt.

Die drei Scenen sind auf drei Felder verteilt; diese sind durch ionische Säulen, welche einen Balken tragen, geschieden. Die erste (von links) stellt die Ueberraschung bei der Anthologie dar. Pluton, hier bartlos, in kurzem (grünen) Chiton, welcher den grössern Teil der Brust und den rechten Arm freilässt, streckt von rechts herbeieilend seinen rechten Arm nach Persephone aus, welche ihren bauschenden Mantel (grün) über den Kopf haltend nach links zu entfliehen sucht. Am Boden steht ein Korb mit Blumen, ein zweiter ist umgefallen.

Das Mittelfeld zeigt in etwas kleineren Dimensionen die ἁρπαγή. Pluton[1], hier bärtig, hält in der Linken Scepter und Zügel der drei — mehr sind nicht sichtbar — nach rechts galoppirenden Rosse, mit der Rechten die Persephone, nach der auch sein Gesicht gewandt ist, während sie das ihrige von ihm abwendet und den linken Arm über den rückwärts geworfnen Kopf hält. Auch hier hat der Wagen, auf dem beide stehen, wie an N. 6, die Form eines hochräderigen Karren.

Das dritte Feld zeigt wieder in etwas grösseren Dimensionen Demeter, in der Rechten eine Fackel haltend und nach rechts schreitend. Ihre Arme sind ausgebreitet und ihre Augen gesenkt,

---

[1] Der Mantel Plutons ist wieder grün, der Chiton der Persephone rosig; der Chiton der Demeter ist grün, der Ueberwurf rot, das umgeworfne Tuch gelb.

wie es scheint, nach einem vor ihr stehenden und scharrenden Schweine, dessen Schnauze sich neben einem aufgeworfnen Erdhaufen befindet. Dies legt den Gedanken nahe, dass der Künstler die Situation habe schildern wollen, in welcher Demeter die durch Schweine ausgescharrten Spuren ihrer Tochter sucht, aber nicht findet, eine Situation, welche wieder Ovid Fasten IV, 463 sq. schildert:

Inde puellaris nacta est vestigia plantae
et pressam noto pondere vidit humum.
Forsitan illa dies erroris summa fuisset,
si non turbassent signa reperta sues.

So sollte dieses künstlerisch nicht eben hochstehende Motiv die Ratlosigkeit und Verzweiflung der Demeter ausdrücken.

Dies sind die Wandgemälde und Mosaiken, welche den Raub der Persephone darstellen. Auszuschliessen ist von denselben ein von C. L. Visconti Ann. d. I. 1866, 310 erwähntes Mosaik aus weissen und schwarzen Steinchen, ausgegraben von Guidi beim Coazzo[1]), jetzt in England im Besitz von Michele Henry. Visconti bemerkt zwar, dass die beiden Figuren desselben dem Pluton und der Persephone des ostiensischen Grabgemäldes N. 1 entsprechen, aber diese Uebereinstimmung ist bedeutungslos gegen das Attribut des Dreizackes, welches in dem Verfolger Poseidon, in der Verfolgten Amymone oder Alope erkennen lässt, dieses Denkmal also in gleiche Linie mit dem Berliner Carniol (S. 117) stellt, vorausgesetzt freilich, dass der Dreizack nicht ergänzt ist.

Dagegen ist hier noch mit einigen Worten eines Gemäldes zu gedenken, welches die Entführung einer Sterblichen ins Reich der Schatten unter dem Bilde des Persephoneraubes darstellt, insofern also in gleicher Linie mit dem oben S. 157 behandelten Sarkophagrelief steht. Es gehört zu den besonders in religionsgeschichtlicher Hinsicht höchst interessanten Gemälden, welche das Grab des Vincentius, Priesters des Sabazios, und der Vibia bei den Katakomben des Praetextatus (an der linken Seite der via Appia in der Nähe der Kirche Domine quo vadis) schmückten. Zuerst, aber sehr ungenügend publicirt bei Bottari Roma sotter-

---

[1]) Dies ist nach Henzens freundlicher Mitteilung eine Tenuta an der via Nomentana jenseit des Anio bei den vor wenigen Jahren entdeckten Katakomben von S. Alessandro.

ranea (Rom 1754) t. III p. 218 (cf. p. 111, mit der falschen Ueberschrift *Facilis et descensio)*, wurde es durch P. Marchi wieder entdeckt und neupublicirt von Garrucci zuerst in der besondern Schrift „tre sepolcri con pitture ed iscrizioni appartenenti alle superstizioni pagane del Bacco Sabazio e del Persidico Mitra," Napoli 1852 t. 1, alsdann in „Les Mystères du syncrétisme Phrygien dans les catacombes Romaines de Prétextat" (tome IV des Mélanges d'Archéologie, d'Histoire et de Littérature, Paris 1854) p. 5 und p. 19, und in einer neuen, angeblich weniger zuverlässigen (?) Zeichnung von Perret Catacombes de Rome T. I pl. LXXII. Ueber die Inschriften vergl. de Rossi Bull. d. I. 1853, 87 sq. und Henzen in Orelli-Henzen syll. inscr. Lat. n. 6042, über den Bilderkreis im allgemeinen Kraus, *Die christliche Kunst in ihren frühsten Anfängen*, Leipzig 1873 S. 217 und worauf der Verfasser dort verweist, *Roma Sotterranea* IV S. 193 sq. Der Bildercyclus, welchem keine rein christlichen, sondern ein Gemisch von griechisch-römischen, orientalischen und christlichen Vorstellungen zu Grunde liegt, enthält Darstellungen des Lebens im Jenseit. In diesem Cyclus ist das uns speciell interessirende Bild, welches sich in dem Bogen der Wand links vom Eingange des Grabes befindet, das erste, insofern es den Gang ins Jenseit darstellt. Auf dem von vier Rossen nach rechts gezognen Wagen steht Pluton bekränzt[1]) mit στέφος γαμήλιον[2]) oder *corona iugalis*[3]); dass aber die von ihm mit beiden Armen gehaltne Braut hier nicht Persephone ist, würde, selbst wenn die Ueberschrift *ABREPTIO VIBIES* fehlte, die Betrachtung der Figur an sich lehren: die geschlossnen Augen, die über Gesicht, Körper und Arme ausgegossne Erstarrung, das um den Körper gewickelte Tuch lassen in der Entführten eine Todte, die Vibia, erkennen. Die abreptio ist aber zugleich eine *DISCENSIO*[4]) wie die ἁρπαγή an dem Mosaik der Villa Corsini N. 5 eine καταγωγή oder κάθοδος, und zwar hier dadurch ange-

---

1) Bei Perret hat er eine Kappe; wie viel dem gegenüber auf Garruccis Behauptung (p. 6) *je n'ai pas à changer mes dessins* zu geben ist, vermag ich nicht zu entscheiden.

2) Bion. epit. Adon. 83.

3) Claudian laud. Seren. (XXIX) 184.

4) Perret bietet *DESCENSIO*, was Garrucci rügt, wobei er selbst *DISCENTIO* für das richtige erklärt, was er in den Add. verbessert.

deutet, dass der Führer der Rosse Hermes (mit Schnürstiefeln und einer seltsamen Flügelkappe, auf welcher ein Vogel mit ausgebreiteten Flügeln zu sitzen scheint), bereits den einen (linken) Fuss in die Unterwelt setzt. Der Eingang in diese ist sonderbarer Weise durch ein auf die schmale Seite gelegtes, mit der Oeffnung dem Beschauer zugekehrtes Fass dargestellt. Irrig will Garrucci in diesem ein Symbol des Wassers und speciell des Acheron erkennen. Ein Fluss wäre durch eine Gottheit angedeutet worden, am allerwenigsten aber wäre ein auf die Erde gelegtes Fass als Bezeichnung für den Fluss der Unterwelt passend. Viel natürlicher ist es, dasselbe zu fassen als *ostium Orci* (Paulus p. 128), *Plutonis faux* (Macrob. S. I, 16, 17), als den *Mundus*, durch welchen Persephone von Pluton entführt wurde und Demeter herabstieg [1]). So ist die Figur ein Bild des Hermes,

qui fas per limen utrumque
solus habet (Claud. I, 90).

Die folgenden Scenen der *inductio Vibies*, des *iudicium bonorum* vor *Dispater* und *Abracura*, das Mahl der *septem pii sacerdotes* müssen hier übergangen werden; nur die Vermutung möge noch Platz finden, dass die Darstellung der Vibia als Proserpina rapta vielleicht um so näher liegen mochte, als die gens Vibia in einer besondern Beziehung zum Persephone- und Demetercult gestanden zu haben scheint, da sie für ihre Münzen Demeter die Tochter suchend zum Typus wählte. Vergl. S. 252 und 254.

Nicht minder mannichfaltig ist die Darstellung der einzelnen Scenen des Raubes auf der zweiten Klasse von Gemälden, den ebenfalls Gräbern entstammenden Vasengemälden.

B. Vasengemälde.

Obwol bisher mit einziger Ausnahme von N. 1 keine Vase des archaischen [2]) oder vollendet schönen Stils mit Darstellung des Raubes gefunden worden ist, und ausser jener alle diesseit des Höhepunktes der künstlerischen Entwicklung der Keramographie [3]) — die frühsten

---

1) Scholl. Philarg., Bern. u. Serv. z. Verg. ecl. III, 106 und Serv. z. Georg. I, 39.

2) Ueber die von Gerhard Abh. d. Berl. Akad. d. J. 1863, 550 hieher gezogne volcenter Hydria s. S. 234.

3) Vergl. de Witte études sur les vases peints, Paris 1865 p. 113. Wenn

werden etwa dem 3. Jahrhundert v. Chr. zuzuschreiben sein — und somit diesseit der Blütezeit des Nikomachos liegen, so ist doch die Vermutung [1]), dass irgend eine von diesen die mehr oder weniger treue Copie seines Gemäldes sei, völlig unerweislich. Es herrscht hier grössere Freiheit als auf irgend einem Gebiet der Denkmäler. Fundort der hieher gehörigen übrigens nicht zahlreichen Vasen ist Etrurien und Unter-Italien; in Attika ist, entsprechend der Tatsache, dass die hier gefundnen Vasen grösstenteils nicht mythologischen Inhalts sind, bis jetzt keine zu Tage gekommen, welche auf ἁρπαγή, πλάνη oder ἄνοδος Bezug hätte.

1. Wir beginnen wieder mit dem Moment der Ueberraschung, wie ihn die älteste rotfig. Vase archaischen Stils „mit feiner leichter Zeichnung" von Nola, ehemals Vivenzio's, jetzt im Museo Naz. zu Neapel (N. 3091 bei Heydemann d. Vas. d. M. N. z. N.), welcher mir seine Durchzeichnung, nach welcher unsre Abbildung auf T. II gemacht ist, freundlichst überlassen hat. Pluton in langem Chiton und Mantel, bekränzt, wie es scheint, mit Myrten, eilt nach rechts auf Persephone los, welche (ebenfalls in langem Chiton und Mantel, mit breiter Haarbinde und Armband) mit ausgebreiteten Armen ihrem Verfolger zu entfliehen sucht. Als Pluton ist dieser charakterisirt durch Füllhorn[2]) und Scepter, welche er beide in der Linken trägt. Ueber und zwischen den beiden Figuren sind die auf T. II facsimilirten Inschriften, welche nichts andres bedeuten als καλὸς ὁ παῖς und καλὴ ἡ παῖς.

2. Erscheint hier die Ueberraschung noch als Verfolgung, so bildet der nächste Moment, dass Pluton die Persephone fortträgt, die Darstellung des Mittelbildes einer ebenfalls rotfigurigen Kylix, welche den Ausgrabungen in Vulci vom Jahre 1835 (Campanari Bull. d. I. 1835, 203) verdankt wird, jetzt im Museo Gregoriano des Vatikan, publicirt Mus. Gregor. II, 83, 2. Dass sie kein archaisches, sondern ein Werk etruscischer Nachahmung sei, hat O. Jahn (Einl. z. Beschr. d. Vasens. K. Ludwigs p. CCXXXIV A. 1465) richtig bemerkt. Pluton (in kurzem Chiton

---

Campanari Bull. d. I. 1835, 203 die Vulcenter Kylix des Museo Gregoriano N. 2 nennt *un vaso di bel disegno*, so ist dies nur auf sorgfältige und gute Zeichnung, nicht auf schönen Stil zu beziehen.

1) Vergl. Millingen anc. uned. mon. ser. I p. 44.
2) Vergl. die Nachweisungen Heydemanns l. l.

und flatternder Chlamys) hält Persephone mit beiden Armen umfasst und sein Gesicht dem ihrigen nähernd, wie um sie zu begütigen (Claud. II, 276 sq.), trägt er sie eiligst nach rechts, offenbar auf seinen Wagen. Beide haben breite und reich verzierte Stirnbänder, Persephone auch Ohrringe, Hals- und Armband, letzteres mit drei Granatäpfeln verziert. Dieses Symbol und die Darstellung der beiden übereinstimmenden Aussenbilder bestätigt die bereits von E. Braun Ann. d. I. XVI, 141 gegebne Deutung. Auf den Aussenbildern nämlich empfängt Pluton auf einem Sessel sitzend, in der Linken ein Scepter haltend und geschmückt mit Stirnband und einem aus einer Granate bestehenden Armband, von einem vor ihm stehenden nackten Jüngling einen Granatapfel, während ein zweiter ihm von hinten einen Kranz aufs Haupt legt.

3. Den nächsten Moment, die Entführung der Persephone auf Viergespann, zeigt ein zweites Vasenbild (Stamnos) des Museo Gregoriano (nicht der Vaticana, wie Jahn l. l. angibt), erwähnt von Gerhard Arch. Zeit. 1846, 350 und publicirt Aus. Vas. T. CCXL (III S. 165). Der Fundort ist unbekannt, doch kennzeichnen schon die Aeusserlichkeiten der Tracht und Bildung der Figuren die Vase als Produkt etruscischer Nachahmung.

Auf einem hochräderigen von vier feurigen und reich verzierten Rossen nach rechts gezognen Wagen steht Pluton (mit kurz geschornem Bart, im struppigen Haar eine Binde, den Chiton durch ein Kreuzband auf der Brust gehalten) in der Linken die Zügel haltend[1]), den rechten Arm um Persephone schlingend, welche, im Haar einen Kranz, sei es zur Andeutung der vorangegangnen Anthologie, sei es, was wahrscheinlicher, als Braut des Hades, und an Hals und Armen reich geschmückt, sich mit der Rechten am Bügel des Wagens festhält. Zwar sträubt sie sich hier, wie auch auf den folgenden Vasenbildern, nicht so sehr, als auf den bisher betrachteten Arten von Denkmälern, aber ihr traurig ernster Gesichtsausdruck *(moestor dolor* Claud. II, 276) wie die Umschlingung durch Pluton deuten zur Genüge an, dass sie ihm nicht freiwillig gefolgt ist, wie Stephani Ann. d. I. 1860, 307 annimmt, welcher von der Vorstellung ausgeht, dass nicht die (erste) erzwungne, sondern die (zweite) freiwillige Herabkunft der Persephone dar-

---

[1]) Dies ist durchaus nicht „gegen die sonstige Sitte," wie Gerhard l. l. sagt, sondern eher häufiger als nicht.

gestellt sei. Diese ist jedoch der Poesie wie der bildenden Kunst völlig fremd [1]). Vielmehr erklärt sich diese Art der Haltung der Persephone wol dadurch, dass es dem Pluton während der Fahrt gelungen ist sie zu begütigen (Claud. II, 276—306) und dass sie nun, nachdem sie in der Nähe der Unterwelt angekommen, ruhiger geworden ist, wie er selbst

Taenara mitior intrat

(v. 307) und

serenus
ingreditur facili passus mollescere risu
dissimilisque sui (312)

und wie die *matres Elysiae*

tenero ... levant sermone timores (323)

und sie selbst sich die Schmückung mit dem Brautschleier (325) und die darauf folgende Vermählung (362) ruhig gefallen lässt. Eine Bezugnahme auf diese θεογάμια aber ist auf dieser wie auf den folgenden Vasendarstellungen unverkennbar. Dass sich, wie wir angenommen haben, das Gespann in der Nähe der Unterwelt befindet, wird durch die unter den Vorderhufen der Pferde nur mit dem Oberkörper hervorragende, zu dem Paare aufblickende, bärtige Figur in kurzärmeligem Chiton mit breitkrämpigem niedrigen Hut und Kerykeion angedeutet. Mit Rücksicht auf die beiden letzteren Attribute würden wir zunächst mit Gerhard und Stephani geneigt sein, diese Figur Hermes zu nennen, aber wenn es schon auffallend wäre, dass dieser als Führer der Rosse sich gerade unter ihren Hufen befände, so muss besonders der Umstand zur Vorsicht ermahnen, dass auf der Rückseite der Vase dieselbe Figur im Gespräch mit einem durch Flügelhut, Flügelschuhe, Chlamys und Schlangenstab unzweifelhaften, völlig jugendlichen Hermes dargestellt ist. Auch auf der etruscischen Urne N. 3, mit welcher die fragmentirte N. 2 (S. 130) übereinstimmt, ist Hermes, wie gewöhnlich, jugendlich und völlig bartlos gebildet. So müsste dieser bärtige Hermes wenigstens für den Ἑρμῆς χθόνιος oder πυλαῖος, für den Pförtner der Unterwelt, genommen werden. Ist aber eine solche Scheidung eines Ἑρμῆς ὕψιστος und χθόνιος, wie sie allerdings nach Pausanias II, 2, 7 in Korinth bestand, in dieser Darstellung anzunehmen? Ist nicht hier der jugendliche Hermes als

---

1) Vergl. S. 103, 238 und § 50.

ψυχοπομπός selbst ein χθόνιος? Ist es nicht vielmehr geratener, in jenem Bärtigen einen der zahlreichen etruscischen Unterweltsgötter, vielleicht einen Hüter der *janua Orci*[1]) oder selbst den portitor Charon zu erkennen, dessen Verhalten bei der Ankunft der neuen Gebieterin Claudian II, 359 schildert:

impexamque senex velavit arundine frontem
portitor et vacuos egit cum carmine remos ?

Für ihn spricht noch besonders, dass der Gegenstand, welcher sich auf der Rückseite neben ihm befindet, auf welchen Hermes seinen rechten Fuss setzt, ein Kahn zu sein scheint. Dann wäre auf der Rückseite der Moment dargestellt, in welchem Hermes ψυχοπομπός einen verstorbnen Krieger[2]) am Unterweltsstrom dem Charon übergibt, ähnlich wie an der linken Kurzseite des Florentiner Persephoneraub-Sarkophages (S. 148) die Einführung der Alkestis in die Unterwelt durch Hermes dargestellt ist.

4. Durch grosse Schönheit der dramatischen Composition ist ausgezeichnet die Darstellung der ἁρπαγή auf mehreren rotfigurigen unteritalischen Vasen, unter denen obenan zu stellen ist die ehemals dem Thomas Hope in London gehörige Vase, deren gegenwärtiger Besitzer nicht bekannt ist, publicirt von Millingen Anc. uned. monum. ser. I pl. XVI p. 44 sq., nach seiner Zeichnung in kleinerem Masstabe wiederholt von Dubois Maisonneuve introd. à l'étude des vases antiques pl. 20, von Müller-Wieseler D. A. K. I, 46 n. 213, Creuzer Symbol. Bd. IV Heft 2 Taf. III N. 9 S. 463, Guigniaut Rel. de l'ant. t. 145 bis n. 556, zuletzt in Brunns Vorlegeblättern N. 14[3]). Der Fundort ist nicht bekannt, doch macht die Aehnlichkeit in Inhalt, Composition und Zeichnung mit der in Anzi gefundenen Vase N. 7 dieselbe Herkunft nicht unwahrscheinlich. Trotz der ausserordentlichen Klarheit und Einfachheit der Composition bietet die Darstellung doch der Erklärung nicht unerhebliche Schwierigkeiten. Dass dieselbe freilich nicht, wie

---

1) Plaut. Bacch. 368. Vergl. Lucr. III, 67 u. V, 373.

2) In diesem jugendlichen Krieger mit Gerhard den Hephaest zu erkennen, „welcher neben Speer und Schild auch den Hammer als künftiges Marterwerkzeug den Mächten der Unterwelt zu Gebote stellt," ist geradezu unmöglich; gegen einen Todesgott spricht der Schild und Speer und das jugendliche Aussehen des Kopfes. Der Hammer ist wol als Streithammer aufzufassen.

3) Das Hamilton'sche Fragment s. S. 243 N. 5.

ältere Archäologen (Italinski[1]) und Böttiger) annahmen, auf die Entführung der Hera durch Zeus, sondern auf den hier in Rede stehenden Mythus zu beziehen sei, wird jetzt wol niemand bestreiten[2]), fraglich aber ist, welcher Moment desselben hier zu erkennen sei. In ihrem Kern unhaltbar ist die Deutung des ersten Herausgebers Millingen, welche die Grundlage für die folgenden geblieben ist, dass Pluton nach seiner im Olymp in Gegenwart aller Götter gefeierten Hochzeit im Begriff stehe, mit seiner Neuvermählten in das Schattenreich zu fahren und dass diese von Demeter Abschied nehme; unhaltbar deshalb, weil diese Situation der Ueberlieferung des Mythus durchaus widerspricht. Die Hochzeit des Pluton und der Persephone, τὰ ϑεογάμια, findet gar nicht im Olymp und in Gegenwart der olympischen Götter, sondern, wie es natürlich ist und wie Claudian, der Hauptgewährsmann derselben[3]), de r. P. II, 322—372 ausführlich schildert, in der Unterwelt unter Assistenz der Nyx als pronuba und der matres Elysiae statt. Im Olymp bei Demeter kann Persephone nur als Gattin des Pluton, aber nur ohne denselben, gedacht werden. Nirgends wird angedeutet, dass er sie aus demselben abhole[4]), vielmehr ist anzunehmen, dass wie die ἀναγωγή, so auch die καταγωγή der Persephone lediglich Sache des Hermes oder der Hekate ist. Ebenso unbegründet ist Stephanis Annahme (Ann. d. I. 1860, 308) einer freiwilligen Rückkehr der Persephone, welche als ϑεογάμια aufzufassen sei. Dies ist vielmehr das Fest der Vermählung, welches sich, wie es Claudian schildert, unmittelbar an den Raub anschliesst. Will man endlich mit Müller-Wieseler D. A. K. l. l., Creuzer Symb. IV, 463, Welcker z. Müller Handb. § 358, 3 und Gerhard l. l. nur den Abschied der Persephone von Demeter vor ihrer Rückkehr zu Pluton, in letzterer die κατάγουσα erkennen, so ist zunächst daran zu erinnern, dass, wie Seite 104 auseinandergesetzt, Demeter als κατάγουσα durchaus unerwiesen, und ein Ab-

---

[1] Engrav. of vas. of Hamilton III p. 4.
[2] Vergl. meine „Hochzeit des Zeus und der Hera" S. 27 A. 6).
[3] Vergl. Schol. z. Arat. Phaen. 150 τὸν ἐν Ἀΐδου γάμον und Apul. Met. VI, 2 inluminarum Proserpinae nuptiarum demeacula. Zu erinnern ist auch an Orci nuptiae Serv. z. Georg. I, 344.
[4] Damit fällt Gerhards (Abh. der Berl. Akad. f. 1863, 550) Annahme einer „vertragsmässig erneuten Entführung der Kora durch Pluton".

schied von Persephone der Poesie und Kunst völlig fremd ist. Sodann müsste aber eine solche Demeter entschieden traurig gedacht werden: die betreffende Figur der Vase aber hat unverkennbar heiteren Ausdruck und macht eine begütigende Geberde. Dazu kommt, dass dieselbe durch nichts als Demeter charakterisirt ist. Sie hat kein Scepter, nicht einmal die Stephane, welche doch, noch dazu sehr gross, das Haupt ihrer Tochter schmückt. Selbst bei der kurzen oben gekreuzten Fackel, welche links von ihrem Kopfe erscheint, kann man zweifeln, ob sie von ihr getragen wurde — ihre rechte Hand wie der ganze rechte Arm steckt unter dem Mantel — oder ob sie an einem Gegenstande befestigt zu denken ist, was mir besonders wegen des an ihrem Stil sichtbaren Ringes wahrscheinlicher ist. Endlich trägt auch diese Deutung den Nebenfiguren keine Rechnung: so dem über dem Viergespann fliegenden bekränzten Eros mit Kranz, Schale und Binde, desgleichen der vor dem Gespann fliegenden Taube mit Kranz. Beides sind sprechende Zeugen einer erotischen Handlung, wie sie die ἁρπαγή ist, und wenigstens dem Eros sind wir auf allen Arten von Darstellungen der ἁρπαγή über dem plutonischen Gespann begegnet, und nur unter Voraussetzung dieser erklären sich alle Besonderheiten der Darstellung auf befriedigende Weise.

So hat auch Zoega, wie aus Welckers Mitteilung (Zschr. S. 94 A. 116) zu entnehmen ist, die völlig übereinstimmende Darstellung des Hamiltonschen Vasenfragments N. 5 auf die ἁρπαγή bezogen, wenn ich ihm auch nicht beistimmen kann, dass die vermeintliche Demeter für Aphrodite oder eine Gefährtin der Persephone zu halten sei. Die Fackel fehlt an diesem Fragment; wäre anzunehmen, dass sie von der Figur getragen worden, dann fiele diese Benennung von selbst weg. Aber auch abgesehen davon kann ich die von ihm angenommene Situation hier nicht erkennen. Sowohl die Ruhe des Pluton als auch besonders die der Persephone schliessen den Gedanken an die Ueberraschung oder Entführung der letzteren aus dem Kreise ihrer Gespielinnen aus. Sie würde sich heftig sträuben, eine Gefährtin würde ihr nicht gemütlich die Hand reichen, sondern fliehen. Als Aphrodite ist die vollständig und dicht verhüllte Figur gar nicht charakterisirt, in Ermangelung einer Stephane nicht einmal als Göttin. Dazu kommen die Sterne, die Zeichen der Nacht: der Raub erfolgte nach einstimmiger Tradition am Tage. Beides, die Sterne[1]), und die Ruhe der Hauptfiguren, machen es mir wahrscheinlich, dass hier nicht der Moment der Ueberraschung, wie an N. 1 und 2, auch nicht der Annäherung an die Unterwelt, wie an N. 3, sondern die Ankunft in der Unterwelt selbst, und somit der den ϑεογάμια vorangehende Moment dargestellt ist. Die Art dieser Darstellung entspricht vollständig der Schilderung dieser ϑεογάμια, wie sie Claudian II, 308 sq. gibt, welcher der älteren durch die 'Ορφικὴ ποίησις beeinflussten alexandrinischen Dichtung folgt: Als Pluton mit Persephone in die Unterwelt einfährt, eilen alle Bewohner derselben zusammen (*insignem visura nurum* 312) und treffen Vorbereitungen zur Vermählung: alle Strafen ruhen, alle Strafvollstrecker feiern, die *matres Elysiae* umgeben Persephone, um sie bräutlich zu schmücken, die Nyx nimmt die Stelle der Pronuba ein, Persephone wird in den Thalamos geführt, und ein Epithalamion angestimmt. So ist Pluton auch hier, wie an dem Gemälde der abreptio Vibies, als Bräutigam durch den Lorbeerkranz[2]), welchen er ausser einem Aufsatz auf dem Kopfe trägt charakterisirt; so der über den Rossen fliegende Genius als Eros oder Hymenäus durch den Kranz in der Linken und die Guirlande, durch die Schale mit der *unda iugalis*[3]) ebenfalls in der Linken und durch die Tänie oder Gürtel (ζώνη, *cingulum*)[4]) in der Rechten; endlich kennzeichnet auch der rückwärts auf Persephone gerichtete Blick den *hortator Cupido*, wie ihn Valer. Flacc. Arg. VIII, 232 schildert

adsunt unanimes Venus hortatorque Cupido
suscitat adfixam maestis qui Aeetida curis.

So erklärt sich die Taube, der Vogel der Aphrodite, welche einen Kranz haltend, vor ihm herfliegt. So erklärt sich auch die

---

1) Claudian II, 282 lässt den Pluton zu Persephone sagen:
sunt altera nobis
sidera, sunt orbes alii lumenque videbis
purius.
Vergl. Arist. Pax 833. Welckers (Zschr. S. 95) frühere Deutung dieser Sterne als „Sinnbilder der Jahresnacht" ist ebenso unhaltbar wie die Beziehung der am Boden liegenden Steinchen auf das Meer.
2) Vergl. Marquardt Röm. Privatalt. I, 45.
3) Vergl. S. 228 A. 1) und 232 A. 3).
4) Paulus s. v. *cingulo* p. 63.

Fackel, für den Fall, dass sie nicht von der vermeintlichen Demeter gehalten würde, als Andeutung der Unterwelt wie die Sterne, oder als eine der δᾷδες νυμφικαί (Eur. Hel. 723) oder *festae taedae* oder *faces* Claud. II, 347 und III, 409, welche das Brautpaar empfangen; desgleichen die beiden Fackeln, welche die weibliche Figur vor dem Gespann hält, wie die *anus lampadas praeferens* vor der *nova nupta verecundia notabilis* des Action (Plin. n. h. 35, 78). Suchen wir nun für die beiden weiblichen Figuren Namen, welche der Situation und der Formgebung zugleich entsprechen, so könnte die vermeintliche Demeter zunächst als eine der *matres Elysiae* (v. 322), vielleicht als die *pronuba Nox* (363) selbst gefasst werden. In letzterem Falle erhielten die Sterne und die Fackel neben ihr eine ganz besondre Bedeutung: *stellantes Nox picta sinus* sagt Claudian l. l. Auch würde sich so der heitre und freundliche Ausdruck, welchen sie der Persephone entgegenbringt, erklären lassen, wenn man sich auch gerade die Nyx zunächst von düstrem, finstern Aussehen denken möchte, aber freilich nicht die Vertraulichkeit, mit welcher diese ihr beide Arme entgegenstreckt. Diese führt mit Notwendigkeit auf eine Vertraute der Persephone. Eine solche gibt es aber unter den Bewohnerinnen der Unterwelt nicht ausser Hekate, welche ihr nahesteht als Tochter oder Dienerin der Demeter[1]), welche schon der homerische Hymnus v. 440 nennt πρόπολος καὶ ὀπάων der Persephone, und welche in der orphischen Poesie wie auf der Vase del Vasto (§ 51) dieselbe gar aus der Unterwelt heraufführt. Niemand also war in der Tat geeigneter Persephone freundlich zu empfangen und ihr einen erfreulichen Anblick zu gewähren und zugleich dem Pluton das Gefühl der Ruhe einzuflössen, als sie. Auch Fackel und Sterne passen zu ihr als ὑπολάμπτειρα (Hesych s. v.). Für die zweite weibliche Figur aber, welche in jeder Hand eine Fackel haltend vor den Rossen einherläuft, gewärtig des Winks sie zum Stehen zu bringen, entsprechend der Schilderung Claudians II, 318

Pars altos revocant currus frenisque solutis
vertunt emeritos ad pascua nota iugales,

werden wir den Namen Alekto[2]) direkt Claudians Schilderung I,

---

[1]) Vergl. S. 46 A. 2) und S. 168 A. 4). Auch Claudian I, 15 nennt Hekate unter den Gottheiten des demetreischen Kreises.

[2]) Dieser sind wir als Lenkerin des plutonischen Gespanns schon auf dem

279 entlehnen. Hekate, wie diese Figur von allen genannt worden, ist weder die Rosselenkerin des Pluton, noch am Raube überhaupt beteiligt. Aber bei der Einfahrt eilen die Bewohner der Unterwelt von allen Seiten herbei:

cunctaque praecipiti stipantur saecula cursu
insignem visura nurum II, 311

und ausser den *Elysiae matres*, welche sich mit Persephone beschäftigen,

occurrunt properi lecta de plebe ministri 317,

und so hat auch Hekate ihr Pendant erhalten an einem Jüngling, welcher, nur die Chlamys über beide Arme geworfen, den Hut am Nacken, den rechten Arm über den Kopf gelegt, mit überschlagnen Beinen an einen Baumstamm gelehnt mit dem Ausdruck einer gewissen Teilname nach dem ankommenden Paare blickt. Mit Rücksicht auf die Art seiner Stellung, welche der des Todesgenius des barberinischen Sarkophages (S. 195) im wesentlichen entspricht, ist man vielleicht zuerst versucht ihn Thanatos zu nennen, der freilich bei Claudian II, 355 *mors nulla vagatur in terris* nicht personificirt erscheint, aber die Bekleidung mit Hut und Chlamys sprechen ebensosehr gegen diesen, wie für Hermes; nur ist dieser hier nicht, wie auf den Denkmälern später Zeit, als Führer der Rosse am Raube beteiligt, sondern als eigentlicher Ἑρμῆς χθόνιος oder πυλαῖος, wie Hekate, Vertreter der Unterwelt. Auch die ältere Poesie kennt ihn nicht als Helfer des Raubes: der homerische Hymnus nur als ἀναγωγός der Persephone, und in letzterer Rolle erscheint er mit seinem Pendant[1]), der Hekate, auch auf der Vase del Vasto. Wenn auch nicht dieser an Alter gleich, so ist doch unsre Vase sicher nicht unter das dritte Jahrhundert vor Christo herabzurücken. Mit Bezug auf diese seine spätere Mission, desgleichen weil auch sein Anblick Persephone nur angenehm berühren konnte, war auch er besonders geeignet als Vertreter der Unterwelt bei der Ankunft der neuen Herrscherin zu erscheinen.

Dass diese Darstellung der Ankunft der Persephone in der

Halsbande von Koul-Oba (S. 119), auf den etruscischen Urnen (S. 129 sq.) und in ähnlicher Situation auf dem Sarkophag von Salerno (S. 182) begegnet.

1) Zu beachten ist, dass auch bei Porphyr. de abst. II, 16 Hermes und He-

Unterwelt mit Beziehung auf die ϑεογάμια auf unteritalischen Vasen sehr beliebt war, beweisen mehrere Repliken derselben.

5. Von diesen steht keine der eben betrachteten näher als die sogar mit ihr für identisch erklärte¹), nur fragmentarisch erhaltne Vase, welche im Jahre 1789 oder 1790 in der Umgegend von Neapel gefunden, in den Besitz von William Hamilton gelangte und in den Engravings of vases in the possession of Sir William Hamilton vol. III pl. 1 p. 4 und danach in Hirts Mythol. Bilderb. Taf. 22 S. 72 publicirt worden ist. Ausdrücklich wird im Text der Engravings bemerkt, dass es nur ein Fragment ist, und eine genaue Vergleichung der beiden Abbildungen ergibt auch in den erhaltnen Figuren kleine Differenzen: Pluton hat keinen Aufsatz, sondern nur einen über die ganze Stirn gehenden Lorbeerkranz; die (nur in dem Oberkörper erhaltne) Hekate hat keinen Haarschmuck, an dem schwebenden Eros sind beide Beine und Füsse sichtbar, und die Pferdefüsse sind etwas anders gesetzt. Sonst aber stimmen die Figuren, Hekate (Fackel und Kranz über ihr fehlen), Persephone, Pluton, Eros vollständig überein; Alekto, Hermes und die Taube fehlen, erstere aber war sicher vorhanden, wie die über dem letzten Pferde sichtbare Fackel zeigt.

6. u. 7. Aehnlich ist auch die Darstellung zu denken an zwei Vasen, welche Gargallo 1842 zu Anzi in der Basilicata sah nach Welcker z. Müller Handb. § 358, 3, der freilich nur bemerkt: „Hinter Pluton Demeter" (wir werden sagen: Hekate) „mit der oben gekreuzten Fackel, neben ihm ein geflügelter Wagenlenker." Ist letzteres genau, dann ist an Stelle des Hymenäus der Eros ἡνίοχος getreten, dem wir auf allen Arten von Denkmälern begegnet sind; dann ergibt sich aber auch, dass diese Vasen wol verwandt, aber nicht identisch sind mit einer dritten aus Anzi stammenden

8. Vase, welche sich an die eben betrachteten in Inhalt und Form aufs engste anschliesst. Von Brunn in der Sammlung Fittipaldi gesehen und fragweise auf Zeus und Hera gedeutet (Bull. d.

---

kate zusammen genannt werden, und dass letztere denselben Beinamen wie er, Ἄγγελος führte (Schol. z. Theocr. id. II, 12).

1) Millin tombeaux de Canosa p. 16 not. 2). Preller Dem. S. 125 A. 122). Müller Handb. § 358, 2; vorsichtiger Welcker z. d. St., welcher, wie Zoega, Zschr. S. 94 dies Fragment auf den Raub, später z. Müller § 358, 3 auf den Abschied der Persephone von Demeter κατάγουσα gedeutet hat.

I. 1859, 9. Arch. Anz. 1859, 14) wurde diese Amphora, welche der Hopeschen auch an Schönheit der Zeichnung, wie an Alter, wenig nachsteht, von Stephani Mon. d. I. VI t. XLII A. Ann. d. I. 1860, 302 sq. publicirt und auf den Abschied der Persephone von Demeter und ihre freiwillige κάθοδος gedeutet. Da die Darstellung in Wahl und Motivirung der meisten Figuren mit der Hopeschen übereinstimmt, — eigentlich ist nur die Richtung verschieden —, so verweise ich behufs Widerlegung dieser auch von Gerhard (Abh. der Berl. Akad. aus dem Jahre 1863, 551) gebilligten Deutung auf die Auseinandersetzung S. 238 sq. Hier will ich nur das eine bemerken, wie undenkbar es scheint, dass Demeter hinter dem Wagen herläuft und dass Persephone sich gar nicht um sie kümmert, nicht einmal sich nach ihr umblickt. Die Figur, welche hier ebensowenig etwas demetreisches hat wie dort, ist die bereits für die θεογάμια geschmückte Hekate, welche mit brennender Fackel zur Begrüssung der ankommenden Persephone herbeieilt, dieser jedoch noch nicht zu Gesicht gekommen ist. Pluton (bekränzt und mit Aufsatz), welcher

primi suspiria sentit amoris
et placida moestum solatur voce dolorem
. . . . *mox ipse serenus*
ingreditur, facili passus mollescere risu,
dissimilisque sui (Claud. II, 274 u. 312 sq.)

hält Persephone mit der Linken umschlungen — mit der Rechten die Zügel — und blickt ihr zärtlich ins Gesicht, während sie ihr Schleiergewand züchtig und sittsam mit den Fingerspitzen der rechten Hand vorzieht und sich mit der Linken am Bügel des Wagens festhält, ohne sich noch zu sträuben, nur in sich gekehrt und ernst vor sich hinblickend. Alekto, ähnlich wie dort costümirt, nur durch Haartuch und Schnürstiefeln als reisige Dienerin noch näher charakterisirt, geht auch hier, in jeder Hand eine Fackel haltend, vor den Rossen her, um sie im nächsten Augenblick zum Stehen zu bringen. Hymenaeus fliegt hier nicht über, sondern hinter dem Gespann, mit Kranz in der einen, mit Schale in der andern Hand. Endlich ist hier auch neben Alekto, wie an der Hopeschen Vase, ein Jüngling anwesend, nur hier nicht stehend und an einen Baumstamm gelehnt, sondern auf einem Stein sitzend. Wenn ihn die Bekränzung des Hauptes, der Lorbeer- oder Myrtenzweig, endlich die Schale, welche er dem Paare entgegenstreckt, als einen der Festteilnehmer charakterisiren, wie sie Claudian schildert

Pars aulaea tenent: alii praetexere ramis
Limina et in thalamum cultas extollere vestes (320)
und *Grata coronati peragunt convivia Manes* (328),
so entsteht die Frage, wie wir diesen Jüngling, welcher auf der entgegengesetzten Seite von Hekate die Persephone mit den Symbolen der Hochzeit begrüsst, insofern also der Pallas der Sarkophage der zweiten Klasse entspricht, zu benennen haben. Ein Apollon, wie Stephani und Gerhard ihn wegen des Lorbeers genannt haben, obwol dieser dazu durchaus nicht ausreicht, sondern, wie die Schale, hochzeitliche Bedeutung hat, ist in der Unterwelt und überhaupt an diesem Platze ganz unmöglich; dagegen empfiehlt die Vergleichung mit der Hopeschen Vase die Benennung Hermes; zwar fehlt ihm der Hut, und statt der Chlamys ist er mit einem Mantel bekleidet, der jedoch den Oberleib ganz blosslässt; doch findet sich dieselbe Costümirung auch sonst am Hermes, beispielsweise am sogenannten Iason des Capitols, nur dass hier noch die Stiefeln vorhanden sind. Kerykeion und Flügel konnten hier um so eher entbehrt werden, als Hermes nicht als Bote auftritt. Und wenn der Lorbeerzweig, welchen er hält, an die Bekränzung der Schwelle des Hauses[1]) und des Thalamos erinnert, so passt dies sehr gut zum Ἑρμῆς ἐπιθαλαμίτης (Hesych s. v.), dem Prototyp der θυρωροί, wie ich ihn beispielsweise auf der Hochzeitsvase von Lentini Bull. d. I. 1870, 70 nachgewiesen habe.

Ueber und neben den Figuren erscheinen auch hier Sterne, die Leuchten des Orkus; aus dem Boden spriessen Blumen auf, vielleicht eine Anspielung auf die auch in der Unterwelt bekundete Vorliebe der Persephone für diese[2]).

Dies sind die Vasen, welche den Raub der Persephone in den verschiednen Stadien seines Verlaufs darstellen. Alle andern, welche man hieher hat ziehen wollen, sind nach meiner Meinung auszuschliessen.

---

1) Vergl. Plut. Amator. c. 10. Lucian. dial. mer. II, 4. Claudian II, 319 sq.
2) Vergl. S. 28 A. 3). Claudian II, 287 lässt den Pluton zu Persephone sagen:
nec mollia desunt
prata tibi. Zephyris illic melioribus halant
perpetui flores, quos nec tua protulit Henna.

1. Dies hat schon Welcker Ztschr. S. 94 A. 116) erkannt in Bezug auf die d'Hancarville'sche Vase (IV, 59. Millin vases II, 18), auf welcher Nike oder Iris neben Herakles zu erkennen ist.
2. Ebenso enthält die Vase von Ruvo, Mon. d. I. II, 31, welche von Braun Ann. d. I. 1836, 104 für den Persephoneraub erklärt worden ist, einen einfachen Quadrigen-Wettkampf.
3. Auszuschliessen ist ferner die von Welcker A. D. III, 119 nur fragweise hieher gezogne Vase der Basilicata im Mus. Naz. zu Neapel (N. 2196 bei Heydemann), auf welcher eine weibliche Figur ruhig ihre Rechte auf die Schulter eines auf dem Wagen neben ihr stehenden Jünglings legt.
4. Auch die Vase Biscari (Berliner Kunstbl. 1829, 68) welche eben derselbe zu Müllers Handb. § 358, 2 citirt, auf welcher „Pluton drei Göttinnen verfolgt", kann, wenn anders diese Beschreibung correct ist, woran freilich zu zweifeln, für keine Darstellung des Raubes gelten. Denn eine solche Situation zeigt dieser niemals.
5. Aber auch das Innenbild der Volcenter Kylix des Brygos, welche 1842 vom Principe di Canino gekauft sich jetzt im Städelschen Institut zu Frankfurt a. M. befindet, publicirt von Gerhard Trinkschalen und Gefässe des königl. Mus. zu Berlin 1. Abt. Taf. A. B. S. 20—22, danach von Welcker Ann. d. I. 1850 t. G. p. 109 sq. = A. D. III. T. XII S. 93 sq., stellt meines Erachtens nicht, wie Welcker, de Witte Ann. 1856, 82 und später auch Gerhard (Abh. d. Berl. Akad. 1864 S. 390) angenommen haben, den Raub der Persephone dar, sondern die Verfolgung der Salamis durch Poseidon, wie von Panofka Arch. Zeit. 1850, 187 sq. und Jahn (bei Heydemann, Iliupersis S. 11 und 12) wahrscheinlich gemacht worden ist, nachdem Gerhard die Verfolgung der Demeter durch Poseidon angenommen hatte. Was der Verfolger in der Hand hält, ist nicht ein Pflug, auch nicht ein Zweizack, sondern, wie die Untersuchung von Michaelis gezeigt hat, ein Dreizack[1]). Dieser aber ist bis jetzt in keinem antiken Denkmale in der Hand des Pluton sicher nachgewiesen[2]), sondern kommt dem Poseidon zu. Dazu kommt, dass die obige Deutung sich nach Jahns Vermutung auch mit der Darstellung der Aussenseiten in Einklang

---

1) Vergl. Wieseler, de diis tridentem gerentibus, Gotting. 1872 p. 25 not. 61).
2) Vergl. S. 117 A. 1) und den Nachtrag.

bringen lässt, über welche zu der von Heydemann l. l. S. 10 A. 5) C verzeichneten Litteratur noch die Besprechung Strubes (Studien über den Bilderkreis von Eleusis S. 13 sq.) hinzugekommen ist. Von selbst fällt die Welckersche von Gerhard acceptirte Deutung der einen Aussenseite, dass die Töchter des Keleos und der Metaneira hier von einem Drachen verfolgt würden zur Strafe ihrer Neugier und des Mangels an frommer Scheu, desgleichen die Deutung de Witte's, dass Persephone dem in eine Schlange verwandelten Zeus entgegeneile, während Artemis und Athena fliehen und Zeus in seiner wahren Gestalt neben Ganymedes sitze: denn beide Deutungen verstossen geradezu gegen den Mythus und gegen die tatsächliche Erscheinung. Die Töchter des Keleos machen sich keiner Neugier schuldig, und Persephone wird von dem in einen Drachen verwandelten Zeus überlistet, kann ihm also nicht entgegeneilen, ist übrigens auch von ihm durch zwei weibliche Figuren getrennt. Diese sind die Verfolgten, können also nicht Pallas oder Artemis sein.

Endlich vermag ich den Persephoneraub auch nicht zu erkennen in der schwarzfigurigen volcenter Hydria, 1828/29 ausgegraben, ehemals im Besitz des Principe di Canino (Mus. Etr. de L. Bonap., Viterbo 1829 p. 153 n. 1690), jetzt im britt. Museum (Catalogue of the greek and etruscan vases in the British Mus. vol. I n. 463), erwähnt von Welcker z. Müller Handb. § 358, 2, Gerhard, Rapp. Volc. n. 243 (Ann. d. I. III, 142) und Abh. der Berl. Akad. 1863, 550, an welcher Stelle er bereits einen Zweifel an der Deutung ausgesprochen hat. Weder der angebliche Pluton (bekränzt mit Asphodelos?) noch Persephone sind als solche durch irgend ein Attribut charakterisirt; wenn ihr die beiden angeblichen Gefährtinnen (mit Haarbinden) zu Hilfe eilen, die vordere sogar Persephone dem Pluton zu entreissen sucht, so verstösst dies gegen den Mythus: dies wäre Sache der Pallas und Artemis. Wenigstens die erstere aber müsste als solche durch Waffen gekennzeichnet sein. Am meisten aber spricht gegen diese Deutung und für die Annahme einer einfachen ἁρπαγή der Umstand, dass der auf dem Wagen stehende Rosselenker (bärtig, mit Haarbinde und mit Zweigen bekränzt) in der Rechten zwei Speere oder Stäbe hält: eine Figur, welche an keiner Darstellung des Persephoneraubes ein Analogon hat und sich unter Voraussetzung dieses nicht erklären lässt.

So viel über die Vasenbilder.

II. Die bildlichen Darstellungen der suchenden Demeter.

§ 45. Nachdem wir somit den Raub der Persephone durch die verschiednen Denkmälergattungen verfolgt haben, wenden wir uns zu den bildlichen Darstellungen der suchenden Demeter, soweit dieselben noch nicht bei jenen zur Sprache gekommen sind. Wenn der Gedanke an sich nahe liegt, dass die hellenische Kunst auch die Mater dolorosa ihrer Mythologie, die um ihre Tochter trauernde und sie suchende Demeter, in den Kreis ihrer Darstellungen gezogen habe, so findet diese Vermutung durch die Nachrichten der Alten wie durch erhaltne Kunstwerke ihre volle Bestätigung. Die älteste, hieratische Kunst vermochte zwar nur durch Symbole, wie das schwarze Gewand der $\varDelta\eta\mu\acute\eta\tau\eta\varrho$ $M\acute\epsilon\lambda\alpha\iota\nu\alpha$ in Phigalia oder die Fackeln der Demeterstatue in Henna[1]), im Beschauer die Erinnerung an jene Trauer der Göttin zu wecken, seitdem aber die Kunst die Aufgabe, seelisches Leben zum Ausdruck zu bringen, mit Erfolg gelöst, seitdem besonders Skopas und Praxiteles pathetische Stimmungen in Bildwerken verkörpert hatten, musste es der Kunst leicht werden, jenem Schmerz der Mutter um die verlorne Tochter, jener ungestillten Sehnsucht, jenem $\pi\acute o\vartheta o\varsigma$ $\tau\tilde\alpha\varsigma$ $\dot\alpha\pi o\iota\chi o\mu\acute\epsilon\nu\alpha\varsigma$ $\dot\alpha\varrho\varrho\acute\eta\tau o\nu$ $\varkappa o\acute\upsilon\varrho\alpha\varsigma$ und jenem $\pi\acute\epsilon\nu\vartheta o\varsigma$ $\pi\alpha\iota\delta\grave o\varsigma$ $\ddot\alpha\lambda\alpha\sigma\tau o\nu$ (Eur. Hel. 1306 und 1337) in Haltung wie in den Gesichtszügen Ausdruck zu geben. Und so konnte Clemens Alex. Protr. c. IV § 57 geradezu sagen: $\gamma\nu\omega\varrho\iota\epsilon\tilde\iota$ $\tau\iota\varsigma$ $\tau\grave\eta\nu$ $\varDelta\eta\grave\omega$ $\dot\alpha\pi\grave o$ $\tau\tilde\eta\varsigma$ $\sigma\upsilon\mu\varphi o\varrho\tilde\alpha\varsigma$.

In ganz eminenter Weise gilt dies von dem Werke der statuarischen Plastik, welches hieher zu ziehen ist, von der Demeterstatue des britt. Museum, welche im Temenos der Demeter zu Knidos von Newton entdeckt und in seiner history of discoveries I pl. 56 (allerdings ungenügend, wenigstens in Bezug auf den Kopf, wie mir Brunn mitteilt) abgebildet worden ist. Mit den Spuren der Trauer im Gesicht, ohne allen göttlichen Schmuck, nur in $\chi\iota\tau\grave\omega\nu$ $\pi o\delta\acute\eta\varrho\eta\varsigma$ und Mantel, welcher hinten über den Kopf gezogen und vorn straff angezogen, den rechten Arm und den linken Oberarm[2]) verbirgt, steht sie da und blickt, sich

---

1) Vergl. S. 99 sq.
2) Der linke Unterarm ist abgebrochen.

selbst und die Aussenwelt vergessend, schmerzvoll aufwärts zu den Olympiern, die allein wissen, wo ihre Tochter weilt. Aber es ist nicht der resignirte Schmerz der Niobe, welcher sich der Ursache der Katastrophe bewusst ist und kein Erbarmen zu hoffen vermag, sondern in ihren Augen und auf ihren Lippen schwebt die Bitte, die Götter möchten ihre Sehnsucht stillen: *aspectum, precor, indulgete parenti* (Claud. III, 302). Nur in dieser allgemeinen Stimmung der *Ceres orba* und *deserta*[1]) scheint mir Haltung und Ausdruck der Statue sich befriedigend zu erklären, nicht aber in der zu speziellen, dem homerischen Hymnus entlehnten Situation, welche Newton (travels II p. 186 sq.) anzunehmen geneigt ist, dass Demeter, in Gestalt einer alten Frau, zu Helios aufblicke, um von ihm den Aufenthalt der Tochter zu erfahren. Ohnehin nimmt dort Demeter diese Gestalt erst an, nachdem sie von Helios den Räuber erfahren hat. Noch weniger ist die Möglichkeit zuzugestehen, dass eine Priesterin der Demeter dargestellt sei: Haltung und Ausdruck des Kopfes würde völlig unerklärt bleiben. Dagegen scheint mir die Vermutung Newtons (l. l. p. 194), dass die Statue unter dem Einflusse der neuattischen, praxiteleischen Schule entstanden sei, durchaus das Richtige zu treffen.

Auch der Marmorkopf, von Heuzey aus Apollonia in Epirus gebracht, jetzt im Louvre, wird, wie der Gesichtsausdruck und die Verhüllung zeigt, einer trauernden Demeterstatue angehört haben, wenn anders auf den Bericht in der Revue critique 1873 N. 43 p. 280 Gewicht zu legen ist.

Ein drittes Werk der statuarischen Plastik hat O. Müller Handb. § 358, 2 und Gerhard Abh. d. Berl. Akad. 1863, 526 A. 162) fragweise als suchende Demeter gedeutet, nämlich die Statue der Villa Borghese Clarac pl. 433 n. 787. Und offenbar hat auch der Restaurator — Kopf, Arme mit Aehren[2]) und Scepter oder Fackel und Füsse sind neu — diese Idee gehabt. Aber, wie schon Clarac (vol. III p. 128) bemerkt hat, das Gewand mit Franzen ($\varkappa\alpha\lambda\acute{\alpha}\sigma\iota\varrho\iota\varsigma$) und Knoten kennzeichnet die Statue als Isis; ob diese suchend dargestellt war, lässt sich nicht entscheiden.

Am häufigsten ist die Darstellung der suchenden Demeter auf Münzen, mindestens eben so häufig wie der Raub der Persephone.

---

1) Stat. Theb. XII, 271. Verg. A. II, 714 (s. Prob. z. d. St.)
2) Gerhard hielt diese für antik.

Eine grosse Anzahl kleinasiatischer Städte: Nysa, Magnesia, Hierapolis, Sardes, Hyrcania, Gordus Iulia, Elaea, Cyzicus, Syedra, desgleichen Henna haben beide Typen für ihre Münzen gewählt.

Die suchende Demeter auf Münzen.

§ 46. Wenn schon in der Poesie, so tritt erst recht in den Typen der Münzen eine grosse Mannichfaltigkeit der Erscheinungsformen der πλάνη Δήμητρος hervor. In dem ältesten litterarischen Denkmal, dem homerischen Hymnus (v. 43 sq.), durchirrt Demeter Erde und Meer zu Fuss; ebenso höchst wahrscheinlich in der orphischen Poesie[1]), bei Euripides[2]) (Hel. 1301 ὀρεία δρομάδι κώλῳ ἐσύθη), anfangs zu Fuss, später zu Wagen, (v. 1310

θηρῶν ὅτε ζυγίους
ζεύξασα θεὰ σατίνας),

in gleicher Weise bei Ovid in den Fasten, zuerst die Erde zu Fuss, dann das Meer auf einem von Schlangen gezognen geflügelten Wagen, (IV, 461 *concita cursu fertur;* 497

quo (ad Aetnam) simul ac venit, frenatos curribus angues
jungit et aequoreas etc.

und 561 *inque dracones*
transit et alifero tollitur axe Ceres),

in den Metamorphosen (IV, 438—464) dagegen und bei Claudian (III, 438 sq.) wieder die Erde und, wie es scheint, auch das Meer zu Fuss[3]). Auf den Münzen erscheint Demeter mit einer oder zwei Fackeln bald zu Fuss, bald auf einem Wagen, der bald von Schlangen, die bald geflügelt, bald ungeflügelt sind, bald von zwei oder vier Rossen gezogen wird[4]). Und zwar ist gerade die letztere

---

1) Aus Orph. h. XL (39), 14
ἅρμα δρακοντείοισιν ὑποζεύξασα χαλινοῖς
ist für die πλάνη selbst in der Ὀρφικὴ ποίησις noch nichts zu schliessen.

2) Die δράκοντε θαιρὸν ἀμφιπλὶξ εἰληφότε des Soph. Tript. fr. 536 N. werden sich wol auf den Wagen des Triptolemos bezogen haben.

3) So vermutlich auch bei Stat. Theb. XII, 270 sq.

4) Nur der geflügelte Wagen (*alifer axis* Ov. Fast. IV, 562) ist nicht vertreten. Die auf geflügeltem Wagen fahrende und Aehren haltende Figur der Münzen von Eleusis (Haym. thes. Brit, I t. XXI, 7 p. 225. Creuzer Symb. IV, Heft 2. T. V, N. 14) stellt nicht Demeter, sondern Triptolemos dar. Nichts richtiges ist an Creuzers Kanon (Symbol. IV, 294): „Auf Bildwerken finden sich nach drei Perioden

Darstellungsform, dass Demeter auf einem von zwei Rossen gezognen Wagen steht, die frühste: obwol in der Litteratur nicht nachzuweisen, entspricht sie der ältesten, schon in der Ilias deutlich ausgeprägten Vorstellung, dass die Götter zu Wagen fahren [1]). Sie findet sich auf der Rückseite einer durch Alter und Vorstellung gleich interessanten Münze von

Henna, welche, im brittischen Museum befindlich, von Combe vet. popul. et reg. num. qui in Mus. Brit. asserv. pl. 4, 5 und danach von Müller-Wieseler D. A. K. II, 9, 104 und Creuzer Symb. IV, 2, Taf. III N. 10 S. 464 publicirt worden ist. Die Vorderseite zeigt die Göttin mit ausgebreiteten Armen vor einem Krater (?), vielleicht dem des Actna, stehend, an welchem sie die in der Rechten gehaltne Fackel angezündet hat [2]), um, wie die Rückseite zeigt, auf dem Zwiegespann von Rossen die Tochter zu suchen. Wie die Inschrift *HENNAION* zeigt, gehört die Münze spätestens dem 5. Jahrhundert v. Chr. an, und ist die älteste Darstellung der $\pi\lambda\acute{\alpha}\nu\eta$, möglicherweise ein Abbild des *perantiquum Cereris simulacrum cum facibus in Henna* (Cic. in Verr. IV § 109).

In derselben Weise begegnet diese auf Münzen von Kyzikos, welche das Bildnis der Faustina iunior tragen: Mionnet Suppl. V, 325 n. 273.

Statt des Zwiegespanns erscheint ein Viergespann auf Münzen von Temenothyrae in Lydien, welche unter Valerianus senior und Gallienus geprägt sind (*THMENOΘ*): Mionnet Descr. IV, 150 n. 848. Spanh. z. Callim. h. in Cer. II p. 751 ed. Ern., und vielleicht auch auf römischen Münzen von Henna (M. CESTI. MVN. HENNA), wenn die *figura cum velo volitante in quadriga ad dextram, s. facem tenens* (Combe num. Mus. Hunter. p. 134) die suchende Demeter sein sollte.

Die nächste Darstellungsform ist diejenige, welche Demeter mit Fackeln, wie im homerischen Hymnus, gehend zeigt. Zwar werden wir die autonomen Münzen sicilischer Städte, welche Demeter $\delta\alpha\delta o\tilde{v}\chi o\varsigma$ stehend zeigen, wie von Akrai (Mionnet I, 209,

---

dreierlei Darstellungen: erst Wagen und Schlange ohne Flügel, dann der Wagen allein beflügelt, endlich die Schlangen beflügelt."

[1]) Vergl. S. 5 A. 4).
[2]) Vergl. S. 15 A, 6).

7. Salinas le monete di Sicil. t. II n. 7 u. 8), Katana (Mionnet S. II, 381 n. 166), Syrakus (Mionnet I, 312 n. 917 = Torremuzza t. LXXXII, 4 u. n. 924) nicht als Darstellungen der Δημήτηρ πλανωμένη fassen dürfen[1]), wol aber gehören hieher autonome Münzen andrer Städte, wie

Athen (ΑΘΕ): M. II, 128 n. 175. S. III, 576 n. 287 (Hunter p. 61 N. 200 tab. XI fig. 19). Den Abdruck eines Exemplars im numismatischen Cabinet zu Athen verdanke ich Postolakkas Freundlichkeit.

Kyzikos (ΚΥΖΙΚΗΝΩΝ): M. II, 530 n. 95. 535 n. 142. S. V, 310 n. 170. 313 n. 170.

Akmonia (ΑΚΜΟΝΕΩΝ): M. IV, 196 n. 2.

Ebenso Münzen der gens Vibia: C · VIBIVS · C · F: Cohen descr. des méd. consulaires pl. XLI. Vibia 7 u. 8 p. 330 n. 7. Montfaucon Ant. expl. I. pl. 44. Müller-Wieseler II, 8, 94. Wenn hier ein Schwein vor Demeter läuft, so kann dies, wie häufig, blosses Attribut sein, kann aber auch an die von Ovid Fast. IV, 465 sq. geschilderte Situation erinnern, auf welche wir auch die Darstellung des Kertscher Grabgemäldes N. 7 (S. 231) bezogen haben. Die Pflugschar, welche Münzen derselben gens (C · VIBIVS · C . F . C . N. Cohen pl. XLI. Vibia 11 p. 331 n. 17) vor der Demeter zeigen, ist Andeutung der woltätigen Folge, welche das Umherirren der Demeter gehabt hat.

---

[1]) Dies gilt auch von den Münzen von Elaea: Mionnet III, 16 n. 94; 19 n. 110. S. VI, 31 n. 211. Kibyra: M. IV, 263 n. 401 Athen: M. II, 128 n. 176 bis 181 und 183; 137 n. 288. Megara: M. II, 143 n. 333. S. III, 588 n. 376 bis 378; 589 n. 381 u. 590 n. 387, wo überdies noch die Säule auf den Tempel hinweist. Ebenso sind auszuschliessen alle diejenigen, auf welchen Demeter Aehren hält: denn Aehren passen zu nichts weniger als zur Unfruchtbarkeit und zur νηστεία während der πλάνη: also die Münzen von Parium: M. II, 580 n. 437 sq., Hierapolis: S. VII, 567 n. 367, Laodicea: M. IV, 326 n. 760, Otrus: M. IV, 347 n. 876, Pessinus: M. IV, 396 n. 135, Nicomedia: S. V, 197 n. 1160 sq., Heraclea: M. III, 138 n. 578, Hadrianopolis: S. I, 328 n. 774 u. 715, Thyateira: S. VII, 457 n. 643. Sardes: S. VII, 415 n. 447 sq. Diese Aehren schliessen auch den Gedanken Gerhards (Abh. d. Berl. Akad. 1863, 558 A. 331) aus, dass die sitzende Demeter der athen. Münzen (S. III, 556 n. 143. Beulé les monnaies d'Athènes p. 334) die auf der πέτρα ἀγέλαστος sitzende sei; überdies sitzt auch auf dem mir durch Friedländers Freundlichkeit vorliegenden Abdruck einer Berliner Schwefelpaste, wie auf der von Beulé herangezognen Broncemünze, die Göttin auf einem Sessel, nicht auf einem Stein.

Aber auch auf Münzen der Kaiserzeit ist dieser Typus sehr häufig: so von

Pagae in Attika ((ΠΑΓΑΙΩΝ) Commodus: M. S. III, 592 n. 394.
Septim. Severus III, 593 n. 400.
Kyzikos (ΚΥΖΙΚΗΝΩΝ ΝΕΩΚΟΡΩΝ) Domitian: M. II, 537 n. 164.
Hadrian: M. S. V, 317 n. 221.
Antoninus Pius: II, 539 n. 177.
Faustina iunior: II, 542 n. 196. S. V, 325 n. 271 u. 272.
L. Verus: S. V, 328 n. 294.
Commodus: S. V, 332 n. 323.
Septim. Severus: II, 545 n. 213. Rathgeber A. d. I. 1840, 67.
Iulia Domna: II, 545 n. 215.
Elagabal: S. V, 343 n. 398.
Alexander Severus: S. V, 344 n. 401. 345 n. 412.
Gordianus Pius: II, 549 n. 233. S. V, 346 n. 428.
Tranquillina: S. V, 348 n. 432.
Gallienus: S. V, 352 n. 454.
Salonina: S. V, 357 n. 485.
Syedra Ciliciae (ΣΤΕΔΡΕΩΝ) L. Verus: M. III, 616 n. 371.
Nicaea Bithyniae (ΝΙΚΑΙΕΩΝ) Commodus: S. V, 103 n. 552.
Plautilla: 126 n. 706.
Geta: 127 n. 715.
Maximus: 145 n. 838.
Tranquillina: 150 n. 874.
Valerianus senior: 157 n. 913.
Gallienus: 161 n. 934 u. 935.
Erythrae Ioniae (ΕΡΥΘΡΑΙΩΝ) Trajan: S. VI, 221 n. 953.
Severus Alexander: 223 n. 961.
Mamaea: 223 n. 962.
Metropolis Ioniae (ΜΗΤΡΟΠΟΛΕΙΤΩΝ) Trajan: S. VI, 257 n. 1145.
Nysa Cariae (ΝΥΣΑΕΩΝ) Antoninus Pius: S. VI, 520 n. 410.
M. Aurel: III, 367 n. 373 u. S. VI, 520 n. 417.

Verhältnismässig viel seltner erscheint Demeter in einem von zwei Schlangen gezognen Wagen auf autonomen Münzen: diese Schlangen sind ungeflügelt auf Münzen von

Athen *(AΘE)*: M. S. III, 554 n. 131. 576 n. 288.
Erythrae *(EPYΘPAIΩN)*: Spanh. diss. de praest. et usu num. IV, 11 p. 211.
der gens Vibia: C · VIBIVS · C · F · C · N. (Cohen pl. XLI Vibia 12 p. 331 n. 18) und
der gens Voltcia: M. VOLTEI. M. F. (Cohen pl. XLII Volteia 3. Ursinus fam. Rom. s. v. Vulteja. Graev. thes. V p. 754. Morell. thes. Volt. n. 3. Vaillant num. fam. Rom. t. 149. Müller-Wieseler II, 9, 106. Creuzer Symb. IV, H. 2, Taf. I, 1. Von den hinter dem Wagen sichtbaren Symbolen erinnert der Granatapfel (Beger thes. Brand II, p. 596) an den verhängnisvollen Genuss, der ihr die Tochter entriss, die Traube (Morell thes. l. l.) an die Fruchtbarkeit, welche die Göttin erst nach Wiedererlangung der Tochter der Erde zurückgab.

Unter römischer Herrschaft sind geprägt die Münzen von Athen *(AΘHNAIΩN)*: M. S. III, 576 n. 289 u. 577 n. 295.

Der Kaiserzeit gehören an die Münzen folgender kleinasiatischer Städte:

Carien.

Nysa *(NYΣAEΩN)* Gordianus Pius: S. VI, 526 n. 437. Rasche lex num. III p. 1642.

Stratonicea *(ΣTPATONIKEΩN)* Geta: S. VI, 540 n. 498.

Ionien.

Conventus Panionius *(KOINON Γ* oder *ΓI ΠOΛEΩN)* Antoninus Pius: M. III, 61 n. 1. S. VI, 79, 1.

Magnesia *(MAΓNHTΩN)* Antoninus Pius: S. VI, 239 n. 1042.
Gordianus Pius: S. VI, 253 n. 1118.

Erythrae *(EPYΘPAIΩN)* Severus Alexander: M. III, 135 n. 552.

Lydien.

Hyrcania *(YPKANΩN)* Philippus senior: M. IV, 63 n. 334.

Gordus Iulia *(IOYΔIEΩN ΓOPΔHNΩN)* M. Aurel: M. IV, 41 n. 214.

M. Aurel und L. Verus: M. IV, 41 n. 215.

Caracalla: M. IV, 42 n. 219 u. 221.

Apollonis *(AΠOΛΛΩNIΔEΩN)* Severus Alexander: S. VII, 319 n. 38.

Aeolis.
Elaea (*ΕΛΑΙΤΩΝ*) M. Aurel: S. VI, 30 n. 203.

Mysia.
Cyzicus (*ΚΥΖΙΚΗΝΩΝ ΝΕΩΚΟΡΩΝ*) Antoninus Pius: M. II, 539 n. 175.
M. Aurel: M. II, 541 n. 187.
L. Verus: S. V, 328 n. 293 u. 298.
Faustina iunior: M. II, 542 n. 191.
Commodus: M. II, 544 n. 206. S. V, 332 n. 322. Vaillant sel. num. e mus. de Camps p. 35.

Bithynia.
Nicaea[1]) (*ΝΙΚΑΙΕΩΝ*) Antoninus Pius: M. II, 453 n. 227.
Faustina iunior: S. V, 97 n. 514.
Caracalla: S. V, 118 n. 653.

Galatia.
Ancyra (*ΜΗΤΡΟΠ. ΑΝΚΥΡΑΣ*) Caracalla: M. IV, 383 n. 52.

Cilicia.
Coracesium (*ΚΟΡΑΚΗΣΙΩΤΩΝ*) Severus Alexander: M. III, 573 n. 175.

Geflügelt sind die Schlangen auf Münzen von
Athen aus römischer Zeit (*ΑΘΗΝΑΙΩΝ*): M. II, 138 n. 296.
Stuart Ant. of Athens T. II ch. 2 vign. p. 22 = Müller-Wieseler II, 9, 105.

Ferner auf den Münzen der Kaiserzeit von

Ionia.
Magnesia (*ΜΑΓΝΗΤΩΝ*) Antoninus Pius: M. III, 148 n. 642 u. S. VI, 239 n. 1044.

Lydia.
Sardes (*ΣΑΡΔΙΑΝΩΝ ΤΡΙΣ ΝΕΩΚΟΡΩΝ*) Valerianus senior: M. IV, 140 n. 800.

---

1) Verdächtig ist das von Spanh. de praest. IV, 11 p. 211 abgebildete Exemplar mit der Inschrift *ΝΕΙΚΑΙΕΙΣ*.

Wenn wirklich auf sardischen Münzen der Demeter eine Flügelfigur vorangeht, so ist diese nicht mit Welcker Ztschr. S. 86 A. 107) Victoria, sondern nach Analogie der Sarkophagreliefs (S. 141) Iris zu nennen. Aber ich vermag diese ebensowenig nachzuweisen, wie „andre Male eine Wegweiserin ohne Merkmal".

Phrygia.

Hierapolis *(ΙΕΡΑΠΟΛΕΙΤΩΝ ΝΕΩΚΟΡΩΝ)* Caracalla: S. VII, 573 n. 393.

Bithynia.

Cratia (*ΚΡΗΤΙΕΩΝ*) Caracalla: S. V, 35 n. 192.

Thracia.

Hadrianopolis *(ΑΔΡΙΑΝΟΠΟΛΕΙΤΩΝ)* Gordianus Pius: S. I, 328 n. 772 u. 773.

Noch seltner als die Darstellung des Raubes ist die der suchenden Demeter auf

Gemmen.

§ 47.   Mir sind nur folgende bekannt geworden:

1. eine blaue antike Paste, ehemals stoschisch (Winckelmann descr. II, 238), jetzt in Berlin (Toelken Erkl. Verz. d. a. St. II. Abt. N. 235 S. 114) zeigt Demeter mit brennender Fackel auf einem von zwei Schlangen gezognen Wagen.

2 und 3. zwei Smaragde „im Besitz des Königs von Frankreich" nach Tassie a descr. catal. of engrav. gems n. 1853 und 1854: Demeter mit Fackel in der Linken die Tochter suchend. Auf dem ersten (Mariette traité des pierres grav. II, 31) hat sie in der Rechten noch eine Sichel, welche sie nach dem Mythus bei Drepana verlor (Serv. z. Aen. III, 707), zu ihren Füssen zwei Schlangen, welche vielleicht, obwol dies aus Tassies Beschreibung nicht hervorgeht, den Wagen zogen.

Die Poniatowskischen Gemmen (n. 314—322) des Dioskorides u. s. w., welche Demeter ihre Fackeln am Aetna anzündend, den Stelles in eine Eidechse verwandelnd und mit Arethusa sprechend vorführen, bleiben hier ebenso unberücksichtigt wie diejenigen, welche den Raub darstellten[1]).

---

1) Vergl. S. 116 A. 1).

Sarkophagreliefs.

Auf den Sarkophagreliefs, welche oben besprochen sind, erscheint Demeter stets in einem Wagen, welcher von zwei Rossen oder geflügelten[1]) Schlangen gezogen wird. Erstere lenkt eine Hore. Begleitet wird sie von Iris, zuweilen auch von Pothos. Vor dem Gespann liegt Gaia. Ohne Nebenfiguren erscheint sie auf einem von zwei Schlangen gezognen Wagen an dem Relief des Marmortorso des Gualdus, welches in der Composition, wie S. 122 bemerkt ist, mit den Sarkophagen übereinstimmt. Auf andern Reliefs ist die πλάνη nicht nachweislich.

Als χαμαίπους erscheint Demeter neben der Sau auf dem Kertscher Wandgemälde (S. 229 N 7. T. I). Dies ist das einzige Wandgemälde, welches die πλάνη darstellt.

§ 48. Mit Unrecht nämlich ist noch ein in den Titusthermen, genauer in dem unter diesen befindlichen goldnen Hause des Nero (*in Exquiliis quodam in hortulo septem Aulis finitimo*) entdecktes, seitdem zu Grunde gegangnes Gemälde hieher gezogen worden. Zuerst publicirt in den Picturae ant. crypt. rom. delin. a P. S. Bartoli, descr. a Bellorio et Causseo tab. XI p. 45, von neuem durch Ponce in der Description des Bains de Titus, Paris 1786 pl. 47[2]) und danach wiederholt in der von Thiersch verfassten Gratulationsschrift der Universität München zur silbernen Hochzeit König Ludwigs I.: opera veterum carminibus optime explicari, Monachii 1835 tab. I. p. 6—9, desgleichen, aber sehr schlecht, in der „Gemäldegallerie von Didot, Paris und Leipzig 1873. Antike Gemälde" Pl. 15, wurde es von Thiersch nach Anleitung des homerischen Hymnus als Demeter gedeutet, welche den kleinen Demophon in ihren Armen hält und durch die Spässe der Iambe erheitert wird: eine Deutung, welche auch die Billigung von Walz[3]) fand, nur dass dieser die Scene auf die im Hymnus nicht erwähnte πέτρα ἀγέλαστος verlegte. Ganz abgesehen davon, dass die vorausgesetzte Situation der des Hymnus nicht entspricht, hat diese Deutung das schwerste Gewicht, das der tatsächlichen Erscheinung,

---

1) Wol nur aus Versehen sind die Flügel an dem Florentiner Sarkophag (§ 36 N. 7), vielleicht auch an dem Marmortorso des Gualdus (S. 121) weggelassen.
2) Pl. 41 ist dieses Bild nur vom Zeichner an Stelle eines zerstörten in die Mitte der Decke eingefügt.
3) Zschr. f. A. W. 1836, 425 sq.

gegen sich: an der Demeter sind überhaupt keine weiblichen Formen bemerkbar: übereinstimmend bezeichnen vielmehr Bellori und Ponce die Figur als Greis, und bärtig erscheint sie auch in Bartolis Stich. Ein Lorbeerkranz, welchen er und die stehende weibliche Figur trägt, passt ebensowenig zu Demeter wie zu Iambe. Dasjenige, worauf sie sitzt, ist kein Stein. Eine sichre Deutung der Darstellung ist wol jetzt unmöglich.

Noch weniger gestattet der Zustand des in der Casa di Lucrezio in Pompeji aufgedeckten Wandgemäldes, auf welchem „drei weibliche nur vom Gürtel abwärts erhaltne Figuren stehen, deren eine in jeder Hand eine gesenkte Fackel hält" (Helbig Campan. Wandgemälde N. 1399) die Deutung Avellinos und Rochettes „Demeter im Begriff Persephone zu suchen begegne in Gegenwart einer Lokalgöttin die Hekate."

Auf

Vasengemälden

ist die πλάνη bisher noch nicht sicher nachgewiesen. Von den beiden Vasengemälden, welche Plew in der dritten Auflage von Prellers Gr. Myth. S. 628 hieher zieht, stellt das erste, ehemals Hamiltonsche (Tischbein III pl. LVI, danach El. cér. III pl. 37), wie die Säule zeigt, die in ihrem Tempel stehende, aber nicht die irrende Demeter vor, und auf dem zweiten, der rotfigurigen Oinochoe der Sammlung Canino (Mus. étr. n. 546. El. cér. III pl. 37 A.), ist die eilende δᾳδοῦχος durch nichts als Demeter charakterisirt, vielmehr spricht gegen diese das schon im Text der Elite III p. 110 bemerkte durchaus jugendliche Aussehen der Figur. Dies und die Inschrift ΗΟΠΑΙΣ ΚΑΛΟΣ empfehlen die Bezeichnung der Figur als einer παννυχίζουσα, einer den *dies lampadum* feiernden Jungfrau [1]).

Wir betrachten daher nunmehr endlich

---

1) Vergl. S. 21 A. 4).

III. Die Darstellungen der Rückkehr der Persephone.

und beginnen, unsre gewohnte Anordnung verlassend, mit einem § 49. Vasenbilde, weil dieses nicht nur die älteste Darstellung, sondern auch die Grundlage zur Beurteilung aller andern mit Recht oder Unrecht hieher gezognen Denkmäler bildet. Das ist die berühmte Vase des Marchese del Vasto in Neapel: ein rotfiguriger glockenförmiger Krater, in Stücken am Monte Sarchio bei Benevent gefunden. Das Verdienst zuerst auf ihn aufmerksam gemacht zu haben, gebührt W. Uhden: danach wurde er erwähnt von Visconti Mus. Piocl. V p. 40 not. 1), Welcker Zschr. S. 105 A. 14) und Gr. Gött. II, 478. Millingen anc. coins p. 70. O. Müller Handb. § 358, 3. Gerhard A. V. I S. 217. Abb. d. Berl. Akad. aus d. J. 1864, 421. Stephani C. R. p. 1859, 52. A. d. I. 1860, 305. Lenormant und de Witte El. cér. IV p. 40. C. I. Gr. IV n. 7434 [1]). Strube Studien über d. Bilderkr. v. Eleusis S. 67. Dem letzteren, zu früh dahingerafften Freunde, von dessen grosser Klarheit und begeisterter Hingebung die Archäologie das Beste hoffen durfte, gebührt das Verdienst ihn wieder aufgefunden und gezeichnet zu haben. Ich selbst sah bei ihm in Rom im Frühjahr 1870 diese Durchzeichnung, welche Brunn in den „Supplementen zu den Studien" Leipzig 1872 Taf. III veröffentlicht und mit einer kurzen Bemerkung begleitet hat.

Wenn über die Deutung der Figuren schwerlich ein Zweifel entstehen könnte, so sind sämmtliche noch durch Inschriften völlig beglaubigt. Persephone (*ΠΕΡΣΩΦΑΤΑ*) χρυσοστέφανος steigt aus der Unterwelt empor — Unterschenkel und Füsse kommen noch nicht zum Vorschein — freudig das Licht des Tages begrüssend und mit ihren Blicken die Mutter suchend. Auch Hermes (*ΗΡΜΕΣ*) (mit kurzem Chiton, Mäntelchen, tief in den Kopf gedrückten Petasos, Stiefeln und Schlangenstab in der Linken), welcher sie an der linken Hand zu führen scheint, will eben erst seine Füsse auf den Boden der Oberwelt setzen, während Hekate (*ΗΚΑΤΕ*) bereits emporgestiegen nach rechts geht und der Persephone nur ihre beiden Fackeln vorhält, damit sie auch den

---

[1]) Hier sind jedoch sämmtliche Inschriften fehlerhaft angegeben.

letzten Tritt sicher tue und in die Arme der Demeter (*ΔEMETEP*) eile, welche, mit der Rechten auf ein Scepter gestützt und ihre Blicke nach der Aufsteigenden richtend, hinter Hekate steht. Ueber Ort und Zeit der Entstehung der Vase, eine Frage, auf welche einzugehen Strube nicht mehr verstattet gewesen ist[1]), geben die Inschriften die beste Auskunft: dieselben zeigen zunächst attischen Dialekt[2]), ferner die jüngeren Formen des voreuklid. Alphabets (*H* als Zeichen für ξ und *E* als Zeichen für η), aber die alte Form des σ, ϟ, müssen also vor Ol. 85[3]) gesetzt werden, womit sich das Vorkommen des Ω verträgt, da dieses in Privatinschriften vereinzelt auch vor diesem Termin sich findet[4]). Wenn wir somit die Vase für das Werk eines attischen Künstlers aus der Zeit vor dem peloponnesischen Kriege halten, das somit erst durch Import nach Unter-Italien gekommen ist, so stimmt dazu auch der grossartige Stil der Zeichnung, die edle Auffassung und ruhige Haltung der Figuren, die Einfachheit der Composition, endlich auch die Anwesenheit der Hekate ὑπολάμπτειρα. Während nämlich im homerischen Hymnus[5]) v. 377, wie wieder in späterer Zeit auf den Sarkophagreliefs, nur Hermes die Persephone heraufholt, hat die orphische Poesie die Hekate, wenn nicht an seine Stelle, so sicher neben ihn als ἀνάγουσα gesetzt[6]). Eben derselben begegnen wir auch als Lenkerin des Zweigespannes, auf welchem Persephone aufsteigt, auf dem Sarkophag von Wiltonhouse, dessen Darstellung, wie wir sehen werden, fast ganz und gar im Geiste der orphischen Poesie ist. Wenn nun Persephone im homerischen Hymnus auf dem Wagen des Hades, desgleichen in der orphischen Poesie als λευκόπωλος aufsteigt, ferner noch bei Pindar Ol. VI, 95 λεύκιππος genannt wird, so dürfte der Schluss erlaubt sein, dass diese Vasendarstellung, welche die Persephone als χαμαίπους,

---

1) Sein dem wahren entgegengesetztes Urteil (Stud. S. 67), dass die Inschriften auf eine sehr späte Zeit hindeuten, fällt vor seine Anschauung der Vase.
2) Ueber die Form Περσώφατα vergl. Excurs IV (S. 277 A. 1).
3) S. U. Köhler Herm. II, 17.
4) Vergl. Kirchhoff Abh. d. Berl. Akad. 1863, 182 und besonders 185.
5) Unrichtig nennt Gerhard Abh. d. Berl. Akad. 1863, 512 und 513 Hekate als Führerin im homerischen Hymnus, und auf einem Gedächtnisfehler beruht Prellers (Dem. S. 208 A. 58) Angabe, dass Hekate mit Hermes auf den Persephoneraubreliefs dem Viergespann des Pluton voraneile.
6) Schol. z. Theocr. id. II, 12. Vergl. oben S. 46 A. 2) und S. 105.

Hermes und Hekate zusammen bei der ἄνοδος beteiligt zeigt, nicht vor der Mitte des fünften Jahrhunderts entstanden ist. Es ist dies der erste Schritt zu der Auffassung der Persephone als Prototyps der Seele des Sterblichen, einer Auffassung, welche sich in der Darstellung ihrer Abholung von Pluton durch Hermes, wie sie die Kurzseiten der Sarkophage vorführen, weiter entwickelt zeigt. Dass Strube nicht Recht hat, wenn er das Fehlen des Gespanns „durch das Maass des in der Kunst und namentlich in einem Vasenbilde Darstellbaren" erklärt, lehrt der Sarkophag von Wiltonhouse und die Darstellung der ἁρπαγή auf den unteritalischen Vasen § 44 N. 4—8 (S. 237 sq.).

Die Uebereinstimmung im Personal zwischen dieser unzweifelhaften bildlichen und den poetischen Darstellungen der ἄνοδος muss von vorn herein die grösste Zurückhaltung [1]) auferlegen, Denkmäler, welche ein ganz verschiednes Personal und eine ganz verschiedne Physiognomie zeigen, auf die ἄνοδος zu beziehen. Und von einem auch hierin entschieden einzunehmenden Standpunkte aus, welcher sich ebensosehr an die poetischen Quellen anlehnt, wie den einfachen Augenschein würdigt, muss ich nicht nur Gerhards[2]) und Froehners[3]) Beziehung einer Reihe von Vasen auf die ἄνοδος, sondern auch Stephanis gleichartige, neuerdings auch von E. Petersen (Kunst des Pheidias S. 200) gebilligte Deutung der schönen Pelike von Kertsch (C. R. p. 1859 pl. I) samt der Modificirung derselben durch Ungermann (J. J. 1867, 215 sq.) für unrichtig erklären, worin ich für die ersteren wenigstens teilweis mit Stephani selbst, für beide mit Strube Studien S. 56 sq. und Brunn Suppl. z. d. Stud. S. 18 zusammentreffe: Das Personal der Gerhardschen Anodos-Vasen, Apollon, Artemis, Hephaistos, zuweilen gar ein Satyr, hat mit der Anodos der Persephone gar nichts zu tun, und diese ist weder als Persephone noch als ἀνερχομένη charakterisirt. Letzteres gilt auch von der vermeintlichen Persephone der Kertscher Vase: diese steht fest und ist für Persephone zu matronal gebildet. Mit Iacchos aber kann dieselbe ebensowenig aus der Unterwelt emporsteigen, als sie mit ihm herabgestiegen

---

1) Zu weit geht andrerseits Strube, wenn er diese Vase ein „untrügliches Correktiv für alle andern auf die Anodos bezognen Bildwerke" nennt.
2) Abh. d. Berl. Akad. 1864 S. 411 sq.
3) Choix de vases grecs du prince Napoléon, Paris 1867 S. 27 sq.

ist. Zudem ist das in ein Fell oder Windeln ganz und gar eingehüllte Kind für einen „wiederauflebenden" Iacchos viel zu klein. Endlich wäre die Zurücksetzung der Demeter ebenso ungerechtfertigt wie die Hervorhebung der Athena. Mir scheint die Deutung auf die Uebergabe des neugebornen Erichthonios, welche Stephani selbst (p. 67) aufgestellt hat, um sie zu verwerfen, mit Recht von Strube wiederaufgenommen.

Aus denselben Gründen muss ich die Berliner Glaspaste (Winckelmann descr. du cab. de Stosch II, 1092. Toelken, Erkl. Verz. III, 1354. Cades impr. cl. 1. D. n. 44, publicirt von Gerhard Ant. Bildw. T. CCCXV, 5 S. 408 und Abh. d. Berl. Akad. 1864 Taf. V, 7 S. 427) von den Anodos-Darstellungen ausschliessen. Auch hier ist die vermeintliche Persephone nicht als solche, vielmehr als Spes charakterisirt; die vier Rosse, welche den Wagen ziehen, jagen in gestrecktem Galopp über den Boden dahin, aber steigen nicht auf. Die angebliche Hore (?), welche in der Linken ein Scepter, mit der Rechten eine Schüssel mit Früchten auf dem Kopfe hält, müsste als solche mit dem Gespann fliegen oder sich auf ihm befinden, nicht hinter ihm stehen, und die Nike, welche am Original nicht, wie in Gerhards Abbildung, vor- sondern rückwärts schaut, dürfte nicht die Hore, sondern die Persephone bekränzen und dürfte auf keinem Postament stehen. Ueberdies sind die Figuren so unvermittelt neben einander postirt, die Composition so wenig geschlossen, dass ich selbst den Verdacht der Unechtheit der Paste, den schon Strube S. 59 geäussert hat, nicht für ausgeschlosssen halten kann.

Dass Millins Deutung der Münzen des Antoninus Pius mit der Umschrift LAETITIA COS IIII auf die Wiedervereinigung der Demeter und Persephone unhaltbar sei, ist oben S. 105 A. 2) gezeigt. Gleiches gilt von der Darstellung zweier etruscischer Spiegel (in Berlin und Paris) welche Gerhard (Abh. d. Berl. Akad. 1863, 557 A. 325. Arch. Anz. 1864, 299*. Etr. Sp. IV S. 9 T. CCCXXIV u. CCCXXIV [a]), auf die Wiederbegegnung der Demeter und Persephone beziehen wollte. Es fehlt an jeglicher positiven Grundlage für diese Deutung, selbst wenn, was zweifelhaft, beide dargestellten Figuren weiblich wären.

Dagegen veranlasst mich die Aehnlichkeit mit der Persephone der Vase del Vasto in der nur bis an die Beine aus dem Boden hervorragenden und aufwärts blickenden weiblichen Figur der

Münzen von Lampsakos die aufsteigende Persephone zu erkennen. Ein Goldstater, publicirt von Millingen Anc. coins of greek cities pl. V n. 7, danach bei Müller-Wieseler D. A. K. II, 9, 109 und Creuzer Abb. z. Symb. IV H. 2 Taf. IV N. 11 wurde schon vom ersten Herausgeber, danach auch von Welcker z. Müller Handb. § 358, 3, auf die ἄνοδος bezogen[1]). An Demeter, wie Mionnet die Figur eines übereinstimmenden Typus (S. V, 371 n. 556) genannt hat, erlaubt die Situation nicht zu denken. Gegen Gaia, wie Strube Stud. S. 68* vorschlägt, spricht die Stephane. Höchstens könnte man an eine Vermischung der Gaia mit Persephone denken, aber Aehren der Persephone in die (rechte) Hand zu geben, konnte auch dem Künstler für die Charakteristik notwendig scheinen: sie erhielt dann, wie auf dem Sarkophag von Wiltonhouse, das als Attribut, was eigentlich die Wirkung ihrer ἄνοδος ist.

Diesem Typus gleicht der von Münzen von Elaea Aeol. (ΕΛΑΙΤΩΝ) mit dem Bilde der Sabina (Mionnet S. VI, 30 n. 201), von deren einer ich Friedländer einen Abdruck verdanke, nur dass Persephone nach der entgegengesetzten Seite (nach rechts) gewandt und ohne Stephane ist.

Dagegen stimmt wieder mit der Persephone des Typus von Lampsakos in der Richtung überein — nur die Stephane fehlt und nur eine Aehre ist sichtbar — die Persephone eines Gemmenbildes, welches Gerhard nur nach einem ihm vorliegenden Abdrucke Abh. d. Berl. Akad. 1864 T. V n. 6 publicirte. Doch beugt sich hier zu ihr noch eine männliche nur mit Chlamys bekleidete Figur herab; diese müsste mit Gerhard S. 425 Hermes genannt werden, der ihr behilflich wäre vollends heraufzusteigen. Doch wäre der Versuch, diesen Moment darzustellen, sehr unglücklich ausgefallen, und kann ich den Verdacht gegen die Echtheit des Gemmenbildes, besonders bei der Aehnlichkeit mit dem Münztypus von Lampsakos, nicht unterdrücken.

Wir kommen zu dem letzten Denkmal, welches die Vorstellung von der künstlerischen Darstellung der ἄνοδος, welche wir durch die Vase del Vasto gefasst haben, in wesentlichen Zügen

---

1) Möglich ist, dass das ἄγαλμα, welches Pausanias (IX, 16, 5) im Heiligtum der Demeter Θεσμοφόρος zu Theben sah ὅσον ἐς στέρνα ἐν τῷ φανερῷ, nicht Demeter, wie Pausanias meint, sondern Persephone, wie Welcker Gr. G. II, 478 vermutet, darstellte.

vervollständigt: dies ist der nicht minder berühmte Sarkophag von Wiltonhouse bei Salisbury, dem Grafen Pembroke gehörig (Antiq. of Wiltonhouse p. 39. Newton notes on the sculpt. at W. n. 137. Waagen Künstler und Kunstw. in England II, 277. Conze Arch. Anz. 1864, 175* sq. u. 209*), publicirt von de Boze Mém. de littérature de l'acad. des inscr. T. IV (1723) p. 648, grösser von Montfaucon Ant. expl. I pl. 45 n. 1, danach von Gerhard Ant. Bildw. T. CCCX, 1 u. 2 und Müller-Wieseler D. A. K. II, 10, 117. Die Benützung der für das Corpus der römischen Sarkophage gemachten Zeichnung verdanke ich Matz. Dieser bestreitet (Arch. Zeit. 1872, 15 und 1873, 10) die Angabe Montfaucons (l. l. p. 86), dass der Sarkophag durch Reisende bei Athen entdeckt wurde, und meint, dass die griechische Inschrift Θ · Κ · ΑΤΡΗ · ΔΙΩ · ΕΠΑΦΡΟ·ΔΕΙΤΩ ΣΤΜ·ΒΙ·Ω · ΑΝ·ΤΩ·ΝΙΑ ΒΑ·ΑΕ·ΡΙ·Α ΕΘΗΚΕ (Boeckh C. I. Graec. I n. 926) zu dieser Tradition den Anlass gegeben habe. Allein diese Provenienz wird bestätigt durch die Notiz Gallands in einem ungedruckten Brief an Graevius (s. Böckh p. 633), dass er die Inschrift in Athen abgeschrieben habe. Gleichwol bin auch ich mit Bezug auf den Stil des Reliefs wie der Inschrift (s. Böckh l. l.) der Meinung, dass der Sarkophag römischen Ursprungs, somit wie der Sarkophag von Arvi auf Kreta (Arch. Zeit. 1873, 13) von Rom nach Griechenland transportirt worden sei. Die Arbeit und die Buchstabenformen der Inschrift zeigen, dass auch dieser Sarkophag der Kaiserzeit angehört.

Unverkennbar sind die Figuren der Persephone, Gaia, Dionysos, Demeter und Triptolemos; die übrigen aber haben durch die Erklärer, zu denen ausser den obengenannten noch Welcker Ztschr. S. 101 sq. kommt, die verschiedensten Benennungen erfahren, wofür der Grund wesentlich darin liegt, dass es bis jetzt noch nicht gelungen ist, die poetische Quelle, aus welcher die ganze Darstellung in einheitlicher Weise geschöpft ist, zu erkennen. Dies ist aber diejenige Dichtung, welche die ἄνοδος der Persephone am eingehendsten behandelte: die auf dem Boden Attikas erwachsne und in der Kaiserzeit zu neuem Leben erwachte 'Ορφική ποίησις. Deutlich stellen sich an der Vorderseite drei Gruppen heraus: die mittlere ist die an Figuren reichste, die Seitengruppen sind einander an äusserm Umfang gleich.

Die linke Seitengruppe ist zeitlich die erste.

Eine weibliche Figur (mit Tänie und wallendem Peplos) lenkt ein Zweigespann von Pferden, welche in die Höh steigen: Περσεφόνη λευκόπωλος [1]). Das hintere wird von einer weiblichen Figur (in kurzem geschürzten Chiton und bauschendem Peplos, mit Stiefeln und einer Peitsche in der Linken) am Zügel gefasst. Diese ist nicht Iris (Gerhard), Selene (Müller-Wieseler), Hore (Welcker u. Jahn l. l.), sondern wie das orphische Gedicht nebst dem Kostüm und der Peitsche [2]) lehrt, Hekate zu nennen. Unter den Pferden liegt am Boden eine mit Wein-Laub und Trauben bekränzte weibliche Figur, welche zur Persephone aufblickt und ihr die Rechte, wie zur Begrüssung entgegenstreckt: wol die Göttin von Attika, denn Persephone steigt in der orphischen Poesie δι' Ἐλευσῖνος auf, und die Attribute weisen auf ein Weinland. Wie die vorgebeugte Stellung der Persephone und die Haltung der Hekate zeigt, wird das auf der Oberwelt angelangte Gespann im nächsten Augenblicke stillhalten und Persephone dasselbe verlassen.

Zu ihrem Empfange stehen bereit die 4 Figuren der rechten Seitengruppe: zuerst eine weibliche Figur mit lang herabfallenden Locken, in Mantel und Chiton, welcher die rechte Schulter bloslässt, ein Scepter in der Linken haltend, wol Aphrodite [3]), die zwar die Entführung der Persephone veranlasst hatte, aber auch von Zeus zur Begütigung der Demeter geschickt worden war (Euripid. Hel. 1346 sq., über dessen Benützung der orphischen Poesie S. 52 gesprochen worden ist; sodann ein auf sie und die nächste weibliche Figur gelehnter „in der ganzen Erscheinung dem Hermesideal verwandter" (Conze) kurzgelockter Jüngling mit Kopfbinde und Chlamys: Hermes [4]), welcher auch bei der ἄνοδος auf der Vase del Vasto und bei der ἀναζήτησις auf den Sarkophagen beteiligt ist. Die nächste weibliche Figur, ähnlich wie die erste gewandet, im Haar eine Binde mit Blume, hält mit beiden Händen

---

[1] Jahn Arch. Beitr. S. 59 u. 88, der sonderbarer Weise den Zusammenhang des Ganzen nicht erkannt hat, dachte an Selene.

[2] Stephani C. R. p. 1859, 50, welcher die Figur richtig benennt, vergleicht Porphyr. de phil. ex orac. haur. p. 134 ed. W. und den Hekatetypus auf Münzen von Antiochia (Müller-Wieseler II, 70, 884).

[3] Metaneira (Gerhard und Wieseler) kommt in der orphischen Poesie gar nicht vor.

[4] Für Keleos (Müller) ist er viel zu jugendlich; für Demophon (Gerhard), von dem das gleiche gilt, zu gross.

einen länglichen, undeutlichen Gegenstand: wenn dieser, wie wahrscheinlich, ein Aehrenbündel ist, wird sie als Hore des Sommers aufzufassen sein, wie die letzte ähnlich gewandete und ebenfalls langgelockte Figur, welche in der (jetzt gebrochnen) Linken eine Sichel, das Symbol der durch die ἄνοδος bewirkten Ernte, hält und neben welcher mit gleichem Bezuge ein kleiner Knabe mit Aehren oder Zweigen steht, als Hore des Herbstes zu bezeichnen sein wird. Auch die Horen erscheinen in der orphischen Poesie (h. XLIII, 7) bei der ἄνοδος [1]).

Ich habe diese vier Figuren aufgefasst als bereit die auf die Oberwelt zurückgelangte Persephone κυκλίοισι χοροῖς (Orph. h. l. l.) zu ihrer Mutter zu führen, jedoch ist ebensogut möglich, dass sie als Teilnehmerinnen an der mittleren Scene, der auf die Wiedervereinigung von Mutter und Tochter folgenden Aussendung des Triptolemos, zu denken sind.

Demeter[2]) (mit Schleiergewand, Stephane und Scepter) sitzt auf einem Stein, neben dem sich eine Schlange windet, ihre Rechte in die der wiedergefundnen Tochter gelegt, welche in der Linken Aehren, die Unterpfänder ihres Verweilens auf Erden, hält[3]). Auf die rechte Schulter der Demeter lehnt sich Dionysos (Iacchos)

---

1) Die Horen, welche den Deckel des Sarkophags schmücken, gehören nicht in den Rahmen der Composition selbst, sondern sind gleich den Eckhoren der Persephoneraubsarkophage nur ein der Hauptdarstellung besonders angepasster Schmuck. Dasselbe gilt von den Greifen und dem zwischen ihnen stehenden Dreifusse der Querseiten.

2) Vergl. Ovid Met. V, 570
   laeta deae frons est.
In der antiken Poesie gibt es für die Darstellung der Mittelscene kein treffenderes Pendant als die unter orphischem Einfluss stehende Schilderung Claudians III, 51
   natae donec laetata repertae
   indicio tribuat fruges currusque feratur
   aliger ignotas populis sparsurus aristas
   et iuga caerulei subeant Actaea dracones.
Auch an Schillers ‚Klage der Ceres':
   „*Bis die Freude sie entdecket,*
   Bis sich Brust mit Brust vereint"
möge erinnert werden.

3) Was nach Conze „wie ein gefaltetes Tuch aus ihren verbundnen Händen herabhängt," muss ich nach der Zeichnung für ein Stück des Gewandes der hinter ihnen stehenden Baubo halten.

(mit langherabfallenden Locken, Wein-Laub und Trauben im Haar), in der orphischen Poesie ihr Sohn (Diod. Sic. III, 62)[1]) und Begleiter auf ihren Irrwegen. Auf der andern Seite besteigt Triptolemos, der Demeter die Hand zum Abschied entgegenstreckend und Getreidesamen im Bausch seiner Chlamys und wol auch in der Rechten haltend, den von zwei Schlangen gezognen Wagen, um jenen Samen, seine Belohnung für die Anzeige der κάθοδος, dem ganzen Menschengeschlecht zu Teil werden zu lassen. Zwischen ihm und Persephone steht ein Mann, „welchem Kinn- und Schnurrbart und die Exomis das Ansehen einer untergeordneten dienenden Person gibt" mit einem Korbe auf der linken Schulter: also nicht Zeus oder Hades (Müller-Wieseler), auch nicht Keleos, welcher in der orphischen Poesie gar nicht vorkommt, sondern Dysaules, der attische Hirt und Wirt der Demeter. Ihm entspricht die hinter Demeter und Persephone zum Vorschein kommende weibliche Figur, welche ebenfalls Aehren in der Linken hält: also nicht Rhea oder Metaneira, sondern die Mutter des Triptolemos, Baubo, welche durch ihre Spässe die Demeter aufheiterte.

So erklären sich sämmtliche Figuren dieser Sarkophagdarstellung von selbst aus der orphischen Poesie, und erweist sich sowohl die Annahme Strubes (Studien S. 59) „einer Mitwirkung der Allegorie," als die Plews (Preller Gr. Myth. S. 629[3]), dass der Sarkophag keine Beziehung zur ἄνοδος der Persephone habe, als unstatthaft. Und so nimmt der Sarkophag von Wiltonhouse mit seiner Darstellung der Rückkehr und Wiedervereinigung der Demeter mit Persephone eine hervorragende Stelle ein unter den bildlichen Vorstellungen, in welchen die Alten sinnig und geistreich ihrer Hoffnung auf ein Wiedersehen und eine Wiedervereinigung mit ihren Gestorbnen Ausdruck verliehen.

---

1) Vergl. S. 286 A. 4).

Excurs I.
(S. 10).

Das Νύσιον πεδίον des homerischen Hymnus auf Demeter v. 16.

Die Frage, welches Nysa als Ort des Raubes zu denken sei, Hom. h. in Cer. v. 16

χάνε δὲ χθὼν εὐρυάγυια
Νύσιον ἂμ πεδίον, τῇ ὄρουσεν ἄναξ Πολυδέγμων,

ist seit Ruhnken nicht mehr von der Tagesordnung verschwunden. Die von ihm vertretne Ansicht, dass das karische Nysa[1]) gemeint sei, hat wenig Zustimmung erfahren, scheint mir aber das richtige getroffen zu haben. Denn erstens ist bei diesem Nysa ein hervorragender Cultus des Pluton und der Persephone, und das Lokal ist ganz wie zum Raub geschaffen: hier ist nicht nur eine vom Kaystros durchströmte Wiese, auf welche die Bewohner von Nysa zur Festfeier ziehen (Λειμών, εἰς ὃν ἐξοδεύουσι πανηγυριοῦντες Νυσαεῖς τε καὶ οἱ κύκλῳ πάντες)[2]) — dies wird das Νύσιον πεδίον sein; vergl. h. v. 7 λειμῶν' ἂμ μαλακόν —, hier ist auch eine Höhle, heilig dem Pluton und der Persephone, welche sich bis nach Acharaka zieht, vermutlich im Zusammenhang stehend mit der Charonischen Höhle daselbst[3]). Und tatsächlich zeigen zahlreiche (auch autonome) Münzen dieses karischen Nysa den Raub der Persephone[4]), wie die suchende Demeter. Hier wird endlich das Fest der Vermählung des Pluton und der Persephone wie in Si-

---

1) Ptol. V, 2, 18. Schol. z. Il. ζ, 133. Plin. n. h. V, 29, 108.
2) Strab. XIV p. 650.
3) Strab. XIV p. 649.
4) Vergl. S. 111 und 253 sq.

cilien unter dem Namen ϑεογάμια gefeiert[1]). Vossens[2]) Einwand aber, dass dieses Nysa seinen Namen erst von Nysa, der Gemahlin des Antiochos, des Sohnes des Seleukos, erhalten habe, beruht nur auf einer nachweislich irrtümlichen Angabe beim Stephanos Byz. s. v. 'Αντιόχεια, welche auch in den Commentar des Eustath. z. Dionys. Perieg. 918 übergegangen ist[3]).

Zunächst steht das ganze Citat — denn als solches hat es Meineke erkannt, wenn auch nicht an Arrian zu denken ist — in Widerspruch mit andern Angaben des Stephanos. Wenn hier Pythopolis, als das spätere Antiocheia, ausdrücklich geschieden wird von Nysa, so widerspricht dies der Angabe des Steph. s. v. Πυϑόπολις, dass Pythopolis später Nysa geheissen habe. Aber auch der tatsächliche Inhalt des Citats ist sehr verdächtig. Dass als 'Αντίοχος ὁ Σελεύκου Antiochos der Grosse gefasst worden sei, zeigt ein Blick auf Steph. s. v. Λαοδίκεια. Dort ist aber richtig Laodike Gattin, nicht, wie hier fälschlich, Schwester des Antiochos genannt. Antiochis heisst die Schwester, nicht, wie hier, die Mutter des Antiochos bei Polyb. VIII, 25. Nysa endlich heisst wol die Geliebte des Seleukos bei Athen XIII, 578ª, aber nirgends die Gemahlin des Antiochos. Endlich sagt Steph. Byz. s. v. "Αϑυμβρα, dass Athymbra der frühere Name des karischen Nysa gewesen sei. Diese Angabe aber wird wenigstens in ihrem Kern bekräftigt, wenn auch zugleich berichtigt, durch das Zeugnis des Strabon XIV p. 650, dass Nysa hervorgegangen sei aus den drei Städten, welche nach ihren lacedämonischen Gründern Athymbros, Athymbrados und Hydrelos genannt waren, und dass der erstere als ἀρχηγέτης der Stadt verehrt worden sei. Und diese Beziehung zwischen Athymbros und Nysa wird auch bestätigt durch Methodios im Etym. M. 45, 18. Also auch von dieser Seite wird der Irrtum

---

1) Vergl. S. 23 A. 4).
2) Erläuterungen zur Demeterhymne S. 12. Mythol. Briefe Th. 3 S. 196 und Th. 4 S. 70. Sein Hohn „über den eines Ruhnken unwürdigen Irrtum" (Mythol. Br. IV S. 71) fällt also auf ihn selbst zurück.
3) Oder sollte die gemeinschaftliche Quelle beider ein Werk wie die ‚Neue Geschichte' des Ptolemaios sein? Dass diese selbst nicht nur von Eustath., sondern auch von Steph. Byz. benützt worden ist, zeigt dessen Artikel 'Αντικύραι, der dem Artikel 'Αντιόχεια kurz vorhergeht, verglichen mit Ptol. bei Phot. bibl. 147ª 34. (S. Hercher J. J. Suppl. I, 283). Vergl. übrigens auch zu unsrer Geschichte 153ᵇ 4 und 19.

in der obigen Angabe über Nysa erwiesen. Wir können nur annehmen, dass der Name durch einen von Antiochos gegebenen (vielleicht [1]) Stratonikeia nach Steph. Byz. s. v.) verdrängt worden ist, wie Pythopolis wahrscheinlich durch Antiochia. Dafür dass der Name Nysa älter ist als Antiochos, spricht ausser Strabon die Tatsache, dass Nysa einer der häufigsten Namen, ja fast überall wohin Griechen gekommen, zu finden, mithin wahrscheinlich ursprünglich nomen appellativum ist, ebenso wie Argos und Larissa[2]). — Auf jeden Fall aber ist Voss entgegenzuhalten, dass das Νύσιον πεδίον schon an sich die Stadt Nysa eben so wenig in sich schliesse, wie das homerische, nach Strabon l. l. mit jenem identische ’Ασίῳ ἐν λειμῶνι (Il β, 461). Wenn Voss ferner jeglichen Zusammenhang zwischen diesem Lokal und Attika, der Heimat des Hymnus, vermisst, so ist zu entgegnen, dass der Mythus, wie wir wahrscheinlich gemacht haben, aus Asien nach Griechenland mitgebracht worden und in jenem Lokal vielleicht noch eine Erinnerung an seinen Ursprung erhalten ist[3]). Auch in der orphischen Poesie, deren Heimat Attika ist, erfolgt die Entführung der Persephone durch Pluton nicht in Attika, sondern in der Nähe des Okeanos, und Pluton fährt erst durchs Meer, ehe er sie durch die Höhle von Eleusis in die Unterwelt entführt (Orph. hymn. XVIII, 16). Wie wenig aber der Dichter des homerischen Hymnus auf die specifisch attische Sage Rücksicht genommen hat, zeigt, dass er weder den Pluton in Attika in die Unterwelt einfahren, noch Attiker der Demeter den Raub verkünden lässt[4]). Die von uns angenommene nysische Ebne passt aber endlich auch wegen der relativen Nähe des Meeres zum Lokal des Raubes, wie es dem Verfasser des Hymnus vorschwebte. Denn dass jener λειμών (v. 7), auf welchem Persephone spielte, dem Meere nahe

---

1) Zu leicht macht es sich Bergk (Griech. Lit. I, 768) mit der Behauptung: „Nysa war offenbar der ältere Name des Orts, der dann mit ’Αντιόχεια vertauscht wurde."

2) Führt nicht die homerische Bedeutung von νύσσα = καμπτήρ meta und Νύσιον· ὄρος Διονύσου (Hesych s. v.) darauf Νῦσα als die aus der Ebne emporragende zu fassen?

3) Vergl. S. 10.

4) Gewährsmann für die Entführung der Persephone aus Attika ist Phanodemos (Schol. z. Hes. theog. 914). Vergl. S. 54.

gedacht ist, zeigen nicht blos die Okeaniden als Gepielinnen (v. 5), sondern auch die Beschreibung selbst v. 14

γαῖά τε πᾶσ' ἐγέλασσε καὶ ἁλμυρὸν οἶδμα θαλάσσης,
v. 34 ὄφρα μὲν οὖν γαῖάν τε καὶ οὐρανὸν ἀστερόεντα
λεῦσσε θεὰ καὶ πόντον ἀγάρραον ἰχθυόεντα
u. v. 38 ἤχησαν δ' ὀρέων κορυφαὶ καὶ βένθεα πόντου.

Eine Fahrt durch das Meer findet dagegen im Hymnus[1]) noch nicht statt, wie v. 38, 415 u. 431 zeigen. — Dies sind die Gründe, welche für Nysa in Karien sprechen. Mit dem thracischen Nysa[2]) steht der Mythus vom Raube ebensowenig in Verbindung, wie mit dem böotischen, für welches Voss sich entscheidet. Ein eleusisches Nysa, welches er ebenfalls in Vorschlag gebracht hat, gibt es nicht.

Zugleich werden dadurch die Annahmen von Baumeister (hymni Hom. p. 283) und Bergk (Gesch. der Griech. Lit. I, 769 A. 70), dass Νύσιον πεδίον, ein rein mythisches Lokal, ,von jeglicher feuchten Gegend' oder vom ,Reich der Nacht' zu verstehen sei, desgleichen Textänderungen, wie Prellers (Griech. Myth. I, 624[3]) μέσσατον oder νείατον, oder endlich eine Athetesirung des ganzen Verses (Preller Dem. S. 78) beseitigt.

Excurs II.

(S. 9.)

Ueber den Cultus der Persephone in Hipponion.
Pseudo-Proclus de oraculis.

Während Preller (Gr. Mythol. I, 624[3]) Hipponion unter den Orten aufführt, an welchen der Raub der Persephone erfolgt sein sollte, geht Welcker (Gr. Götterlehre II, 479 A. 8) so weit, das Vorhandensein des Persephonecults in Hipponion zu bezweifeln. Keins von beiden ist richtig. Das Vorhandensein des Persephonecults wird, wenn nicht durch Strab. VI p. 256, so durch die Inschrift (Orelli-Henzen inscr. n. 1476. vol. III, 143. Mommsen I.

---

1) Irrtümlich von Creuzer Symbol. IV, 257 behauptet.
2) Giseke Philolog. Anz. 1873, 245.

R. N. 16), welche von Wiederherstellung des Bildes und der Altäre der Persephone redet, ausser Zweifel gestellt. Andrerseits aber können die Worte des Strabon 1. l. διὰ δὲ τὸ εὐλείμωνα εἶναι τὰ περικείμενα χωρία καὶ ἀνθηρὰ τὴν Κόρην ἐκ Σικελίας πεπιστεύκασιν ἀφικνεῖσθαι δεῦρο ἀνθολογήσουσαν nicht als Beweis für den Glauben, dass Persephone von hier entführt worden sei, genommen werden, wie sie mit argen Misverständnissen genommen worden sind im 15. Jahrhundert von Messer Francesco Alunno da Ferrara, dem Verfasser der Fabbrica del Mondo [1]), im folgenden Jahrhundert von Natalis Comes Mythol. III c. 16: *Scriptum reliquit Strabo lib. VII Valentiam, quae Hipponium olim dicebatur, civitatem esse Siciliae in loco amoenissimo, ubi florentissima prata esse consueverunt, quo in loco cum flores legeret Proserpina a Plutone fuit rapta*, und von Girolamo Marafioti da Polistena, dem Verfasser von ‚Croniche et antichita di Calabria‘ (gedruckt Padova MDCI) fol. 132, auf welche zuerst in Deutschland G. Hermann de Aeschyli Glaucis 1812 p. 15 und 16 (Opusc. II, 73 sq.) aufmerksam gemacht hat. Dieser Autor beruft sich fol. 37[b] für seine Angabe noch auf folgendes stark euhemeristisch gefärbtes Citat des Proclus in seiner epitome de oraculis: *Tunc Hipponium Calais vita functi Hermippi uxor regebat, cuius filia Proserpina per Vibonense littus cum vagaretur, Plutonis Siculi piratae incursus non evasit, qua cum plerisque mulieribus rapta, ut matris dolor quiesceret, tanquam in Deae sortis (sortem?) mutatam suaserunt Hipponenses eique templum erexerunt etc.* Von einem solchen lateinischen Proclus de oraculis aber, von welchem G. Hermann sagen konnte: *Marafiotus unde ignotum doctis Procli librum commemoret, laetabor, si quis mihi demonstraverit*, ist auch bis jetzt noch nichts zu Tage gekommen, und gehört derselbe in die Zahl der apokryphen Citate, an denen dieser Maraf. noch reicher ist als Natalis Comes: eine Tatsache, welche nicht verborgen geblieben ist dem Verfasser der biblioteca Napoletana, Toppi (Napoli 1678 p. 159 *M. ha dato alla stampa Croniche et antichità, la quale opera sarebbe stata ricevuta con applauso, se non contenesse molte cose apogrife, ne vi fossero citati varii autori suppositi)*[2]. In der

---

1) S. das Citat bei G. Hermann de Aeschyli Glaucis p. 16 (Opusc. II p. 74)
2) Wie weit freilich M. selbst oder sein Gewährsmann Barrius für diese apokryphen Angaben verantwortlich ist, kann ich nicht untersuchen. Vergl. Zavarroni

rationalistischen Darstellung, richtiger Entstellung des Mythus, wie sie seit Euemeros sich geltend gemacht hatte, steht M. einfach auf dem Standpunkte seiner mittelalterlichen Vorgänger, z. B. des Theodontius und seines Nachfolgers Boccatius (περὶ γενεαλογίας deorum. Vergl. S. 292), nur dass diese Proserpina zu einer sicilischen Prinzessin und Pluton zu einem Molosser machen[1]). Proclus aber ward als Gewährsmann der Angabe gefälscht mit Bezug auf seine Orakelschriftstellerei[2]) hier wie fol. 107^b und fol. 158^b in Bezug auf den Proserpinatempel zu Hipponion, dessen Wunder-Erztüren von Daedalus und dem Lokrer (!) Praxiteles gemacht und mit phönicischen und griechischen Inschriften versehen worden seien, und fol. 129^a über den Cybele-Tempel daselbst, fol. 113^a über den Musentempel und fol. 118^a über das Proserpina-Orakel zu Locri[3]). — Wenn aber die Angabe des Maraf. sich nach G. Hermann l. l. auch findet *apud compilatores quosdam lexicorum geographicorum in nomine Vibo*, so kann sich dies nur auf solche beziehen, welche sich durch Maraf. haben täuschen lassen. Alte Schriftsteller erwähnen den Raub der Persephone bei Hipponion ebensowenig, als dieser auf Denkmälern der Stadt vorkommt.

Excurs III.

(S. 22 A. 4.)

Ueber die προχαριστήρια.

A. Mommsen trennt, wie Preller Demeter und Persephone S. 124 A. 116), die προχαριστήρια, in welchen er, wie C. Fr. Hermann

---

biblioteca Calabra (Neapoli 1753) p. 110: *Hieronymus M. tametsi in chronicis suis frustra Barrio ipso, a quo cuncta hausit, eruditior apparere contendisset et cumulatior.*

1) Vergl. Exc. VII S. 292.
2) Vgl. Marin. vit. Procli c. 26. Suidas s. v. Πρόκλος ὁ Λύκιος. Porphyr. de philos. ex orac. haur. p. 67. Gustav Wolff, welcher meiner Aufforderung, die Sache näher zu untersuchen mit gewohnter Freundlichkeit entsprach, hat, wie ich aus Arch. Zeit. 1873, 68 sehe, Maraf. als Fälscher auch zum Gegenstande eines Vortrages in der Archäol. Gesellschaft in Berlin gemacht.
3) Dagegen hält sich Lilius Gyraldus hist. deor. synt. VI (T. I p. 197 ed.

(Gott. Altert. § 62, 6) und Welcker (Gr. Gött. I, 313) ein Opfer an die Erdgöttin Athena sieht, (Heortol. S. 8) von den προχαιρητήρια, welche er als Abschiedsfest der herabsteigenden Kora fasst (S. 43). Ich kann weder diese Trennung noch die den angeblich verschiednen Festen zugeschriebne Bedeutung für richtig halten. Die unverkennbare Beziehung zwischen dem Zeugnis des Harpocration p. 161, 9 (Bekker) einerseits und dem des Suidas s. v. προχαριστήρια andrerseits scheint mir für die Annahme nur Eines Festes und zwar des Festes der ἄνοδος der Kora unter dem Namen προχαριστήρια zu sprechen. Die Stelle des Harpocration lautet allerdings in den Hdrr: προσχαιρητήρια (Vratisl. jedoch προχαιρητήρια) · Λυκοῦργος ἐν τῇ Κροκωνιδῶν διαδικασίᾳ (δικασίᾳ Vratisl.) · ἑορτὴ παρ' Ἀθηναίοις γραφομένη, ὅτε δοκεῖ ἀπιέναι ἡ (om. Vratisl.) Κόρη, und so auch bei Photius lex. p. 463, 24 und Suidas s. v. προσχαιρητήρια, nur dass diese das Citat nicht haben. Mommsen fasst nun mit Berufung auf Aesch. Agam. 251 die προχαιρητήρια als Fest des Lebewohls, welches der Kora bei ihrem Scheiden zugerufen worden sei. Aber erstens abgesehen von den kritischen Schwierigkeiten der Stelle des Aeschylus, könnten die angezognen Worte τὸ προκλύειν προχαιρέτω nur heissen: „das Vorherwissen sei ferne von mir". Die Bedeutung, welche προχαίρειν an dieser Stelle hat, passt also nicht zu den προχαιρητήρια, als den Lebewohlrufen an Kora. Andre Belege gibt es nicht für dieses Wort. Die Sache selbst aber ist völlig unbezeugt: weder im Mythus, noch im Cultus findet sich eine Spur solcher Abschiedsrufe: dem Geiste des Mythus als eines Raubes sind sie sogar zuwider. Dazu kommt, dass das Wort ἀπιέναι, auf welchem die von Mommsen dem Fest vindicirte Bedeutung beruht, nicht richtig sein kann. Der Ausdruck ἀπιέναι ist von der in die Unterwelt entführten Persephone weder an sich passend noch irgendwo nachweislich: einen freiwilligen Gang der Persephone in die Unterwelt, wie ihn Stephani Ann. d. I. 1860, 302 sq. annehmen wollte, habe ich oben (S. 238) als nicht vorhanden gezeigt. Nun ist die Stelle ohnehin nicht frei von Verderbnissen: γραφομένη neben ἑορτή ist sicher verderbt aus ἀγομένη, wie schon Portus gesehen hat, man wird also an einer Aen-

---

Basileae 1580) auch hierin einfach an die Nachrichten der Quellen, besonders an die des Livius. Vergl. S. 291.

derung von ἀπιέναι um so weniger Anstoss nehmen, wenn diese nur Einen Buchstaben betrifft: es ist ἀνιέναι zu schreiben, wie H. Valesius vorgeschlagen hat: ἀνά ist die stehende Praeposition in den Ausdrücken, welche die Wiederkehr der Persephone bezeichnen (ἀνιέναι, ἀνέρχεσθαι, ἄνοδος, ἀνάγειν). Dies wie die Aenderung προχαιρητήρια in προχαριστήρια wird bestätigt durch einen Blick auf das zweite Zeugnis, das des Suidas s. v. προχαριστήρια· ἡμέρα ἐν ᾗ οἱ ἐν τῇ ἀρχῇ πάντες ἀρχομένων καρπῶν φύεσθαι λήγοντος ἤδη τοῦ χειμῶνος ἔθυον τῇ Ἀθηνᾷ. τῇ δὲ θυσίᾳ ὄνομα προχαριστήρια. Λυκοῦργος ἐν τῷ περὶ τῆς ἱερωσύνης. τὴν τοίνυν ἀρχαιοτάτην θυσίαν διὰ τὴν ἄνοδον τῆς θεοῦ, ὀνομασθεῖσαν δὲ προχαριστήρια διὰ τὴν βλάστησιν τῶν καρπῶν τῶν φυομένων, abgekürzt im lex. rhet. bei Bekker Anecd. Gr. I, 295 προχαριστήρια· (die Hdr. hat wieder fälschlich προσχαριστήρια) ἡ μυστικὴ θυσία τῆς Ἀθηνᾶς ὑπὲρ τῶν φυομένων καρπῶν. Zwar wird im ersten Teile des Zeugnisses des Suidas wie im lex. rhet. dies Opfer als Athenaopfer bezeichnet, aber, wie die Stelle des Lykurgos zeigt, nur in Folge eines Misverständnisses des Suidas oder seiner Quelle, welcher eine athenische θυσία διὰ τὴν ἄνοδον τῆς θεοῦ auf die Hauptgöttin Athens bezog. Eine ἄνοδος der Athena wird nirgends erwähnt, die ἄνοδος der Kora aber wird recht eigentlich gefeiert διὰ τὴν βλάστησιν τῶν καρπῶν τῶν φυομένων. Die Annahme dieses Misverständnisses überhebt uns der Aenderung τῇ Κόρῃ statt τῇ Ἀθηνᾷ (Sauppe orat. Att. II p. 266), gegen welche auch das lex. rhet. spricht, wie des an sich unwahrscheinlichen Notbehelfs, welchen Gerhard Rh. M. XIV, 149 vorschlug, das ursprünglich der Kora geweihte Fest sei mit dem der Athena verschmolzen worden [1]). Dass an einem für Attika so hochwichtigen[2]) Feste wie das dem Andenken an die Stiftung und Verbreitung des Ackerbaues gewidmete ist, alle Staatsbeamten Teil nehmen, ist, wie an den Chthonia in Hermione (Paus. II, 35, 5), gewis nur natürlich. Und wie die herbstlichen προηρόσια an die Zeit vor der

---

1) Aehnlich hatte schon Kiessling (Lycurgi fragm. p. 108), wenn auch nur versuchsweise, an eine Vermischung von Demeter- und Athena-Festen gedacht.

2) Vergl. Cornut. c. 28. τοῦτο (τούτων?) γὰρ ἀναγκαιότατον ὧν κεχάρισται τοῖς ἀνθρώποις ἡ ἥμερος τροφή ἐστι· ταύτην δὲ μυθεύεται σπεῖραι διὰ τῆς οἰκουμένης ὁ Τριπτόλεμος ὁ Ἐλευσίνιος κτλ

ἄροσις¹), so erinnerten die προχαριστήρια des Frühlings an die Zeit vor der χάρις der Demeter, welche den Triptolemos säen lehrte.

Excurs IV.

(S. 25 sq.)

Ueber die Etymologie von Κόρη, Περσεφόνη *(Περ-σέφασσα)*, Proserpina.

Die allegorisch-physikalischen Deutungen zu Liebe gemachten Etymologien der Alten sind grösstenteils verfehlt.

1. *Κόρη*. Die Stoiker (Schol. z. Arist. Vesp. 1438. Cornut de n. d. c. 28) setzten *Κόρη* gleich κόρος (Sättigung), als τὴν πρὸς τὸ τρέφεσθαι μέχρι κόρου ὕλην²), die Lunarier gleich κόρη (Augapfel), insofern der Mond gleichsam der Augapfel sei, in welchem sich die Sonne spiegele (Plut. de facie in orbe lun. c. 27); Proklos (in Plat. Cratyl. p. 100 ed. Boiss.) liess *Κόρη* genannt sein διὰ τὴν καθαρότητα τῆς οὐσίας καὶ τὴν ἄχραντον ἐν ταῖς ἀπογεννήσεσιν ὑπεροχήν. Das richtige traf Porphyrios (bei Euseb. praep. ev. III, 11, 7), dass *Κόρη* den Trieb oder Schössling (κόρος) bedeute. *Κόρη*³), desselben Stammes wie *Ceres* ($\sqrt{kar}$)⁴), bedeutet soviel wie *germen*, das Spriessende, den Sprössling, die Frucht der Erde, die Tochter der Demeter⁵).

---

1) Vergl. Schol. z. Aristid. Panath. 105, 18. (vol. III p. 55 Dind.) und besonders die bisher noch nicht berücksichtigte Stelle des Liban. Corinth. vol. IV p. 367 R. Die andern Stellen gibt Steph. thes. s. v. προηροσία.

2) Der Accusativ τὴν-ὕλην, auf Kora bezüglich, ist nach d. Schol. z. Ar. l. l. auch bei Cornut. l. l. zu setzen. Auch Photius bei Et. M. s. v. κορεσθῆναι leitet diese Form von *Κόρη* ab.

3) Die Form *KOPFA*, auf welche *Κούρα* und *Κώρα* hinwiesen, bietet die Inschrift eines runden eisernen, angeblich aus Thessalien stammenden, jetzt im Museum der Arch. Gesellschaft in Athen befindlichen Gegenstandes ΕΘΤΣΕ ΤΑΙ ΚΟΡFΑΙ, publicirt von Oeconomides im Anhang zu seinen ἐποίκια Λοκρῶν γράμματα Athen 1869 nach Allen de dial. Locr. p. 30 not. 27.

4) Vergl. G. Curtius Etym. I, 124 u. II, 311.

5) Nur ist *Κόρη* nicht von Haus aus „die Jungfräuliche" (Kuhn, Herabholung des Feuers, Berlin 1859 S. 12. Pott Zschr. f. vergl. Sprf. VI, 330 u. IX, 421).

2. *Περσεφόνη. Περσέφασσα.* Noch mannichfacher, aber sämmtlich unhaltbar sind die Etymologien der Alten von Περσεφόνη und Περσέφασσα.
Für das letztere ging Platon Cratyl. c. 21 p. 404 von einer Form *Φερέπαφα* aus, welche nach ihm σοφή bedeutet διὰ τὴν ἐπαφὴν τοῦ φερομένου, wie Ἀΐδης ἀπὸ τοῦ πάντα καλὰ εἰδέναι; Porphyrios de abst. IV, 16 fasste sie, wie οἱ πολλοὶ τῶν θεολόγων, mit Bezug darauf dass ihr die Taube heilig war, als „Taubennährerin" (φέρβειν φάσσαν). Περσεφόνη leiteten die Agrarier ab teils von φέρειν und πόνος, wie Cornut c. 28 διὰ τὸ ἐπίπονον εἶναι καὶ πόνων οἰστικὴν ἐργασίαν ἢ ἐκ πόνων ὑπομονὴν φέρεσθαι, teils von φέρειν und ἄφενος resp. ὄνησιν (Hesych s. v. Περσεφόνεια), teils von περισσῶς und φονεύειν, διὰ τὸ περισσῶς φονεύεσθαι τοὺς καρπούς (Schol. z. Hes. theog. 912 und danach Ioannes Diakonos Galenos in den ἀλληγορίαι z. d. St.), teils von φέρειν und φονεύειν resp. φάζειν (Eust. z. Od. κ, 491) als τὸ διὰ τῶν καρπῶν φερόμενον καὶ φονευόμενον πνεῦμα (Cleanthes bei Plut. Is. et Osir. c. 66. Orph. h. 29, 16) oder als ἡ φέρουσα πάντα καὶ φθείρουσα (Etym. M. s. v. *Φερσεφόνη.* Vergl. p. 209, 6 s. v. βουληφόρος). Letzterer Ableitung folgte auch eine andre Quelle des Et. M. s. v. *Περσεφόνη,* welche Περσεφόνη als diejenige fasste, πρὸς ἣν ἀποφέρονται οἱ πεφονευμένοι. Das Etym. Gud. s. v. p. 462 überliefert noch eine andre Deutung, wonach Περσεφόνη die Tochter des Περσεύς, d. i. ἡ ἀνάδοσις τοῦ σίτου ἡ ἀπὸ τοῦ ἡλίου γινομένη sei. Dem richtigen am nächsten kommt die Deutung der *Φερσεφόνη* als φωσφόρος bei Plut. de fac. in orbe lun. c. 27. Dieselbe hat wenigstens in dem zweiten Teile des Wortes richtig die $\sqrt{φαν}$ (Licht) erkannt und ist nur fälschlich von der mit Aspirata statt der mit Tenuis anlautenden Form [1]), somit fälschlich von der

---

[1]) Vergl. Roscher in G. Curtius Studien z. gr. und lat. Gr. I, 2, 68 und 107. Die Angaben des Moeris p. 292 P. und Thom. M. p. 378 R. sind nicht correct, wie schon Oudendorp zu der letztern Stelle gezeigt hat. Die Ansicht, dass die Formen mit Π älter sind als die mit Φ wird auch durch die Geschichte derselben, soweit sie sich auf den uns erhaltnen Denkmälern der Litteratur und Inschriften verfolgen lässt, bestätigt. Bei Homer ist die stehende Form Περσεφόνεια, welcher die lakonische Πηρεφόνεια (Hesych. s. v.) entspricht; bei Hesiod theog. 768 und 913 und im hom. Hymnus auf Demeter stehen Περσεφόνεια und Περσεφόνη neben einander; die aspirirte, sehr seltne Form Φερσεφόνεια erst in einem spätern Hymnus auf Demeter (Hom. h. XIII, 2); Φερσεφόνα zuerst,

√φερ statt √περϑ ausgegangen. Περσεφόνη und Περσέφασσα bedeuten dasselbe: Lichtzerstörerin, die Göttin des Dunkels, die Schattenkönigin. Und zwar ist Περσέφασσα entstanden aus Περσεφάασσα resp. ΠερσεφάFασσα[1]), wie die von Aristot. de mir. ausc. 133 überlieferten Verse lehren:

'Ηρακλέης τεμένισσε Κυϑήρᾳ Φερσεφαάσσῃ,
Γηρυονείας ἀγέλας [ἐλάων] ἠδ' 'Ερύϑειαν ἄγων.
τὰς δ' ἐδάμασσε πόϑῳ Πασιφάεσσα ϑεά.

und dieses aus ΠερσιφάFασσα wie Περσεφόνη aus Περσιφάνη. Wie der tellurische Πλούτων zum Gott der Finsternis "Άϊς, 'Άϊδης wird, so Κόρα zur Περσεφόνη[2]). Die Verbindung der Vorstellung

---

(abgesehen von Sappho (?) fr. 119, 2) und stehend bei Pindar (s. Mommsen Adnot. z. Ol. XIII p. 180 not. 4), auch auf einer späten kret. Inschr. C. I. Gr. n. 2599, 3); Φερσεφόνη zuerst (abgesehen von Simonid. (?) fr. 127, 4) bei Platon Cratyl. p. 404 c. Ebenso die bei Attikern beliebtere Form: Περσέφασσα bei Aeschylus (Cho. 490. danach bei Eur. Or. 964. Phoen. 684); Περσώφατα auf der Anodos-Vase des March. del Vasto, welche vor den peloponnesischen Krieg gehört (s. S. 260); Περόφατα auf einer Vulcenter Vase (Jahn Münchner Vasensamml. N. 340), wie Πε]ρόφαττα auf einer zweiten Vulcenter Vase (Noel des Vergers, l'Etrurie pl. 10. Jahn Arch. Zeit. 1867, 68.); Περρέφα[ττα] auf einer Kylix des Britt. Mus. (C. I. Gr. IV, 8348); Φερσέφασσα, abgesehen von den Versen bei Ps.-Arist., zuerst bei Soph. (Ant. 894) u. Eur. (Hel. 175); Φερσέφαττα zuerst bei Aristoph. (Thesm. 287 u. Ran. 671), später auf attischen Inschriften (s. Vischer Schweiz. Mus. 1863, 52 A. *); Φερρέφαττα zuerst bei Platon (Cratyl. p. 404 c) später auf att. Inschriften (s. Vischer l. l. S. 35), endlich Φερέφαττα bei Clem. Al. Protr. § 17 (fälschlich als attisch bezeichnet von Moeris s. v. p. 292 P.), und Φερέφασσα auf der Triptolemos-Vase in Palermo (Heydemann Arch. Zeit. 1872, 54 N. 43. C. I. Gr. n. 7434 b.). Φερέπαφα ist wol nur von Platon Cratyl. p. 404 c. seiner Etymologie zu Liebe gemacht.

1) Vergl. ΔημοφάFων in tripode vetustissimo bei Priscian I p. 17 ed. Hertz. Vergl. G. Curtius Etym. II, 318 (S. 298⁵). Diese Anhaltspunkte für diese Etymologie verdanke ich einer Correspondenz mit Herrn Prof. Savelsberg. Die √περϑ erkannte im ersten Bestandteil des Wortes schon Zeyss Zschr. f. vergl. Sprf. XVII, 436, hielt aber für den zweiten irrtümlich an √φεν fest. Die von ihm herangezogene Analogie von Τισιφόνη passt nicht: dies bedeutet „die den Mord rächt." Umgekehrt vermutete Welcker Gr. Gött. I, 393 richtig in dem zweiten Bestandteile die √φαν, im ersten dagegen unrichtig √φερ, wenn er auch selbst von dieser Etymologie nicht befriedigt war und Persephone, wie Zeyss und Preller Dem. S. 10, als „zerstörende Tödterin" fassen wollte.

2) Vergl. Procl. in Plat. Cratyl. p. 100 Περσεφόνη καλεῖται μάλιστα ἡ Κόρη τῷ Πλούτωνι συνοῦσα. So erklären sich auch die Redeweisen ἰέναι πρὸς Περσεφόνην, ϑάλαμος Περσεφόνης u. a.

der Todesgöttin mit der ursprünglichen Wahrnehmung eines physischen Vorganges fand ihren Ausdruck in den Namen Ἄϊς und Περσεφόνη. Damit sind zugleich die Versuche von älteren Gelehrten, Περσεφόνη aus nichtgriechischen Sprachen herzuleiten, wie aus dem Hebräischen (G. Vossius de idolat. II, 60 u. Hug, Mythos S. 90), oder aus oberasiatischem Sabäismus (Creuzer Symb. IV, 334) oder aus dem Persischen (Garrucci les mystères du syncrétisme Phrygien, Paris 1854 p. 24 not. 4) oder aus dem Sanskrit (Wilford u. Koeppen bei Garrucci l. l.) beseitigt.

3. Proserpina. Die Ableitung des Namen *Proserpina* von *proserpere* ist bei den Alten fast stehend seit Varro, sei es, weil der Mond *ut serpens modo in dexteram, modo in sinistram partem movetur* (de l. l. V, 68), sei es, weil aus der Erde *proserpunt fruges* (Varro bei Augustin de civ. dei VII, 20 u. 24, wiederholt von Arnob. adv. nat. III, 33. Fulgent. Myth. I, 9. Myth. Vat. III, 7, 1 u. 4. Isidor Orig. VIII, 11, 60). Nur Cicero de n. d. II, 26 und Firm. Mat. de err. prof. rel. c. 7[1]) haben in *Proserpina* nur eine Umformung des griechischen Περσεφόνη erkannt. Umgekehrt wird von der Mehrzahl der neueren Gelehrten die letztere Ansicht vertreten[2]); nur Corssen (Vocalism. I, 243 u. 683[2]) ist zu der Ableitung von *proserpere* zurückgekehrt mit der Annahme, dass Proserpina eine altitalische Saatgöttin sei, auf welche die griech. Περσεφόνη nur aufgepfropft sei, weniger behutsam als G. Curtius (Griech. Etym. I, 230 n. 338. S. 266[5]), welcher die Zusammenstellung von Proserpina mit der $\sqrt{serp}$ selbst in der neusten Auflage nicht ohne Fragezeichen gelassen hat. Zuzugestehen ist Corssen, dass die Form des Spiegels von Orbetello (Ritschl prisc. lat. mon. epigr. suppl. I p. XIV. Mommsen C. I. L. I p. 25. 554. Mon. d. I. VI, 21, 1. Gerhard Etr. Spieg. CCCXXV) Prosepna, ebenso wie Proserpna C. I. L. I n. 57, nur aus Proserpina verkürzt ist, desgleichen dass allerdings Proserpina keine lautlich ganz genaue Umformung des griechischen Περσεφόνη ist. Aber die Abweichung von den rein lautlichen Gesetzen erklärt sich als die

---

1) Nur eine Spielerei ist es, wenn derselbe trotzdem c. 17 *Proserpina* mit *prosum* und *sero* in Zusammenhang bringt: *frugum substantiam volunt Proserpinam dicere, quia fruges hominibus, cum seri coeperint, prosunt.*

2) Haupt. z. Ov. Met. V, 391. Preller Dem. S. 179. Welcker Gr. G. II, 510. Usener Rh. M. 1867, 435.

Folge eines Hereinspielens der Volksetymologie, welcher bei der griechischen Form der Gedanke an *proserpere* kam. Diese veranlasste die Umwandlung von *Porsepina* oder, wenn man eine Form Πορσεφόνη nicht zugestehen will, selbst von *Persepina* in *Proserpina*, und zwar um so leichter, je mehr gerade *r* einerseits in Wörtern, welche aus dem Griechischen ins Lateinische herübergenommen wurden, wie in den von Corssen herangezognen *bardus*, *tarpezita*, Neigung zur Umstellung zeigt, andrerseits die rückwirkende Kraft zum Einschub eines *r* in die benachbarte Silbe hat, wie in *pristrix* aus *pistrix* (Ritschl Rh. M. VII, 555). Uebrigens sind solche lautlich nicht genaue Umbildungen griechischer Eigennamen im Altlateinischen durchaus nichts seltnes, was bei Festus (p. 18 s. v. *alumento pro Laumedonte a veteribus Romanis necdum assuetis graecae linguae dictum est*) selbst bemerkt ist. Ich erinnere nur an *Catamitus* aus Γανυμήδης (Paulus s. v. p. 44; s. v. *alcedo* p. 7 u. s. v. *alumento* p. 18. Vahlen Ennian. rel. p. 181, XLIX) und die andern dort angeführten Analogien, desgleichen an *Aesculapius* (Ἀσκληπιός) und *Pollux* (Πολυδεύκης), auf welche Grassmann Ztschr. f. vergl. Sprf. XVI, 106 aufmerksam gemacht hat. Gegen Corssens Annahme spricht, dass der Name *Proserpina* an sich gar keine Hindeutung auf die Saat selbst, der sie vorstehen soll, enthält, und dass eine solche bildliche Benennung in der altitalischen Theologie keine Analogie hat.

Das etruscische **Phersipna** auf dem Wandgemälde eines Grabes bei Orvieto (Golini e Conestabile, Pitture murali t. XI) ist die einfache ältere Umbildung des griechischen Περσεφόνη, wie Eita von Ἀΐδης.

Excurs V.

(S. 42 A. 8).

Orph. Arg. 1197

ὥς ποτε Φερσεφόνην τέρεν' ἄνθεα χερσὶ δρέπουσαν
ἐξάπαφον συνόμαιμοι ἀν' εὐρύ τε καὶ μέγα ἄλσος.

Preller Dem. S. 132 behauptet, diese Verse bedeuteten, dass nur Aphrodite die Persephone dem Pluton in die Hände gespielt habe; aber die Worte ἐξάπαφον συνόμαιμοι können doch bei un-

befangener Betrachtung nur von einer Mehrheit, also, im Zusammenhange mit den andern Ueberlieferungen[1]), zugleich von Pallas und Artemis verstanden werden. Wenn bei Claudian der Trug nur von Venus ausgeht und es III, 198 doch heisst
> *Sed divae multoque minus quod rere, sorores*
> *in nostras nimium coniuravere ruinas,*

so ist wol zu beachten, dass diese Verse nicht der objectiven Erzählung des Dichters angehören, sondern dem subjectiv beschränkten Bericht der Nymphe Elektra, welche alle drei Göttinnen für schuldig halten musste, da sie nicht Zeugin des Widerstandes der Pallas und Artemis und der Intervention des Zeus gewesen war, sondern diese nur mit Aphrodite hatte weggehen sehen, wie sie mit ihr gekommen waren[2]). Persephone verwünscht nur *Veneris deprensae serius artes* v. 266.

Ἐξάπαφον ὀυνόμαιμοι ist die unzweifelhaft richtige Lesart aller[3]) Hdrr. mit Ausnahme des allerdings wichtigen Vossianus. Was dieser aber bietet ἐξάπανον ὂν ὀυνόμαιμον ist einfach aus dem richtigen verdorben: die Dittographie des ersten ον hatte in ὀυνόμαιμοι die Correctur des οι in ον zur Folge. Dass auch Cribellus so wie die Hdrr. las, zeigt seine Uebersetzung, welche freilich den richtigen, jedoch ohne genaue Bekanntschaft mit dem Mythus schwer verständlichen Sinn verfehlte:
> *Persephonen soliti ut teneram dum sedula flores*
> *Colligit in magno germani fallere luco.*

Verkehrt aber wäre es, auf Kosten der Textüberlieferung eine grössere Uebereinstimmung mit Euripides und mit Claudian herbeizuführen dadurch, dass man z. B. ἐξάπαφεν ὀυνόμαιμος conicirte. An sich bedenklich, wird ein solches Verfahren — abgesehen von der Dunkelheit, welche dadurch in die Schilderung käme —

---

1) Mit Em. Braun Ant. Marm. II, 4, 20 sq. ὀυνόμαιμοι von Zeus und Pluton zu verstehen, streitet gegen den Mythus und besonders gegen die folgenden Verse:
αὐτὰρ ἔπειθ᾽ ὥς οἱ Πλουτεὺς κυανότριχας ἵππους
ζευξάμενος κούρην ἐβιήσατο δαίμονος αἴσῃ.

2) V. 244 *voto rediere peracto*
nec mansere deae.
In Aphrodite sieht Elektra nur die Haupturheberin des Betruges. Vergl. v. 209. 216 sq. 220. 229.

3) Sämmtliche italienische Hdrr. gehen freilich, wie ich anderswo zeigen werde, auf Eine interpolirte Recension zurück.

geradezu unstatthaft angesichts der Tatsache, dass auf einer uns noch in mehr als vier Exemplaren erhaltnen Klasse römischer Sarkophage[1]) Pallas und Artemis neben Aphrodite als Begünstigerinnen des Raubes erscheinen, indem erstere dem Pluton einen Lorbeerzweig darreicht, letztere mit Aphrodite das Viergespann, auf dem sich die Entführte befindet, begleitet. Wie angemessen aber gerade in der orphischen Poesie wenigstens für Pallas die Stellung einer Vollstreckerin der Pläne des Zeus ist, zeigen genugsam Verse wie

δεινὴ γὰρ Κρονίδαο νόου κράντειρα τέτυκται

und λέγει ὁ θεολόγος, ὅτι παρήγαγεν αὐτὴν ὁ πατήρ

ὄφρ' αὐτῷ μεγάλων ἔργων κράντειρα γένοιτο

(Procl. in Tim. I, 52. Orph. fr. XXIX p. 488 Herm.). Der Raub der Persephone aber erfolgt in der orphischen Poesie δαίμονος αἴσῃ (Arg. 1200).

Excurs VI.

(S. 44 A. 7).

Orph. fr. XVI. (Herm. p. 475. Mullach fr. phil. gr. I p. 174).

Die Verse sind von Clemens Alex. Protr. § 21 und Eusebius praep. ev. II, 3, welcher den ganzen Abschnitt II, 2, 64—3, 35 aus diesem entlehnt hat, folgendermassen überliefert: παραθήσομαι δέ σοι αὐτὰ τοῦ Ὀρφέως τὰ ἔπη, ἵν' ἔχῃς μάρτυρα τῆς ἀναισχυντίας τὸν μυσταγωγόν·

ὣς εἰποῦσα πέπλους ἀνεσύρατο, δεῖξε δὲ πάντα
σώματος οὐδὲ πρέποντα τύπον· παῖς δ' ἦεν Ἴακχος
χειρί τέ μιν ῥίπτασκε γελῶν Βαυβοῦς ὑπὸ κόλποις.
ἡ δ' ἐπεὶ οὖν μείδησε θεά, μείδησ' ἐνὶ θυμῷ,
δέξατο δ' αἰόλον ἄγγος, ἐν ᾧ κυκεὼν ἐνέκειτο.

Nur zwei kleine Aenderungen, welche G. Hermann vorgenommen hat, sind nötig: v. 2 οὔτι statt οὐδὲ und v. 4 ἐνόησε statt μείδησε[2]), wahrscheinlich auch v. 2 ἧεν statt ἦεν, was Voss

---

1) S. 135 u. 201—210. Vgl. auch den Sarkophag von Raffadali S. 297 sq.

2) Mit Unrecht hat W. Dindorf in der Ausgabe des Euseb. μείδησε beibehalten; die Aenderung Wakefields und J. M. Gesners εἴδησε ist sprachlich nicht zu rechtfertigen. Unnötig ist Hermanns τε statt δὲ v. 1. Statt ῥίπτασκε v. 3 ist vielleicht τύπτεσκε zu schreiben.

(Myth. Br. V, 30) vorgeschlagen hat. Bei Arnobius adv. nat. V, 25 sq., welcher ebenfalls im ganzen Abschnitt den Text des Clemens mit geringen Aenderungen, nur mit umständlicher Breite widergibt, lauten diese Verse in lateinischer Uebertragung folgendermassen:

Sic effata sinu vestem contraxit ab imo
obiecitque oculis formatas inguinibus res,
quas cava succutiens Baubo manu, nam puerilis
ollis voltus erat, plaudit contrectat amice.
Tum dea defigens augusti luminis orbes
tristitias animi paulum mollita reponit:
inde manu poclum sumit risuque sequenti
perducit totum cyceonis laeta liquorem.

Der Cod. Parisinus, die einzige alte Textquelle, hat, wie mir Herr Prof. Reifferscheid, dessen Ausgabe sich unter der Presse befindet, freundlich mitteilt, ausser dem bedeutungslosen *amicae* v. 4 keine Variante. Die Breite und Weitschweifigkeit, welche auch diese lateinischen Verse gegenüber dem griechischen Original zeigen, scheint ein genügender Beweis, dass sie von Arnobius selbst[1]) gemacht sind. Diesem aber kann v. 3 mit seinen jetzigen metrischen resp. grammatischen Gebrechen unmöglich zugemutet werden. Entweder in *cava* und *manu*, welche nicht Pyrrhichii, oder in *Baubo*, welches nicht Genetiv sein kann, steckt der Fehler. Dass letzteres der Fall ist, wird dadurch bewiesen, dass Baubo, welche Subject des Hauptsatzes ist, unpassend erst hier im Relativsatze genannt würde, dass ferner die Worte *nam puerilis ollis voltus erat* unverständlich sind, wenn Baubo schlägt, namentlich aber dadurch, dass in den griechischen Versen, wie sie von Clemens und Eusebius überliefert sind, nicht diese, sondern Iacchos schlägt. Dies würde bestehen bleiben, selbst wenn man mit Leopardus (Emendatt. lib. VI, c. 25) die Worte παῖς δ' ἦεν Ἴακχος in παῖς νηπίαχος δ' ἦν ändern wollte: eine Aenderung, die auch an sich unzulässig ist. Damit fällt zugleich die scheinbar leichte Aenderung von Heinsius *Baubus* statt *Baubo*. Der Vergleich mit dem Original legt vielmehr den zuerst von Meursius Lectt. Att. I, 15, 1046 geäusserten Gedanken nahe, dass bei Arnobius Baubo durch Bacchus zu ersetzen sei. Und

---

[1]) Gesner äusserte einen Zweifel daran.

wirklich glaube ich, dass wir uns mit seinem ¹) oder vielmehr des Auratus' Vorschlage *quas cuva succutiens Bacchi manu*' einverstanden erklären können. Ich selbst habe früher vermutet:

quas cava succutiens Bacchi manus, ut puerilis,

halte aber jetzt diese stärkere Aenderung nicht für nötig, sondern glaube, dass dem Arnobius die Behandlung des *manu'* = *manus* als Pyrrhichius zugetraut werden darf. Dieselbe Nachahmung archaischer ²) Licenz findet sich in dem carmen de figuris, welches Haase (Hall. Litzeit. 1844 N. 217 S. 390 sq.) unter Zustimmung competenter Beurteiler ³) nach meiner Ansicht mit vollem Recht ins vierte — also in die Zeit des Arnobius — oder fünfte Jahrhundert gesetzt hat, nicht weniger als elfmal (v. 13. 16. 22. 31. 46. 52. 100. 106. 154. 165. 177. Riese Anthol. Lat. II p. 16 sq.), desgleichen auf Inschriften, z. B. Murator. p. 1689, 9 = Anthol. Lat. IV 270, 3 Burm. = n. 1370 Meyer; ferner Anthol. IV, 11, 4 = n. 1165 M., auch auf einer africanischen Inschrift von Kalama aus später christlicher Zeit (Regnier Inscr. de l'Algérie n. 2746 v. 7⁴). Archaist aber ist Arnobius als Africaner, wie überhaupt in seinem Stil, so auch in diesen Versen, übrigens dem einzigen Erguss seiner poetischen Ader. Dahin gehören Formen wie *ollis* v. 4 und Redensarten wie *luminis orbes*, anklingend an *luminis*

---

1) Sein zweiter Vorschlag *quas cava succutiens Bacchus manu* erledigt sich aus metrischen Gründen.

2) S. Corssen Vocalism. I, 258 und II, 655². Conrad, über die Entwicklung des Positionsgesetzes, Koblenz 1868. (Programm des Gymnasiums). L. Müller de re metr. poet. lat. p. 345, der auch auf das carmen de figuris aufmerksam macht.

3) S. Baehr Röm. Lit. Add. S. 695¹ u. I, 514⁴. Teuffel Gesch. d. röm. Lit. § 237, 8 S. 469. Bergk Zschr. f. A. W. 1845 S. 83*.

4) Unter entsprechender Annahme ist vielleicht auch der Vers des carmen de sideribus n. 680, 8 (Riese Anthol. Lat. II, 140)

Iulius et October: senis soli hi moderantur

unangetastet zu lassen. — Sehr zahlreich sind Beispiele obiger Licenz in den Instructiones des auch unter Einfluss africanischer Latinität stehenden Poeten Commodianus, (Ebert Abh. d. Sächs. Ges. d. W. XII, 420), was bei dem Charakter seiner Verse nicht Wunder nehmen kann. S. Bernhardy Grundriss der Röm. Lit. A. 238. L. Müller J. J. 1868, 435. Ebert l. l. S. 418. — Ein Beispiel derselben Eigentümlichkeit im Griechischen bietet die metrische Inschrift der tabula Chigi (zuletzt bei Jahn Griech. Bilderchroniken Taf. VI M. S. 9 u. 78. Vergl. C. I. Gr. n. 6020)

εἰμὶ δ' ἀφ' Ἡρακλέος Διὸς ἔκγονος, υἱὸς Φιλίππου.

oras[1]) des Ennius (Ann. v. 118 u. 165), Lucrez (I, 22; V, 224), Vergil (Aen. VII, 660; Georg. II, 47); *sic effata*, wie *haec ecfatus* bei Enn. Ann. 48 u. 60[2]); *perducere cyceonis liquorem*, was an Plaut. Amphitr. 430 *eam (hirneam) ego vini, ut matre natum fuerat, eduxi meri* erinnert, wol auch das ziemlich steife *formatas inguinibus res.*

Gegen diese Restitution des Bacchus in der lateinischen Uebertragung des Arnobius darf nicht mit Lobeck Agl. p. 821, der sich übrigens selbst nicht entscheidet, gesagt werden, die vorangehenden Worte des Arnobius (*partem illam laevigat in speciem nondum duri atque striculi pusionis*) bewiesen, dass er nichts von Iacchos in den orphischen Versen gefunden habe. Dass er selbst nicht von Iacchos resp. Bacchus redet, hat vielmehr seinen einfachen Grund darin, dass er in seiner Vorlage, den Worten des Clemens, nichts von diesem fand: dieser begnügte sich für seinen Zweck, den Nachweis der αἰσχύνη τῆς περὶ τὴν Δηὼ μυθολογίας (§ 20), mit der Erwähnung des ἀναστέλλεσθαι τὰ αἰδοῖα καὶ ἐπιδεικνύειν τῇ θεῷ von Seiten der Baubo. Umgekehrt müsste Arnobius, wenn er eine solche Vertauschung der Rollen vorgenommen hätte, dies in den vorhergehenden Worten angedeutet haben: dies um so mehr, als er nicht unterlassen hat, die Aenderungen, welche er wirklich in der Erzählung des Vorganges vorgenommen hat, mit breitem Pinsel auszumalen. Diese Aenderungen aber sind nicht von der Art, dass man mit Preller Dem. S. 136 A. 17) an seiner Fähigkeit für das Verständnis der orphischen Verse zweifeln könnte — an diesem hat es ihm durchaus nicht gefehlt —, sondern sind absichtliche Entstellungen, wahrscheinlich hervorgegangen aus allzustarkem Eifer für die neue Religion, der er sich nach der sehr glaubhaften Tradition[3]) erst durch seine Schrift ‚adversus nationes' würdig machen sollte, aus einem Eifer, der ihn trieb, möglichst viel Schmutz auf die alte Religion zu werfen. Aus dem ἀναστέλλεται τὰ αἰδοῖα des Clemens, also der Entblössung macht er ein *longiore ab incuria liberat, facit sumere habitum puriorem et in speciem laevigari nondum duri atque striculi* (d. i. δασυπρώκτου) *pusionis*, und in dem durch diese unsaubere Procedur hergestellten Zustande der αἰδοῖα der Baubo findet seine Phantasie die Anzie-

---

1) Vergl. Haase zu Reisigs Vorl. A. 36).
2) Vergl. Haase Miscell. philol. lib. V (Vratisl. 1863) p. 36.
3) Hieronym. chron. ad ann. XX imp. Constantini.

hungskraft für den kleinen Iacchos: daher die garstige Motivirung *nam puerilis ollis voltus erat:* Worte, die nur so Sinn erhalten, wenn *Bacchi manus* Subjekt zu *plaudit contrectat amice* ist [1]). An diese Tat des Iacchos erinnern aber auch die Epitheta, welche er in den orphischen Hymnen auf den Bacchos erhält, ἐπάφιος [2]) h. L (49), 7 u. LII (51), 9 und ὑποκόλπιος LII (51), 11, was dem Βαυβοῦς ὑπὸ κόλποις [3]) entspricht, desgleichen die Bezeichnung des Διόννσος als χοιροψάλας (Clem. Al. Protr. § 39).

Schon diese Stellen, noch mehr aber die ausdrückliche Ueberlieferung [4]), welche den Iacchos Sohn der Demeter und Bruder der Kora nennt, hätte Lobeck Agl. p. 822 und Schuster 1. l. abhalten sollen in diesem Iacchos einen Pflegling oder ein Kind der Baubo zu sehen [5]). Weder bei Harpocration p. 90 noch bei Paus. I, 14, 2 noch bei Clemens Alex. Protr. § 20 wird unter den Kindern des Dysaules und der Baubo des Iacchos gedacht. Ihn mit Schuster als Säugling der Baubo, wie den Demophon im homer. Hymnus, aufzufassen, wird schon durch die Rolle, die ihn hier die orphische Poesie spielen lässt, unmöglich gemacht. Auch bliebe vollständig unerklärt, wie dieser Iacchos, als Sohn dieser Baubo, zu der Ehre gekommen wäre πάρεδρος der Demeter und Kora zu werden. Triptolemos, der übrigens nicht einmal solcher Ehre teilhaftig geworden ist, wird von Demeter belohnt, weil er sich ein wirkliches Verdienst um diese erworben hat dadurch, dass er ihr den Raub der Tochter anzeigte. Ebenso Keleos (Schol. z. Arist. Eq. 698 und Myth. Vat. II, 96). Dem Iacchos als Sohn der Baubo [6]) hätte

---

1) Völlig verkannt ist dieser Sachverhalt von Schuster de vet. Orph. theog. indole p. 77 not. 2), welcher an *Baubo* als Subject festhaltend die vermeintliche Discrepanz zwischen Arnobius und Clemens auf eine verecundia zurückführt, welche von Iacchos eine solche Obscönität fernhalten wollte. Nichts weniger als verecundia hat hier den Griffel des Arnobius geleitet.

2) Hermann schreibt an beiden Stellen ἐφάπτωρ, doch spricht für ἐπάφιος der häufige Gebrauch von ἐπαφᾶν (*contrectare*) und der abgeleiteten Worte. Der Wechsel der Quantität kann dagegen nicht geltend gemacht werden.

3) κόλποι bedeutet hier nicht ‚Busen,‘ wie Preller und Schuster l. l. annehmen, sondern, wie sehr oft, ‚Schooss.‘

4) Orph. h. XLII (41), 6. Schol. z. Arist. Ran. 326. z. Aristid. 213, 18 (III p. 648 D.) Lucr. IV, 1160. Vergl. Stephani C. R. p. 1859 p. 40.

5) Danach ist auch der Artikel 5) bei Pape-Benseler s. v. Ἴακχος: „ein Dämon, *welcher der Baubo, einer Amme des Dionysos, beigesellt wird*,“ zu beseitigen.

6) Aus der Glosse des Hesych s. v. Βαυβώ· τιθήνη Δήμητρος ist wenig zu

nichts grössres zu Teil werden können als dem Demophon (h. in Cer. 262 sq.). Nur dem Sohn der Demeter und dem Bruder der Kora konnte solche Ehre der Paredrie widerfahren. Gerade dies aber war der Einfluss der orphischen Poesie auf die bisherige δυάς resp. συνωρίς der eleusinischen Gottheiten, der Demeter und Persephone. Und wie die orphische Poesie die Hekate, die andre Tochter des Zeus und der Demeter (Schol. z. Ap. Rhod. III, 467. z. Theocr. II, 12) ihre Schwester Kora holen liess, so konnte sie auch passend den kleinen Iacchos als Begleiter der Mutter auf ihren Irrfahrten einführen.

Hat sich so nachweislich Arnobius eine absichtliche Entstellung des Vorgangs, wie ihn die orphische Poesie erzählte, zu Schulden kommen lassen, so ist vermutlich mangelhaftes Gedächtnis die Ursache, dass Gregor von Nazianz die Demeter selbst das tun liess, was sie nur von Baubo gesehen hatte: or. III (κατὰ Ἰουλιανοῦ στηλιτευτικός A p. 72 ed. Montagu, Etonae 1610. p. 104 ed. Maurin.) Ὀρφεὺς παρίτω-μηδὲ τῆς ἄλλης φειδέσθω μεγαληγορίας·

ὣς εἰποῦσα θεὰ δοιοὺς ἀνεσύρατο μηρούς.

Dass er unter θεά die Demeter verstand, zeigen die folgenden ironisch gemeinten Worte ἵνα τελέσῃ τοὺς ἐραστὰς, ἃ καὶ νῦν ἔτι τελεῖ τοῖς σχήμασιν, und wird bestätigt durch das Scholion des Nonnos zu dieser Stelle p. 154 (ed. Montagu): τούτου τοῦ Ὀρφέως ἔνια ἔπη παρατίθησιν ὁ θεῖος Γρηγόριος, ἅ εἰσι περὶ τοῦ Διὸς εἰρημένα καὶ τῆς Δήμητρος· τοῦ δὲ περὶ τῆς Δήμητρος ἔπους ὁ νοῦς ἐστιν οὗτος· ὅτι ἐπαιρομένη ἡ θεὰ τοὺς ἑαυτῆς μηροὺς ἀνεσύρατο.

Lobeck Agl. p. 824 zwar lässt den Vers als echt orphisch gelten und will ihn auf das Verhältnis der Demeter zum Dysaules beziehen, wie es durch Orph. h. XLI (40), 8

Εὔβουλον τέξασα θεὰ[1]) θνητῆς ὑπ᾽ ἀνάγκης

angedeutet wird. Ein solches Verhältnis ist allerdings anzunehmen, fällt aber in weit frühere Zeit: zu der Zeit, wo Demeter die Persephone suchend nach Eleusis kommt, ist Eubulos[2]) resp. Eubu-

---

entnehmen, besonders da Βαυβώ nur Conjektur ist, der Codex βανμῶ bietet. Möglich ist, dass es sich auf die Pflege des Eubulos, des Kindes der Demeter und des Dysaules, bezieht.

1) θεά ist Lobecks (p. 825) Verbesserung des schwerlich haltbaren θεόν.

2) Eubulos heisst auch der Sohn der Demeter und des Karmanor, wie Diod. Sic. V, 76 mit Paus. II, 30, 3 zusammengehalten beweist. Amphitheos als Sohn der Demeter und des Triptolemos ist nur scherzhafte Erfindung des Aristophanes Ach. 47.

leus, die Frucht jenes Verhältnisses, bereits vollständig erwachsen, er ist Hirt, wie die Stellen des Clem. Alex. Protr. § 20 u. Paus. I, 14, 2 beweisen. Dies geht auch aus der späten Nachbildung dieser orphischen Darstellung hervor, in welcher Keleos an Stelle des Dysaules getreten ist, wie sie vorliegt in dem Schol. z. Aristid. Panath. 105, 11 (p. 22 ed. Frommel. p. 53 ed. Dind.) Δημήτηρ παρὰ Κελεοῦ καὶ Τριπτολέμου τὸν ἡρπακότα μαθοῦσα μισθὸν αὐτοῖς ἀποδίδωσι τῆς μηνύσεως τὸν σῖτον πρῶτον (προτοῦ?) ἀθέσμως[1]), συγγενομένη Κελεῷ τῷ Τριπτολέμου πατρί. Und nicht mehr als dieses oder ein gleiches Verhältnis der Demeter zu einem andern Sterblichen wird angedeutet durch die Worte des Gregor Naz. or. XXXIX (I p. 678 ed. Maur.) οὐδὲ Κόρη τις ἡμῖν ἁρπάζεται καὶ Δημήτηρ πλανᾶται καὶ Κελεούς τινας ἐπεισάγει καὶ Τριπτολέμους καὶ δράκοντας καὶ τὰ μὲν ποιεῖ, τὰ δὲ πάσχει, Worte die mit denen des Ps.-Dion. or. Corinth. XXXVII (II, 302 Dind.) ἅπτονται δὲ καὶ τῶν θηλειῶν θεῶν ... νῦν γὰρ ἀκούετε ἃ λέγουσι τὴν Δήμητρα κτλ. auf dasselbe hinauskommen. Ein solches Verhältnis aber ist weit entfernt von einer solchen Obscönität, wie sie Gregor in jenem Verse der Demeter zumutet, wie sie jedoch nirgends anderswo auch nur leise angedeutet ist und wie sie für Demeter selbst in der orphischen Poesie, welche allerdings in diesem Genre etwas leistete[2]), zu stark ist. Dazu kommt, dass solche Veränderungen des Wortlautes wie des Inhaltes bei derartigen aus dem Gedächtnis gemachten Dichtercitaten bei Schriftstellern nicht blos später, sondern auch verhältnismässig früher Zeit gar nicht selten[3]) sind. Und den Eindruck eines solchen dem Gedächtnis mangelhaft vorschwebenden und daher unabsichtlich veränderten Citates macht durchaus der Vers, wie ihn Gregor widergibt

ὣς εἰποῦσα θεὰ δοιοὺς ἀνεσύρατο μηρούς

verglichen mit der Fassung des Originals, wie sie bei Clemens und Eusebius erhalten ist

ὣς εἰποῦσα πέπλους ἀνεσύρατο, δεῖξε δὲ πάντα.

---

1) Darin verrät sich wol der Christ Sopatros von Apamea (Suidas s. v.). Vergl. Frommel Praef. Scholl. p. XIV.

2) Vergl. Isocr. Busir. c. 16. Diog. Laert. prooem. IV, 5. Lob. Agl. p. 604. O. Müller Proll. S. 359. Preller Dem. S. 48.

3) Eine reiche Auswahl in Bezug auf homerische Verse bietet schon Platon de republica B. II und III.

Excurs VII.

(S. 83 sq. 96.)

Ueber das Verhältnis der narrationes fabularum des Lactanz und der späteren Mythographen zu Ovids Metamorphosen.

1. Die Schilderung des Raubes und der mit ihm zusammenhängenden Begebenheiten, wie sie in den ohne ersichtlichen Grund [1]) dem Lactantius Placidus zugeschriebnen narrationes fabularum V, 6—11 und X, 13 sich findet, ist nicht eine originelle, einheitliche, sondern nur eine nicht überall genaue, teilweis durch Einschaltungen aus verschiednen griechischen Quellen vermehrte Wiedergabe der Erzählung in Ovids Metamorphosen. Dass sich diese narrationes überhaupt an Ovid anschliessen, zeigt die Anordnung und die öftere Uebereinstimmung im Wortlaut. Auf Rechnung flüchtiger oder ungenauer Wiedergabe aber ist zu setzen, *quod et Diana* (nicht auch *Minerva*) *et Proserpina numen suum aspernarentur, Venus* (nicht *Amor*) *Ditem impulit in amorem, ille Cyanen in liquorem sui nominis vertit* — bei Ovid löst sich Cyane aus Traurigkeit in Wasser auf — fab. 8 *mali punici granum* — bei Ovid v. 537 *septem grana* —, vielleicht auch X, 13, dass Pluton Vater der Minthe heisst[2]). Eingeschaltet sind *Minerva atque Diana* als Gespielinnen der Persephone beim Blumenlesen — aus Eur. Hel. 1314 sq. oder Diodor Sic. V, 3 oder Valer. Flacc. V, 345 —, die Namen *Misme* und *Stelles* — aus Nicander (resp. Antoninus Liberalis) — das iudicium in der Unterwelt (*cum iudicium fieret, Ascalaphus ad indicium primus descendit*) wol aus Apollodor I, 5, 3 καταμαρτυρήσαντος αὐτῆς Ἀσκαλάφου —, endlich auch, dass sich die Sirenen zuletzt auf den „Marsfelsen" *(petra Martis)* begeben. Letzteres ist ein Irrtum. Aus Hygin. fab. 141 u. Dosith. p. 72 wissen wir, dass der „Apollofelsen" gemeint war[3]). Derselbe Hygin gibt aber eine andre Veranlassung für die Verwandlung der

---

1) Der alte Codex von S. Marco in Florenz nennt keinen, ein junger Laurentianus den Donat als Verfasser. S. Muncker Mythogr. Lat. II praef. p. VII sq.
2) Vergl. S. 83 A. 4).
3) Vergl. S. 68 A. 4).

Sirenen an, kann also nicht die misverstandne Quelle für diese Angabe sein, ebensowenig wie für die andern. Denn ausser Diana und Minerva nennt er noch Venus als Gespielin, welche hier als causa agens des Raubes erscheint, und verlegt den Raub nicht an den See Pergus, sondern an den Aetna. Die Askalabos- und Askalaphos-Episoden fehlen ganz bei ihm. Deshalb ist C. Langes (de nexu inter opp. mythol. Hygini Bonn 1865 p. 67) Ansicht, dass diese narrationes fabularum auf Hygins Genealogien oder den ‚liber transformationum' zurückgehen, unhaltbar, ebenso wie seine Behauptung, dass der Verfasser der narrationes von Ovid nicht abhängig sei [1]), und dass die hyginischen Fabeln grösstenteils mit Ovid stimmen [2]).

Die Quelle jenes Irrtums[3]) hinsichtlich der *petra Martis* ist vermutlich dieselbe, wie diejenige, welcher jene Einschaltungen verdankt werden: ein Commentar zu Ovids Metamorphosen, ähnlich dem zu Vergil, Lucan, Statius, mit argumenta fabularum. Aus diesem Commentar sind die erhaltnen narrationes ein Rest, ähnlich wie die erhaltnen Schol. zu den genannten Dichtern. Auf den ursprünglichen Commentar weisen noch hin Wendungen wie VI, 1 *hi duo sensus in unum versum veniunt* oder *hi tres sensus in tribus versibus aliter cadere non possunt*, desgleichen I, 12 *fistula quae nomine eius apud Graecos Syringa nuncupatur*, ähnlich II, 6 und VII, 26, endlich Berufungen auf griechische Dichter für die eignen Angaben: II, 4 *Phanocles in Cupidinibus*[4]) *auctor*, *Euripides* II, 2 u. 3 und namentlich *Hesiodus* I, 1; II, 2 u. 3. 6. IV, 5. XI, 3. XIII, 3.

Aus derselben Quelle schöpfte den Bericht des Raubes Lactantius Placidus, der Scholiast zu Stat. Theb. V, 357[5]), nur

---

1) Vorsichtiger sagt er im Widerspruch zu dieser Behauptung p. 32: *Lactantius Minervae et Dianae Proserpinae comitum nomina ex Hyg. fab. 146 desumpsit. Reliqua ex Ovidio expressa sunt.*

2) Vergl. dagegen S. 87 A. 2).

3) Aehnliche Irrtümer sind nicht selten z. B. VII, 26 *cum Asopidem insulam coniugis nomine incoleret*, während Asopus Vater der Aegina ist; XIV, 3 *insulas nomine suo Pithecusas vocavit*, während die Inseln *habitantum nomine dictae sunt* (Met. XIV, 90).

4) Vergl. S. 85 A. 2).

5) Vielleicht ist gar die Beobachtung der Uebereinstimmung zwischen diesem Scholion u. Narr. fab. V, 6 der Anlass zur Heranziehung des Lactanz als Verfassers der narr. fab. geworden.

dass er als Local des Raubes nach Hygin fab. 146 den Aetna nennt.

Aus diesem schöpft wieder der Mythographus Vatic. II, 93, welcher auch den Schluss von 96 *(Hanc regina etc.)*, 97 u. 99 aus Lact. z. Theb. II, 382 abgeschrieben hat, während das meiste andre aus Servius zur Aeneis und zu den Georgica stammt (94 aus Aen. IV, 609; 95 mit geringen Veränderungen aus Georg. I, 378; 100 aus Georg. I, 39, als dieses Scholion noch die Verwandlung des Ascalaphus, welche beim Myth. steht *(indignata Ceres convertit Ascalaphum in bubonem)*, enthielt[1]). Die Sirenen-Episode 101 geht wieder auf dieselbe Quelle wie narr. fab. V, 9 zurück; 98, die Lyncus-Episode, scheint im Wortlaut das Eigentum des Mythographus, wenigstens ist die Quelle, aus der er abschrieb, nicht bekannt; in 96 geht die Angabe, dass Demeter den Raub von Keleos erfuhr, wenn auch nur indirect, auf Schol. z. Arist. Eq. 698[2]) zurück.

Der Mythographus Vatic. I hat den Servius ausgeschrieben: fab. 7 aus Georg. I, 39, fab. 8 aus Georg. I, 163, den Anfang von fab. 10 aus Georg I, 378 — nur ist ihm die Verwechslung der *Lycii rustici* und des *Lyncus rex* begegnet —, fab. 31, welche die Lyncus-Episode richtig gibt, aus Aen. I, 323. Nur fab. 186 folgt derselben Quelle wie Myth. II, 101 und narr. fab. V, 9.

Der Mythographus Vaticanus III, in welchem nach dem Gothaer Codex das 'poetarium magistri Alberici'[3]) zu erkennen ist, enthält keine Schilderung des Raubes, sondern erwähnt nur III, 7, 2 den Aetna als Local des Raubes und ergeht sich III, 7, 1 nach Fulgentius und Remigius in Etymologien der Namen *Ceres* und *Proserpina* und in allegorisch-physikalischen Deutungen des Mythus.

Denselben Standpunkt nimmt auch Lilius Gyraldus hist. deor. synt. VI (Basil. 1580 T. I p. 195) ein, welcher sich auf die Schilderungen Ovids in den Metamorphosen und Fasten und

---

1) Servius selbst z. Aen. IV, 462 bezieht sich auf diese Erwähnung der Verwandlung in der Anmerkung zu Georg. I, 39. Myth. Vat. I, 7 fand die Erwähnung schon nicht mehr.

2) Vergl. Schol. z. Aristid. Panath. 105, 11 p. 53 D. (S. 288).

3) S. Jacobs Zschr. f. A. W. 1834 N. 132 und 133 S. 1057—1066 und Klussmann de Alberici mythographi codice Gothano, Rudolstadt 1868 p. 1.

auf Claudian beruft und sich nur an die physikalische Deutung Varros hält.

Dagegen erzählt Boccatius περὶ γενεαλογίας deorum III c. 13; VIII c. 4 u. 6 und XI c. 6 den Raub nach Ovids Metamorphosen, die Einkehr der Demeter im Hause des Eleusinus VIII c. 4 nach Lactanz zu Stat. Theb. II, 382, huldigt selbst aber mit seinem Gewährsmann Theodontius[1]) (VIII c. 4; X c. 62) in der Deutung dem euhemeristischen Standpunkte, welcher in Proserpina die Tochter des sicilischen Königs Sicanus und in Pluton einen König der Molosser erkennt[2]).

Auch für Natalis Comes mythol. III c. 16 sind Ovids Metamorphosen die Hauptquelle, doch hat er auch Apollodor, Hesiod theog. 913, Strab. VI p. 256, Cic. in Verr. IV § 106, Paus. I, 38, 5; II, 36, 7; Orph. Arg. 1196, Schol. z. Soph. Oed. Col. 681, zu Eur. Or. 962, zu Nicand. Alex. 128 benützt; andre Citate sind fingirt. Vergl. S. 10 A. 3) und S. 60 A. 3).

---

1) Vergl. Schück, Zur Charakteristik der italienischen Humanisten des 14. und 15. Jahrhunderts, Breslau 1857 S. 8.

2) Vergl. S. 60 A. 1) und S. 97.

Nachträge.

Zu § 17 Seite 75 sq.

Erst während des Drucks ist mir die langersehnte Sammlung der Fragmente des Kallimachos, O. Schneiders Callimachea vol. II, ein neuer Beweis des soliden Fleisses des Verfassers, zugegangen, und habe ich in dieser mehr als Einen Beleg zur Unterstützung der von mir S. 75 sq. über das Verhältnis von Ovids Fasten IV, 417—620 zu Kallimachos' Aitia ausgesprochnen Vermutung gewonnen.

Ohne hier in eine ausführliche Beurteilung seiner Grundansicht über den Inhalt der Αἴτια, welche nur mit geringen Aenderungen aus seinen *Prolegomena in Callimachi Αἰτίων fragmenta*, Gotha 1851 herübergenommen ist, einzutreten, constatire ich, dass wir in der Annahme zusammentreffen, dass die Αἴτια auch den Raub der Persephone und die Irrfahrten der Demeter enthielten: eine Annahme, welche, wie ich jetzt sehe, Schneider bereits im Philologus VI p. 533 sq. zu begründen versucht und welche auch J. Rauch „die Fragmente der Aitia des Kallimachos" Progr. des Lyceum in Rastatt[1]) 1860, S. 66—70 angenommen hat, obwol er sich gegen Schneiders Grundansicht — wie mir scheint, mit Recht — polemisch verhält. Für Schneiders Annahme (p. 106 sq.), dass der Gegenstand den Inhalt der vierten Elegie des dritten Buchs gebildet habe, übernehme ich — aus letzterem Grunde — keine Gewähr. Je mehr ich aber anerkenne, dass eine ziemliche Anzahl

---

1) Auch die Benützung dieser Schrift, welche ich S. 76 A. 1) nur aus den Mitteilungen Bergks Anthol. lyr. proll. critt. p. XII sq. kannte und citirte, ist mir erst jetzt möglich geworden.

Fragmente mit Wahrscheinlichkeit von ihm hiehergezogen worden ist, um so mehr muss ich mich gegen die Richtigkeit seiner Reconstruction der kallimacheischen Darstellung erklären. Das von ihm vorgeführte Bild, ein Mosaik, zusammengesetzt aus Hygin fab. 277, dem homerischen Hymnus auf Demeter und Ovids Fasten, enthält Züge, welche sich geradezu widersprechen [1]. Einmal straft Demeter, erzürnt über den Verlust der Tochter, das Menschengeschlecht mit Unfruchtbarkeit der Erde *(annum fertilem hominibus denegat, ut eorum vel Iovem misereat qui "Ιριδι δίῃ imperat ad Cererem eat)* — dies nach h. in Cer. 305 sq. —, andrerseits lehrt sie erst nach Wiedererlangung der Tochter den Triptolemos säen — dies nach Hygin — ohne dass hier für diese Auszeichnung ein Motiv ersichtlich würde, während sie in den Fasten dem Triptolemos natürlicher Weise in Folge dessen zu Teil wird, dass er in den Armen der Göttin gelegen hat. Den Keleos macht Schneider nach dem homerischen Hymnus zum König von Eleusis; dieser aber hat keinen kranken Sohn. Der Keleos, dessen Haus Demeter in Ovids Fasten und auch nach Schneider bei Kallimachos betritt und dessen Sohn sie gesund macht und, wenigstens bei Ovid, mit der Gabe des Säens beschenkt, ist ein armer Hirt.

Gerade der Umstand aber, dass diejenigen kallimacheischen Fragmente, welche sich wegen significanter Bezüge mit einem gewissen Grade von Wahrscheinlichkeit hieher ziehen lassen, an Stellen des betreffenden Abschnitts der Fasten ihre entsprechenden Pendants haben, kann mich in der Ansicht, dass Ovid sich in der ganzen Darstellung an Kallimachos anlehnte, nur bestärken. Dahin rechne ich mit Schneider und Rauch:

Callim. fr. 511	Fast. IV, 517
γρηϊον είδος έχουσα	simularat anum
fr. 437	v. 547
ό δὴ μήκωνα πατεῖται	abstinet alma Ceres somnique papavera causas
	dat tibi cum tepido lacte bibenda, puer [2].

---

[1] Wenn Schneider auf dem richtigen Wege war, als er Philol. VI, 534 schrieb: *Idem finitae inediae tempus quum indicet Ovidius Fast. IV, 435, suspiceris plura ibi Callimacheae narrationis vestigia superesse,* so hat er diesen später selbst verlassen.

[2] Fassen wir so den kranken Sohn des Keleos als Subjekt zu πατεῖται, so

fr. 539
αὔλιος, ὃς δυθμὴν εἶσι μετ᾽ Ἡελίου

fr. 513
μέσσαβα βοῦς ὑποδύς

fr. 252ᵇ
ᾖχι γέγεια
ἄνθεα μήκωνός τ᾽ . . . .

Vielleicht auch

fr. anon. 102
μύρσον ἐς ὠτώεντα παλαιφαμένης
τ᾽ ἄγνοιο

fr. anon. 8
ἀσταγὲς ὕδωρ

endlich auch vielleicht mit Rauch

fr. 361
οἳ δὲ Γέλα ποταμοῦ κεφαλῇ ἐπι-
κείμενον ἄστυ

v. 535
quae quia principio posuit ieiunia
noctis

v. 413
A bove succincti cultros removete
ministri
und v. 415
Apta iugo cervix non est ferienda
securi.

v. 438
illa papavereas subsecat ungue
comas.

v. 435
haec implet lento calathos e vi-
mine nexos

v. 506
(et lunae) patiens et pluvialis aquae
oder v. 427
locus est aspergine multa
uvidus ex alto desilientis aquae.

v. 470
(praeterit)
et te verticibus non adeunde Gela.

Dass ich fr. 469
Καλλιχόρῳ ἐπὶ φρητὶ καθέζετο παιδὸς ἄπυστος
nicht mit Schneider[1]) als Fragment, sondern als Citat aus dem Hymnus in Cer. v. 16 ansehe, habe ich oben S. 75 A. 2) bemerkt. Um die Zugehörigkeit der andern von Schneider oder Rauch hieher gerechneten Fragmente anzuerkennen, fehlt es meines Erachtens denselben an significanten Bezügen. Fr. 523
ἵν᾽ ἀμαζόνες ἄνδρες ἔωσιν

---

haben wir nicht nötig, das von Orion Etym. p. 162, 21 überlieferte ὅ mit Schneider (Philol. VI, 534. Callim. II p. 609. Rauch S. 69) in ᾗ zu verändern, um *mulier* θεσμοφοριάζουσα als Subjekt zu bekommen.

1) Vergl. Philol. VI, 534 u. Callim. II, 629.

kann wenigstens in dem Sinne, wie Schneider will, der Construction wegen in der Schilderung keinen Platz gehabt haben, und Fr. anon. 290

γείνεο μοι τέκταινα βίου δαμάτειρά τε λιμοῦ

klingt mir eher nach einem orphischen Hymnus[1]) als nach Kallimachos.

Schliesslich nur noch die Bemerkung, dass auch das schon von mir S. 75 A. 1) vermutungsweise herangezogne Fragment 382

τριγλώχιν ὁλοῷ νῆσος ἐπ' Ἐγκελάδῳ

von Rauch S. 68 hieher gerechnet worden ist, und dass ich jetzt in fr. 171

υἷα Διώνυσον Ζαγρέα γειναμένη

mit Schneider p. 431 nur eine gelegentliche Erwähnung des orphischen Mythus zu erkennen geneigt bin.

S. 7 A. 16). Füge hinzu: Vergl. § 24 S. 100 A. 2).
S. 13 A. 6). Callim. fr. 110 B. = Hecal. fr. VI, p. 185 Schn.
S. 15 A. 4). Callim. fr. 197 [146]. Vergl. Schneider p. 413 sq.
S. 50 A. 2). Melanippides fr. 3 p. 981 ed. Bergk[2] = p. 1245[3].
S. 63 Z. 17. Archil. fr. 119 p. 565[2] = fr. 120 p. 717[3].
S. 63 Z. 26. Lasos fr. 1 p. 863[2] = p. 1109[3].
S. 64 A. 6). Bacchyl. fr. 64 p. 979[2] = p. 1243[3].
S. 65 A. 3). Bacchyl. fr. 3 p. 966[2] = fr. 12 p. 1229[3].
S. 79 A. 1). Vergl. Schneider p. 323 sq.

S. 90 Z. 33. Vermutlich war auch Lucans Gedicht catachthonion (Stat. Silv. II, 7, 57. Genthe de Lucani vita et scriptis, Berolini 1859 p. 47 sq.) reich an Beziehungen auf die Ereignisse des Raubes.

S. 111 Z. 11. Streng genommen müsste die archaische Vase N. 1 (S. 234), vor den Nachpraxiteleischen Darstellungen ihren Platz finden, aber ich wollte sie ebensowenig von den andern Exemplaren derselben Denkmälergattung trennen, wie die vorpraxiteleischen Münzen resp. Vasen mit Darstellung der suchenden Demeter und der aufsteigenden Persephone von den späteren Denkmälern desselben Gegenstandes.

---

1) Vergl. Orph. h. XI. (39).

S. 117 Z. 16, A. 1). Für meine hier und Seite 246 wiederholte Behauptung, dass der Dreizack in der Hand Plutons bis jetzt auf keinem antiken Denkmal nachzuweisen sei, entnehme ich eine Bestätigung auch aus der eingehenden Besprechung Wieselers in der Schrift de diis Graecis Romanisque tridentem gerentibus, Gottingae 1872 (Zum Rectoratswechsel) p. 9 u. 25, deren Benützung an dieser Stelle mir durch des Verfassers Freundlichkeit ermöglicht worden ist. Der Dreizack an der Ara Giustiniani ist auch nach Matz modernen Ursprungs. Der Kopf der Düsseldorfer Gemme wird mit Stephani für den des Serapis zu erklären sein — die Bezeichnung des Pluton als ὁ ὑπὸ γῆν ἰὼν ἥλιος geht nur auf die Deutelei des Neoplatoniker Porphyrios (Euseb. praep. ev. III, 11, 15) zurück. Am Relief von Albano deutet der Dreizack das Element des Poseidon an, wie der Blitz und Adler das des Zeus und das Füllhorn das des Pluton, und ist die Figur selbst als der orphische Zeus zu deuten, als Inbegriff des

πῦρ καὶ ὕδωρ καὶ γαῖα καὶ αἰθὴρ νύξ τε καὶ ἦμαρ

(Orph. fr. VI, 18 p. 457 ed. G. Herm.). Ueber das Mosaik des Coazzo und die Schale des Brygos habe ich S. 231 und 246 gesprochen. Wenn aber Pluton bei Seneca Herc. Fur. 567 gegen Herakles mit einer „Lanze mit dreifacher Spitze" kämpft, so ist dies meines Erachtens kein Beweis dafür, dass der Dreizack sein Attribut sei. — Auch Stephani (C. R. p. 1866, 90 sq.) zählt den Pluton nicht unter den Gottheiten mit Dreizack auf.

S. 125 N. 1). Der Cippus des Epaphroditus wurde am Eingang der Vigna des Cardinal Carpi auch von Ulisse Aldroandi gesehen und beschrieben in le statue di Roma (p. 306 in ‚Le antichità della città di Roma, per L. Mauro', Venetia 1562).

S. 136 N. 4 Ein Sarkophag mit Persephoneraub in Adernò ist laut brieflicher Mitteilung auch Cavallari unbekannt.

S. 157 Z. 14. Dass Millin mehrfach durch gefälschte Zeichnungen getäuscht worden ist, bemerkt Raoul Rochette selbst Mon. Ined. p. 178. Vergl. O. Jahn Arch. Beitr. S. 161.

S. 191 Z. 4. Die während des Drucks mir von Freund Giuseppe Picone in Girgenti gesandten Mitteilungen über den Sarkophag von Raffadali, welchen ich S. 136 (N. 3) unter die nicht specificirbaren aufnehmen musste, ermöglichen mir jetzt ein genaueres Urteil über diesen in gewisser Beziehung einzig dastehenden Sarkophag.

Von parischem (?) Marmor, misst derselbe 8 Palmen in die Länge, 2,8 in die Breite, 3,9 in die Höhe. Die Kurzseiten zeigen abbozzirt je zwei Schilde, deren jeder auf zwei Wurfspiessen liegt. Die Erhebung des Relief der Vorderseite ist eine beträchtliche, die Erhaltung eine ziemlich gute [1]). Der Sarkophag nimmt insofern eine ganz singuläre Stellung ein, als er für eine Contamination der ersten und zweiten Klasse zu halten ist, indem er zwar eine rechtsläufige Richtung der Hauptfiguren, aber doch eine dem Raube freundliche Haltung der Pallas und Artemis wie der Aphrodite aufweist. Abgesehen von der durch diese Haltung der Göttinnen bedingten Uebereinstimmung mit den Sarkophagen der zweiten Klasse, gehört er, da er die Handlung in drei Scenen sich abspielend vorführt, innerhalb der ersten Klasse zu den Sarkophagen der zweiten Gattung und wegen der Besonderheiten in der Composition innerhalb dieser zu den Sarkophagen des zweiten Typus der ersten Species, wie ich bereits am Schluss der Besprechung dieser S. 191 Z. 4 einschaltungsweise angedeutet habe und hier genauer darlegen will.

I. Die πλάνη stimmt durchaus mit den Sarkophagen dieses Typus überein: Demeter mit wallendem Peplos, gegürtetem Chiton, welcher die rechte Brust entblösst lässt, steht, in jeder Hand eine Fackel haltend, auf einem von zwei Rossen gezognen Wagen. Lenkerin derselben ist die Hore in geschürztem Chiton, über ihnen schwebt „un altro genio alato", von welchem vorläufig unentschieden bleiben muss, ob es die Iris oder Pothos ist. Unter den Rossen liegt Gaia: ganz ähnlich wie an den Platten Cavaceppi und Salerno (§ 38 N. 2 u. 3), mit entblösstem Oberkörper — nur der linke Arm und der Unterkörper sind verhüllt –, das Gesicht — und wol auch den rechten Arm — erhebend, in der Linken ein Füllhorn haltend.

II. Die ἀνθολογία ist, wie an den Sarkophagen der zweiten Klasse, sehr reducirt, nämlich auf die beiden Figuren der Artemis und der Persephone. Letztere kniet am Boden, die Rechte auf ein Gefäss mit Blumen legend, den — jetzt gebrochnen — linken

---

1) Es fehlen jetzt: an der Hore und der Iris resp. dem Pothos der rechte, an Persephone der linke, an Pergus der eine Arm.

Arm erhebend, wie es scheint, zur Abwehr gegen Pluton, welcher von rechts herantretend zu denken ist. Artemis mit Köcher auf dem Rücken und Bogen in der Linken fasst mit der Rechten die Persephone an: ein nirgend anderswo wiederkehrendes Motiv, was bei dem Geiste der ganzen Darstellung keinen andern Sinn haben kann, als dass sie die Persephone am Fliehen verhindern und zu gutwilligem Folgen bereden will. Indem Artemis so gewissermassen die Stelle der Aphrodite παρήγορος der Sarkophage des zweiten Typus einnimmt, ist sie hier die alleinige Vertreterin der ‚trügenden Schwestern' geworden, wie sie die orphische Poesie schildert: Orph. Arg. 1197 sq.

ὥς ποτε Φερσεφόνην τέρεν' ἄνθεα χερσὶ δρέπουσαν
ἐξάπαφον συνόμαιμοι ἀν' εὐρύ τε καὶ μέγα ἄλσος.

Wird hier Pluton vermisst, so fehlt, worin dieser Sarkophag ebenfalls einzig dasteht, Persephone in der

III. ἁρπαγή. Sie ist als Ziel zu denken, nach welchem Pluton (mit Mantel, welcher die Brust und den rechten Arm freilässt, und Scepter in der Linken) vom Wagen aus seinen rechten Arm ausstreckt. Wie gewöhnlich wird das Viergespann von Hermes (mit Petasos und Kerykeion) geführt, über ihm fliegt Eros, angeblich einen Bogen, wahrscheinlich eine Fackel haltend, unter ihm liegt Pergus, in der einen — wahrscheinlich der rechten — Hand Schilfrohr haltend, mit dem andern Arm sich auf eine Urne stützend. Dagegen weicht ganz und gar von den Sarkophagen des zweiten Typus ab und entspricht völlig denen der zweiten Klasse die Haltung der Aphrodite und der Pallas. Erstere ist zu erkennen in der weiblichen Figur, welche hinter den Rossen stehend, in der Rechten eine Frucht, wol wie am Wiener Sarkophage (§ 40 N. 1) einen Apfel, das Symbol des γάμος, dessen Vorspiel die ἁρπαγή ist, in der Linken einen länglichen Gegenstand, wol, wie an demselben Sarkophage, ein Scepter hält. Ebenfalls wie an diesem nimmt Pallas (mit Schild und Lanze in der Linken) den äussersten Platz in der Darstellung ein, nur die Rechte hält hier nicht einen Lorbeerzweig, sondern ist an die Lippen gelegt, um der Persephone Stillschweigen und Ergebung in ihr Schicksal zu empfehlen.

Während sich also die Typen β, δ und ε, wie S. 211 sq. bemerkt, aus den Elementen des πρωτότυπον (α) und des μετάτυπον (γ) zusammensetzen, hat der Arbeiter dieses Sarkophags, wenn nicht schon der Urheber seiner Vorlage — in welcher wir auch bei unsrer obigen allgemeinen Auseinandersetzung nach O. Jahns Idee (Vorrede zu den ‚Griech. Bilderchroniken') ein Modell- oder Skizzenbuch sehen können — seine Composition so zu Stande gebracht, dass er das μετάτυπον (γ) und die Variation ε, welcher eigentlich eine inhaltlich abweichende Version zu Grunde lag, zu einem Ganzen contaminirte, welchem der Charakter der Einheit- lichkeit nicht abgesprochen werden kann, vorausgesetzt, dass unsre Erklärung des Motivs der Artemis richtig ist.

Ich schliesse diese Besprechung mit dem Ausdruck der Hoff- nung, dass es mir recht bald durch Cavallaris Vermittlung gelingen möge, eine gute Abbildung des in mehr als Einer Beziehung sehr interessanten Sarkophags zu erlangen, um die jetzt bleibenden Zweifel zu lösen und dem Denkmal die gebührende Stelle anzu- weisen.

Verzeichniss der kritisch behandelten Stellen.

Anthol. Palat. XI, 59, 6	S. 74 A. 4).
Apollod. II, 5, 12, 6	S. 55 A. 1).
Callimach. h. in Cer. 15	S. 75 A. 2).
Clem. Alex. Protr. § 21	S. 282 sq.
Cornut. c. 28	S. 275 A. 2) und 276.
Etym. Gud. p. 181	S. 4 A. 15).
Euseb. praep. ev. II, 3	S. 282 sq.
Harpocr. p. 161, 9	S. 274.
Hom. h. in Cer. v. 16	S. 271.
„ „ „ „ v. 26	S. 36 A. 1).
„ „ „ „ v. 108	S. 33 A. 3).
„ „ „ „ v. 110	S. 33 A. 3).
„ „ „ „ v. 424	S. 35 A. 3).
Orph. Argon. 1197 sq.	S. 280 sq.
Orph. fr. XVI. Herm. p. 475	S. 282 sq.
Paus. I, 39, 1	S. 32.
Photius lex. p. 463, 24	S. 274.
Ps.-Proclus de oraculis	S. 272.
Schol. zu Aristid. Panath. 105, 11 p. 53 D.	S. 288.
Schol. zu Oppian Hal. III, 486	S. 84 A. 1).
Suidas s. v. προσχαιρητήρια	S. 274.
Suidas s. v. προχαριστήρια	S. 275.

Anthol. Lat. II, 140, 8 ed. Riese	S. 284 A. 4).
Arnob. adv. nat. V, 26	S. 283 sq.
Claudian de rapt. Pros. III, 54	S. 94 A. 1).
Lactant. narr. fab. X, 13	S. 83 A. 4).
Plin. n. h. XXXIV, 69	S. 105.
Schol. Bern. zu Verg. Georg I, 19	S. 59 A. 4).

Druckfehler.

S. 20 Z. 1 lies: $\Delta\eta\grave{\omega}$, $\mu\upsilon\sigma\tau\iota\varkappa\grave{o}\nu$, $\tau\grave{\eta}\nu$.
S. 20 Z. 2: $\dot{\alpha}\varrho\pi\alpha\gamma\grave{\eta}\nu$.
S. 24 Z. 16: cenae.
S. 40 A. 4) Z. 3: $\upsilon\acute{\iota}\grave{o}\varsigma$.
S. 57 Z. 32: $\pi\alpha\varrho\grave{\alpha}$.
S. 100 A. 4) und Seite 104 A. 2): 1873.
S. 112 Z. 16: $I\Gamma$ oder ΓI.
S. 122 A. 1) Z. 2: N. 1.
S. 129 Z. 15: § 38.
S. 134 Z. 34: Marmorwerke II, 4, 20.
S. 141 Z. 15: § 39.
S. 145 Z. 33: denselben.
S. 168 Z. 17: raten.
S. 170 Z. 33: vor.
S. 178 A. 3): A. 1).
S. 189 Z. 7: $\dot{\alpha}\varrho\pi\alpha\gamma\acute{\eta}$.
S. 201 A. 1) Z. 1: II, 4, 20.
S. 221 Z. 14: das.
S. 229 Z. 17: Lenker.
S. 235 Z. 32: *moestus*.
S. 248 Z. 19: $\varkappa o\acute{\upsilon}\varrho\alpha\varsigma$.
S. 254 Z. 25: $I\Gamma$ oder ΓI.

In demselben Verlage erschien und ist durch alle Buchhandlungen zu beziehen:

Geschichte der griechischen Literatur bis auf das Zeitalter Alexander's von K. O. Müller. Nach der Handschrift des Verfassers herausgegeben von Dr. Ed. Müller. Zwei Bände. 2. Ausgabe. 3 Thlr. 25 Sgr.

Geschichte hellenischer Stämme und Städte von K. O. Müller. Zweite nach den Papieren des Verfassers berichtigte und vermehrte Ausgabe von F. W. Schneidewin. I. Band: Orchomenos und die Minyer. 2 Thlr. 20 Sgr.
II. und III. Band: Die Dorier. 5 Thlr.

Kleine deutsche Schriften über Religion, Kunst, Sprachen und Literatur, Leben und Geschichte des Alterthums von K. O. Müller. Gesammelt und herausgegeben von Dr. Ed. Müller. Zwei Bände. 4 Thlr.

Geschichte der Theorie der Kunst bei den Alten von Dr. Ed. Müller. Zwei Bände. 1 Thlr.

Die Germanischen Ansiedlungen und Landeintheilungen in den Provinzen des Römischen Westreiches. In ihrer völkerrechtlichen Eigenthümlichkeit und mit Rücksicht auf verwandte Erscheinungen der alten Welt und des Mittelalters dargestellt von Dr. E. T. Gaupp (Geheimer Justizrath). 3 Thlr.

Archäologie und Kunst. Herausgegeben von C. A. Böttiger. Mit 4 Bildtafeln. I. Band. 1. Heft. Inhalt: 1. Dioscorides und Solon. Einleitung über die Gemmen mit den Namen der Künstler. Vom Staatsrath v. Köhler. 2. Drudenfuss oder das Pentalpha. Von Prof. Lange. 3. Ueber die 27 heiligen Plätze, die loca Argeorum im ältesten Rom, nach Varro. Von K. O. Müller. 4. Ueber Gerhard's antike Bildwerke. 5. Herakles, der Dreifussräuber. Von Prof. Passow. 6. Ueber die Hermaphroditen-Symplegmen. Von K. O. Müller. 10 Sgr.

Geschichte des Ostgothischen Reiches in Italien von S. C. F. Manso (Rector und Professor). 25 Sgr.

Ueber Hubert und Johann van Eyk von Dr. G. F. Waagen. 6 Sgr.

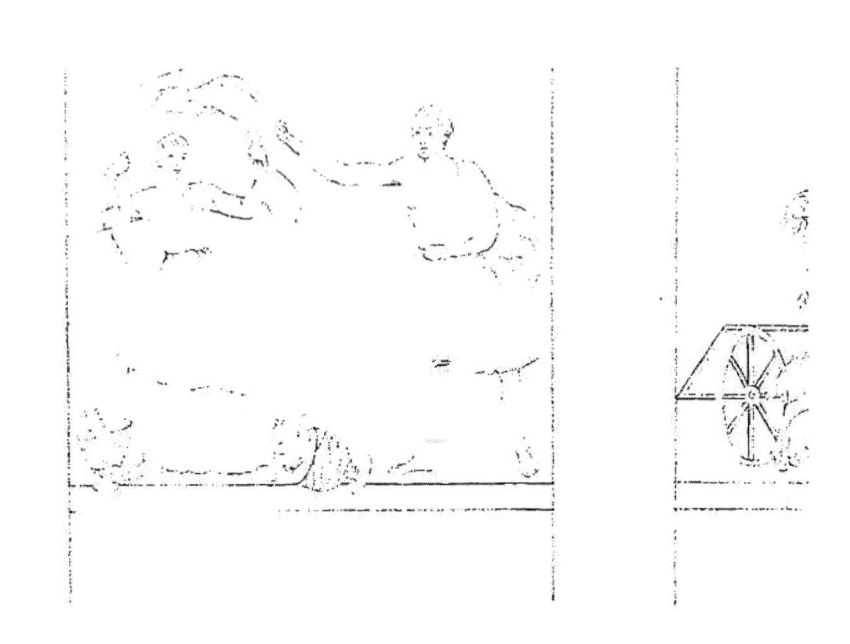

Wandgemälde e

es bei Kertsch.

Printed in Poland
by Amazon Fulfillment
Poland Sp. z o.o., Wrocław